SAMMLUNG TUSCULUM

LUKIAN

BAND III
DIE GÖTTER

Griechisch-deutsch

Übersetzt und mit Anmerkungen versehen
von Peter von Möllendorff

Unter Mitwirkung von Jens Gerlach

DE GRUYTER

ISBN 978-3-11-070410-5
e-ISBN (PDF) 978-3-11-070427-3

Library of Congress Control Number: 2023946158

Bibliografische Information der Deutschen Nationalbibliothek
Die Deutsche Nationalbibliothek verzeichnet diese Publikation in der Deutschen Nationalbibliografie; detaillierte bibliografische Daten sind im Internet über http://dnb.dnb.de abrufbar.

Für Einbandgestaltung verwendete Abbildungen:
Cologny (Genève), Fondation Martin Bodmer, Cod. Bodmer 5: 3v/4r
(www.e-codices.unifr.ch)

Satz im Verlag
Druck und Bindung: Beltz Bad Langensalza GmbH

♾ Gedruckt auf säurefreiem Papier
Printed in Germany

www.degruyter.com

INHALT

EINLEITUNG

In seinem Werk hat sich Lukian verschiedenen Personengruppen seines Umfelds gewidmet. Dazu zählen Philosophen und sophistische Rhetoren ebenso wie die gebildeten ›Privatleute‹ und die reichen, oft römischen Emporkömmlinge, und sie alle werden selten gefeiert, dafür umso öfter mit spitzer Feder satirisch aufgespießt. Lukians späteren literarischen Ruhm haben allerdings zwei dieser Gruppen erst eigentlich begründet, die als ›personal‹ zu bezeichnen manchem zunächst als unangemessen erscheinen dürfte: die Toten, die in Band IV dieser Gesamtübersetzung auftreten werden, und die Götter. Und ebensowenig, wie man sie als ›Personen‹ im eigentlichen Sinne anzusehen bereit sein mag, wird man ohne weiteres ihre Eignung als Objekte der Satire anerkennen. Dennoch ist Lachen über Götter der eigentliche Kern der vorliegenden Texte und steht am Anfang der Rezeptionslinie, die Lukian als Spötter, dem nichts heilig gewesen sei, in Misskredit brachte und schon in der Antike einen christlichen Kommentator schlussfolgern ließ, Lukian schmore für seine Verballhornung der Götter in der Hölle. Auch in der neuzeitlichen Rezeption spielte Lukians vermeintliche Irreverenz in religiösen Dingen keine geringe Rolle: Nicht jeder wollte sich zu Wielands aufklärerischer Position verstehen, Lukian habe nur gegen den Aberglauben seiner Welt angekämpft: Andere sahen in Lukian ganz im Gegenteil den Wegbereiter solchen Aberglaubens, und schon 50 Jahre nach Wieland waren sie in der Mehrheit. Dies führte bei seinen Befürwortern zu paradoxalen Verteidigungsstrategien: So habe etwa Lukians Kritik am traditionellen Kult und Götterglauben bei der Verbreitung des christlichen Glaubens geholfen, indem sie die pagane Religiosität gleichsam planiert und damit den Boden für das Christentum bereitet habe, wie zu Beginn des 19. Jahrhunderts etwa der Theologe August Kestner argumentierte.

Gerade Lukians Kritiker haben ihn und die möglichen soziokulturellen Wirkungen seiner Schriften also durchaus ernstgenommen, während man heute eher die intellektuelle Brillanz, den Esprit und den Witz, auch die literarische Innovativität seines Umgangs mit dem religiösen Kultur- und Bildungsgut seiner Zeit würdigt. Das ist in jedem Fall ein wesentlicher Aspekt jeder modernen Lukianbetrachtung; sowohl diese Auffassung als auch die Frage nach dem epochalen Zuschnitt von Lukians Religionskritik bedarf jedoch einer kulturellen Kontextualisierung.

Der innovative Zugriff auf die klassische Tradition – damit sind in diesem konkreten Falle insbesondere die attischen Dramen, die Homerischen Epen, die Kultanlagen und nicht zuletzt die skulpierten Götterbilder gemeint, deren Kopien noch heute in den großen Antikenmuseen zu bewundern sind – steht ganz im Zeichen des die kaiserzeitliche Kultur dominierenden Bildungsdiskurses (παιδεία); hierüber ist in der Einleitung zu Band 1 dieser Übersetzung ausführlich gehandelt. Gerafft formuliert, steht *paideía* für ein Bildungsideal ganzheitlicher Persönlichkeitsformung – in intellektueller, charakterlicher und sprachlicher Hinsicht – durch die Orientierung an Kunst und Literatur der klassischen Zeit, auf die der sich Bildende mimetisch zugreift, die er also nicht nur passiv rezipiert, sondern aktiv in seine Selbstdarstellung und damit in seine eigene Zeit transformierend integriert. Aber auch die klassischen Kultanlagen – Statuen, Altäre, Tempel, Heiligtümer – werden, über ihre unmittelbare religiöse Funktion hinaus, zu exemplarischen, ästhetische Verehrung genießenden Kulturgütern. Das zeigt sich bei Lukian genauso wie etwa bei Pausanias, der bei seiner Rundreise durch Griechenland nicht zuletzt gerade diese Kultanlagen voller Bewunderung durchstreift und seinen Reiseführer für die gebildete Oberschicht verfasst, die ihre durch den Mythos, die Literatur und die Geschichte tradierten großen Erinnerungsorte immer wieder aufsucht und zum festen Bestandteil ihrer kulturellen Vorstellungswelt macht. Die Götterstatuen der großen klassischen Bildhauer werden vor

allem als Gipfelpunkte von *Kunst*entfaltung angesehen; ein besonders instruktives Beispiel hierfür sind Lukians *Amores*, aber auch das Dialogpaar *Imagines / Pro Imaginibus* (alle drei Texte finden sich in Band V dieser Übersetzung). Schwerpunkte der Bildungsarbeit liegen darüber hinaus im Erwerb rhetorischer und praktisch-philosophischer Kompetenz. Das bedeutet mit Blick auf den religiösen Diskurs naturgemäß auch, dass der Gebildete religionsphilosophische Argumentationen – wie sie in allen großen philosophischen Schulen des Hellenismus entworfen wurden und noch in der Kaiserzeit, etwa in den *Dialexeis* des Maximos von Tyros, Gegenstand öffentlicher Deklamationen waren – zur Kenntnis nimmt und mit dem erwähnten Rückgriff auf die literarisch-künstlerische Tradition verschmilzt.

Die Irreverenz dieser Vorgehensweise ohne weiteres zu kritisieren heißt zudem, einige wesentliche Charakteristika der paganen Religion und ihrer antiken Diskursivierung außer Acht zu lassen. Denn tatsächlich unterscheidet sich das rezeptionslenkende Gottesbild der abrahamitischen Religionen sehr weitgehend von dem der paganen Religion. Für paganes Denken spielt der persönliche Glaube, die innerliche Dimension der Religion, eine nur geringe Rolle; stattdessen steht die kollektive Erfahrung des Göttlichen und die kultische Orthopraxie, also die korrekte Durchführung der Riten, im Vordergrund religiöser Betätigung. Der selbstverständliche Respekt vor der Gottheit als einer höheren Wesenheit kommt in einwandfreier Opfer- und Gebetspraxis zum Ausdruck, außerdem in der Wahrung der Unantastbarkeit dessen, was der Gottheit gehört: ihres Altars, ihres Kultbilds, ihres heiligen Bezirks, der genauso gut ein Tempel wie eine Bergspitze oder ein Hain sein kann. Die entsprechenden Grenzen zu überschreiten gilt als übergriffig, als Akt der Hybris und der Asebie, und besitzt daher auch strafrechtliche Relevanz. Er kann genauso durch die geschädigte Gottheit selbst wie auch durch die menschliche Gemeinschaft geahndet werden. Gerade dieser letztgenannte Aspekt, die Vorsicht vor Hybris, ist

wichtig, weil in der paganen Vorstellung die Götter als auf der Erde anwesend gedacht werden: auf dem Olymp, aber auch in der gesamten Natur, in den Flüssen, im Meer.

Das Tun der Götter zu befragen, es zu inszenieren, auch darüber zu lachen gilt hingegen nicht als Hybris, weil es die Gottheit nicht in ihren wohlverstandenen Interessen und Rechten schädigt. In dieser Hinsicht sind die Götter am besten als besonders mächtige Menschen zu verstehen: Auch sie sind Emotionen unterworfen, auch ihr Handeln ist, wenn schon nicht sanktionierbar, so doch hinterfragbar, und wie die Götter selbst als ›lachende Götter‹ dargestellt werden können, so darf man auch über sie und ihr Tun und Treiben lachen – und von den Göttern darf man erwarten, dass sie das selbstsicher ertragen können, solange sie sich nicht grundsätzlich unterschätzt fühlen müssen. Ein vollendetes Beispiel für lachende und verlachte Götter bietet die Ehebruchsgeschichte von Ares und Aphrodite, die der Sänger Demodokos in Homers *Odyssee* vorträgt und die Lukian in *Götter im Gespräch* 21 in Dialogform gebracht hat. Angesichts der Prominenz solcher Erzählungen erklärt sich von selbst, dass der Gedanke einer grundsätzlichen Sündhaftigkeit des Menschen, der schon als solcher ohne weiteres und immer Strafe verdient hat, der paganen Antike fernliegt. Göttlichem Handeln eine aus menschlicher Sicht gegebene gewisse (wenngleich nicht vollständige) Beliebigkeit zu unterstellen, ist aus paganer Sicht kein Vergehen, sondern Ergebnis von selbsterklärender Beobachtung der Welt.

So waren auch dem philosophischen Nachdenken keine Grenzen gesetzt; das begann schon mit der Allegorisierung der Homerischen Götter im 6. Jh. v. Chr. und ging weiter über philosophische Strömungen wie den Euhemerismus in der hellenistischen Zeit. Hierbei ging es weniger darum, die Götter als metaphysische Größe beiseitezuschieben, als vielmehr darum, intellektuelle Mittel und Wege zu finden, um das gegebene Was und Wie der göttlichen Existenz sinnvoll in ein Nachdenken über die Bedingungen

des menschlichen Daseins zu integrieren. Und schon in dieser Zeit stellte sich das gewichtige Problem der Theodizee: Wenn es Götter gibt und wenn wir ihnen mit gutem Grund Opfer bringen und zu ihnen beten, warum gibt es dann so viel Unheil auf der Welt? Sorgen die Götter für uns, oder sind wir ihnen gleichgültig? Und wie verhält sich der Glaube an ein Schicksal – verkörpert in Homers Schicksalswaage oder in den Moiren, die den Lebensfaden spinnen – zum Glauben an eine göttliche Vorsehung, eine göttliche Vorsorge (πρόνοια)? Diese Fragen können aus einer existentiellen und intellektuellen Notsituation heraus gestellt werden und sind nicht *a priori* religionskritisch intendiert.

Daraus folgt, zusammengenommen, dass der tradierte Götterglaube in Lukians Zeit zwar nicht ohne Konkurrenz bleibt, jedoch weiterhin eine bedeutende kulturelle, auch kulturpolitische Rolle spielt. Nicht nur gibt es eine omnipräsente Opfer- und Gebetspraxis, sondern auch religiöse Monumente im weitesten Sinne des Wortes sind allgegenwärtig und Gegenstand der ›Betrachtung‹, der philosophischen Reflexion und der Inanspruchnahme als griechisches Erbe.

Nun sind es die gleichen Personen, die religiös aktiv und zugleich, als Gebildete, mit der philosophischen Auseinandersetzung um das Göttliche vertraut sind – und die, ebenfalls als Gebildete, sich mit dem schieren Kunstwert der religiösen Monumente befassen und ihm in ihrer kulturellen Wahrnehmung einen immens hohen Stellenwert einräumen. Es ist diese ›geistige Situation‹, in die hinein Lukian seine Texte schreibt; er tut hier also nichts anderes als mit seinen Texten zur Philosophie (Band II) und zur Rhetorik (Band VII), nämlich sich in die großen Diskurse seiner Epoche einzumischen. Diese Einmischung nur als ›satirisch‹ abzutun, gibt ihnen nicht ganz den Stellenwert, den sie womöglich in ihrer Zeit besaßen. Denn wir müssen ja fragen, welche Wirkung dieses ›Satirische‹ eigentlich gehabt hat, und vor allem müssen wir auch fragen, wie sich die Wahl der dialogisch-performativen Form erklärt. Dies

nur als – womöglich rein formalistischen – Rückgriff auf den klassischen philosophischen Dialog zu erklären, bringt nicht viel: Die Herkunft der Form sagt noch nichts über ihre aktuelle Funktion. Versteht man aber gerade – mit Friedrich Schleiermacher – den Dialog als die Grundform der Hermeneutik, des Verstehens, dann kann man annehmen, dass gerade die dialogische Form dieser Texte ihre zeitgenössischen Rezipienten dazu animierte, in den anklingenden Debatten selbst Stellung zu beziehen. Gerade der spöttische Grundton – so tritt *Momos*, die göttliche Personifikation des Tadels und der Kritik, mehrfach auf – mochte dazu provozieren, die Ergebnisse als nur scheinbar feststehend anzusehen und demgegenüber zu einer eigenen Position zu finden – die, wie es hermeneutischen Grundannahmen entspricht, im Text angelegt, aber nicht vorgegeben ist.

Werfen wir, um ein Beispiel zu geben, einen Blick auf den Dialog *Zeus widerlegt.* Hier lässt ein namenloser Vertreter der kynischen Philosophie Zeus über dessen eigene Aussage stolpern, dass die Moiren jedes Detail des menschlichen Lebens regelten und auch die Götter ihnen unterstünden. Dabei spielt Lukian zum einen divergierende Aussagen über das religiöse Universum der Griechen gegeneinander aus: Schon die *Ilias* kennt, wie gesagt, die Schicksalswaage, deren Resultaten auch die Götter nicht widersprechen können. Sind die Götter aber von den Moiren abhängig, dann muss man weder zu ihnen beten noch ihnen opfern. Denn alles ist ja vorherbestimmt. Damit ist ein grundsätzliches religiöses Problem benannt und in witziger dialogischer Auseinandersetzung durchgeführt. Genügt das aber schon für ein angemessenes Verständnis dieses Dialogs? Zum anderen begeht Zeus in seiner Arroganz einen elementaren argumentativen Fehler, wenn er unterstellt, die Moiren prädeterminierten tatsächlich jedes Detail des Lebens. Allein das Bild selbst der spinnenden Moiren, die den Lebensfaden irgendwann abschneiden, macht ja deutlich, dass die Schicksalsgöttinnen nur und allein für die Länge des Lebens zuständig sind, aber nicht seine Einzelheiten regeln. Daher könnte es etwas wie göttliche Fürsorge innerhalb der

von den Moiren vorgegebenen Lebenszeit durchaus geben. Das zu erkennen (oder zu wissen) wird vom gebildeten Leser als Modell-Leser erwartet.

Damit ändert sich aber der satirische Fokus des Textes. Nicht die Existenz der Götter steht hier mehr auf dem Spiel. Vielmehr ist es tatsächlich Zeus, der in den Mittelpunkt der kritischen Aufmerksamkeit gerät. Damit folgt Lukian mimetisch dem argumentativen Schema der frühen Dialoge Platons, nämlich der Prüfung der fachlichen Kompetenz von Experten. Unmittelbar vergleichbar ist Sokrates' Gespräch mit dem Priester Euthyphron in Platons gleichnamigem Dialog. Euthyphron wird um eine rationaler Überprüfung standhaltende Definition von ›Heiligkeit‹ (τὸ ὅσιον) gebeten – und versagt: Für ihn ist sein Versagen eine existentielle Katastrophe, für Zeus, doch sicher den denkbar profiliertesten Experten in Sachen Religion, ›nur‹, aber immerhin, eine Peinlichkeit. Entsprechend panisch-verärgert reagieren beide, Euthyphron wie Zeus, indem sie die Debatte abrupt verlassen. Wie Sokrates dem Euthyphron, so ruft auch der Lukianische Kyniker Zeus weitere Fragen hinterher; und Zeus, wie Euthyphron, rettet sich versuchsweise in ein *non licet*: Der Kyniker dürfe nicht alles wissen. Wie bei Platon, so ist auch hier der Leser nicht nur zum Genuss (und zum Vergnügen über den stolpernden Experten) aufgefordert, sondern natürlich auch dazu, selbst Antworten auf die aufgeworfenen Fragen zu versuchen. Dafür muss er sich mit der philosophischen Theodizee-Debatte auskennen, es wird also sein Bildungswissen in Anspruch genommen.

Durch die Dialogisierung leistet Lukian aber auch atmosphärisch noch mehr. Die Götter scheinen bei ihm eine Art Alltag zu kennen, mit dessen Sorgen und Nöten sie sich genauso zu plagen haben wie wir. Auch hier liegt es nicht nahe, diese Literarisierung in erster Linie als despektierlich zu verstehen. Denn ein antiker Lukianleser nahm ja, wie bereits dargestellt, die religiösen Monumente – in Architektur, Kunst und Literatur – weiterhin als eminente Kunstwerke wahr. Aber womöglich wurde diese gerade im Rahmen

eines Bildungsdiskurses zunehmend statische und ›selbstverständliche‹ Wahrnehmung durch Texte wie Lukians Dialoge dynamisiert. Die Götter kommen uns in ihnen nahe, sie treten gewissermaßen in unser Leben – so, wie sie das im alten Mythos taten. Wer Lukian gelesen hat, schaut eine Zeus-Statue, schaut Apolls Heiligtum in Delphi, schaut den Parthenon der Athene oder Praxiteles' Aphrodite-Statue in Knidos mit anderen, womöglich offeneren Augen an und liest ›seine Klassiker‹ in anderem Licht und mit größerer innerer Beteiligung. So betrachtet sind dann Lukians Dialoge über die Götter tatsächlich ›religiöse‹ Texte.

Die Frage nach Lukians eigenen religiösen Überzeugungen, deren Seriosität, ja deren Vorhandensein man in älterer Rezeption eben wegen der Texte dieses Bandes geleugnet hat, verbietet sich angesichts unseres Nicht-Wissens über ihn und sein Leben ohnehin; vgl. auch hierzu die Einleitung in Band 1. Es lohnt sich stattdessen, seine generelle Einstellung den eingangs genannten Personengruppen – den Sophisten, den Philosophen, der reichen Oberschicht, den Gebildeten – gegenüber zu betrachten. Lässt sich hier eine Regel finden, so darf man annehmen, dass sie angesichts der ›menschlichen‹ Behandlung der Götter in seinen Texten auch für diese gilt. Ein Dauerthema dieser Einstellung ist zum einen die Forderung einer *Kongruenz von Denken und Handeln*, von Schein und Sein, wie sie eigentlich allen Texten in Band II zugrundeliegt: Auffassungen und Überzeugungen zählen nur dann, wenn sie auch im Lebensvollzug umgesetzt werden. Zum anderen muss dieses *Denken und Handeln rational begründet* werden können, Überzeugungen müssen der kritischen Befragung standhalten.

Beide Forderungen gelten nun bei Lukian auch für die Götter, genauer gesagt: für ›unsere‹ Auffassung von ihrem Wesen und Dasein. Diese Auffassung war im paganen Alltag stark geprägt durch die immens verzweigte, lokal differenzierte und kreativ bearbeitbare und bearbeitete Mythologie; hier fand die Ausgestaltung eines Götterbildes statt, wie sie im reinen Vollzug der Riten nicht mög-

lich war. Für den Gebildeten wiederum – und damit also für den intendierten Leser Lukians – manifestierte sich die Mythologie eben, sollte man sich auf sie beziehen können, in der Literatur und bildenden Kunst der Klassik, und das heißt: nicht nur in mythographisch reduzierten und kondensierten Texten, sondern in Texten, die zugleich als ästhetischer Höhenkamm und Referenzrahmen formaler Gestaltung gelten. Die Tatsache, dass der weitaus größte Teil der neun Texte dieses Bandes teils direkt, teils indirekt als Dialog gestaltet ist, muss daher als wesentliches Moment Lukianischer Aussagen über Religion angesehen werden. Einerseits war der Dialog das geeignetste Medium, wenn es Lukian um Rationalisierung des Denkens, Meinens und Handelns ging – insofern hatten Wieland und Tucholsky recht, Lukian als einen ›Aufklärer‹ *avant la lettre* anzusehen und sich seiner entsprechend zu bedienen. Zugleich war der Dialog nicht nur eine Textsorte, die sich in der philosophischen Debatte als Weg der Erkenntnisfindung bewährt hatte, sondern auch eine eminent literarische Form, die nicht nur das Drama, sondern auch das Epos dominierte. Mit der Wahl des Dialogs schlug Lukian also zwei Fliegen mit einer Klappe: Zum einen konnte er auf diese Weise das Bedürfnis seiner gebildeten Leser nach mimetischem Aufgreifen der klassischen Literatur bedienen, zum anderen war der Dialog wie kein anderes textuelles Verfahren geeignet, eine Schnittstelle zum lebendigen Gespräch herzustellen und die Positionen, um deren rationale Prüfung es geht, zu personalisieren und so von vornherein eine ethische Dimension ins Spiel bringen zu können. Für den paganen Gebildeten gab es das eine nicht ohne das andere: Lukians Forderung nach einem Götterbild, das nur dann, wenn es die Götter in einen ethischen Diskurs einschreibt, als Leitbild für alltägliches Handeln taugt, bewegt sich daher auch immer in einer Auseinandersetzung mit diesem ästhetischen Rahmen, den er stark reflektiert und überformt.

Dadurch, dass er die Götter teils mit Menschen ins Gespräch bringt, teils sich mit ihresgleichen unterhalten lässt, was es ihm

ermöglicht, sie besonders offen und ehrlich sprechen zu lassen, gelingt es ihm, diese ästhetisierte Rationalitätsprüfung gewissermaßen vom Inneren des Diskurses her erfolgen zu lassen: Lukians Ziel ist zum einen, in den überlieferten Gestaltungen des Mythos neue ästhetische Potentiale zu entdecken, ihm den intensiven Ereignischarakter zurückzugeben, den er für seine erfahrungs- und traditionsgesättigten Rezipienten zwangsläufig verloren hat, und ihm auch eine erneuerte inhaltliche Reizfülle zu erschließen, einfach indem der Spieß systematisch umgedreht und das mythische Geschehen auch einmal aus Sicht der Götter betrachtet und hierbei ihre (charakterliche, emotionale) ›Menschlichkeit‹ oder Menschenähnlichkeit ganz ernstgenommen wird. Kurz, dem Mythos wird seine anzunehmende ursprüngliche Lebensnähe wiedergegeben; er kann durch diese Reperspektivierung und ästhetische Transformation auch erneuerte Aufmerksamkeit beanspruchen. Ziel zum anderen muss dann aber erst recht sein, diese ›neue Bedeutsamkeit‹ dem geschilderten Rationalisierungsprogramm zu unterwerfen. Das zweite Jahrhundert ist auch eine Zeit neuer und gesteigerter Religiosität; gerade aus dem nahöstlichen Raum, dem Lukian selbst entstammt, dringen neue Religionen ins Imperium Romanum vor, mit einem hohen Wirkungs- und Glaubenspotential, und ihre Forderungen an die Glaubenden übersteigen die bloße Orthopraxie ebenso, wie ihre phänomenologische Vielfalt alle glaubensmäßigen Selbstverständlichkeiten aushebelt. Lukians ›Bearbeitung‹ des klassischen Götterapparats führt dann auch einen Schlag gegen Scharlatanerie, Leichtgläubigkeit und unreflektierte Übernahme religiöser Anschauungen: Sie nötigt den Leser, Unwahrscheinlichkeiten, Übertreibungen und Widersprüchlichkeiten in religiösen Konzepten, alten wie neuen, wahrzunehmen, und sie versieht diese Wahrnehmung überdies mit einem starken emotionalen, religiöser Gestimmtheit scheinbar so konträren Marker, nämlich dem Lachen intellektueller Selbstständigkeit. Religiös affirmativ kann hieraus nur abgeleitet werden, dass die Relevanz religiöser Einstellung, die

Relevanz von Glauben, an seinen ethischen Ergebnissen zu messen ist. Auch eine religiöse Haltung muss auf das Fundament rationaler Durchdringung gestellt werden; hiermit stand Lukian nicht allein. Wahrheit, also auch religiöse Wahrheit, kann viele Gestalten annehmen, für Lukian muss sie sich aber immer – genau wie die Wahl einer philosophischen Doktrin als Lebensleitlinie – auf ihre Konsistenz und damit eben ethische Leistungsfähigkeit im Alltag hin befragen lassen.

Das Corpus dieses Bandes wird mit *Ikaromenipp* und *Göttinnen vor dem Richter* so gerahmt, dass am Anfang ein Mensch zu den Göttern hinauf-, am Ende Götter zu den Menschen hinabsteigen, um Antworten auf sie bedrängende Fragen zu erhalten. Das passt insofern in den oben beschriebenen allgemeinen kritischen Tenor der Götter-Texte, als diese Missionen nicht erfolgreich sind. So erhält zwar Menipp die abschließende Zusage, Zeus werde die Philosophen vernichten, diese Vernichtung wird aber vorläufig vertagt – wie wir wissen, findet sie nicht statt –, und die kosmologischen Probleme, derentwegen Menipp seinen Flug in den Himmel eigentlich unternommen hatte, erfahren keine Erklärung. Umgekehrt spricht zwar Paris im Schönheitswettkampf der Göttinnen Hera, Athene und Aphrodite ein Urteil, aber mit der Folge eines antiken Weltkrieges, den letztlich Aphrodite wissentlich und unbekümmert anzettelt, nur um den goldenen Apfel zugesprochen zu bekommen. Der *Ikaromenipp* knüpft zudem mit seiner Fokussierung auf das Versagen der Philosophen zugleich an die Texte des zweiten Bandes an, während *Göttinnen vor dem Richter* mit der absehbar kriegerischen Folge des Urteils, die Tausenden von Menschen den Tod bringen wird, zu den Texten des vierten Bandes (Unterwelt) überleitet, in denen wir einigen von ihnen wieder begegnen werden.

Innerhalb dieses Rahmens ist der Band zweigeteilt und enthält unter dem Zwischentitel *Götter auf dem Prüfstand* nach dem *Ikaromenipp* die Dialoge *Tragödienzeus, Götterversammlung, Zeus*

widerlegt und *Prometheus*, dann unter dem Zwischentitel *Götter unter sich ... und unter Menschen* die beiden Dialogcorpora *Götter im Gespräch* und *Meergötter im Gespräch*, außerdem *Saturnalisches* und zum Abschluss *Göttinnen vor dem Richter*. In der ersten Hälfte werden die Götter nach ihrer Wirkmächtigkeit befragt. Es zeigt sich, dass sie weder in der Lage sind, ihre eigene politische Lage auf dem Olymp zu regeln, noch etwa durch Pronoia die irdische Welt zu regieren, ja dass es sogar um ihre eigene Willensfreiheit nicht allzugut bestellt ist, falls die Macht der Moiren tatsächlich alle Details der Existenz regelt. Selbst noch der von Zeus an den Kaukasus geschmiedete Prometheus findet Muße für den Nachweis, dass die Berechtigung seiner Bestrafung zumindest hinterfragt werden kann, und besitzt außerdem die Machtmittel – nämlich ein Geheimwissen –, die Bestrafung auch rückgängig zu machen.

In der zweiten Hälfte wird der göttliche Alltag mit seinen kleinen Präokkupationen, Diskussionen und Streitereien performiert, zu denen letztlich auch der Zank darüber gehört, wer die schönste Göttin sei. Ein Ausnahmetext ist hier in gewisser Weise die in der Forschung noch wenig bearbeitete Textsammlung *Saturnalisches*. Sie ist insofern eine wertvolle Ergänzung des Corpus, als es hier um ein Fest geht und damit um ein Ereignis, bei dem die Götterwelt am stärksten in der Menschenwelt präsent war. Allerdings handelt es sich um ein besonderes Fest: Während nämlich die übrigen Götterfeste ganz im Rahmen der Alltagsordnung ablaufen, wird diese Ordnung während der Kronia (römisch: Saturnalia), einem Vorläufer des mittelalterlichen Karnevals, auf den Kopf gestellt. Was sonst unten ist, gelangt nach oben, Diener werden zu Herren, Herren zu Dienern. Das ist die Gelegenheit, die sozialen Missstände, die ungleiche Verteilung der irdischen Güter, anzuprangern! Entsprechend sind die für dieses Fest zuständigen Götter aber eben auch nicht die eigentlich herrschenden, sondern zuständig ist der längst entmachtete, zurückgetretene Kronos – dessen Befugnisse und Wirkmöglichkeiten, wie er selbst ausführt, recht beschränkter Na-

tur sind. Immerhin leuchtet am Ende dieses heterogenen, selbst ungeordneten Konvoluts von sieben Texten – die möglicherweise als gebildete Geschenke zu den sieben Festtagen intendiert waren – die Möglichkeit auf, die Welt könnte insgesamt besser und fairer sein.

***

Auch für diesen Band wurden ältere Fassungen einzelner Übersetzungen vollständig überarbeitet. Es handelt sich dabei um einige Dialoge aus *Götter im Gespräch* (5, 7, 10, 12, 15, 18, 23) und *Meergötter im Gespräch* (1, 2, 10, 11, 15). Sie sind erschienen in: *Lukian. Gegen den ungebildeten Büchernarren*. Ausgewählte Werke. Übersetzung, kurzer Kommentar, Glossar und Einführung, Zürich/Düsseldorf (Artemis & Winkler) 2006 [Bibliothek der Alten Welt].

GÖTTER AUF DEM PRÜFSTAND

ΙΚΑΡΟΜΕΝΙΠΠΟΣ Η ΥΠΕΡΝΕΦΕΛΟΣ

[1] ΜΕΝΙΠΠΟΣ

Οὐκοῦν τρισχίλιοι μὲν ἦσαν ἀπὸ γῆς στάδιοι μέχρι πρὸς τὴν σελήνην, ὁ πρῶτος ἡμῖν σταθμός· τοὐντεῦθεν δὲ ἐπὶ τὸν ἥλιον ἄνω παρασάγγαι που πεντακόσιοι· τὸ δὲ ἀπὸ τούτου ἐς αὐτὸν ἤδη τὸν οὐρανὸν καὶ τὴν ἀκρόπολιν τὴν τοῦ Διὸς ἄνοδος καὶ ταῦτα γένοιτ' ἂν εὐζώνῳ ἀετῷ μιᾶς ἡμέρας.

ΕΤΑΙΡΟΣ

Τί ταῦτα πρὸς Χαρίτων, ὦ Μένιππε, ἀστρονομεῖς καὶ ἡσυχῇ πως ἀναμετρεῖς; πάλαι γὰρ ἐπακροῶμαί σου παρακολουθῶν ἡλίους καὶ σελήνας, ἔτι δὲ τὰ φορτικὰ ταῦτα σταθμούς τινας καὶ παρασάγγας ὑποξενίζοντος.

ΜΕΝΙΠΠΟΣ

Μὴ θαυμάσῃς, ὦ ἑταῖρε, εἰ μετέωρα καὶ διαέρια δοκῶ σοι λαλεῖν· τὸ κεφάλαιον γὰρ δὴ πρὸς ἐμαυτὸν ἀναλογίζομαι τῆς ἔναγχος ἀποδημίας.

ΕΤΑΙΡΟΣ

Εἶτα, ὤγαθε, καθάπερ οἱ Φοίνικες ἄστροις ἐτεκμαίρου τὴν ὁδόν;

ΜΕΝΙΠΠΟΣ

Οὐ μὰ Δία, ἀλλ' ἐν αὐτοῖς ⟨τοῖς⟩ ἄστροις ἐποιούμην τὴν ἀποδημίαν.

ΕΤΑΙΡΟΣ

Ἡράκλεις, μακρόν τινα τὸν ὄνειρον λέγεις, εἴ γε σαυτὸν ἔλαθες κατακοιμηθεὶς παρασάγγας ὅλους.

[2] ΜΕΝΙΠΠΟΣ

Ὄνειρον γάρ, ὦ τάν, δοκῶ σοι λέγειν ὃς ἀρτίως ἀφῖγμαι παρὰ τοῦ Διός;

IKAROMENIPP ODER DER MANN ÜBER DEN WOLKEN

[1] MENIPP
Also, dreitausend Stadien waren es von der Erde bis zum Mond, unserer ersten Station; von dort bis zur Sonne weiter oben rund fünfhundert Parasangen;[1] und von ihr bis direkt zum Himmel selbst und Zeus' Akropolis dürfte der Aufstieg für einen rüstigen Adler nochmal einen Tag dauern.

FREUND
Was bei den Chariten, Menipp,[2] astronomisierst du da, und rechnest in aller Seelenruhe deinen Weg nach? Ich gehe nun schon eine ganze Weile neben dir her und höre mir deine Sonnen und Monde an, während du obendrein noch dieses unverständliche Gebrabbel von Stationen und Parasangen absonderst.

MENIPP
Wundere dich nicht, lieber Freund, wenn du den Eindruck hast, ich schwätzte abgehobenes und luftiges Zeug! Ich berechne ja bloß für mich die Gesamtstrecke meiner jüngsten Reise.

FREUND
Ah, dann hast du also, mein Guter, wie die Phoiniker[3] deinen Weg aus den Sternen geschlossen?

MENIPP
Bei Zeus, nein, sondern meine Reise führte genau durch die Sterne.

FREUND
Bei Herakles, ein ganz schön langer Traum, von dem du mir da erzählst, wenn du nicht mal gemerkt hast, wie du ganze Parasangen verschlafen hast!

[2] MENIPP
Du glaubst, mein Lieber, ich erzählte dir von einem Traum – ich, der ich soeben von Zeus zurückkehre?

ΕΤΑΙΡΟΣ

Πῶς ἔφησθα; Μένιππος ἡμῖν διοπετὴς πάρεστιν ἐξ οὐρανοῦ;

ΜΕΝΙΠΠΟΣ

Καὶ μὴν ἐγώ σοι παρ᾽ αὐτοῦ ἐκείνου τοῦ πάνυ Διὸς ἥκω τήμερον θαυμάσια καὶ ἀκούσας καὶ ἰδών· εἰ δὲ ἀπιστεῖς, καὶ αὐτὸ τοῦτο ὑπερευφραίνομαι τὸ πέρα πίστεως εὐτυχεῖν.

ΕΤΑΙΡΟΣ

Καὶ πῶς ἔγωγε, ὦ θεσπέσιε καὶ Ὀλύμπιε Μένιππε, γεννητὸς αὐτὸς καὶ ἐπίγειος ὢν ἀπιστεῖν δυναίμην ὑπερνεφέλῳ ἀνδρὶ καὶ ἵνα καθ᾽ Ὅμηρον εἴπω τῶν Οὐρανιώνων ἑνί; ἀλλ᾽ ἐκεῖνά μοι φράσον, εἰ δοκεῖ, τίνα τρόπον ἤρθης ἄνω καὶ ὁπόθεν ἐπορίσω κλίμακα τηλικαύτην τὸ μέγεθος; τὰ μὲν γὰρ ἀμφὶ τὴν ὄψιν οὐ πάνυ ἔοικας ἐκείνῳ τῷ Φρυγί, ὥστε ἡμᾶς εἰκάζειν καὶ σὲ οἰνοχοήσοντά που ἀνάρπαστον γεγονέναι πρὸς τοῦ ἀετοῦ.

ΜΕΝΙΠΠΟΣ

Σὺ μὲν πάλαι σκώπτων δῆλος εἶ, καὶ θαυμαστὸν οὐδὲν εἴ σοι τὸ παράδοξον τοῦ λόγου μύθῳ δοκεῖ προσφερές. ἀτὰρ οὐδὲν ἐδέησέ μοι πρὸς τὴν ἄνοδον οὔτε τῆς κλίμακος οὔτε παιδικὰ γενέσθαι τοῦ ἀετοῦ· οἰκεῖα γὰρ ἦν μοι τὰ πτερά.

ΕΤΑΙΡΟΣ

Τοῦτο μὲν ἤδη καὶ ὑπὲρ τὸν Δαίδαλον ἔφησθα, εἴ γε πρὸς τοῖς ἄλλοις ἐλελήθεις ἡμᾶς ἱέραξ τις ἢ κολοιὸς ἐξ ἀνθρώπου γενόμενος.

ΜΕΝΙΠΠΟΣ

Ὀρθῶς, ὦ ἑταῖρε, καὶ οὐκ ἀπὸ σκοποῦ εἴκασας· τὸ Δαιδάλειον γὰρ ἐκεῖνο σόφισμα τῶν πτερῶν καὶ αὐτὸς ἐμηχανησάμην.

Freund
Wie meinen? Hier steht unser Menipp, frisch von Zeus' Himmel gefallen?

Menipp
Doch, ja, ich bin es, der hier und heute direkt von eben dem Zeus zurück ist und Wundersames gehört und gesehen hat. Glaubst du mir nicht, dann wird meine Freude eben dadurch umso größer, dass ich das Glück hatte, Unglaubliches zu erleben.

Freund
Wie sollte wohl, oh göttlicher Menipp, du Olympier, ich, ein von Menschen gezeugter Erdenwurm, einem Mann aus dem Reich über den Wolken nicht glauben, ja, um es mit Homer zu sagen, einem der Himmlischen? Aber sag mir doch noch, wenn du magst, auf welche Weise sich dein Aufstieg vollzog und woher du dir eine so lange Leiter verschafft hast? Denn wenn ich dich so anschaue, so erinnerst du mich wirklich nicht an jenen Phryger,[4] so dass wir etwa vermuten müssten, auch du wärst vom Adler für eine Laufbahn als Mundschenk entführt worden.

Menipp
Ich sehe schon, du verspottest mich die ganze Zeit, und es ist ja auch kein Wunder, wenn dir die Merkwürdigkeiten meiner Erzählung wie ein Mythos vorkommen. Aber für den Aufstieg habe ich weder eine Leiter gebraucht, noch musste ich Adlers Schätzchen werden. Ich verfügte nämlich über eigene Flügel.

Freund
Was du da erzählst, übertrifft ja sogar noch Daidalos, wenn du dich zu allem anderen auch noch von einem Menschen in einen Falken oder eine Dohle verwandelt hättest, und wir hätten es nicht mal gemerkt.

Menipp
Ganz recht, mein Freund, da liegst du keineswegs falsch! Daidalos' bekannten schlauen Einfall mit den Flügeln, den habe eben auch ich gehabt.

[3] ΕΤΑΙΡΟΣ

Εἶτα, ὦ τολμηρότατε πάντων, οὐκ ἐδεδοίκεις μὴ καὶ σύ που τῆς θαλάττης καταπεσὼν Μενίππειόν τι πέλαγος ἡμῖν ὥσπερ τὸ Ἰκάριον ἀποδείξῃς ἐπὶ τῷ σεαυτοῦ ὀνόματι;

ΜΕΝΙΠΠΟΣ

Οὐδαμῶς· ὁ μὲν γὰρ Ἴκαρος ἅτε κηρῷ τὴν πτέρωσιν ἡρμοσμένος, ἐπειδὴ τάχιστα πρὸς τὸν ἥλιον ἐκεῖνος ἐτάκη, πτερορρυήσας εἰκότως κατέπεσεν· ἡμῖν δὲ ἀκήρωτα ἦν τὰ ὠκύπτερα.

ΕΤΑΙΡΟΣ

Πῶς λέγεις; ἤδη γὰρ οὐκ οἶδ᾽ ὅπως ἠρέμα με προσάγεις πρὸς τὴν ἀλήθειαν τῆς διηγήσεως.

ΜΕΝΙΠΠΟΣ

Ὧδέ πως· ἀετὸν εὐμεγέθη συλλαβών, ἔτι δὲ γῦπα τῶν καρτερῶν, ἀποτεμὼν αὐταῖς ὠλέναις τὰ πτερὰ – μᾶλλον δὲ καὶ πᾶσαν ἐξ ἀρχῆς τὴν ἐπίνοιαν, εἴ σοι σχολή, δίειμι.

ΕΤΑΙΡΟΣ

Πάνυ μὲν οὖν· ὡς ἐγώ σοι μετέωρός εἰμι ὑπὸ τῶν λόγων καὶ πρὸς τὸ τέλος ἤδη κέχηνα τῆς ἀκροάσεως· μηδὲ πρὸς Φιλίου με περιίδῃς ἄνω που τῆς διηγήσεως ἐκ τῶν ὤτων ἀπηρτημένον.

[4] ΜΕΝΙΠΠΟΣ

Ἄκουε τοίνυν· οὐ γὰρ ἀστεῖόν γε τὸ θέαμα κεχηνότα φίλον ἐγκαταλιπεῖν, καὶ ταῦτα ὡς σὺ φῄς ἐκ τῶν ὤτων ἀπηρτημένον.

Ἐγὼ γὰρ ἐπειδὴ τάχιστα ἐξετάζων τὰ κατὰ τὸν βίον γελοῖα καὶ ταπεινὰ καὶ ἀβέβαια τὰ ἀνθρώπινα πάντα εὕρισκον, πλούτους λέγω καὶ ἀρχὰς καὶ δυναστείας, καταφρονήσας αὐτῶν καὶ τὴν περὶ ταῦτα σπουδὴν ἀσχολίαν τῶν ἀληθῶς σπουδαίων ὑπολαβὼν ἀνακύπτειν τε

[3] FREUND
Und da, kühnster aller Helden, hattest du keine Angst, auch du könntest irgendwo in die See stürzen und sie damit für uns zu so einer Art Menippeischem Meer machen, wie das Ikarische, nur eben nach dir benannt?
MENIPP
Gar nicht. Denn Ikaros, der sein Flügelpaar mithilfe von Wachs gefügt hatte, musste natürlich seine Flügel verlieren und fallen, als das plötzlich in der Sonne wegschmolz. Meine flinken Flügel kamen hingegen ohne Wachs aus.
FREUND
Wie meinst du das? Wirklich, du brauchst wer weiß wie lange, um mich zum Kern deiner Geschichte zu bringen!
MENIPP
Na, ungefähr so: Ich griff mir einen Adler von anständiger Größe, außerdem einen Geier von der kräftigen Sorte, schnitt ihnen die Flügel unmittelbar an den Schultergelenken ab – ach, ich erzähle dir meinen ganzen Einfall wohl besser von Anfang an, wenn du ein bisschen Zeit hast.
FREUND
Aber sicher! Ich fühle mich selbst schon ganz abgehoben durch deine Worte und lechze mit offenem Mund nach dem Ende deines Vortrags. Bitte, bei Zeus, der die Freundschaft schützt, lass mich nicht in der Luft hängen, die Ohren an deiner Geschichte aufgehängt!
[4] MENIPP
Also, hör zu! Es wäre ja nicht gerade ein geistreicher Anblick, einen Freund mit dem Mund offen stehen zu lassen, und das auch noch, wie du sagst, an den Ohren hängend.

Als ich wieder einmal bei genauer Betrachtung des Lebens alle menschlichen Angelegenheiten lächerlich, niedrig und haltlos fand, Reichtümer meine ich, Ämter und Herrschaften, da versuchte ich – voller Verachtung für diese Dinge und in der Überzeugung, jede

καὶ πρὸς τὸ πᾶν ἀποβλέπειν ἐπειρώμην· καί μοι ἐνταῦθα πολλήν τινα παρεῖχε τὴν ἀπορίαν πρῶτον μὲν αὐτὸς οὗτος ὁ ὑπὸ τῶν σοφῶν καλούμενος κόσμος· οὐ γὰρ εἶχον εὑρεῖν οὔθ᾽ ὅπως ἐγένετο οὔτε τὸν δημιουργὸν οὔτε ἀρχὴν οὔθ᾽ ὅ τι τὸ τέλος ἐστὶν αὐτοῦ. ἔπειτα δὲ κατὰ μέρος ἐπισκοπῶν πολὺ μᾶλλον ἀπορεῖν ἠναγκαζόμην· τούς τε γὰρ ἀστέρας ἑώρων ὡς ἔτυχε τοῦ οὐρανοῦ διερριμμένους καὶ τὸν ἥλιον αὐτὸν τί ποτε ἦν ἄρα ἐπόθουν εἰδέναι· μάλιστα δὲ τὰ κατὰ τὴν σελήνην ἄτοπά μοι καὶ παντελῶς παράδοξα κατεφαίνετο, καὶ τὸ πολυειδὲς αὐτῆς τῶν σχημάτων ἀπόρρητόν τινα τὴν αἰτίαν ἔχειν ἐδοκίμαζον. οὐ μὴν ἀλλὰ καὶ ἀστραπὴ διαΐξασα καὶ βροντὴ καταρραγεῖσα καὶ ὑετὸς ἢ χιὼν ἢ χάλαζα κατενεχθεῖσα καὶ ταῦτα δυσείκαστα πάντα καὶ ἀτέκμαρτα ἦν.

[5] Οὐκοῦν ἐπειδήπερ οὕτω διεκείμην, ἄριστον εἶναι ὑπελάμβανον παρὰ τῶν φιλοσόφων τούτων ταῦτα ἕκαστα ἐκμαθεῖν· ᾤμην γὰρ ἐκείνους γε πᾶσαν ἔχειν ἂν εἰπεῖν τὴν ἀλήθειαν. οὕτω δὲ τοὺς ἀρίστους ἐπιλεξάμενος αὐτῶν, ὡς ἐνῆν τεκμήρασθαι προσώπου τε σκυθρωπότητι καὶ χρόας ὠχρότητι καὶ γενείου βαθύτητι – μάλα γὰρ ὑψαγόραι τινὲς καὶ οὐρανογνώμονες οἱ ἄνδρες αὐτίκα μοι κατεφάνησαν – τούτοις ἐγχειρίσας ἐμαυτὸν καὶ συχνὸν ἀργύριον τὸ μὲν αὐτόθεν ἤδη καταβαλών, τὸ δὲ εἰσαῦθις ἀποδώσειν ἐπὶ κεφαλαίῳ τῆς σοφίας διομολογησάμενος, ἠξίουν μετεωρολέσχης τε διδάσκεσθαι καὶ τὴν τῶν ὅλων διακόσμησιν καταμαθεῖν. οἱ δὲ τοσοῦτον ἄρα ἐδέησάν με τῆς παλαιᾶς ἐκείνης ἀγνοίας ἀπαλλάξαι, ὥστε καὶ εἰς μείζους ἀπορίας φέροντες ἐνέβαλον, ἀρχάς τινας καὶ τέλη καὶ ἀτόμους καὶ κενὰ καὶ ὕλας καὶ ἰδέας καὶ τὰ

Mühe, die man auf sie wende, bedeute weniger Zeit für die wirklich ernsthaften Angelegenheiten –, den Blick nach oben und auf das Ganze zu richten. Und da machte mich besonders ratlos zunächst einmal diese von den Weisen so genannte ›geordnete Welt‹, der Kosmos; denn ich vermochte weder herauszufinden, wie er entstanden sei, noch, wer ihn geschaffen habe, noch seinen Anfang noch, was sein Ende sein werde. Als ich ihn dann in seinen Einzelheiten betrachtete, fand ich mich zu noch größerer Ratlosigkeit genötigt: Ich sah die Sterne wie zufällig über den Himmel verteilt, und ich wollte unbedingt wissen, was denn eigentlich die Sonne sei; vor allem schien mir aber alles, was mit dem Mond zusammenhängt, obskur und schlichtweg paradox, und die Vielgestaltigkeit seiner Formen musste – zu dieser Auffassung war ich gelangt – eine geradezu geheimnisvolle Ursache besitzen. Aber nicht nur das, auch das Zucken des Blitzes, das Krachen des Donners und das Fallen von Regen, Schnee oder Hagel: Das alles kam mir unerklärlich und dunkel vor.

[5] Als es so weit mit mir war, hielt ich es für das beste, mir alle einzelnen Fragen von diesen Leuten, den Philosophen, erklären zu lassen; glaubte ich doch, sie wüssten die ganze Wahrheit zu sagen.[5] So suchte ich mir die besten von ihnen aus, soweit sich das aus ihrem finsteren Gesicht, der Blässe ihrer Haut und der Länge und Fülle ihres Bartes schließen ließ – diese Männer kamen mir sofort gleichsam hochsprecherisch und himmelskundig vor –, und denen vertraute ich mich an. Ein sattes Sümmchen hinterlegte ich gleich zu Beginn und erklärte mich einverstanden, später mehr zu zahlen, wenn wir bei den Kernpunkten der Weisheit angelangt wären. Dafür verlangte ich, abgehobenes Reden beigebracht zu bekommen und die Ordnung des Alls verstehen zu lernen. Aber weit gefehlt, dass sie mich von meiner alten Unwissenheit befreit hätten – nein, sie trieben mich mit voller Wucht in noch größere Ratlosigkeit, indem sie täglich irgendwelche Anfänge und Enden und Atome und Leeres und Materien und Ideen und solches Zeugs über mich

τοιαῦτα ὁσημέραι μου καταχέοντες. ὃ δὲ πάντων ἐμοὶ γοῦν ἐδόκει χαλεπώτατον, ὅτι μηδὲν ἅτερος θατέρῳ λέγοντες ἀκόλουθον ἀλλὰ μαχόμενα πάντα καὶ ὑπεναντία, ὅμως πείθεσθαί τέ με ἠξίουν καὶ πρὸς τὸν αὑτοῦ λόγον ἕκαστος ὑπάγειν ἐπειρῶντο.

ΕΤΑΙΡΟΣ

Ἄτοπον λέγεις, εἰ σοφοὶ ὄντες οἱ ἄνδρες ἐστασίαζον πρὸς αὑτοὺς περὶ τῶν λόγων καὶ οὐ τὰ αὐτὰ περὶ τῶν αὐτῶν ἐδόξαζον.

[6] ΜΕΝΙΠΠΟΣ

Καὶ μήν, ὦ ἑταῖρε, γελάσῃ ἀκούσας τήν τε ἀλαζονείαν αὐτῶν καὶ τὴν ἐν τοῖς λόγοις τερατουργίαν, οἵ γε πρῶτα μὲν ἐπὶ γῆς βεβηκότες καὶ μηδὲν τῶν χαμαὶ ἐρχομένων ἡμῶν ὑπερέχοντες, ἀλλ᾽ οὐδὲ ὀξύτερον τοῦ πλησίον δεδορκότες, ἔνιοι δὲ καὶ ὑπὸ γήρως ἢ ἀργίας ἀμβλυώττοντες, ὅμως οὐρανοῦ τε πέρατα διορᾶν ἔφασκον καὶ τὸν ἥλιον περιεμέτρουν καὶ τοῖς ὑπὲρ τὴν σελήνην ἐπεβάτευον καὶ ὥσπερ ἐκ τῶν ἀστέρων καταπεσόντες μεγέθη τε αὐτῶν καὶ σχήματα διεξῄεσαν, καὶ πολλάκις, εἰ τύχοι, μηδὲ ὁπόσοι στάδιοι Μεγαρόθεν Ἀθήναζέ εἰσιν ἀκριβῶς ἐπιστάμενοι τὸ μεταξὺ τῆς σελήνης καὶ τοῦ ἡλίου χωρίον ὁπόσων εἴη πηχῶν τὸ μέγεθος ἐτόλμων λέγειν, ἀέρος τε ὕψη καὶ θαλάττης βάθη καὶ γῆς περιόδους ἀναμετροῦντες, ἔτι δὲ κύκλους καταγράφοντες καὶ τρίγωνα ἐπὶ τετραγώνοις διασχηματίζοντες καὶ σφαίρας τινὰς ποικίλας τὸν οὐρανὸν δῆθεν αὐτὸν ἐπιμετροῦντες.

[7] Ἔπειτα δὲ κἀκεῖνο πῶς οὐκ ἄγνωμον αὐτῶν καὶ παντελῶς τετυφωμένον τὸ περὶ τῶν οὕτως ἀδήλων λέγοντας μηδὲν ὡς εἰκάζοντας ἀποφαίνεσθαι, ἀλλ᾽ ὑπερδιατείνεσθαί τε καὶ μηδεμίαν τοῖς ἄλλοις ὑπερβολὴν ἀπολιμπάνειν, μονονουχὶ διομνυμένους μύδρον μὲν εἶναι τὸν ἥλιον, κατοικεῖσθαι δὲ τὴν σελήνην, ὑδατοποτεῖν δὲ τοὺς ἀστέρας

ausgossen. Am ärgerlichsten fand ich aber, dass keiner mit dem anderen übereinstimmte, sondern sie lauter widerstreitende und gegensätzliche Behauptungen aufstellten, aber trotzdem von mir verlangten, ich solle mich überzeugen lassen, und jeder es darauf anlegte, mich zu seiner eigenen Lehre zu bekehren.

FREUND

Noch nie dagewesen, was du da erzählst ... – weise Männer stehen in Sachen der Lehre gegeneinander auf und vertreten über gleiche Dinge keine gleichen Meinungen.

[6] MENIPP

Und was wirst du erst lachen, mein Freund, wenn du von ihrer Aufschneiderei und ihren argumentativen Gaukeleien hörst! Zunächst einmal stehen sie ja auf der Erde und sind uns, die wir am Boden einhergehen, kein bisschen überlegen, aber sie sehen auch nicht schärfer als ihr Nachbar, und einige sind sogar aus Alter oder Faulheit kurzsichtig. Dennoch behaupteten sie, die Grenzen des Himmels wahrzunehmen, maßen den Umfang der Sonne, schritten in den superlunaren Gefilden einher und listeten, als wären sie von den Sternen herabgefallen, deren Größen und Formen auf, und oft wussten sie beispielsweise zwar nicht genau, wieviele Stadien es von Megara nach Athen sind, erdreisteten sich aber, den Abstand zwischen Mond und Sonne in Ellen anzugeben, wobei sie die Höhe des Luftraums, die Tiefe des Meers und den Umfang der Erde ausmaßen, außerdem noch Kreise zeichneten, Dreiecke auf Vierecke setzten, verschiedenartige Sphären konstruierten und so, klar doch, den Himmel selbst bemaßen.

[7] Und dann noch das: Wie muss es nicht ganz unverständig und aufgeblasen von ihnen sein, dass sie, wenn sie über so unklare Dinge sprechen, nichts so von sich geben, als stellten sie Mutmaßungen an, sondern sich maßlos ins Zeug legen und den anderen keine Übertreibung mehr übriglassen, gerade, dass sie nicht schwören, die Sonne sei ein glühender Klumpen Metall, der Mond bewohnt, und die Sterne tränken Wasser, indem die Sonne wie durch

τοῦ ἡλίου καθάπερ ἱμονιᾷ τινι τὴν ἰκμάδα ἐκ τῆς θαλάττης ἀνασπῶντος καὶ ἅπασιν αὐτοῖς τὸ ποτὸν ἐξῆς διανέμοντος. **[8]** Τὴν μὲν γὰρ ἐναντιότητα ὁπόση τῶν λόγων ῥᾴδιον καταμαθεῖν. καὶ σκόπει πρὸς Διός, εἰ ἐν γειτόνων ἐστὶ τὰ δόγματα καὶ μὴ πάμπολυ διεστηκότα· πρῶτα μὲν γὰρ αὐτοῖς ἡ περὶ τοῦ κόσμου γνώμη διάφορος, εἴ γε τοῖς μὲν ἀγέννητός τε καὶ ἀνώλεθρος εἶναι δοκεῖ, οἱ δὲ καὶ τὸν δημιουργὸν αὐτοῦ καὶ τῆς κατασκευῆς τὸν τρόπον εἰπεῖν ἐτόλμησαν· οὓς καὶ μάλιστα ἐθαύμαζον θεὸν μέν τινα τεχνίτην τῶν ὅλων ἐφιστάντας, οὐ προστιθέντας δὲ οὔτε ὅθεν ἥκων οὔτε ὅπου ἑστὼς ἕκαστα ἐτεκταίνετο, καίτοι πρό γε τῆς τοῦ παντὸς γενέσεως ἀδύνατον καὶ χρόνον καὶ τόπον ἐπινοεῖν.

ΕΤΑΙΡΟΣ

Μάλα τινάς, ὦ Μένιππε, τολμητὰς καὶ θαυματοποιοὺς ἄνδρας λέγεις.

ΜΕΝΙΠΠΟΣ

Τί δ' εἰ ἀκούσειας, ὦ θαυμάσιε, περί τε ἰδεῶν καὶ ἀσωμάτων ἃ διεξέρχονται ἢ τοὺς περὶ τοῦ πέρατός τε καὶ ἀπείρου λόγους; καὶ γὰρ αὖ καὶ αὕτη νεανικὴ αὐτοῖς ἡ μάχη, τοῖς μὲν τέλει τὸ πᾶν περιγράφουσι, τοῖς δὲ ἀτελὲς τοῦτο εἶναι ὑπολαμβάνουσιν· οὐ μὴν ἀλλὰ καὶ παμπόλλους τινὰς εἶναι τοὺς κόσμους ἀπεφαίνοντο καὶ τῶν ὡς περὶ ἑνὸς αὐτῶν διαλεγομένων κατεγίνωσκον. ἕτερος δέ τις οὐκ εἰρηνικὸς ἀνὴρ πόλεμον τῶν ὅλων πατέρα εἶναι ἐδόξαζε.

[9] Περὶ μὲν γὰρ τῶν θεῶν τί χρὴ καὶ λέγειν; ὅπου τοῖς μὲν ἀριθμός τις ὁ θεὸς ἦν, οἱ δὲ κατὰ χηνῶν καὶ κυνῶν καὶ πλατάνων ἐπώμνυντο. καὶ οἱ μὲν τοὺς ἄλλους ἅπαντας θεοὺς ἀπελάσαντες ἑνὶ μόνῳ τὴν τῶν ὅλων ἀρχὴν ἀπένεμον, ὥστε ἠρέμα καὶ ἄχθεσθαί με τοσαύτην ἀπορίαν θεῶν

eine Art Trinkhalm die Flüssigkeit aus dem Meer emporsauge und ihnen allen der Reihe nach den Trank zuteile.

[8] Wie groß der Gegensatz ihrer Lehren ist, versteht man schnell. Und achte, bei Zeus, darauf, ob ihre Lehrsätze miteinander zu tun haben und nicht vielmehr völlig verschieden voneinander sind. Da sind zunächst einmal ihre Ansichten über den Kosmos unvereinbar, wenn jedenfalls die einen ihn für nicht entstanden und unvergänglich halten, die anderen hingegen sowohl seinen Schöpfer als auch die Art und Weise seiner Einrichtung zu erklären wagen: Die versetzten mich am meisten in Erstaunen, indem sie einen Gott zum Schöpfer des Alls machen, ohne jedoch hinzuzusetzen, woher er kam oder worauf er stand, als er alle Dinge zusammenfügte; dabei ist es doch unmöglich, sich vor der Entstehung des Alls Zeit und Raum vorzustellen.

FREUND

Wirklich, Menipp, Dreistlinge und Wundertäter, so wie du sie beschreibst!

MENIPP

Und was, wenn du erst hörst, mein Lieber, was sie über die Ideen und die unkörperlichen Dinge vorbringen, oder ihre Ausführungen über das Endliche und das Unendliche? Denn auch darüber bekriegen sie sich wie die Kinder: Die einen ziehen eine Grenze um das All, die anderen nehmen an, es sei unbegrenzt. Und nicht genug damit, sie legten auch noch dar, es gebe sehr viele Kosmen, und verachteten alle, die über sie sprechen, als wären sie nur einer. Noch ein anderer, nicht gerade ein Mann des Friedens, hat sogar die Ansicht vertreten, aller Dinge Vater sei der Krieg.[6]

[9] Was soll ich noch über die Götter sagen? Wo doch für die einen Gott eine Zahl war, die anderen aber bei Gänsen, Hunden und Platanen schworen.[7] Und die einen verjagten alle übrigen Götter und verliehen nur einem einzigen die Herrschaft über das All, so dass ich doch ein wenig verärgert war, von so einem Mangel an Göttern zu hören. Andere wiederum ließen sie in verschwenderi-

ἀκούοντα· οἱ δ᾽ ἔμπαλιν ἐπιδαψιλευόμενοι πολλούς τε αὐτοὺς ἀπέφαινον καὶ διελόμενοι τὸν μέν τινα πρῶτον θεὸν ἐπεκάλουν, τοῖς δὲ τὰ δεύτερα καὶ τρίτα ἔνεμον τῆς θεότητος· ἔτι δὲ οἱ μὲν ἀσώματόν τι καὶ ἄμορφον ἡγοῦντο εἶναι τὸ θεῖον, οἱ δὲ περὶ σώματος αὐτοῦ διενοοῦντο. εἶτα καὶ προνοεῖν τῶν καθ᾽ ἡμᾶς πραγμάτων οὐ πᾶσιν ἐδόκουν οἱ θεοί, ἀλλ᾽ ἦσάν τινες οἱ τῆς συμπάσης ἐπιμελείας αὐτοὺς ἀφιέντες, ὥσπερ ἡμεῖς εἰώθαμεν ἀπολύειν τῶν λειτουργιῶν τοὺς παρηβηκότας· οὐδὲν γὰρ ὅτι μὴ τοῖς κωμικοῖς δορυφορήμασιν ἐοικότας αὐτοὺς εἰσάγουσιν. ἔνιοι δὲ ταῦτα πάντα ὑπερβάντες οὐδὲ τὴν ἀρχὴν εἶναι θεούς τινας ἐπίστευον, ἀλλ᾽ ἀδέσποτον καὶ ἀνηγεμόνευτον φέρεσθαι τὸν κόσμον ἀπελίμπανον.

[10] Τοιγάρτοι ταῦτα ἀκούων ἀπιστεῖν μὲν οὐκ ἐτόλμων ὑψιβρεμέταις τε καὶ ἠϋγενείοις ἀνδράσιν· οὐ μὴν εἶχόν γε ὅπη τῶν λόγων τραπόμενος ἀνεπίληπτόν τι αὐτῶν εὕροιμι καὶ ὑπὸ θατέρου μηδαμῆ περιτρεπόμενον. ὥστε δὴ τὸ Ὁμηρικὸν ἐκεῖνο ἀτεχνῶς ἔπασχον· πολλάκις μὲν γὰρ ἂν ὥρμησα πιστεύειν τινὶ αὐτῶν,

ἕτερος δέ με θυμὸς ἔρυκεν.

Ἐφ᾽ οἷς ἅπασιν ἀμηχανῶν ἐπὶ γῆς μὲν ἀκούσεσθαί τι περὶ τούτων ἀληθὲς ἀπεγίνωσκον, μίαν δὲ τῆς συμπάσης ἀπορίας ἀπαλλαγὴν ᾤμην ἔσεσθαι, εἰ αὐτὸς πτερωθείς πως ἀνέλθοιμι εἰς τὸν οὐρανόν. τούτου δέ μοι παρεῖχε τὴν ἐλπίδα μάλιστα μὲν ἡ ἐπιθυμία καὶ ὁ λογοποιὸς Αἴσωπος ἀετοῖς καὶ κανθάροις, ἐνίοτε καὶ καμήλοις βάσιμον ἀποφαίνων τὸν οὐρανόν. αὐτὸν μὲν οὖν πτεροφυῆσαί ποτε οὐδεμιᾷ μηχανῇ δυνατὸν εἶναί μοι κατεφαίνετο· εἰ δὲ γυπὸς ἢ ἀετοῦ περιθείμην πτερά – ταῦτα γὰρ μόνα διαρκέσαι πρὸς μέγεθος ἀνθρωπίνου σώματος – τάχα ἄν μοι τὴν πεῖραν προχωρῆσαι. καὶ δὴ συλλαβὼν τὰ ὄρνεα θατέρου μὲν τὴν

scher Fülle viele sein und teilten sie auf, indem sie einen von ihnen den ersten Gott nannten, den anderen dann den zweiten und dritten Platz in der Göttlichkeit zuwiesen. Weiterhin glaubten die einen, das Göttliche besitze weder Körper noch Gestalt, andere dachten über seine Leiblichkeit nach.[8] Dann meinten nicht alle, die Götter kümmerten sich um unsere Belange, sondern es gab welche, die sie von jeder Fürsorge freisprachen, so wie wir gewöhnlich diejenigen von den Liturgien befreien, die ein gewisses Alter überschritten haben.[9] Denn sie lassen sie so auftreten, als ob sie in jeder Hinsicht den Statisten der Komödie glichen.[10] Und einige gingen sogar noch über all das hinaus und waren überzeugt, dass es überhaupt keine Götter gebe, sondern ließen den Kosmos herrscher- und führerlos dahintreiben.[11]

[10] Und so wagte ich, als ich ihnen zuhörte, zwar nicht, ihnen nicht zu glauben, diesen Hochdonnernden und Edelbärten: Und doch, es gab keinen Punkt in ihren Darlegungen, wohin ich mich hätte wenden können und den ich dann unangreifbar und nicht von einem anderen auf den Kopf gestellt gefunden hätte. Und so ging es mir schlicht und ergreifend wie bei Homer: Denn oft wollte ich schon einem von ihnen Glauben schenken,

doch zog mich ein anderes Verlangen zurück.[12]

Angesichts all dessen verzweifelte ich daran, auf Erden je etwas Wahres über diese Dinge erfahren zu können, und so dachte ich mir, da werde es nur einen einzigen Ausweg aus dieser ganzen Notlage geben: Wenn ich nämlich selbst irgendwie an Flügel käme und in den Himmel aufführe. Hoffnung, dies könne gelingen, gaben mir in erster Linie mein sehnlicher Wunsch zum einen, zum anderen der Fabeldichter Äsop, der dargetan hatte, wie der Himmel Adlern und Mistkäfern, ja manchmal sogar Kamelen zugänglich sei.[13] Nun war mir sonnenklar, dass ich mir selbst auf keine Weise jemals Flügel wachsen lassen könnte; wenn ich aber die Flügel eines Geiers oder eines Adlers anlegte – nur die würden ja für die Größe des menschlichen Körpers ausreichen –, dann würde mein Experi-

δεξιὰν πτέρυγα, τοῦ γυπὸς δὲ τὴν ἑτέραν ἀπέτεμον εὖ μάλα· εἶτα διαδήσας καὶ κατὰ τοὺς ὤμους τελαμῶσι καρτεροῖς ἁρμοσάμενος καὶ πρὸς ἄκροις τοῖς ὠκυπτέροις λαβάς τινας ταῖς χερσὶ παρασκευάσας ἐπειρώμην ἐμαυτοῦ τὸ πρῶτον ἀναπηδῶν καὶ ταῖς χερσὶν ὑπηρετῶν καὶ ὥσπερ οἱ χῆνες ἔτι χαμαιπετῶς ἐπαιρόμενος καὶ ἀκροβατῶν ἅμα μετὰ τῆς πτήσεως· ἐπεὶ δὲ ὑπήκουέ μοι τὸ χρῆμα, τολμηρότερον ἤδη τῆς πείρας ἡπτόμην, καὶ ἀνελθὼν ἐπὶ τὴν ἀκρόπολιν ἀφῆκα ἐμαυτὸν κατὰ τοῦ κρημνοῦ φέρων ἐς αὐτὸ τὸ θέατρον. [11] ὡς δὲ ἀκινδύνως κατεπτόμην, ἤδη καὶ μετέωρα ἐφρόνουν καὶ ἄρας ἀπὸ Πάρνηθος ἢ ἀπὸ Ὑμηττοῦ μέχρι Γερανείας ἐπετόμην, εἶτ᾽ ἐκεῖθεν ἐπὶ τὸν Ἀκροκόρινθον ἄνω, εἶτα ὑπὲρ Φολόης καὶ Ἐρυμάνθου μέχρι πρὸς τὸ Ταΰγετον.

Ἤδη δ᾽ οὖν μοι τοῦ τολμήματος ἐκμεμελετημένου τέλειός τε καὶ ὑψιπέτης γενόμενος οὐκέτι τὰ νεοττῶν ἐφρόνουν, ἀλλ᾽ ἐπὶ τὸν Ὄλυμπον ἀναβὰς καὶ ὡς ἐνῆν μάλιστα κούφως ἐπισιτισάμενος τὸ λοιπὸν ἔτεινον εὐθὺ τοῦ οὐρανοῦ, τὸ μὲν πρῶτον ἰλιγγιῶν ὑπὸ τοῦ βάθους, μετὰ δὲ ἔφερον καὶ τοῦτο εὐμαρῶς. ἐπεὶ δὲ κατ᾽ αὐτὴν ἤδη τὴν σελήνην ἐγεγόνειν πάμπολυ τῶν νεφῶν ἀποσπάσας, ᾐσθόμην κάμνοντος ἐμαυτοῦ, καὶ μάλιστα κατὰ τὴν ἀριστερὰν πτέρυγα τὴν γυπίνην. προσελάσας οὖν καὶ καθεζόμενος ἐπ᾽ αὐτῆς διανεπαυόμην ἐς τὴν γῆν ἄνωθεν ἀποβλέπων καὶ ὥσπερ ὁ τοῦ Ὁμήρου Ζεὺς ἐκεῖνος ἄρτι μὲν τὴν τῶν ἱπποπόλων Θρῃκῶν καθορώμενος, ἄρτι δὲ τὴν Μυσῶν, μετ᾽ ὀλίγον δέ, εἰ δόξειέ μοι, τὴν Ἑλλάδα, τὴν Περσίδα καὶ τὴν Ἰνδικήν. ἐξ ὧν ἁπάντων ποικίλης τινὸς ἡδονῆς ἐνεπιμπλάμην.

ΕΤΑΙΡΟΣ

Οὐκοῦν καὶ ταῦτα λέγοις ἄν, ὦ Μένιππε, ἵνα μηδὲ καθ᾽ ἓν ἀπολειπώμε-

ment wohl schnell Erfolge zeitigen. Daher schnappte ich mir die Vögel und schnitt dem einen den rechten, dem Geier den linken Flügel sauber ab. Dann verband ich sie miteinander und befestigte sie mit kräftigen Gurten an meinen Schultern. An den Flügelspitzen brachte ich Handgriffe an und machte erste Flugversuche, indem ich hochhüpfte, mit den Händen ruderte und mich wie die Gänse, noch am Boden, aufrichtete und halb schon flog, halb auf den Zehenspitzen lief. Als mir die Konstruktion dann gehorchte, nahm ich eine wagemutigere Phase meines Experiments in Angriff, stieg zur Akropolis hinauf und stürzte mich mit Schwung in den Abgrund, direkt hinein ins Theater. **[11]** Und da ich ungefährdet hinabglitt, richteten sich meine Gedanken gleich auf Höheres, und ich flog, vom Parnes oder vom Hymettos startend, bis zur Geraneia, dann von dort hinauf bis zur Akrokorinth, dann über die Pholoe und den Erymanthos bis zum Taygetos. Bei all dem Training für mein riskantes Vorhaben schon ein vollkommener Überflieger geworden, waren meine Gedanken und Pläne bereits nicht mehr die eines frisch geschlüpften Vögelchens, sondern ich stieg zum Olymp hinauf, verproviantierte mich so leicht wie nur irgend möglich und strebte nun direkt in den Himmel.[14] Zuerst war mir von der Tiefe unter mir noch ganz schwindlig, bald aber ertrug ich auch das mit Leichtigkeit. Als ich, ein gutes Stück von den Wolken entfernt, schon beim Mond angelangt war, merkte ich, wie ich allmählich ermüdete, und zwar vor allem am linken Flügel, dem des Geiers. Ich landete also auf dem Mond, ließ mich nieder und ruhte mich richtig aus, wobei ich von oben hinunter auf die Erde schaute und wie jener Zeus Homers bald das Land der rossetummelnden Thraker, bald das der Myser, und gleich schon, wenn ich Lust hatte, Griechenland, Persien und sogar Indien unter mir betrachtete.[15] All das erfüllte mich mit Lust und Freude unterschiedlichster Art.

FREUND

Erzähl mir auch davon, Menipp, damit ich keinen einzigen Schritt hinter deiner Reise zurückbleibe, sondern hast du auf dem Weg

θα τῆς ἀποδημίας, ἀλλ' εἴ τί σοι καὶ ὁδοῦ πάρεργον ἱστόρηται, καὶ τοῦτο εἰδῶμεν· ὡς ἔγωγε οὐκ ὀλίγα προσδοκῶ ἀκούσεσθαι σχήματός τε πέρι γῆς καὶ τῶν ἐπ' αὐτῆς ἁπάντων, οἷά σοι ἄνωθεν ἐπισκοποῦντι κατεφαίνετο.

ΜΕΝΙΠΠΟΣ

Καὶ ὀρθῶς γε, ὦ ἑταῖρε, εἰκάζεις· διόπερ ὡς οἷόν τε ἀναβὰς ἐπὶ τὴν σελήνην τῷ λόγῳ συναποδήμει τε καὶ συνεπισκόπει τὴν ὅλην τῶν ἐπὶ γῆς διάθεσιν. **[12]** καὶ πρῶτόν γέ μοι πάνυ μικρὰν δόκει τινὰ τὴν γῆν ὁρᾶν, πολὺ λέγω τῆς σελήνης βραχυτέραν, ὥστε ἐγὼ ἄφνω κατακύψας ἐπὶ πολὺ ἠπόρουν ποῦ εἴη τὰ τηλικαῦτα ὄρη καὶ ἡ τοσαύτη θάλαττα· καὶ εἴ γε μὴ τὸν Ῥοδίων κολοσσὸν ἐθεασάμην καὶ τὸν ἐπὶ τῇ Φάρῳ πύργον, εὖ ἴσθι, παντελῶς ἂν με ἡ γῆ διέλαθεν. νῦν δὲ ταῦτα ὑψηλὰ ὄντα καὶ ὑπερανεστηκότα καὶ ὁ Ὠκεανὸς ἠρέμα πρὸς τὸν ἥλιον ὑποστίλβων διεσήμαινέ μοι γῆν εἶναι τὸ ὁρώμενον. ἐπεὶ δὲ ἅπαξ τὴν ὄψιν ἐς τὸ ἀτενὲς ἀπηρεισάμην, ἅπας ὁ τῶν ἀνθρώπων βίος ἤδη κατεφαίνετο, οὐ κατὰ ἔθνη μόνον καὶ πόλεις, ἀλλὰ καὶ αὐτοὶ σαφῶς οἱ πλέοντες, οἱ πολεμοῦντες, οἱ γεωργοῦντες, οἱ δικαζόμενοι, τὰ γύναια, τὰ θηρία, καὶ πάνθ' ἁπλῶς ὁπόσα τρέφει ζείδωρος ἄρουρα.

ΕΤΑΙΡΟΣ

Παντελῶς ἀπίθανα φὴς ταῦτα καὶ αὐτοῖς ὑπεναντία· ὃς γὰρ ἀρτίως, ὦ Μένιππε, τὴν γῆν ἐζήτεις ὑπὸ τοῦ μεταξὺ διαστήματος ἐς βραχὺ συνεσταλμένην, καὶ εἴ γε μὴ ὁ κολοσσὸς ἐμήνυσέ σοι, τάχα ἂν ἄλλο τι ᾠήθης ὁρᾶν, πῶς νῦν καθάπερ Λυγκεύς τις ἄφνω γενόμενος ἅπαντα διαγινώσκεις τὰ ἐπὶ γῆς, τοὺς ἀνθρώπους, τὰ θηρία, μικροῦ δεῖν τὰς τῶν ἐμπίδων νεοττιάς;

irgendeine Nebensächlichkeit erkundet, dann will ich das ebenfalls wissen! Denn ich hege nicht geringe Erwartungen, etwas über die Gestalt der Erde und aller Dinge auf ihr zu erfahren, so wie sie sich dir bei deiner Draufschau zeigten.[16]

MENIPP

Du vermutest ganz richtig, mein Freund. Steig daher, so gut du halt kannst, auf den Mond, mache meine Reise im Geiste mit und betrachte gemeinsam mit mir die gesamte Anordnung der irdischen Dinge! **[12]** Und zuerst stell dir vor, eine winzig kleine Erde zu sehen, viel kleiner als der Mond, meine ich damit, so dass ich mich, als ich mich unversehens einmal vorbeugte, ganz ratlos fragte, wo denn die riesigen Berge und das gewaltige Meer hin seien. Und hätte ich nicht den Koloss der Rhodier erblickt und den Leuchtturm auf Pharos, glaub mir, mir wäre die Erde ganz entgangen.[17] Nun aber machten sie, so hoch sie waren und so weit sie emporragten, und der Okeanos, wie er so ruhig in der Sonne glitzerte, mir ganz klar, dass das, was ich sah, die Erde war. Nachdem ich dann erst einmal meinen Blick scharfgestellt hatte, tat sich schließlich auch das ganze Leben der Menschen vor mir auf, nicht nur nach Völkern und Städten geordnet, sondern auch die Menschen selbst waren deutlich zu sehen, die Schiffer, die Kriegführenden, die Bauern, die Richter, die Frauen, die Tiere, überhaupt alles, was der getreidespendende Acker[18] ernährt.

FREUND

Absolut unglaublich das alles, was du da erzählst – und auch in sich widersprüchlich. Gerade eben, Menipp, suchtest du noch nach der Erde, die durch die Entfernung auf Kleinformat reduziert war, und hätte sie dir nicht der Koloss gewiesen, dann hättest du vielleicht geglaubt, etwas anderes zu sehen: Wie kommt es dann, dass du jetzt, plötzlich zu einer Art Lynkeus mutiert, alles auf der Erde unterscheiden kannst,[19] Menschen, Tiere, ja fast schon Mückeneier?

[13] ΜΕΝΙΠΠΟΣ

Εὖ γε ὑπέμνησας· ὃ γὰρ μάλιστα ἐχρῆν εἰπεῖν, τοῦτο οὐκ οἶδ' ὅπως παρέλιπον. ἐπεὶ γὰρ αὐτὴν μὲν ἐγνώρισα τὴν γῆν ἰδών, τὰ δ' ἄλλα οὐχ οἷός τε ἦν καθορᾶν ὑπὸ τοῦ βάθους ἅτε τῆς ὄψεως μηκέτι ἐφικνουμένης, πάνυ μ' ἠνία τὸ χρῆμα καὶ πολλὴν παρεῖχε τὴν ἀπορίαν. κατηφεῖ δὲ ὄντι μοι καὶ ὀλίγου δεῖν δεδακρυμένῳ ἐφίσταται κατόπιν ὁ σοφὸς Ἐμπεδοκλῆς, ἀνθρακίας τις ἰδεῖν καὶ σποδοῦ ἀνάπλεως καὶ κατωπτημένος· κἀγὼ μὲν ὡς εἶδον, – εἰρήσεται γάρ – ὑπεταράχθην καί τινα σεληναῖον δαίμονα ᾠήθην ὁρᾶν· ὁ δέ, »Θάρρει,« φησίν, »ὦ Μένιππε,

οὔτις τοι θεός εἰμι, τί μ' ἀθανάτοισιν ἐΐσκεις;

ὁ φυσικὸς οὗτός εἰμι Ἐμπεδοκλῆς· ἐπεὶ γὰρ ἐς τοὺς κρατῆρας ἐμαυτὸν φέρων ἐνέβαλον, ὁ καπνός με ἀπὸ τῆς Αἴτνης ἁρπάσας δεῦρο ἀνήγαγε, καὶ νῦν ἐν τῇ σελήνῃ κατοικῶ ἀεροβατῶν τὰ πολλὰ καὶ σιτοῦμαι δρόσον. ἥκω τοίνυν σε ἀπολύσων τῆς παρούσης ἀπορίας· ἀνιᾷ γάρ σε, οἶμαι, καὶ στρέφει τὸ μὴ σαφῶς τὰ ἐπὶ γῆς ὁρᾶν.« »Εὖ γε ἐποίησας,« ἦν δ' ἐγώ, »βέλτιστε Ἐμπεδόκλεις, κἀπειδὰν τάχιστα κατάπτωμαι πάλιν ἐς τὴν Ἑλλάδα, μεμνήσομαι σπένδειν τέ σοι ἐπὶ τῆς καπνοδόκης κἀν ταῖς νουμηνίαις πρὸς τὴν σελήνην τρὶς ἐγχανὼν προσεύχεσθαι.« »Ἀλλὰ μὰ τὸν Ἐνδυμίωνα,« ἦ δ' ὅς, »οὐχὶ τοῦ μισθοῦ χάριν ἀφῖγμαι, πέπονθα δέ τι τὴν ψυχὴν ἰδών σε λελυπημένον. ἀτὰρ οἶσθα ὅ τι δράσας ὀξυδερκὴς γενήσῃ;« [14] »Μὰ Δί',« ἦν δ' ἐγώ, »ἢν μὴ σύ μοι τὴν ἀχλύν πως ἀφέλῃς ἀπὸ τῶν ὀμμάτων· νῦν γὰρ δὴ λημᾶν οὐ μετρίως δοκῶ.« »Καὶ μὴν οὐδέν σε,« ἦ δ' ὅς, »ἐμοῦ δεήσει· τὸ γὰρ ὀξυδερκὲς αὐτὸς ἤδη γῆθεν ἥκεις ἔχων.« »Τί οὖν τοῦτό ἐστιν; οὐ γὰρ οἶδ',« ἔφην.

[13] MENIPP

Gut, dass du mich daran erinnerst! Was ich nämlich unbedingt hätte sagen müssen – wie konnte ich das nur vergessen? –: Als mir klar wurde, dass ich tatsächlich die Erde sah, aber sonst aufgrund der Tiefe nichts recht erkennen konnte, weil meine Sehkraft nicht mehr nachkam, da ärgerte mich das sehr und machte mich zugleich ziemlich ratlos. Während ich noch ganz niedergeschlagen war, ja beinahe in Tränen, da tritt von hinten der weise Empedokles zu mir, angekokelt, voll Asche und gut durchgebraten.[20] Als ich ihn erblickte, da – das will ich nicht verschweigen – geriet ich in Panik und glaubte, einen Monddämon zu sehen. Doch er sagte: »Nur Mut, Menipp,

kein Gott bin ich, warum vergleichst du mich mit den Göttern?[21]

Ich bin's, Empedokles, der bekannte Naturforscher. Als ich mich in den Krater stürzte, trug mich der Rauch rasend schnell vom Ätna empor hier hinauf, und nun lebe ich auf dem Mond, spintisiere so vor mich hin und ernähre mich von Tau.[22] Jetzt bin ich hier, um dich von deinem gegenwärtigen Problem zu erlösen. Denn es bekümmert und quält dich, glaube ich, die Tatsache, dass du die Dinge auf der Erde nicht deutlich sehen kannst.« »Das ist wirklich nett von dir, lieber Empedokles«, sagte ich, »und sobald ich wieder zurück nach Griechenland hinunterfliege, werde ich daran denken, dir am Rauchfang ein Trankopfer zu spenden, auf den Neumond zu starren und dabei dreimal zu dir zu beten.« »Aber bei Endymion«,[23] sagte er, »ich bin doch nicht wegen einer Belohnung gekommen! Mir tat es bloß in der Seele weh, dich so bekümmert zu sehen. Aber weißt du, was du tun musst, um scharf zu sehen?« [14] »Nein, bei Zeus«, sagte ich, »wenn du mir nicht irgendwie den Nebel von den Augen wegziehst. Im Moment habe ich nämlich wirklich das Gefühl, ziemlich triefäugig zu sein.« »Und doch«, sagte er, »brauchst du mich gar nicht, denn du hast ja die Scharfsichtigkeit schon selbst von der Erde mitgebracht.« »Und was soll

»Οὐκ οἶσθα,« ἦ δ᾽ ὅς, »ἀετοῦ τὴν πτέρυγα τὴν δεξιὰν περικείμενος;« »Καὶ μάλα,« ἦν δ᾽ ἐγώ· »τί δ᾽ οὖν πτέρυγι καὶ ὀφθαλμῷ κοινόν ἐστιν;« »Ὅτι,« ἦ δ᾽ ὅς, »παρὰ πολὺ τῶν ἄλλων ζῴων ἀετός ἐστιν ὀξυωπέστατος, ὥστε μόνος ἀντίον δέδορκε τῷ ἡλίῳ, καὶ τοῦτό ἐστιν ὁ γνήσιος καὶ βασιλεὺς ἀετός, ἢν ἀσκαρδαμυκτὶ πρὸς τὰς ἀκτῖνας βλέπῃ.« »Φασὶ ταῦτα,« ἦν δ᾽ ἐγώ, »καί μοι ἤδη μεταμέλει ὅτι δεῦρο ἀνιὼν οὐχὶ τὼ ὀφθαλμὼ τοῦ ἀετοῦ ἐνεθέμην τοὺς ἐμοὺς ἐξελών· ὡς νῦν γε ἡμιτελὴς ἀφῖγμαι καὶ οὐ πάντα βασιλικῶς ἐνεσκευασμένος, ἀλλ᾽ ἔοικα τοῖς νόθοις ἐκείνοις καὶ ἀποκηρύκτοις.« »Καὶ μὴν πάρα σοί,« ἦ δ᾽ ὅς, »αὐτίκα μάλα τὸν ἕτερον ὀφθαλμὸν ἔχειν βασιλικόν· ἢν γὰρ ἐθελήσῃς μικρὸν ἀναστὰς ἐπισχὼν τοῦ γυπὸς τὴν πτέρυγα θατέρᾳ μόνῃ πτερύξασθαι, κατὰ λόγον τῆς πτέρυγος τὸν δεξιὸν ὀφθαλμὸν ὀξυδερκὴς ἔσῃ· τὸν δὲ ἕτερον οὐδεμία μηχανὴ μὴ οὐκ ἀμβλύτερον δεδορκέναι τῆς μερίδος ὄντα τῆς χείρονος.« »Ἅλις,« ἦν δ᾽ ἐγώ, »εἰ καὶ ὁ δεξιὸς μόνος ἀετῶδες βλέποι· οὐδὲν γὰρ ἂν ἔλαττον γένοιτο, ἐπεὶ καὶ τοὺς τέκτονας πολλάκις ἑωρακέναι μοι δοκῶ θατέρῳ τῶν ὀφθαλμῶν ἄμεινον πρὸς τοὺς κανόνας ἀπευθύνοντας τὰ ξύλα.« Ταῦτα εἰπὼν ἐποίουν ἅμα τὰ ὑπὸ τοῦ Ἐμπεδοκλέους παρηγγελμένα· ὁ δὲ κατ᾽ ὀλίγον ὑπαπιὼν ἐς καπνὸν ἠρέμα διελύετο. **[15]** κἀπειδὴ τάχιστα ἐπτερυξάμην, αὐτίκα φῶς με πάμπολυ περιέλαμψε καὶ τὰ τέως λανθάνοντα πάντα διεφαίνετο· κατακύψας γοῦν ἐς τὴν γῆν ἑώρων σαφῶς τὰς πόλεις, τοὺς ἀνθρώπους, τὰ γιγνόμενα, καὶ οὐ τὰ ἐν ὑπαίθρῳ μόνον, ἀλλὰ καὶ ὁπόσα οἴκοι ἔπραττον οἰόμενοι λανθάνειν, Πτολεμαῖον μὲν συνόντα τῇ ἀδελφῇ, Λυσιμάχῳ δὲ τὸν υἱὸν

das bitte sein? Ich habe doch keine Ahnung«, sagte ich. »Weißt du nicht mehr«, sagte er, »dass du den rechten Flügel eines Adlers angelegt hast?« »Ja, schon«, sagte ich. »Aber was haben Flügel und Auge miteinander zu tun?« »Dass der Adler«, antwortete er, »von den übrigen Lebewesen bei weitem das scharfsichtigste ist, so sehr, dass er als einziger direkt in die Sonne zu blicken vermag, und ein Adler ist erst dann der echte König, wenn er ohne zu blinzeln in die Strahlen schaut.« »So sagt man«, meinte ich, »und es tut mir schon leid, dass ich beim Aufstieg nicht meine Augen herausgenommen und die beiden Adleraugen eingesetzt habe. So wie ich jetzt hier stehe, bin ich nur halbfertig und nicht ganz königlich ausgestattet, sondern komme mir vor wie einer von diesen unehelichen und enterbten Söhnen.«[24] »Dabei liegt es an dir«, sagte er, »dass sofort auch dein eines Auge über königliche Qualität verfügt; wenn du nämlich einmal kurz aufstehen willst, den Geierflügel ruhig hältst und nur den anderen schwingst, dann wirst du diesem Flügel entsprechend auf dem rechten Auge scharf sehen. Was das andere Auge betrifft, so gibt es kein Mittel gegen dessen Kurzsichtigkeit, es ist nun mal der schwächere Teil.« »Es reicht mir«, sagte ich, »wenn ich auch nur auf dem rechten Auge adlermäßig sehen kann. Das wird dann wohl auch nicht weniger bringen: Ich habe ja, irre ich mich nicht, auch schon öfter gesehen, wie die Zimmerleute das Brett mit nur einem Auge genauer nach der Richtschnur begradigt haben.«

Mit diesen Worten setzte ich Empedokles' Empfehlung in die Tat um, er hingegen entfernte sich ein paar Schritte und löste sich allmählich in Rauch auf. **[15]** Und gleich als ich mit dem Flügel schlug, umstrahlte mich helles Licht, und alles, was bis dahin unsichtbar gewesen war, erschien jetzt in völliger Klarheit. Nun beugte ich mich also über die Erde und konnte die Städte klar und deutlich erkennen, die Menschen, alles, was sich zutrug, und nicht nur ihr Tun unter freiem Himmel, sondern auch alles, was sie zuhause taten, im Glauben, unbeobachtet zu sein: Ptolemaios, der mit seiner

ἐπιβουλεύοντα, τὸν Σελεύκου δὲ Ἀντίοχον Στρατονίκῃ διανεύοντα λάθρα τῇ μητρυιᾷ, τὸν δὲ Θετταλὸν Ἀλέξανδρον ὑπὸ τῆς γυναικὸς ἀναιρούμενον καὶ Ἀντίγονον μοιχεύοντα τοῦ υἱοῦ τὴν γυναῖκα καὶ Ἀττάλῳ τὸν υἱὸν ἐγχέοντα τὸ φάρμακον, ἑτέρωθι δ' αὖ Ἀρσάκην φονεύοντα τὸ γύναιον καὶ τὸν εὐνοῦχον Ἀρβάκην ἕλκοντα τὸ ξίφος ἐπὶ τὸν Ἀρσάκην, Σπατῖνος δὲ ὁ Μῆδος ἐκ τοῦ συμποσίου πρὸς τῶν δορυφορούντων εἵλκετο ἔξω τοῦ ποδὸς σκύφῳ χρυσῷ τὴν ὀφρὺν κατηλοημένος. ὅμοια δὲ τούτοις ἔν τε Λιβύῃ καὶ παρὰ Σκύθαις καὶ Θρᾳξὶ γινόμενα ἐν τοῖς βασιλείοις ἦν ὁρᾶν, μοιχεύοντας, φονεύοντας, ἐπιβουλεύοντας, ἁρπάζοντας, ἐπιορκοῦντας, δεδιότας, ὑπὸ τῶν οἰκειοτάτων προδιδομένους.

[16] Καὶ τὰ μὲν τῶν βασιλέων τοιαύτην παρέσχε μοι τὴν διατριβήν, τὰ δὲ τῶν ἰδιωτῶν πολὺ γελοιότερα· καὶ γὰρ αὖ κἀκείνους ἑώρων, Ἑρμόδωρον μὲν τὸν Ἐπικούρειον χιλίων ἕνεκα δραχμῶν ἐπιορκοῦντα, τὸν Στωϊκὸν δὲ Ἀγαθοκλέα περὶ μισθοῦ τῷ μαθητῇ δικαζόμενον, Κλεινίαν δὲ τὸν ῥήτορα ἐκ τοῦ Ἀσκληπιείου φιάλην ὑφαιρούμενον, τὸν δὲ Κυνικὸν Ἡρόφιλον ἐν τῷ χαμαιτυπείῳ καθεύδοντα. τί γὰρ ἂν τοὺς ἄλλους λέγοιμι, τοὺς τοιχωρυχοῦντας, τοὺς δικαζομένους, τοὺς δανείζοντας, τοὺς ἀπαιτοῦντας; ὅλως γὰρ ποικίλη καὶ παντοδαπή τις ἦν ἡ θέα.

ΕΤΑΙΡΟΣ

Καὶ μὴν καὶ ταῦτα, ὦ Μένιππε, καλῶς εἶχεν λέγειν· ἔοικε γὰρ οὐ τὴν τυχοῦσαν τερπωλήν σοι παρεσχῆσθαι.

ΜΕΝΙΠΠΟΣ

Πάντα μὲν ἑξῆς διελθεῖν, ὦ φιλότης, ἀδύνατον, ὅπου γε καὶ ὁρᾶν αὐτὰ ἔργον ἦν· τὰ μέντοι κεφάλαια τῶν πραγμάτων τοιαῦτα ἐφαίνετο οἷά φησιν Ὅμηρος τὰ ἐπὶ τῆς ἀσπίδος· οὗ μὲν γὰρ ἦσαν εἰλαπίναι καὶ γάμοι, ἑτέρωθι δὲ δικαστήρια καὶ ἐκκλησίαι, καθ' ἕτερον δὲ μέρος ἔθυέ

Schwester schlief, Lysimachos, dem sein Sohn nachstellte, Antiochos, den Sohn des Seleukos, wie er seiner Stiefmutter Stratonike heimlich zunickte, den Thessalier Alexandros, wie er von seiner Frau ermordet wurde, Antigonos, der die Frau seines Sohnes verführte, Attalos, dem sein Sohn Gift einschüttete, und an anderer Stelle Arsakes, wie er die junge Frau erschlug, und den Eunuchen Arbakes, der sein Schwert gegen Arsakes zog; der Meder Spatinos wurde von seinen Leibwächtern am Fuß aus dem Festsaal nach draußen geschleift – man hatte ihm mit einem goldenen Becher die Stirn zerdroschen.[25] Ganz vergleichbare Ereignisse in den Palästen gab es in Libyen, bei den Skythen und bei den Thrakern zu sehen, Ehebrecher, Mörder, Intriganten, Räuber, Meineidige, Feiglinge und Opfer des Verrats ihrer nächsten Verwandten.

[16] Das war der Zeitvertreib, den mir das Verhalten der Könige bot, aber das der normalen Menschen war noch viel lachhafter. Denn auch die konnte ich sehen: den Epikuräer Hermodoros, der für tausend Drachmen einen Meineid schwor, den Stoiker Agathokles, der gegen einen Schüler wegen seiner Entlohnung prozessierte, den Rhetor Kleinias, wie er eine Schale aus dem Asklepiostempel stahl, den Kyniker Herophilos, wie er im Bordell schlief.[26] Was soll ich die übrigen auflisten, die Einbrecher, die Prozesshanseln, die Wucherer, die Geldeintreiber? Das Schauspiel war ja bunt und vielseitig.

FREUND

Auch das war eine sehr schöne Erzählung, Menipp! Da hat man dir ja nicht die erste beste Unterhaltung geboten.

MENIPP

Alles nacheinander durchzugehen, mein Freund, wäre unmöglich – allein schon alles anzuschauen war echte Arbeit! In erster Linie zeigten sich mir da allerdings doch Dinge von der Art, wie sie Homer in seiner Schildbeschreibung aufzählt:[27] Denn da gab es Feste und Hochzeiten, an anderer Stelle Prozesse und politische Versammlungen, an noch anderer Stelle war man beim Opfern, und

τις, ἐν γειτόνων δὲ πενθῶν ἄλλος ἐφαίνετο· καὶ ὅτε μὲν ἐς τὴν Γετικὴν ἀποβλέψαιμι, πολεμοῦντας ἂν ἑώρων τοὺς Γέτας· ὅτε δὲ μεταβαίην ἐπὶ τοὺς Σκύθας, πλανωμένους ἐπὶ τῶν ἁμαξῶν ἦν ἰδεῖν· μικρὸν δὲ ἐγκλίνας τὸν ὀφθαλμὸν ἐπὶ θάτερα τοὺς Αἰγυπτίους γεωργοῦντας ἐπέβλεπον, καὶ ὁ Φοῖνιξ ἐνεπορεύετο καὶ ὁ Κίλιξ ἐλῄστευεν καὶ ὁ Λάκων ἐμαστιγοῦτο καὶ ὁ Ἀθηναῖος ἐδικάζετο. **[17]** ἁπάντων δὲ τούτων ὑπὸ τὸν αὐτὸν γινομένων χρόνον ὥρα σοι ἤδη ἐπινοεῖν ὁποῖός τις ὁ κυκεὼν οὗτος ἐφαίνετο. ὥσπερ ἂν εἴ τις παραστησάμενος πολλοὺς χορευτάς, μᾶλλον δὲ πολλοὺς χορούς, ἔπειτα προστάξειε τῶν ᾀδόντων ἑκάστῳ τὴν συνῳδίαν ἀφέντα ἴδιον ᾄδειν μέλος, φιλοτιμουμένου δὲ ἑκάστου καὶ τὸ ἴδιον περαίνοντος καὶ τὸν πλησίον ὑπερβάλλεσθαι τῇ μεγαλοφωνίᾳ προθυμουμένου – ἆρα ἐνθυμῇ πρὸς Διὸς οἵα γένοιτ' ἂν ἡ ᾠδή;

ΕΤΑΙΡΟΣ

Παντάπασιν, ὦ Μένιππε, παγγέλοιος καὶ τεταραγμένη.

ΜΕΝΙΠΠΟΣ

Καὶ μήν, ὦ ἑταῖρε, τοιοῦτοι πάντες εἰσὶν οἱ ἐπὶ γῆς χορευταὶ κἀκ τοιαύτης ἀναρμοστίας ὁ τῶν ἀνθρώπων βίος συντέτακται, οὐ μόνον ἀπῳδὰ φθεγγομένων, ἀλλὰ καὶ ἀνομοίων τὰ σχήματα καὶ τἀναντία κινουμένων καὶ ταὐτὸν οὐδὲν ἐπινοούντων, ἄχρι ἂν αὐτῶν ἕκαστον ὁ χορηγὸς ἀπελάσῃ τῆς σκηνῆς οὐκέτι δεῖσθαι λέγων· τοὐντεῦθεν δὲ ὅμοιοι πάντες ἤδη σιωπῶντες, οὐκέτι τὴν συμμιγῆ καὶ ἄτακτον ἐκείνην ᾠδὴν ἀπᾴδοντες. ἀλλ' ἐν αὐτῷ γε ποικίλῳ καὶ πολυειδεῖ τῷ θεάτρῳ πάντα μὲν γελοῖα δήπουθεν ἦν τὰ γινόμενα.

[18] Μάλιστα δὲ ἐπ' ἐκείνοις ἐπῄει μοι γελᾶν τοῖς περὶ γῆς ὅρων ἐρίζουσι καὶ τοῖς μέγα φρονοῦσιν ἐπὶ τῷ τὸ Σικυώνιον πεδίον γεωργεῖν ἢ Μαραθῶνος ἔχειν τὰ περὶ τὴν Οἰνόην ἢ Ἀχαρνῆσι πλέθρα κεκτῆσθαι

gleich in der Nachbarschaft sah man weitere Menschen bei Trauerriten. Richtete ich meinen Blick auf die Region der Geten, konnte ich die Geten auf ihrem Kriegszug verfolgen;[28] dann wieder, wendete ich ihn auf die Skythen, war zu sehen, wie sie auf ihren Wagen kreuz und quer herumfuhren; ließ ich meinen Blick ein wenig wandern, fiel er auf die Ägypter, wie sie ihr Land bebauten. Der Phönizier reiste durch die Welt, der Kilikier war auf Raubzug, der Spartaner peitschte sich aus, der Athener führte Prozesse.[29] **[17]** Angesichts dessen, dass das alles gleichzeitig geschah, kannst Du Dir jetzt sicher vorstellen, was für ein kunterbuntes Potpourri sich da dem Auge bot. Es war, wie wenn man viele Chorsänger, besser noch: viele Chöre nebeneinander aufstellte und dann jedem Sänger aufträge, nicht mit den anderen gemeinsam zu singen, sondern seine eigene Melodie anzustimmen, wobei jeder ehrgeizig sein Ding durchzöge und den Nachbarn an Lautstärke zu übertreffen suchte – kannst du dir vorstellen, bei Zeus, was das für ein Lied gäbe?

FREUND

Ein absolut lächerliches Chaos, Menipp!

MENIPP

Tatsächlich, mein Freund, sind die Chorsänger auf der Erde alle so, und so ist die Disharmonie des menschlichen Lebens gefügt, nicht nur voller Misstöne, sondern auch ihre Tanzfiguren sind nicht einheitlich, sie bewegen sich nie alle in die gleiche Richtung, ihre Vorstellungen und Absichten stimmen nicht überein – solange, bis der Chorege[30] sie alle von der Bühne jagt und ihnen sagt, sie würden jetzt nicht mehr benötigt. Dann, endlich, sind sie alle gleich und still und singen nicht mehr taktlos und schief durcheinander. Aber was sich hier abspielte, in diesem Theater der unzähligen bunten Gestalten, das war einfach alles nur lächerlich.

[18] Am allermeisten musste ich aber über die Menschen lachen, die über Gebietsgrenzen stritten und sich groß was darauf einbildeten, dass sie Sikyons Ebene bebauen, dass ihnen die Gegend von Oinoe in Marathon gehört oder dass sie bei Acharnai tausend

χίλια· τῆς γοῦν Ἑλλάδος ὅλης ὡς τότε μοι ἄνωθεν ἐφαίνετο δακτύλων οὔσης τὸ μέγεθος τεττάρων, κατὰ λόγον, οἶμαι, ἡ Ἀττικὴ πολλοστημόριον ἦν. ὥστε ἐνενόουν ἐφ᾽ ὁπόσῳ τοῖς πλουσίοις τούτοις μέγα φρονεῖν κατελείπετο· σχεδὸν γὰρ ὁ πολυπλεθρότατος αὐτῶν μίαν τῶν Ἐπικουρείων ἀτόμων ἐδόκει μοι γεωργεῖν. ἀποβλέψας δὲ δὴ καὶ ἐς τὴν Πελοπόννησον, εἶτα τὴν Κυνοσουρίαν γῆν ἰδὼν ἀνεμνήσθην περὶ ὅσου χωρίου, κατ᾽ οὐδὲν Αἰγυπτίου φακοῦ πλατυτέρου, τοσοῦτοι ἔπεσον Ἀργείων καὶ Λακεδαιμονίων μιᾶς ἡμέρας. καὶ μὴν εἴ τινα ἴδοιμι ἐπὶ χρυσῷ μέγα φρονοῦντα, ὅτι δακτυλίους τε εἶχεν ὀκτὼ καὶ φιάλας τέτταρας, πάνυ καὶ ἐπὶ τούτῳ ἂν ἐγέλων· τὸ γὰρ Πάγγαιον ὅλον αὐτοῖς μετάλλοις κεγχριαῖον ἦν τὸ μέγεθος.

[19] ΕΤΑΙΡΟΣ

Ὦ μακάριε Μένιππε τῆς παραδόξου θέας. αἱ δὲ δὴ πόλεις πρὸς Διὸς καὶ οἱ ἄνδρες αὐτοὶ πηλίκοι διεφαίνοντο ἄνωθεν;

ΜΕΝΙΠΠΟΣ

Οἶμαί σε πολλάκις ἤδη μυρμήκων ἀγορὰν ἑωρακέναι, τοὺς μὲν εἰλουμένους περὶ τὸ στόμα τοῦ φωλεοῦ κἀν τῷ μέσῳ πολιτευομένους, ἐνίους δ᾽ ἐξιόντας, ἑτέρους δὲ ἐπανιόντας αὖθις εἰς τὴν πόλιν· καὶ ὁ μέν τις τὴν κόπρον ἐκφέρει, ὁ δὲ ἁρπάσας ποθὲν ἢ κυάμου λέπος ἢ πυροῦ ἡμίτομον θεῖ φέρων. εἰκὸς δὲ ἦν παρ᾽ αὐτοῖς κατὰ λόγον τοῦ μυρμήκων βίου καὶ οἰκοδόμους τινὰς καὶ δημαγωγοὺς καὶ πρυτάνεις καὶ μουσικοὺς καὶ φιλοσόφους. πλὴν αἵ γε πόλεις αὐτοῖς ἀνδράσι ταῖς μυρμηκιαῖς μάλιστα ἐῴκεσαν. εἰ δέ σοι δοκεῖ μικρὸν τὸ παράδειγμα, τὸ ἀνθρώπους εἰκάσαι τῇ μυρμήκων πολιτείᾳ, τοὺς παλαιοὺς μύθους ἐπίσκεψαι τῶν Θεττα-

Plethren Land besitzen – war doch verglichen mit ganz Griechenland (das, wie es mir damals von oben aus schien, vier Finger breit war) Attika nur ein verschwindend geringer Bruchteil. So wurde mir bewusst, wieviel das eigentlich ist, was diesen Reichen noch bleibt, um sich darauf etwas einzubilden: Denn selbst der von ihnen mit dem meisten Land schien mir gerade mal eines der Atome Epikurs zu bebauen. Als ich dann zur Peloponnes und genauer auf Kynosouria blickte, dachte ich, für wie wenig Land, nicht breiter als eine ägyptische Bohne, doch damals so viele Argeier und Lakedaimonier an einem einzigen Tag gefallen waren.[31] Und ich musste wirklich auch laut lachen, sah ich jemanden sich etwas auf sein Gold einbilden, weil er acht Ringe und vier Schalen besaß: War doch das gesamte Pangaion mit seinen Minen gerade mal so groß wie ein Hirsekorn.[32]

[19] FREUND

Menipp, was für ein Glück du hattest, so ein alle Erwartungen überbietendes Schauspiel sehen zu dürfen! Und wie war es mit den Städten, bei Zeus, und den Menschen in ihnen? Wie groß kamen sie dir vor, von oben aus?

MENIPP

Du wirst, denke ich, schon des öfteren einen Ameisenhaufen gesehen haben und wie dort einige am Eingang des Hügels betriebsam umeinanderwimmeln und in seiner Mitte ihren Geschäften nachgehen, andere den Hügel verlassen und wieder andere in die Stadt zurückkehren. Die eine bringt Exkremente hinaus, die andere eilt mit einer Bohnenhülse oder einem halben Weizenkorn herbei, das sie irgendwo ergattert hat. Und auch bei ihnen war es natürlich so, dass es, bezogen auf das Ameisenleben, Architekten, Demagogen, Prytanen[33], Musiker und Philosophen gab. Ja nun, die Städte glichen mitsamt ihrer Bevölkerung den Ameisenhaufen in jeder Hinsicht. Und wenn dir das Bild, der Vergleich menschlicher Staatswesen mit denen von Ameisen, zu tief gegriffen scheint, dann schau dir die alten Mythen der Thessaler an: Da kannst du lesen, dass die

λῶν· εὑρήσεις γὰρ τοὺς Μυρμιδόνας, τὸ μαχιμώτατον φῦλον, ἐκ μυρμήκων ἄνδρας γεγονότας.

Ἐπειδὴ δ' οὖν πάντα ἱκανῶς ἑώρατο καὶ κατεγεγέλαστό μοι, διασείσας ἐμαυτὸν ἀνεπτόμην

δώματ' ἐς αἰγιόχοιο Διὸς μετὰ δαίμονας ἄλλους.

[20] οὔπω στάδιον ἀνεληλύθειν καὶ ἡ Σελήνη γυναικείαν φωνὴν προϊεμένη »Μένιππε,« φησίν, »οὕτως ὄναιο, διακόνησαί μοί τι πρὸς τὸν Δία.« »Λέγοις ἄν,« ἦν δ' ἐγώ· »βαρὺ γὰρ οὐδέν, ἢν μή τι φέρειν δέῃ.« »Πρεσβείαν,« ἔφη, »τινὰ οὐ χαλεπὴν καὶ δέησιν ἀπένεγκε παρ' ἐμοῦ τῷ Διί· ἀπείρηκα γὰρ ἤδη, Μένιππε, πολλὰ καὶ δεινὰ παρὰ τῶν φιλοσόφων ἀκούουσα, οἷς οὐδὲν ἕτερόν ἐστιν ἔργον ἢ τἀμὰ πολυπραγμονεῖν, τίς εἰμι καὶ πηλίκη, καὶ δι' ἥντινα αἰτίαν διχότομος ἢ ἀμφίκυρτος γίγνομαι. καὶ οἱ μὲν κατοικεῖσθαί μέ φασιν, οἱ δὲ κατόπτρου δίκην ἐπικρέμασθαι τῇ θαλάττῃ, οἱ δὲ ὅ τι ἂν ἕκαστος ἐπινοήσῃ τοῦτό μοι προσάπτουσι. τὰ τελευταῖα δὲ καὶ τὸ φῶς αὐτὸ κλοπιμαῖόν τε καὶ νόθον εἶναί φασίν μοι ἄνωθεν ἧκον παρὰ τοῦ Ἡλίου, καὶ οὐ παύονται καὶ πρὸς τοῦτόν με ἀδελφὸν ὄντα συγκροῦσαι καὶ στασιάσαι προαιρούμενοι· οὐ γὰρ ἱκανὰ ἦν αὐτοῖς ἃ περὶ αὐτοῦ εἰρήκασι τοῦ Ἡλίου, λίθον αὐτὸν εἶναι καὶ μύδρον διάπυρον. **[21]** καίτοι πόσα ἐγὼ συνεπίσταμαι αὐτοῖς ἃ πράττουσι τῶν νυκτῶν αἰσχρὰ καὶ κατάπτυστα οἱ μεθ' ἡμέραν σκυθρωποὶ καὶ ἀνδρώδεις τὸ βλέμμα καὶ τὸ σχῆμα σεμνοὶ καὶ ὑπὸ τῶν ἰδιωτῶν ἀποβλεπόμενοι; κἀγὼ μὲν ταῦτα ὁρῶσα ὅμως σιωπῶ· οὐ γὰρ ἡγοῦμαι

Myrmidonen, jenes hochkriegerische Volk, aus Ameisen entstanden sind.[34]

Nachdem ich nun alles zur Genüge betrachtet und belacht hatte, schüttelte ich mich einmal kräftig und flog dann weiter nach oben, hinauf

zum Palast des aigishaltenden Zeus und den anderen
Göttern.[35]

[20] Ich war noch nicht einmal ein Stadion weit gekommen, als Selene mit der Stimme einer Frau[36] rief: »Menipp, du kannst mir einen Dienst erweisen und Zeus etwas von mir bestellen!«

»Sag's nur«, antwortete ich. »Kein Problem, solange ich nichts tragen muss.«

»Keine schwierige Mission ist es«, sagte sie, »und keine schwierige Bitte, die du Zeus von mir ausrichten sollst. Mir langt es nämlich allmählich, Menipp, mit all den vielen Ungeheuerlichkeiten, die ich mir von den Philosophen anhören muss, die nichts anderes zu tun haben, als sich in meine Angelegenheiten einzumischen, wer und wie groß ich bin und warum ich mich zweiteile oder beidseitig krümme. Dann behaupten die einen noch, ich sei bewohnt, andere, ich sei wie ein Spiegel über dem Meer aufgehängt,[37] wieder andere dichten mir an, was jedem gerade so in den Sinn kommt. Zu guter Letzt behaupten sie sogar, mein Licht sei gestohlen und unecht, es komme zu mir von der Sonne oben, und sie lassen nicht von ihrem Vorhaben ab, mich immer wieder mit ihr, die doch meine Schwester[38] ist, aneinander geraten zu lassen und mich in Aufruhr gegen sie zu versetzen. Denn es reicht ihnen ja nicht, was sie über die Sonne selbst sagen: Sie sei ein Stein und ein feuerdurchglühter Metallklumpen.[39]

[21] Und was weiß ich dabei alles über diese Leute – was zum Speien Abscheuliches sie bei Nacht tun, sie, die sich bei Tag mit dunkel-strenger Miene, männlichem Blick und in respekteinflößender Haltung von den normalen Leuten bewundern lassen?! Und ich? Ich sehe das alles – und schweige trotzdem. Denn ich halte es

πρέπειν ἀποκαλύψαι καὶ διαφωτίσαι τὰς νυκτερινὰς ἐκείνας διατριβὰς καὶ τὸν ἐπὶ τῆς κλίνης ἑκάστου βίον, ἀλλὰ κἄν τινα ἴδω αὐτῶν μοιχεύοντα ἢ κλέπτοντα ἢ ἄλλο τι τολμῶντα νυκτερινώτατον, εὐθὺς ἐπισπασαμένη τὸ νέφος ἐνεκαλυψάμην, ἵνα μὴ δείξω τοῖς πολλοῖς γέροντας ἄνδρας βαθεῖ πώγωνι καὶ ἀρετῇ ἐνασχημονοῦντας. οἱ δὲ οὐδὲν ἀνιᾶσι διασπαράττοντές με τῷ λόγῳ καὶ πάντα τρόπον ὑβρίζοντες, ὥστε νὴ τὴν Νύκτα πολλάκις ἐβουλευσάμην μετοικῆσαι ὅτι πορρωτάτω, ἵν' αὐτῶν τὴν περίεργον ἂν γλῶτταν διέφυγον. μέμνησο οὖν ταῦτά τε ἀπαγγεῖλαι τῷ Διὶ καὶ προσθεῖναι δ' ὅτι μὴ δυνατόν ἐστί μοι κατὰ χώραν μένειν, ἢν μὴ τοὺς φυσικοὺς ἐκεῖνος ἐπιτρίψῃ καὶ τοὺς διαλεκτικοὺς ἐπιστομίσῃ καὶ τὴν Στοὰν κατασκάψῃ καὶ τὴν Ἀκαδημίαν καταφλέξῃ καὶ παύσῃ τὰς ἐν τοῖς περιπάτοις διατριβάς· οὕτω γὰρ ἂν εἰρήνην ἀγάγοιμι καὶ παυσαίμην ὁσημέραι παρ' αὐτῶν γεωμετρουμένη.« **[22]** »ἔσται ταῦτα,« ἦν δ' ἐγώ, καὶ ἅμα πρὸς τὸ ἄναντες ἔτεινον τὴν ἐπὶ τοῦ οὐρανοῦ,

ἔνθα μὲν οὔτε βοῶν οὔτ' ἀνδρῶν φαίνετο ἔργα·

μετ' ὀλίγον γὰρ καὶ ἡ σελήνη βραχεῖά μοι καθεωρᾶτο καὶ τὴν γῆν ἤδη ἀπέκρυπτον.

Λαβὼν δὲ τὸν ἥλιον ἐν δεξιᾷ διὰ τῶν ἀστέρων πετόμενος τριταῖος ἐπλησίασα τῷ οὐρανῷ, καὶ τὸ μὲν πρῶτον ἐδόκει μοι ὡς εἶχον εὐθὺς εἴσω παριέναι· ῥᾳδίως γὰρ ᾤμην διαλαθεῖν ἅτε ἐξ ἡμισείας ὢν ἀετός, τὸν δὲ ἀετὸν ἠπιστάμην ἐκ παλαιοῦ συνήθη τῷ Διί· ὕστερον δὲ ἐλογισάμην ὡς τάχιστα καταφωράσουσί με γυπὸς τὴν ἑτέραν πτέρυγα περικείμενον. ἄριστον γοῦν κρίνας τὸ μὴ παρακινδυνεύειν ἔκοπτον προσελθὼν τὴν

für ungehörig, die nächtlichen Beschäftigungen und Bettgewohnheiten dieser Leute zu enthüllen und zu durchleuchten; nein, wenn ich einen von ihnen beim Ehebruch oder beim Diebstahl oder bei einer anderen oh wie nächtlichen Dreistigkeit sehe, dann ziehe ich sofort eine Wolke vor und hülle mich in sie ein, um nicht der ganzen Welt alte Männer zu zeigen, die sich trotz ihres langen Bartes und ihrer Tugend unanständig aufführen. Umgekehrt haben sie aber kein Problem damit, mich in ihren Ausführungen zu zerreißen und sich auf jede erdenkliche Art gegen mich zu vergehen, so dass ich – die Nacht ist mein Zeuge! – schon oft überlegt habe, ob ich nicht einfach so weit wie möglich wegziehen sollte, irgendwohin, wo ich ihrem müßigen und vorwitzigen Geschwätz entgehen könnte.

Also, vergiss nicht, das dem Zeus auszurichten und ihm außerdem zu sagen, ich sähe mich nicht in der Lage, vor Ort zu bleiben, wenn er nicht diese Naturforscher zerschmettere, den Dialektikern das Maul stopfe, die Stoa schleife, die Akademie abfackele und dem Herumhängen in den Umgängen ein Ende mache.[40] Dann hätte ich nämlich endlich Frieden und müsste mich nicht mehr jeden Tag von ihnen geometrisieren lassen.«

[22] »Das soll geschehen«, erwiderte ich, und zugleich strebte ich aufwärts, den Weg zum Himmel,

> wo weder Werke der Rinder noch die der Menschen erschienen.[41]

Schon nach kurzer Zeit sah der Mond für mich nur noch ganz klein aus, und die Erde hatte ich schon längst aus den Augen verloren.

Mit der Sonne zur Rechten flog ich durch die Sterne und näherte mich am dritten Tag dem Himmel. Zunächst hielt ich es für eine gute Idee, direkt, so wie ich war, hineinzufliegen. Ich glaubte nämlich, man würde mich ganz leicht gar nicht bemerken, weil ich zur Hälfte Adler war, und der Adler war ja dem Zeus bekanntlich schon immer vertraut. Dann aber überlegte ich mir, dass man mich gleich ertappen würde, da ich doch als zweiten Flügel den des Geiers angelegt hatte. So beschloss ich, am besten kein Risiko

θύραν. ὑπακούσας δὲ ὁ Ἑρμῆς καὶ τοὔνομα ἐκπυθόμενος ἀπῄει κατὰ σπουδὴν φράσων τῷ Διί, καὶ μετ᾽ ὀλίγον εἰσεκλήθην πάνυ δεδιὼς καὶ τρέμων, καταλαμβάνω τε πάντας ἅμα συγκαθημένους οὐδὲ αὐτοὺς ἀφρόντιδας· ὑπετάραττε γὰρ ἡσυχῇ τὸ παράδοξον μου τῆς ἐπιδημίας, καὶ ὅσον οὐδέπω πάντας ἀνθρώπους ἀφίξεσθαι προσεδόκων τὸν αὐτὸν τρόπον ἐπτερωμένους. **[23]** ὁ δὲ Ζεὺς μάλα φοβερῶς δριμύ τε καὶ τιτανῶδες εἰς ἐμὲ ἀπιδών φησί

τίς πόθεν εἰς ἀνδρῶν, πόθι τοι πόλις ἠδὲ τοκῆες;

Ἐγὼ δὲ ὡς τοῦτ᾽ ἤκουσα, μικροῦ μὲν ἐξέθανον ὑπὸ τοῦ δέους, εἱστήκειν δὲ ὅμως ἀχανὴς καὶ ὑπὸ τῆς μεγαλοφωνίας ἐμβεβροντημένος. χρόνῳ δ᾽ ἐμαυτὸν ἀναλαβὼν ἅπαντα διηγούμην σαφῶς ἄνωθεν ἀρξάμενος, ὡς ἐπιθυμήσαιμι τὰ μετέωρα ἐκμαθεῖν, ὡς ἔλθοιμι παρὰ τοὺς φιλοσόφους, ὡς τἀναντία λεγόντων ἀκούσαιμι, ὡς ἀπαγορεύσαιμι διασπώμενος ὑπὸ τῶν λόγων, εἶτα ἑξῆς τὴν ἐπίνοιαν καὶ τὰ πτερὰ καὶ τὰ ἄλλα πάντα μέχρι πρὸς τὸν οὐρανόν· ἐπὶ πᾶσι δὲ προσέθηκα τὰ ὑπὸ τῆς Σελήνης ἐπεσταλμένα. μειδιάσας δὲ ὁ Ζεὺς καὶ μικρὸν ἐπανεὶς τῶν ὀφρύων »τί ἂν λέγοις,« φησίν, »Ὤτου πέρι καὶ Ἐφιάλτου, ὅπου καὶ Μένιππος ἐτόλμησεν ἐς τὸν οὐρανὸν ἀνελθεῖν; ἀλλὰ νῦν μὲν ἐπὶ ξένιά σε καλοῦμεν, αὔριον δέ,« ἔφη, »περὶ ὧν ἥκεις χρηματίσαντες ἀποπέμψομεν.« καὶ ἅμα ἐξαναστὰς ἐβάδιζεν ἐς τὸ ἐπηκοώτατον τοῦ οὐρανοῦ· καιρὸς γὰρ ἦν ἐπὶ τῶν εὐχῶν καθέζεσθαι.

[24] Μεταξύ τε προϊὼν ἀνέκρινέ με περὶ τῶν ἐν τῇ γῇ πραγμάτων, τὰ πρῶτα μὲν ἐκεῖνα, πόσου νῦν ὁ πυρός ἐστιν ὤνιος ἐπὶ τῆς Ἑλλάδος,

einzugehen, trat an die Tür und klopfte. Hermes hörte mich, und nachdem er sich nach meinem Namen erkundigt hatte, eilte er, Zeus Bescheid zu sagen. Schon kurz darauf wurde ich hereingerufen, ganz ängstlich und zitternd, und drinnen finde ich sie, wie sie alle zusammensitzen, auch sie keineswegs unbesorgt, hatte sie meine sensationelle Reise doch ein wenig in Aufruhr versetzt, gerade, dass sie noch nicht erwarteten, jetzt würden alle Menschen, auf gleiche Weise beflügelt, zu ihnen kommen. **[23]** Zeus aber richtete einen furchterregend durchdringenden und titanenmäßigen Blick auf mich und sagte:

Wer bist du, woher kommst du, wo liegt die Stadt deiner Eltern?[42]

Bei diesen Worten wäre ich vor Angst fast tot umgefallen, aber ich blieb doch stehen, den Mund offen und ganz betäubt von seiner lauten Stimme. Nach ein paar Augenblicken hatte ich mich jedoch wieder gefangen und erzählte alles ganz genau und von Anfang an: wie ich die himmlischen Dinge hatte verstehen wollen, wie ich zu den Philosophen gegangen war, wie ich ihre widersprüchlichen Theorien angehört hatte, wie ich es satt gehabt hatte, mich von ihren Argumenten in immer neue Richtungen zerren zu lassen; darauf dann von meiner Idee, von den Flügeln und von allen Erlebnissen bis zum Himmel. Ich schloss mit dem Auftrag, den mir Selene erteilt hatte. Da lächelte Zeus, ließ die Augenbrauen ein wenig sinken und sprach: »Was soll man da noch über Otos und Ephialtes sagen, wo schon ein Menipp den Aufstieg zum Himmel gewagt hat?[43] Egal, jetzt laden wir dich zum Essen ein, und morgen« – so sagte er – »schicken wir dich zurück, nach einer Audienz zu den Dingen, derentwegen du gekommen bist.« Und mit diesen Worten erhob er sich und schritt zu dem Ort im Himmel, von dem aus man am besten hören kann. Es war nämlich an der Zeit, Platz zu nehmen, um die Gebete anzuhören.

[24] Auf dem Weg dorthin fragte er mich über die irdischen Angelegenheiten aus, und zuerst wollte er wissen, wie in Griechen-

καὶ εἰ σφόδρα ὑμῶν ὁ πέρυσι χειμὼν καθίκετο, καὶ εἰ τὰ λάχανα δεῖται πλείονος ἐπομβρίας. μετὰ δὲ ἠρώτα εἴ τις ἔτι λείπεται τῶν ἀπὸ Φειδίου καὶ δι' ἣν αἰτίαν ἐλλείποιεν Ἀθηναῖοι τὰ Διάσια τοσούτων ἐτῶν, καὶ εἰ τὸ Ὀλυμπίειον αὐτῷ ἐπιτελέσαι διανοοῦνται, καὶ εἰ συνελήφθησαν οἱ τὸν ἐν Δωδώνῃ νεὼν σεσυληκότες.

Ἐπεὶ δὲ περὶ τούτων ἀπεκρινάμην, »εἰπέ μοι, Μένιππε,« ἔφη, »περὶ δὲ ἐμοῦ οἱ ἄνθρωποι τίνα γνώμην ἔχουσι;« »τίνα,« ἔφην, »δέσποτα, ἢ τὴν εὐσεβεστάτην, βασιλέα σε πάντων εἶναι θεῶν;« »παίζεις ἔχων,« ἔφη· »τὸ δὲ φιλόκαινον αὐτῶν ἀκριβῶς οἶδα, κἂν μὴ λέγῃς. ἦν γάρ ποτε χρόνος, ὅτε καὶ μάντις ἐδόκουν αὐτοῖς καὶ ἰατρὸς καὶ πάντα ὅλως ἦν ἐγώ,

μεσταὶ δὲ Διὸς πᾶσαι μὲν ἀγυιαί,
πᾶσαι δ' ἀνθρώπων ἀγοραί·

καὶ ἡ Δωδώνη τότε καὶ ἡ Πῖσα λαμπραὶ καὶ περίβλεπτοι πᾶσιν ἦσαν, ὑπὸ δὲ τοῦ καπνοῦ τῶν θυσιῶν οὐδὲ ἀναβλέπειν μοι δυνατόν· ἐξ οὗ δὲ ἐν Δελφοῖς μὲν Ἀπόλλων τὸ μαντεῖον κατεστήσατο, ἐν Περγάμῳ δὲ τὸ ἰατρεῖον ὁ Ἀσκληπιὸς καὶ τὸ Βενδίδειον ἐγένετο ἐν Θρᾴκῃ καὶ τὸ Ἀνουβίδειον ἐν Αἰγύπτῳ καὶ τὸ Ἀρτεμίσιον ἐν Ἐφέσῳ, ἐπὶ ταῦτα μὲν ἅπαντες θέουσι καὶ πανηγύρεις ἀνάγουσι καὶ ἑκατόμβας παριστᾶσι καὶ χρυσᾶς πλίνθους ἀνατιθέασιν, ἐμὲ δὲ παρηβηκότα ἱκανῶς τετιμηκέναι νομίζουσιν, ἂν διὰ πέντε ὅλων ἐτῶν θύσωσιν ἐν Ὀλυμπίᾳ. τοιγαροῦν ψυχροτέρους ἄν μου τοὺς βωμοὺς ἴδοις τῶν Πλάτωνος νόμων ἢ τῶν Χρυσίππου συλλογισμῶν.«

[25] Τοιαῦθ' ἅμα διεξιόντες ἀφικνούμεθα ἐς τὸ χωρίον ἔνθα ἔδει αὐτὸν καθεζόμενον διακοῦσαι τῶν εὐχῶν. θυρίδες δὲ ἦσαν ἑξῆς τοῖς στομίοις τῶν φρεάτων ἐοικυῖαι πώματα ἔχουσαι, καὶ παρ' ἑκάστῃ θρόνος ἔκειτο χρυσοῦς. καθίσας οὖν ἑαυτὸν ἐπὶ τῆς πρώτης ὁ Ζεὺς καὶ ἀφελὼν τὸ πῶμα παρεῖχε τοῖς εὐχομένοις ἑαυτόν· εὔχοντο δὲ πανταχό-

land gerade der Preis für Weizen stünde, ob euch[44] der Winter letztes Jahr zu heftig gewesen sei und ob das Gemüse mehr Regen bräuchte. Dann fragte er, ob noch einer der Nachfahren des Phidias am Leben sei,[45] warum die Athener die Diasia so viele Jahre lang ausgelassen hätten, ob sie die Absicht hätten, ihm das Olympieion irgendwann fertigzubauen und ob man die Tempelräuber von Dodona erwischt habe.[46]

Nachdem ich ihm auf diese Fragen geantwortet hatte, sagte er: »Sag mir doch mal, Menipp, was die Menschen so für eine Meinung von mir haben!« »Was wohl, Herr«, antwortete ich, »als die einzig fromme, dass du nämlich König aller Götter bist?« »Du machst Witze«, sagte er. »Ihre Gier nach Neuerungen kenne ich nur zu gut, auch wenn du es mir nicht sagst. Gab es doch einst eine Zeit, da war ich ihnen auch Seher und Arzt und alles zusammen,

voll von Zeus alle Straßen
und alle Plätze der Menschen.[47]

Ja, damals waren auch Dodona und Pisa noch prachtvolle Orte und bei allen hochangesehen, und vor lauter Opferrauch konnte ich nicht mal die Augen öffnen. Aber seit in Delphi Apoll sein Orakel etabliert hat, in Pergamon Asklepios seine Praxis, und seit es das Bendideion in Thrakien, das Anubideion in Ägypten und das Artemision in Ephesos gibt, rennen alle dorthin, veranstalten dort Prozessionen und Hundertopfer und stiften Dachziegel aus Gold,[48] von mir hingegen denken sie, ich sei in die Jahre gekommen und es sei genug der Ehre, wenn sie mir alle vier Jahre in Olympia Opfer bringen. Und so kannst du also sehen, dass meine Altäre kälter als Platons *Gesetze* und Chrysipps *Syllogismen* sind.[49]

[25] Unter solchen Gesprächen gelangten wir an den Ort, wo er sich niederzulassen und die Gebete anzuhören hatte. Hintereinander gereiht waren da lauter Türchen, ganz ähnlich wie Brunnenöffnungen mit Deckeln, und neben jedem Türchen stand ein goldener Thron. Auf den setzte sich Zeus, beim ersten Türchen, nahm den Deckel ab und gewährte den Gebeten sein Ohr: Da

θεν τῆς γῆς διάφορα καὶ ποικίλα. συμπαρακύψας γὰρ καὶ αὐτὸς ἐπήκουον ἅμα τῶν εὐχῶν. ἦσαν δὲ τοιαίδε. »Ὦ Ζεῦ, βασιλεῦσαί μοι γένοιτο·« »Ὦ Ζεῦ, τὰ κρόμμυά μοι φῦναι καὶ τὰ σκόροδα·« »Ὦ θεοί, τὸν πατέρα μοι ταχέως ἀποθανεῖν·« ὁ δέ τις ἂν ἔφη »Εἴθε κληρονομήσαιμι τῆς γυναικός,« »Εἴθε λάθοιμι ἐπιβουλεύσας τῷ ἀδελφῷ,« »Γένοιτό μοι νικῆσαι τὴν δίκην,« »Δὸς στεφθῆναι τὰ Ὀλύμπια.« τῶν πλεόντων δὲ ὁ μὲν βορέαν εὔχετο ἐπιπνεῦσαι, ὁ δὲ νότον, ὁ δὲ γεωργὸς ᾔτει ὑετόν, ὁ δὲ γναφεὺς ἥλιον.

Ἐπακούων δὲ ὁ Ζεὺς καὶ τὴν εὐχὴν ἑκάστην ἀκριβῶς ἐξετάζων οὐ πάντα ὑπισχνεῖτο,

ἀλλ᾽ ἕτερον μὲν ἔδωκε πατήρ, ἕτερον δ᾽ ἀνένευσε.

τὰς μὲν γὰρ δικαίας τῶν εὐχῶν προσίετο ἄνω διὰ τοῦ στομίου καὶ ἐπὶ τὰ δεξιὰ κατετίθει φέρων, τὰς δὲ ἀνοσίους ἀπράκτους αὖθις ἀπέπεμπεν ἀποφυσῶν κάτω, ἵνα μηδὲ πλησίον γένοιντο τοῦ οὐρανοῦ. ἐπὶ μιᾶς δέ τινος εὐχῆς καὶ ἀποροῦντα αὐτὸν ἐθεασάμην· δύο γὰρ ἀνδρῶν τἀναντία εὐχομένων καὶ τὰς ἴσας θυσίας ὑπισχνουμένων οὐκ εἶχεν ὁποτέρῳ μᾶλλον ἐπινεύσειεν αὐτῶν, ὥστε δὴ τὸ Ἀκαδημαϊκὸν ἐκεῖνο ἐπεπόνθει καὶ οὐδέν τι ἀποφήνασθαι δυνατὸς ἦν, ἀλλ᾽ ὥσπερ ὁ Πύρρων ἐπεῖχεν ἔτι καὶ διεσκέπτετο.

[26] Ἐπεὶ δὲ ἱκανῶς ἐχρημάτισε ταῖς εὐχαῖς, ἐπὶ τὸν ἑξῆς μεταβὰς θρόνον καὶ τὴν δευτέραν θυρίδα κατακύψας τοῖς ὅρκοις ἐσχόλαζε καὶ τοῖς ὀμνύουσι. χρηματίσας δὲ καὶ τούτοις καὶ τὸν Ἐπικούρειον Ἑρμόδωρον ἐπιτρίψας μετεκαθέζετο ἐπὶ τὸν ἑξῆς θρόνον κληδόσι καὶ φήμαις καὶ οἰωνοῖς προσέξων. εἶτ᾽ ἐκεῖθεν ἐπὶ τὴν τῶν θυσιῶν θυρίδα μετῄει, δι᾽ ἧς ὁ καπνὸς ἀνιὼν ἀπήγγελλε τῷ Διὶ τοῦ θύοντος ἑκάστου τοὔνομα.

kamen bunte und verschiedenartige Gebete von überall her auf der Welt. Ich beugte mich zusammen mit ihm darüber und hörte mir die Gebete ebenfalls an. Die gingen ungefähr so: »Oh Zeus, lass mich König werden!«, »Oh Zeus, lass meine Zwiebeln und meinen Knoblauch gedeihen!«, »Oh ihr Götter, macht, dass mein Vater bald stirbt!« Manch einer sagte etwa auch: »Ach, würde ich doch meine Frau beerben!« oder »Möge niemand merken, wie ich gegen meinen Bruder intrigiere!«, »Lass mich diesen Prozess gewinnen!«, »Schenk mir den Siegerkranz in Olympia!« Von denen, die zur See fuhren, betete der eine um günstigen Nordwind, der nächste um Südwind, der Bauer verlangte nach Regen, der Walker nach Sonne.

Zeus hörte sich alles an, prüfte jede Bitte genau und versprach nicht alles,

sondern das eine gewährte der Vater, das andre verwarf er.[50]

Die gerechten Bitten ließ er nämlich durch die Mündung nach oben, nahm sie und legte sie nach rechts, die unfrommen hingegen pustete er, unverrichteter Dinge, zurück nach unten, auf dass sie dem Himmel bloß nicht zu nahekämen. Bei einer einzelnen Bitte sah ich ihn sogar einmal ratlos: Als zwei Männer entgegengesetzte Wünsche äußerten und die gleichen Opfer versprachen, da wusste er nicht, wem von den beiden er den Wunsch eher gewähren sollte, so dass er in jene bekannte akademische Zwickmühle geriet und nicht in der Lage war, ein Urteil zu fällen, sondern wie Pyrrhon innehielt und weiter prüfte.[51]

[26] Nachdem er sich mit den Gebeten hinreichend beschäftigt hatte, wechselte er zum nächsten Thron und zum zweiten Türchen, beugte sich darüber und nahm sich Zeit für die Eide und diejenigen, die sie leisteten. Nachdem er sich auch damit beschäftigt und den Epikuräer Hermodoros zerschlagen hatte,[52] vertauschte er diesen Sitzplatz mit dem nächsten Thron, um seine Aufmerksamkeit den Omina, den Sehersprüchen und den Deutungen des Vogelflugs zuzuwenden. Von dort begab er sich darauf zum Türchen für die Opfer, durch das der Rauch emporstieg und Zeus den Namen jedes

ἀποστὰς δὲ τούτων προσέταττε τοῖς ἀνέμοις καὶ ταῖς ὥραις ἃ δεῖ ποιεῖν· »Τήμερον παρὰ Σκύθαις ὑέτω, παρὰ Λίβυσιν ἀστραπτέτω, παρ' Ἕλλησι νιφέτω, σὺ δὲ ὁ Βορέας πνεῦσον ἐν Λυδίᾳ, σὺ δὲ ὁ Νότος ἡσυχίαν ἄγε, ὁ δὲ Ζέφυρος τὸν Ἀδρίαν διακυμαινέτω, καὶ τῆς χαλάζης ὅσον μέδιμνοι χίλιοι διασκεδασθήτωσαν ὑπὲρ Καππαδοκίας.«

[27] Ἁπάντων δὲ ἤδη σχεδὸν αὐτῷ διῳκημένων ἀπῄειμεν ἐς τὸ συμπόσιον· δείπνου γὰρ ἤδη καιρὸς ἦν· καί με ὁ Ἑρμῆς παραλαβὼν κατέκλινε παρὰ τὸν Πᾶνα καὶ τοὺς Κορύβαντας καὶ τὸν Ἄττην καὶ τὸν Σαβάζιον, τοὺς μετοίκους τούτους καὶ ἀμφιβόλους θεούς. καὶ ἄρτον δὲ ἡ Δημήτηρ παρεῖχε καὶ ὁ Διόνυσος οἶνον καὶ ὁ Ἡρακλῆς κρέα καὶ μύρτα ἡ Ἀφροδίτη καὶ ὁ Ποσειδῶν μαινίδας. ἅμα δὲ καὶ τῆς ἀμβροσίας ἠρέμα καὶ τοῦ νέκταρος παρεγευόμην· ὁ γὰρ βέλτιστος Γανυμήδης ὑπὸ φιλανθρωπίας εἰ θεάσαιτο ἀποβλέποντά που τὸν Δία, κοτύλην ἂν ἢ καὶ δύο τοῦ νέκταρος ἐνέχει μοι φέρων. οἱ δὲ θεοί, ὡς Ὅμηρός που λέγει (καὶ αὐτός, οἶμαι, καθάπερ ἐγὼ τἀκεῖ τεθεαμένος), οὔτε σῖτον ἔδουσιν, »οὐ πίνουσ' αἴθοπα οἶνον,« ἀλλὰ τὴν ἀμβροσίαν παρατίθενται καὶ τοῦ νέκταρος μεθύσκονται, μάλιστα δὲ ἥδονται σιτούμενοι τὸν ἐκ τῶν θυσιῶν καπνὸν αὐτῇ κνίσῃ ἀνενηνεγμένον καὶ τὸ αἷμα δὲ τῶν ἱερείων, ὃ τοῖς βωμοῖς οἱ θύοντες περιχέουσιν.

Ἐν δὲ τῷ δείπνῳ ὅ τε Ἀπόλλων ἐκιθάρισε καὶ ὁ Σιληνὸς κόρδακα ὠρχήσατο καὶ αἱ Μοῦσαι ἀναστᾶσαι τῆς τε Ἡσιόδου Θεογονίας ᾖσαν ἡμῖν καὶ τὴν πρώτην ᾠδὴν τῶν ὕμνων τῶν Πινδάρου. κἀπειδὴ κόρος ἦν, ἀνεπαυόμεθα ὡς εἶχεν ἕκαστος ἱκανῶς ὑποβεβρεγμένοι.

[28] ἄλλοι μέν ῥα θεοί τε καὶ ἀνέρες ἱπποκορυσταὶ
εὗδον παννύχιοι, ἐμὲ δ' οὐκ ἔχε νήδυμος ὕπνος·

Opfernden mitteilte. Darauf verließ er die Türchen und erteilte den Winden und den Jahreszeiten seine Tagesbefehle: »Lass es heute bei den Skythen regnen, bei den Libyern blitzen, bei den Griechen schneien, und du, Nordwind, wehe in Lydien, du, Südwind, gönn dir einen Tag Ruhe, der Westwind soll die Wellen der Adria hochschlagen lassen, und über Kappadokien sollen um die zehntausend Scheffel Hagel ausgestreut werden.«

[27] Nachdem er so beinahe alle Verwaltungsaufgaben erledigt hatte, begaben wir uns zum gemeinsamen Mahl; es war nämlich unterdessen Essenszeit geworden. Hermes nahm sich meiner an und wies mir eine Liege bei Pan, den Korybanten, Attis und Sabazios zu, diesen Metöken und zweifelhaften Göttern.[53] Demeter kredenzte Brot, Dionysos Wein, Herakles Fleisch, Aphrodite Myrtenbeeren und Poseidon Sardellen. Zugleich durfte ich auch vorsichtig von Ambrosia und Nektar kosten: Denn der gute Ganymed schenkte mir aus Menschenfreundlichkeit, wenn er sah, dass Zeus gerade mal wegschaute, schnell eine oder auch zwei Schalen Nektar ein. Die Götter hingegen, wie schon Homer irgendwo sagt (ich glaube, auch er weiß das wie ich aus eigener Anschauung), essen weder Speise »noch trinken sie funkelnden Wein«[54], sondern lassen Ambrosia auffahren und berauschen sich an Nektar, aber am allerliebsten speisen sie den fettigen Rauch der Opfer, wenn er emporgetragen wird, und das Blut der Opfertiere, das die Opfernden auf den Altären vergießen.

Während des Mahls spielte Apoll auf seiner Kithara, Silen tanzte den Kordax und die Musen erhoben sich und sangen uns aus Hesiods *Theogonie* und Pindars erstem Hymnos vor. Und als wir genug hatten, ruhten wir uns aus, jeder so, wie er war, reichlich angesäuselt.

[28] Da also schliefen die übrigen Götter und die rossekämpfenden Männer,
schliefen die ganze Nacht, nur ich fiel nicht in süßen Schlummer.[55]

ἀνελογιζόμην γὰρ πολλὰ μὲν καὶ ἄλλα, μάλιστα δὲ ἐκεῖνα, πῶς ἐν τοσούτῳ χρόνῳ ὁ Ἀπόλλων οὐ φύσειε πώγωνα ἢ πῶς ἐγένετο νὺξ ἐν οὐρανῷ τοῦ ἡλίου παρόντος ἀεὶ καὶ συνευωχουμένου.

Τότε μὲν οὖν μικρόν τι κατέδαρθον. ἕωθεν δὲ διαναστὰς ὁ Ζεὺς προσέταττε κηρύττειν ἐκκλησίαν. **[29]** κἀπειδὴ παρῆσαν ἅπαντες, ἄρχεται λέγειν· »Τὴν μὲν αἰτίαν τοῦ ξυναγαγεῖν ὑμᾶς ὁ χθιζὸς οὗτος ξένος παρέσχηται· πάλαι δὲ βουλόμενος ὑμῖν κοινώσασθαι περὶ τῶν φιλοσόφων, μάλιστα ὑπὸ τῆς Σελήνης καὶ ὧν ἐκείνη μέμφεται προτραπεὶς, ἔγνων μηκέτ᾽ ἐπὶ πλέον παρατεῖναι τὴν διάσκεψιν. γένος γάρ τι ἀνθρώπων ἐστὶν οὐ πρὸ πολλοῦ τῷ βίῳ ἐπιπολάσαν ἀργὸν φιλόνεικον κενόδοξον ὀξύχολον ὑπόλιχνον ὑπόμωρον τετυφωμένον ὕβρεως ἀνάπλεων, ἵνα καθ᾽ Ὅμηρον εἴπω, »ἐτώσιον ἄχθος ἀρούρης.« οὗτοι τοίνυν εἰς συστήματα διαιρεθέντες καὶ διαφόρους λόγων λαβυρίνθους ἐπινοήσαντες οἱ μὲν Στωϊκοὺς ὠνομάκασιν ἑαυτούς, οἱ δὲ Ἀκαδημαϊκούς, οἱ δὲ Ἐπικουρείους, οἱ δὲ Περιπατητικοὺς καὶ ἄλλα πολλῷ γελοιότερα τούτων· ἔπειτα δὲ ὄνομα σεμνὸν τὴν ἀρετὴν περιθέμενοι καὶ τὰς ὀφρῦς ἐπάραντες καὶ τὰ μέτωπα ῥυτιδώσαντες καὶ τοὺς πώγωνας ἐπισπασάμενοι περιέρχονται ἐπιπλάστῳ σχήματι κατάπτυστα ἤθη περιστέλλοντες, ἐοικότες μάλιστα τοῖς τραγικοῖς ἐκείνοις ὑποκριταῖς, ὧν ἢν ἀφέλῃ τις τὰ προσωπεῖα καὶ τὴν χρυσόπαστον ἐκείνην στολήν, τὸ καταλειπόμενόν ἐστι γελοῖον ἀνθρώπιον ἑπτὰ δραχμῶν ἐς τὸν ἀγῶνα μεμισθωμένον. **[30]** τοιοῦτοι δὲ ὄντες ἀνθρώπων μὲν ἁπάντων καταφρονοῦσιν, περὶ θεῶν δὲ ἀλλόκοτα διεξέρχονται· καὶ συνάγοντες εὐεξαπάτητα μειράκια τήν τε πολυθρύλητον ἀρετὴν τραγῳδοῦσι καὶ τὰς τῶν λόγων ἀπορίας ἐκδιδάσκουσι, καὶ πρὸς μὲν τοὺς μαθητὰς καρτερίαν ἀεὶ καὶ σωφροσύ-

Denn mich beschäftigten viele verschiedene Fragen, vor allem aber, wie es wohl komme, dass dem Apoll in der langen Zeit kein Bart gewachsen sei oder wie es Nacht werden könne im Himmel, wo doch Helios immer anwesend war und mitspeiste.

Da fand ich also wenig Schlaf. Gleich in der Frühe aber stand Zeus auf und befahl die Einberufung einer Vollversammlung. **[29]** Als alle da waren, begann er wie folgt: »Der Anlass dafür, dass ich euch zusammengerufen habe, ist unser gestriger Gast hier. Ich hatte schon lange beabsichtigt, mich mit euch über die Philosophen auszutauschen, vor allem auf Anregung der Selene und aufgrund ihrer Beschwerden, und ich habe jetzt eingesehen, dass ich diese Prüfung nicht länger aufschieben sollte.

Es gibt eine Sorte Menschen, die in der irdischen Gesellschaft noch nicht lange obenauf sind, träge, streitsüchtig, eitel, gallig, Leckermäuler, Dummköpfe, aufgeblasen und übergriffig – um es mit Homer zu sagen: ⟨dem Land eine nutzlose Last.⟩[56] Die nun haben sich in verschiedene Denkschulen aufgeteilt und unterschiedliche argumentative Ab- und Holzwege ersonnen; sie bezeichnen sich als Stoiker, Akademiker, Epikuräer, Peripatetiker und geben sich noch andere, viel lächerlichere Namen. Dann haben sie sich das hehre Wort Tugend als Mantel umgehängt, laufen mit hochgezogenen Brauen, gefurchten Stirnen, zottig-langen Bärten herum und verstecken unter diesem gekünstelten Aufzug bespeienswerte Charaktere, ganz wie jene Tragödienschauspieler, unter deren Maske und goldgewirktem Kostüm, zieht man sie ihnen vom Leibe, als kläglicher Rest ein lächerliches Menschlein bleibt, das man mit sieben Drachmen pro Auftritt entlohnt.

[30] Von solcher Art sind sie, und doch schauen sie auf alle Menschen herab und machen über die Götter ganz widerwärtige Ausführungen. Um sich herum versammeln sie naive Bürschchen, dröhnen ihnen die Ohren voll von jener ach so vielgerühmten Tugend und lehren sie vertrackte Argumentationen, und vor ihren Schülern loben sie zwar ständig Stärke, Maß und Autarkie und

νην καὶ τὸ αὔταρκὲς ἐπαινοῦσι καὶ πλούτου καὶ ἡδονῆς καταπτύουσι, μόνοι δὲ καὶ καθ' ἑαυτοὺς γενόμενοι τί ἂν λέγοι τις ὅσα μὲν ἐσθίουσιν, ὅσα δὲ ἀφροδισιάζουσιν, ὅπως δὲ περιλείχουσι τῶν ὀβολῶν τὸν ῥύπον; τὸ δὲ πάντων δεινότατον, ὅτι μηδὲν αὐτοὶ μήτε κοινὸν μήτε ἴδιον ἐπιτελοῦντες, ἀλλ' ἀχρεῖοι καὶ περιττοὶ καθεστῶτες

οὔτε ποτ' ἐν πολέμῳ ἐναρίθμιοι οὔτ' ἐνὶ βουλῇ,

ὅμως τῶν ἄλλων κατηγοροῦσι καὶ λόγους τινὰς πικροὺς συμφορήσαντες καὶ λοιδορίας καινὰς ἐκμεμελετηκότες ἐπιτιμῶσι καὶ ὀνειδίζουσι τοῖς πλησίον, καὶ οὗτος αὐτῶν τὰ πρῶτα φέρεσθαι δοκεῖ ὃς ἂν μεγαλοφωνότατός τε ᾖ καὶ ἰταμώτατος καὶ πρὸς τὰς βλασφημίας θρασύτατος. **[31]** καίτοι τὸν διατεινόμενον αὐτὸν καὶ βοῶντα καὶ κατηγοροῦντα τῶν ἄλλων ἢν ἔρῃ <σὺ δὲ δὴ τί πράττων τυγχάνεις ἢ τί φῶμεν πρὸς θεῶν σε πρὸς τὸν βίον συντελεῖν;> φαίη ἄν, εἰ τὰ δίκαια καὶ ἀληθῆ θέλοι λέγειν, ὅτι <πλεῖν μὲν ἢ γεωργεῖν ἢ στρατεύεσθαι ἤ τινα τέχνην μετιέναι περιττὸν εἶναί μοι δοκεῖ, κέκραγα δὲ καὶ αὐχμῶ καὶ ψυχρολουτῶ καὶ ἀνυπόδητος τοῦ χειμῶνος περιέρχομαι καὶ τρίβωνα ῥυπαρὸν περιβέβλημαι καὶ ὥσπερ ὁ Μῶμος τὰ ὑπὸ τῶν ἄλλων γιγνόμενα συκοφαντῶ, καὶ εἰ μέν τις ὠψώνηκε τῶν πλουσίων πολυτελῶς ἢ ἑταίραν ἔχει, τοῦτο πολυπραγμονῶ καὶ ἀγανακτῶ, εἰ δὲ τῶν φίλων τις ἢ ἑταίρων κατάκειται νοσῶν ἐπικουρίας τε καὶ θεραπείας δεόμενος, ἀγνοῶ.> τοιαῦτα μέν ἐστιν ὑμῖν, ὦ θεοί, ταῦτα τὰ θρέμματα. **[32]** οἱ δὲ δὴ Ἐπικούρειοι αὐτῶν λεγόμενοι μάλα δὴ καὶ ὑβρισταί εἰσι καὶ οὐ μετρίως ἡμῶν καθάπτονται μήτε ἐπιμελεῖσθαι τῶν ἀνθρωπίνων λέγοντες τοὺς θεοὺς μήτε ὅλως τὰ

spucken auf Reichtum und Lust, sind sie aber allein und unter sich – was soll man sagen, was sie sich dann alles einverleiben, womit sie ihre Lust befriedigen, und wie sie noch die schmierigsten Obolen ablecken?

Am allerschlimmsten ist aber, dass sie weder für sich privat noch für die Gesellschaft irgendetwas zustandebringen, sondern nutzlos und überflüssig, wie sie sind,

kann man weder im Krieg, noch kann man im Rat auf sie zählen[57],

und trotzdem klagen sie die übrigen an, häufen Bissigkeiten auf Bissigkeiten, üben immer neue Beschimpfungen ein und tadeln und kritisieren ihre Mitbürger, und denjenigen von ihnen halten sie für den verdienten Sieger, der am lautesten schreit, am unverschämtesten attackiert und die gröbsten Beleidigungen von sich gibt. **[31]** Fragt man allerdings ihn, der sich da ereifert, rumschreit und die anderen an den Pranger stellt: ⟨He du, was bringst du eigentlich zustande, oder lässt sich, bei den Göttern, irgendein Beitrag nennen, den du zum Leben leistest?⟩, dann würde er, wollte er die rechte Wahrheit sagen, wohl antworten: ⟨Zur See fahren, das Land bestellen, in den Krieg ziehen oder irgendeinen Beruf ausüben: Das halte ich für ganz überflüssig, aber dafür pöble ich rum, bin voller Dreck, wasche mich mit kaltem Wasser, laufe im Winter barfuß und in einem schmutzigen Mantel herum und mache es wie Momos:[58] Was die anderen tun, das bringe ich zur Anzeige, und wenn einer meiner Mitbürger für teures Geld Fleisch zum Brot kauft oder eine Hetäre aushält, dann mache ich ein Riesengewese darum und rege mich auf, wenn aber einer meiner Freunde oder Genossen krank darniederliegt und Unterstützung und Pflege benötigt, dann weiß ich von nichts.⟩

[32] So sehen sie aus, Götter, eure Geschöpfe! Oh ja, und diejenigen von ihnen, die sich Epikuräer nennen, die sind obendrein auch noch Frevler, attackieren uns ganz unmäßig und behaupten, die Götter kümmerten sich nicht um die irdischen Dinge und hät-

γιγνόμενα ἐπισκοπεῖν· ὥστε ὥρα ὑμῖν λογίζεσθαι διότι ἢν ἅπαξ οὗτοι πεῖσαι τὸν βίον δυνηθῶσιν, οὐ μετρίως πεινήσετε. τίς γὰρ ἂν ἔτι θύσειεν ὑμῖν πλέον οὐδὲν ἕξειν προσδοκῶν; ἃ μὲν γὰρ ἡ Σελήνη αἰτιᾶται, πάντες ἠκούσατε τοῦ ξένου χθὲς διηγουμένου. πρὸς ταῦτα βουλεύεσθε ἃ καὶ τοῖς ἀνθρώποις γένοιτ' ἂν ὠφελιμώτατα καὶ ἡμῖν ἀσφαλέστατα.«

[33] Εἰπόντος ταῦτα τοῦ Διὸς ἡ ἐκκλησία διετεθορύβητο, καὶ εὐθὺς ἐβόων ἅπαντες »κεραύνωσον,« »κατάφλεξον,« »ἐπίτριψον,« »ἐς τὸ βάραθρον,« »ἐς τὸν Τάρταρον,« »ὡς τοὺς Γίγαντας.« ἡσυχίαν δὲ ὁ Ζεὺς αὖθις παραγγείλας »ἔσται ταῦτα ὡς βούλεσθε,« ἔφη, »καὶ πάντες ἐπιτρίψονται αὐτῇ διαλεκτικῇ, πλὴν τό γε νῦν εἶναι οὐ θέμις κολασθῆναί τινα· ἱερομηνία γάρ ἐστιν, ὡς ἴστε, μηνῶν τούτων τεττάρων, καὶ ἤδη τὴν ἐκεχειρίαν περιηγγειλάμην. ἐς νέωτα οὖν ἀρχομένου ἦρος κακοὶ κακῶς ἀπολοῦνται τῷ σμερδαλέῳ κεραυνῷ.«

ἦ καὶ κυανέῃσιν ἐπ' ὀφρύσι νεῦσε Κρονίων.

[34] »Περὶ δὲ τουτουὶ Μενίππου ταῦτα,« ἔφη, »μοι δοκεῖ· περιαιρεθέντα αὐτὸν τὰ πτερά, ἵνα μὴ καὶ αὖθις ἔλθῃ ποτέ, ὑπὸ τοῦ Ἑρμοῦ ἐς τὴν γῆν κατενεχθῆναι τήμερον.« καὶ ὁ μὲν ταῦτα εἰπὼν διέλυσε τὸν σύλλογον, ἐμὲ δὲ ὁ Κυλλήνιος τοῦ δεξιοῦ ὠτὸς ἀποκρεμάσας περὶ ἑσπέραν χθὲς κατέθηκε φέρων ἐς τὸν Κεραμεικόν.

Ἅπαντα ἀκήκοας, ἅπαντα, ὦ ἑταῖρε, τἀξ οὐρανοῦ· ἄπειμι τοίνυν καὶ τοῖς ἐν τῇ Ποικίλῃ περιπατοῦσι τῶν φιλοσόφων αὐτὰ ταῦτα εὐαγγελιούμενος.

ten auf nichts von allem, was geschieht, ein Auge.[59] Und so solltet ihr allmählich mal einen Gedanken darauf wenden, dass ihr, gelingt es ihnen erst, alle Lebenden hiervon zu überzeugen, ganz schön ans Hungern kommen werdet: Denn wer sollte euch noch Opfer bringen, wenn er nicht erwarten kann, daraus im Gegenzug auch einen Vorteil zu erwirtschaften?

Von Selenes Vorwürfen habt ihr ja alle im gestrigen Bericht unseres Gastes gehört. Hierzu beratschlagt also, was den Menschen den größten Nutzen bringt und für uns das geringste Risiko birgt!«

[33] Als Zeus geendet hatte, war die Versammlung in heller Empörung, und ohne zu zögern schrien sie alle: »Schleudere den Blitz, lass Feuer regnen, zerschlage sie, in den Abgrund mit ihnen, in den Tartaros, ab zu den Giganten!« Aber Zeus befahl erneut Ruhe und sagte: »Es soll geschehen, was ihr verlangt, und sie werden alle zerschlagen werden mitsamt ihrer Dialektik – allerdings dürfen wir zum jetzigen Zeitpunkt niemanden bestrafen! Ihr wisst doch, wir befinden uns gerade im olympischen Frieden, der dauert vier Monate, und ich habe schon die allgemeine Waffenruhe verkündet. Aber übers Jahr, im nächsten Frühling, da finden alle die Bösewichte ein böses Ende unter meinem niederkrachenden Blitz.«

Ja, so beschloss es Kronion und nickte mit schwärzlichen
Brauen.[60]

[34] »Was den Menipp betrifft,« sagte er dann, »habe ich folgendes entschieden: Wir nehmen ihm die Flügel ab, damit er nicht nochmal wiederkommt, und lassen ihn heute noch von Hermes auf die Erde hinunterbringen.«

Sprach's, und löste die Versammlung auf, mich aber packte der Kyllenier[61] am rechten Ohr und setzte mich gestern gegen Abend schleunigst beim Kerameikos ab.[62]

Nun hast du alles gehört, lieber Freund, alles, was im Himmel geschah. Und ich mache mich jetzt auf den Weg und bringe den Philosophen in der Bunten Halle[63] diese frohe Botschaft!

ΖΕΥΣ ΤΡΑΓΩΙΔΟΣ

[1] ΕΡΜΗΣ

Ὦ Ζεῦ, τί σύννους κατὰ μόνας σαυτῷ λαλεῖς,
ὠχρὸς περιπατῶν, φιλοσόφου τὸ χρῶμ᾽ ἔχων;
ἐμοὶ προσανάθου, λαβέ με σύμβουλον πόνων,
μὴ καταφρονήσῃς οἰκέτου φλυαρίας.

ΑΘΗΝΗ

Ναὶ πάτερ ἡμέτερε, Κρονίδη, ὕπατε κρειόντων,
γουνοῦμαί σε θεὰ γλαυκῶπις, τριτογένεια,
ἐξαύδα, μὴ κεῦθε νόῳ, ἵνα εἴδομεν ἤδη,
τίς μῆτις δάκνει σε κατὰ φρένα καὶ κατὰ θυμόν,
ἢ τί βαρὺ στενάχεις ὦχρός τέ σε εἷλε παρειάς;

ΖΕΥΣ

Οὐκ ἔστιν οὐδὲν δεινὸν ὧδ᾽ εἰπεῖν ἔπος,
οὐδὲ πάθος οὐδὲ συμφορὰ τραγῳδική,
ἣν οὐκ ἰαμβείοις ὑπερπαίω δέκα.

ΑΘΗΝΗ

Ἄπολλον, οἵοις φροιμίοις ἄρχῃ λόγων;

ΖΕΥΣ

Ὦ παγκάκιστα, χθόνια γῆς παιδεύματα,
σύ τ᾽, ὦ Προμηθεῦ, οἷά μ᾽ εἴργασαι κακά.

ΑΘΗΝΗ

Τί δ᾽ ἐστί; πρὸς χορὸν γὰρ οἰκείων ἐρεῖς.

ΖΕΥΣ

Ὦ μεγαλοσμαράγου στεροπᾶς ῥοίζημα, τί ῥέξεις;

ΗΡΑ

Κοίμισον ὀργάν, εἰ μὴ κωμῳδίαν, ὦ Ζεῦ, δυνάμεθα ὑποκρίνεσθαι μηδὲ ῥαψῳδεῖν ὥσπερ οὗτοι μηδὲ τὸν Εὐριπίδην ὅλον καταπεπώκαμεν, ὥστε

DER TRAGÖDIENZEUS

[1] HERMES

Oh Zeus, was sprichst du voller Sorge mit dir selbst,
läufst auf und ab, das Antlitz wie ein Philosoph so bleich?
Vertrau' dich mir, lass mich Ratgeber in der Qual dir sein,
verachte nicht, als wär' es Unsinn, Dieners Wort![1]

ATHENE

Ja, Vater unser, du höchster der Herrscher, du, der Kronide:
Ich, die strahlende Göttin, dem Haupte entsprungen, knie vor dir:
Sprich und verbirg nichts im Sinn, auf dass wir es alle erfahren,
welcher Gedanke dich beißt, im Herzen wie im Verstande,
oder warum du so stöhnst und Blässe die Wange dir kränkelt![2]

ZEUS

Es gibt kein Unheil – ja, ich sag es einmal so! –,
kein Leid, kein Unglück, wie es die Tragödie kennt,
das ich nicht überträfe mit der Jamben zehn![3]

ATHENE

Apoll! – Mit welch' Proöm beginnst die Rede du![4]

ZEUS

Oh, übles Pack! Gaias Gebilde, erdgeformt,
und du, Prometheus, was hast du mir angetan![5]

ATHENE

Was ist los? 's ist nur der Chor des Hauses, dem du's sagst![6]

ZEUS

Oh, was wirst du tun, du Zischen des krachenden Blitzes?[7]

HERA

Besänftige deinen Zorn, Zeus, wo ich doch weder Komödie spielen noch rhapsodische Vorträge halten kann, wie die da, und mir auch nicht den ganzen Euripides einverleibt habe,[8] um unter deiner

σοι ὑποδραματουργεῖν. [2] ἀγνοεῖν ἡμᾶς νομίζεις τὴν αἰτίαν τῆς λύπης ἥτις ἐστί σοι;

ΖΕΥΣ

Οὐκ οἶσθ', ἐπεί τοι κἂν ἐκώκυες μέγα.

ΗΡΑ

Οἶδα τὸ κεφάλαιον αὐτὸ ὧν πάσχεις ὅτι ἐρωτικόν ἐστιν· οὐ μὴν κωκύω γε ὑπὸ ἔθους, ἤδη πολλάκις ὑβρισθεῖσα ὑπὸ σοῦ τὰ τοιαῦτα. εἰκὸς γοῦν ἤτοι Δανάην τινὰ ἢ Σεμέλην ἢ Εὐρώπην αὖθις εὑρόντα σε ἀνιᾶσθαι ὑπὸ τοῦ ἔρωτος, εἶτα βουλεύεσθαι ταῦρον ἢ σάτυρον ἢ χρυσὸν γενόμενον ῥυῆναι διὰ τοῦ ὀρόφου εἰς τὸν κόλπον τῆς ἀγαπωμένης· τὰ σημεῖα γὰρ ταῦτα, οἱ στεναγμοὶ καὶ τὰ δάκρυα καὶ τὸ ὠχρὸν εἶναι, οὐκ ἄλλου του ἢ ἔρωτός ἐστιν.

ΖΕΥΣ

Ὦ μακαρία, ἥτις ἐν ἔρωτι καὶ ταῖς τοιαύταις παιδιαῖς οἴει τὰ πράγματα ἡμῖν εἶναι.

ΗΡΑ

Ἀλλὰ τί ἄλλο, εἰ μὴ τοῦτο, ἀνιᾷ σε Δία ὄντα;

[3] ΖΕΥΣ

Ἐν ἐσχάτοις, ὦ Ἥρα, τὰ θεῶν πράγματα, καὶ τοῦτο δὴ τὸ τοῦ λόγου, ἐπὶ ξυροῦ ἕστηκεν εἴτε χρὴ τιμᾶσθαι ἡμᾶς ἔτι καὶ τὰ γέρα ἔχειν τἀν τῇ γῇ εἴτε καὶ ἠμελῆσθαι παντάπασι καὶ τὸ μηδὲν εἶναι δοκεῖν.

ΗΡΑ

Μῶν ἢ γίγαντάς τινας αὖθις ἡ γῆ ἔφυσεν, ἢ οἱ Τιτᾶνες τὰ δεσμὰ διαρρήξαντες καὶ τῆς φρουρᾶς ἐπικρατήσαντες αὖθις ἡμῖν ἐναντία αἴρονται τὰ ὅπλα;

ΖΕΥΣ

Θάρσει, τὰ νέρθεν ἀσφαλῶς ἔχει θεοῖς.

Regie aufzutreten! [2] Glaubst du etwa, uns sei der Grund für deinen Kummer unbekannt?

ZEUS

Du weißt es nicht, du klagtest sonst genauso laut![9]

HERA

Den Hauptgrund deines Leids kenne ich jedenfalls: Liebesschmerz! Ich jammere nur deshalb nicht, weil ich mich längst daran gewöhnt habe, so oft wie du mich schon mit solchen Aktivitäten verletzt hast. Es liegt doch auf der Hand, dass du mal wieder eine Danae, eine Semele oder eine Europa aufgetan hast und jetzt Liebesqualen leidest, und dann denkst du dir aus, wie du ein Stier, ein Satyr oder zu Gold werden und durchs Dach in den Schoß deiner Angebeteten regnen kannst.[10] Die Anzeichen sprechen ja Bände: das Ächzen, die Tränen, die Blässe. Nichts anderes als Liebesschmerz ist das!

ZEUS

Ach du Arglose, die du glaubst, unser Problem sei erotischer oder ähnlich scherzhafter Natur!

HERA

Ja, was denn sonst, wenn nicht das, soll dir Kummer machen – dir, Zeus!?

[3] ZEUS

Mit der Götter Dingen, Hera, steht's zum Äußersten,[11] und wie man so schön sagt: auf Messers Schneide, und entweder wird man uns weiterhin Anerkennung zollen, werden wir weiterhin die irdischen Güter als Ehrengaben besitzen, oder wir werden in Geringschätzung versinken, und man wird uns für ein Nichts halten.

HERA

Die Erde wird doch nicht etwa schon wieder etwas wie die Giganten haben wachsen lassen? Oder haben etwa die Titanen ihre Ketten zerbrochen, die Wachen überwältigt und erheben schon wieder die Waffen gegen uns?[12]

ZEUS

Sei guten Mut's, der Hades wankt uns Göttern nicht![13]

ΗΡΑ

Τί οὖν ἄλλο δεινὸν ἂν γένοιτο; οὐχ ὁρῶ γάρ, ὅτε μὴ τὰ τοιαῦτα παραλυποῖ, ἐφ' ὅτῳ Πῶλος ἢ Ἀριστόδημος ἀντὶ Διὸς ἡμῖν ἀναπέφηνας.

[4] ΖΕΥΣ

Τιμοκλῆς, ὦ Ἥρα, ὁ Στωϊκὸς καὶ Δᾶμις ὁ Ἐπικούρειος χθές, οὐκ οἶδα ὅθεν σφίσιν ἀρξαμένου τοῦ λόγου, προνοίας πέρι διελεγέσθην παρόντων μάλα συχνῶν καὶ δοκίμων ἀνθρώπων, ὅπερ μάλιστα ἠνίασέ με· καὶ ὁ μὲν Δᾶμις οὐδ' εἶναι θεοὺς ἔφασκεν, οὐχ ὅπως τὰ γινόμενα ἐπισκοπεῖν ἢ διατάττειν, ὁ Τιμοκλῆς δὲ ὁ βέλτιστος ἐπειρᾶτο συναγωνίζεσθαι ἡμῖν· εἶτα ὄχλου πολλοῦ ἐπιρρυέντος οὐδὲν πέρας ἐγένετο τῆς συνουσίας· διελύθησαν γὰρ εἰσαῦθις ἐπισκέψεσθαι τὰ λοιπὰ συνθέμενοι, καὶ νῦν μετέωροι πάντες εἰσίν, ὁπότερος κρατήσει καὶ ἀληθέστερα δόξει λέγειν. ὁρᾶτε τὸν κίνδυνον, ὡς ἐν στενῷ παντάπασι τὰ ἡμέτερα, ἐν ἑνὶ ἀνδρὶ κινδυνευόμενα; καὶ δυοῖν θάτερον ἢ παρεῶσθαι ἀνάγκη, ὀνόματα μόνον εἶναι δόξαντας, ἢ τιμᾶσθαι ὥσπερ πρὸ τοῦ, ἢν ὁ Τιμοκλῆς ὑπέρσχῃ λέγων.

[5] ΗΡΑ

Δεινὰ ταῦτα ὡς ἀληθῶς, καὶ οὐ μάτην, ὦ Ζεῦ, ἐπετραγῴδεις αὐτοῖς.

ΖΕΥΣ

Σὺ δὲ ᾤου Δανάης τινὸς ἢ Ἀντιόπης εἶναι μοι λόγον ἐν ταράχῳ τοσούτῳ. τί δ' οὖν, ὦ Ἑρμῆ καὶ Ἥρα καὶ Ἀθηνᾶ, πράττοιμεν ἄν; συνευρίσκετε γὰρ καὶ αὐτοὶ τὸ μέρος.

ΕΡΜΗΣ

Ἐγὼ μὲν ἐπὶ τὸ κοινόν φημι δεῖν τὴν σκέψιν ἐπανενεγκεῖν ἐκκλησίαν συναγαγόντα.

HERA
Was könnte denn sonst Schlimmes passieren? Ich kann nicht sehen – wenn es nicht so etwas ist, das dir Sorgen macht –, weswegen du vor uns wie Polos oder Aristodemos auftrittst,[14] anstatt wie Zeus.

[4] ZEUS
Hera, gestern haben der Stoiker Timokles und der Epikuräer Damis – keine Ahnung, wie sie auf das Thema gekommen sind – über die Vorsehung diskutiert, und zwar in Anwesenheit einer Menge angesehener Leute, was mich am meisten geärgert hat.[15] Damis hat behauptet, es gebe gar keine Götter, geschweige denn, dass sie die irdischen Dinge beaufsichtigten oder in Ordnung hielten, während der gute Timokles uns zur Seite zu springen versuchte. Dann konnten sie die Veranstaltung wegen der ständig wachsenden Zuhörermassen nicht zuende bringen und trennten sich mit der Verabredung, ihre Untersuchung zu einem anderen Zeitpunkt fortzuführen, und jetzt sind alle ganz gespannt, wer gewinnen und wem man eher zutrauen wird, die Wahrheit zu vertreten. Seht ihr die Gefahr, seht ihr, wie wir ganz in die Enge getrieben werden, wo unsere Sache jetzt, höchst gefährdet, auf den Schultern eines einzelnen Mannes ruht? Es kann nur ein Ergebnis geben: Entweder schiebt man uns zwangsläufig beiseite und hält uns nurmehr für bloße Namen, oder man verehrt uns wie bisher – wenn nämlich Timokles gewinnt.

[5] HERA
Das ist allerdings wirklich schlimm, und nicht ohne Grund hast du diese Situation in tragischen Versen beklagt.

ZEUS
Und du hast geglaubt, ich spräche in meiner Aufregung von einer Danae oder einer Antiope![16] Was sollen wir denn jetzt tun, Hermes, Hera, Athene? Denkt ihr doch auch mal ein bisschen mit!

HERMES
Also, ich meine, wir sollten das miteinander diskutieren und dafür eine Versammlung einberufen!

ΗΡΑ

Κἀμοὶ ταὐτὰ συνδοκεῖ ἅπερ καὶ τούτῳ.

ΑΘΗΝΗ

Ἀλλ' ἐμοὶ τἀναντία δοκεῖ, ὦ πάτερ, καὶ μὴ συνταράττειν τὸν οὐρανὸν μηδὲ δῆλον εἶναί σε θορυβούμενον τῷ πράγματι, πράττειν δὲ ἰδίᾳ ταῦτα ἐξ ὧν κρατήσει μὲν ὁ Τιμοκλῆς λέγων, ὁ Δᾶμις δὲ καταγελασθεὶς ἄπεισιν ἐκ τῆς συνουσίας.

ΕΡΜΗΣ

Ἀλλ' οὔτε ἀγνοήσεται ταῦτα, ὦ Ζεῦ, ἐν φανερῷ ἐσομένης τῆς ἔριδος τοῖς φιλοσόφοις, καὶ σὺ δόξεις τυραννικὸς εἶναι μὴ κοινούμενος περὶ τῶν οὕτω μεγάλων καὶ κοινῶν ἅπασιν.

[6] ΖΕΥΣ

Οὐκοῦν ἤδη κήρυττε καὶ παρέστωσαν ἅπαντες· ὀρθῶς γὰρ λέγεις.

ΕΡΜΗΣ

Ἰδοὺ δὴ εἰς ἐκκλησίαν συνέλθετε οἱ θεοί· μὴ μέλλετε, συνέλθετε πάντες, ἥκετε, περὶ μεγάλων ἐκκλησιάσομεν.

ΖΕΥΣ

Οὕτω ψιλά, ὦ Ἑρμῆ, καὶ ἁπλοϊκὰ καὶ πεζὰ κηρύττεις, καὶ ταῦτα ἐπὶ τοῖς μεγίστοις συγκαλῶν;

ΕΡΜΗΣ

Ἀλλὰ πῶς γάρ, ὦ Ζεῦ, ἀξιοῖς;

ΖΕΥΣ

Ὅπως ἀξιῶ; ἀποσεμνῦναί φημι δεῖν, τὸ κήρυγμα μέτροις τισὶν καὶ μεγαλοφωνίᾳ ποιητικῇ, ὡς μᾶλλον συνέλθοιεν.

HERA
Genau das meine ich auch.
ATHENE
Und ich meine genau das Gegenteil, Vater. Ich finde, wir sollten nicht den ganzen Himmel in Aufruhr stürzen, es sollte auch nicht an die Öffentlichkeit dringen, wie sehr dich diese Angelegenheit betroffen gemacht hat; vielmehr sollten wir im engsten Kreis so agieren, dass Timokles bei diesem Gespräch Sieger bleibt und Damis unter dem Gelächter der Zuhörer vom Platz geht.
HERMES
Aber Zeus, angesichts der Tatsache, dass die Philosophen ihren Streit öffentlich ausfechten werden, wird das nicht unbemerkt bleiben, und man wird dich für einen Tyrann halten, der dic anderen von so wichtigen und alle betreffenden Angelegenheiten ausschließt.
[6] Zeus
Na, dann beruf schon die Versammlung ein, sie sollen alle herkommen! Du hast ja recht.
HERMES
Also, auf, ihr Götter, kommt zur Versammlung, säumt nicht, kommt alle! Seid ihr noch nicht da? Große Themen stehen auf der Tagesordnung!
ZEUS
In so dürren, einfachen und bodenständigen Worten berufst du sie ein, bei so wichtigen Gegenständen?
HERMES
Wie, Zeus, soll ich es denn bitte sonst machen?
ZEUS
Wie du das machen sollst? Ich meine, du musst deiner Ankündigung mehr Gewicht verleihen, mit Metren und dichterischer Hochtönerei, damit sie auch wirklich kommen!

ΕΡΜΗΣ

Ναί. ἀλλ᾽ ἐποποιῶν, ὦ Ζεῦ, καὶ ῥαψῳδῶν τὰ τοιαῦτα, ἐγὼ δὲ ἥκιστα ποιητικός εἰμι· ὥστε διαφθερῶ τὸ κήρυγμα ἢ ὑπέρμετρα ἢ ἐνδεᾶ συνείρων, καὶ γέλως ἔσται παρ᾽ αὐτῶν ἐπὶ τῇ ἀμουσίᾳ τῶν ἐπῶν· ὁρῶ γοῦν καὶ τὸν Ἀπόλλω γελώμενον ἐπ᾽ ἐνίοις τῶν χρησμῶν, καίτοι ἐπικρυπτούσης τὰ πολλὰ τῆς ἀσαφείας, ὡς μὴ πάνυ σχολὴν ἄγειν τοὺς ἀκούοντας ἐξετάζειν τὰ μέτρα.

ΖΕΥΣ

Οὐκοῦν, ὦ Ἑρμῆ, τῶν Ὁμήρου ἐπῶν ἐγκαταμίγνυε τὰ πολλὰ τῷ κηρύγματι, οἷς ἐκεῖνος ἡμᾶς συνεκάλει· μεμνῆσθαι δέ σε εἰκός.

ΕΡΜΗΣ

Οὐ πάνυ μὲν οὕτω σαφῶς καὶ προχείρως· πειράσομαι δὲ ὅμως.

> Μήτε τις οὖν θήλεια θεὸς ⟨μένε⟩ μήτε τις ἄρσην,
> μηδ᾽ αὖ τῶν ποταμῶν μενέτω νόσφ᾽ Ὠκεανοῖο
> μηδέ τε νυμφάων, ἀλλ᾽ ἐς Διὸς ἔλθετε πάντες
> εἰς ἀγορήν, ὅσσοι τε κλυτὰς δαίνυσθ᾽ ἑκατόμβας,
> ὅσσοι τ᾽ αὖ μέσατοι ἢ ὕστατοι ἢ μάλα πάγχυ
> νώνυμνοι βωμοῖσι παρ᾽ ἀκνίσοισι κάθησθε.

[7] ΖΕΥΣ

Εὖ γε, ὦ Ἑρμῆ, ἄριστα κεκήρυκταί σοι, καὶ συνίασι γὰρ ἤδη· ὥστε παραλαμβάνων κάθιζε αὐτοὺς κατὰ τὴν ἀξίαν ἕκαστον, ὡς ἂν ὕλης ἢ τέχνης ἔχῃ, ἐν προεδρίᾳ μὲν τοὺς χρυσοῦς, εἶτα ἐπὶ τούτοις τοὺς ἀργυροῦς, εἶτα ἑξῆς ὁπόσοι ἐλεφάντινοι, εἶτα τοὺς χαλκοῦς ἢ λιθίνους, καὶ ἐν αὐτοῖς τούτοις οἱ Φειδίου μὲν ἢ Ἀλκαμένους ἢ Μύρωνος ἢ Εὐφράνορος ἢ τῶν ὁμοίων τεχνιτῶν προτετιμήσθων, οἱ συρφετώδεις δὲ οὗτοι καὶ ἄτεχνοι πόρρω που συνωσθέντες σιωπῇ ἀναπληρούντων μόνον τὴν ἐκκλησίαν.

HERMES
Ja – aber das ist doch eher etwas für Epiker und Rhapsoden, ich bin wirklich kein so dichterisch veranlagter Kopf. Es wird noch so kommen, dass ich die Ankündigung ruiniere, dass ich meine Zeilen entweder zu lang oder zu kurz bemaße, und man mich auslachen wird für meine amusischen epischen Verse – sogar Apoll wird ja, wie ich sehe, für einige seiner Orakelsprüche verspottet, und dabei hüllt er doch das meiste in dunkle Unklarheit, damit seinen Zuhörern nicht zu viel Muße bleibt, seine Metren zu prüfen.

ZEUS
Du kannst ja deiner Ankündigung den größeren Teil aus Homers Epen beimischen, Hermes, die Verse, mit denen er uns zusammenzurufen pflegte. Daran wirst du dich ja wohl erinnern!

HERMES
Nicht ganz genau und auch nicht so auf Kommando. Aber ich versuche es trotzdem mal:

> Weder bleibe ein Gott zuhause noch eine Göttin,
> weder bleibe ein Fluss uns fern noch eine der Nymphen,
> außer Okeanos, nein, in Zeus' Haus kommet alle
> in die Versammlung, ihr, die ihr treffliche Opfer verspeiset,
> alle! Auch wer von euch im mittleren Rang, gar im letzten
> oder sogar namenlos an Altären sitzt ohne Fettdampf.[17]

[7] ZEUS
Bravo, Hermes! Eine vortreffliche Ankündigung! Und da kommen sie ja auch schon – nimm sie in Empfang und lass jeden sich seinem Rang gemäß setzen, je nach Material oder künstlerischer Qualität: die aus Gold in der ersten Reihe, dann hinter ihnen die aus Silber, dann danach alle die aus Elfenbein, dann die aus Bronze oder Stein, und unter den letzteren sollen die des Phidias, des Alkamenes, des Myron, des Euphranor[18] oder vergleichbarer Künstler den Vorzug erhalten, die kunstlose Massenware da aber soll sich irgendwo hinten rumdrängeln, still sein und die Versammlung einfach bloß auffüllen.

ΕΡΜΗΣ

Ἔσται ταῦτα καὶ καθεδοῦνται ὡς προσῆκεν. ἀλλ' ἐκεῖνο οὐ χεῖρον εἰδέναι· ἤν τις αὐτῶν χρυσοῦς μὲν καὶ πολυτάλαντος ᾖ τὴν ὁλκήν, οὐκ ἀκριβὴς δὲ τὴν ἐργασίαν, ἀλλὰ κομιδῇ ἰδιωτικὸς καὶ ἀσύμμετρος, πρὸ τῶν χαλκῶν τῶν Μύρωνος καὶ Πολυκλείτου καὶ τῶν Φειδίου καὶ Ἀλκαμένους τῶν λιθίνων καθεδεῖται ἢ προτιμοτέραν χρὴ νομίζειν εἶναι τὴν τέχνην;

ΖΕΥΣ

Ἐχρῆν μὲν οὕτως, ἀλλ' ὁ χρυσὸς ὅμως προτιμητέος.

ΕΡΜΗΣ

Μανθάνω· πλουτίνδην κελεύεις ἀλλὰ μὴ ἀριστίνδην καθίζειν, καὶ ἀπὸ τιμημάτων· ἥκετε οὖν εἰς τὴν προεδρίαν ὑμεῖς οἱ χρυσοῖ. **[8]** ἐοίκασι δ' οὖν, ὦ Ζεῦ, οἱ βαρβαρικοὶ προεδρεύσειν μόνοι· ὡς τούς γε Ἕλληνας ὁρᾷς ὁποῖοί εἰσι, χαρίεντες μὲν καὶ εὐπρόσωποι καὶ κατὰ τέχνην ἐσχηματισμένοι, λίθινοι δὲ ἢ χαλκοῖ ὅμως ἅπαντες ἢ οἵ γε πολυτελέστατοι αὐτῶν ἐλεφάντινοι ὀλίγον ὅσον τοῦ χρυσοῦ ἐπιστίλβον ἔχοντες, ὡς ἐπικεχράνθαι καὶ ἐπηυγάσθαι μόνον, τὰ δὲ ἔνδον ὑπόξυλοι καὶ οὗτοι, μυῶν ἀγέλας ὅλας ἐμπολιτευομένας σκέποντες· ἡ Βενδῖς δὲ αὕτη καὶ ὁ Ἄνουβις ἐκεινος καὶ παρ' αὐτὸν ὁ Ἄττης καὶ ὁ Μίθρης καὶ ὁ Μὴν ὁλόχρυσοι καὶ βαρεῖς καὶ πολυτίμητοι.

[9] ΠΟΣΕΙΔΩΝ

Ὡς ἀληθῶς τοῦτο, ὦ Ἑρμῆ, δίκαιον, τὸν κυνοπρόσωπον τοῦτον προκαθίζειν μου τὸν Αἰγύπτιον, καὶ ταῦτα Ποσειδῶνος ὄντος.

ΕΡΜΗΣ

Ναί, ἀλλὰ σὲ μέν, ὦ ἐννοσίγαιε, χαλκοῦν ὁ Λύσιππος καὶ πτωχὸν ἐποίησεν, οὐκ ἐχόντων τότε Κορινθίων χρυσόν· οὗτος δὲ ὅλοις μετάλλοις πλουσιώτερός ἐστιν. ἀνέχεσθαι οὖν χρὴ παρεωσμένον, καὶ μὴ

HERMES
So soll es geschehen, sie werden sich alle so setzen, wie es sich gehört. Aber folgendes wäre nicht schlecht zu wissen: Wenn einer von ihnen zwar aus Gold besteht und viele Talente auf die Waage bringt, aber nicht so präzise gearbeitet ist, sondern ganz dilettantisch und unausgewogen, soll der dann noch vor denen aus Bronze sitzen, die Myron und Polyklet[19], und vor denen aus Stein, die Phidias und Alkamenes angefertigt haben, oder müssen wir nicht doch der Kunstfertigkeit den Vorrang geben?
ZEUS
Das müssten wir zwar – aber nein, Gold geht vor.
HERMES
Ich verstehe. Du befiehlst, ich soll sie vermögensmäßig und nicht qualitätsmäßig platzieren, also nach Materialwert. Na, dann kommt mal in die erste Reihe, ihr aus Gold! **[8]** Nun, wie es aussieht, Zeus, sitzen in der ersten Reihe nur die aus den Barbarenländern. Denn du siehst ja, wie sie sind, die Griechen, anmutig, heiter, kunstvoll gestaltet, doch alle aus Stein oder Bronze, oder bestenfalls die kostbarsten unter ihnen aus Elfenbein und mit nur ein bisschen Goldglanz überzogen, nur so ein paar Tupfer und Schlaglichter, aber drinnen sind sogar sie aus Holz und schließen ganze Staatswesen von Fliegenscharen in sich ein: dagegen Bendis hier und Anubis dort, und neben ihm Attis, Mithras und Men,[20] die sind vollständig aus schwerem, kostbarem Gold.
[9] POSEIDON
Wirklich, Hermes, das ist wahre Gerechtigkeit, mir den Hundskopf hier vor die Nase zu setzen, den ägyptischen, mir, Poseidon!
HERMES
Ja, schon, aber dich, Erderschütterer, hat Lysippos aus Erz gegossen und damit zum Bettler gemacht, weil die Korinther seinerzeit kein Gold hatten.[21] Der hier ist um ganze Bergwerke reicher. Da musst du es leider schon hinnehmen, dass du zurückgesetzt wirst, und

ἀγανακτεῖν εἴ τις ῥῖνα τηλικαύτην χρυσῆν ἔχων προτετιμήσεταί σου.

[10] ΑΦΡΟΔΙΤΗ

Οὐκοῦν, ὦ Ἑρμῆ, κἀμὲ λαβὼν ἐν τοῖς προέδροις που κάθιζε· χρυσῆ γάρ εἰμι.

ΕΡΜΗΣ

Οὐχ ὅσα γε, ὦ Ἀφροδίτη, κἀμὲ ὁρᾶν, ἀλλ' εἰ μὴ πάνυ λημῶ λίθου τοῦ λευκοῦ, Πεντέληθεν, οἶμαι, λιθοτομηθεῖσα, εἶτα δόξαν οὕτω Πραξιτέλει Ἀφροδίτη γενομένη Κνιδίοις παρεδόθης.

ΑΦΡΟΔΙΤΗ

Καὶ μὴν ἀξιόπιστόν σοι μάρτυρα τὸν Ὅμηρον παρέξομαι ἄνω καὶ κάτω τῶν ῥαψῳδιῶν χρυσῆν με τὴν Ἀφροδίτην εἶναι λέγοντα.

ΕΡΜΗΣ

Καὶ γὰρ τὸν Ἀπόλλω ὁ αὐτὸς πολύχρυσον ἔφη εἶναι καὶ πλούσιον· ἀλλὰ νῦν ὄψει κἀκεῖνον ἐν τοῖς ζευγίταις που καθήμενον, ἀπεστεφανωμένον τε ὑπὸ τῶν λῃστῶν καὶ τοὺς κόλλοπας τῆς κιθάρας περισεσυλημένον. ὥστε ἀγάπα καὶ σὺ μὴ πάνυ ἐν τῷ θητικῷ ἐκκλησιάζουσα.

[11] ΚΟΛΟΣΣΟΣ ΡΟΔΙΟΣ

Ἐμοὶ δὲ τίς ἂν ἐρίσαι τολμήσειεν Ἡλίῳ τε ὄντι καὶ τηλικούτῳ τὸ μέγεθος; εἰ γοῦν μὴ ὑπερφυᾶ μηδὲ ὑπέρμετρον οἱ Ῥόδιοι κατασκευάσασθαί με ἠξίωσαν, ἀπὸ τοῦ ἴσου τελέσματος ἑκκαίδεκα χρυσοῦς θεοὺς ἐπεποίηντο ἄν, ὥστε ἀνάλογον πολυτελέστερος ἂν νομιζοίμην. καὶ πρόσεστιν ἡ τέχνη καὶ τῆς ἐργασίας τὸ ἀκριβὲς ἐν μεγέθει τοσούτῳ.

darfst dich nicht aufregen, wenn einer mit so einem Riechorgan, aber eben aus Gold, dir vorgezogen wird.

[10] APHRODITE

Also, Hermes, dann nimm dich auch meiner an und setze mich irgendwo in die erste Reihe: Ich bin doch golden.

HERMES

Nicht soweit ich jedenfalls sehen kann, Aphrodite. Nein, wenn mir die Augen nicht triefen, bestehst du aus weißem Stein, aus dem Steinbruch im Penteli, glaube ich, und dann wurdest du nach dem Willen des Praxiteles zu Aphrodite und dann an die Knidier übergeben.

APHRODITE

Da will ich dir aber doch Homer als verlässlichen Zeugen präsentieren, der mich rauf und runter in seinen Epen die ›goldene Aphrodite‹ nennt![22]

HERMES

Na ja, der bezeichnet auch Apoll als ›goldreich‹ und vermögend;[23] trotzdem wirst du den genauso irgendwo bei den Zeugiten sitzen sehen, ohne seinen Kranz, den ihm Räuber gestohlen haben, und selbst um die Wirbel seiner Kithara haben sie ihn erleichtert. Sei also mal lieber froh und dankbar, dass du nicht ganz hinten bei den Theten[24] an der Versammlung teilnimmst.

[11] KOLOSS VON RHODOS

Wer wagt es wohl, mit mir zu streiten, mit mir, Helios, und so riesengroß? Hätten die Rhodier es nicht für meiner Würde angemessen gehalten, mich außerordentlich und unmäßig zu konstruieren, dann hätten sie mit dem gleichen finanziellen Aufwand sechzehn Götter aus Gold herstellen können, so dass ich ja wohl vergleichsweise wertvoller einzuschätzen bin. Hinzu kommt auch noch meine kunstvolle Gestaltung und die Präzision meiner Ausführung trotz meiner Größe.

ΕΡΜΗΣ

Τί, ὦ Ζεῦ, χρὴ ποιεῖν; δύσκριτον γὰρ ἐμοὶ γοῦν τοῦτο· εἰ μὲν γὰρ ἐς τὴν ὕλην ἀποβλέποιμι, χαλκοῦς ἐστιν, εἰ δὲ λογιζοίμην ἀφ' ὁπόσων ταλάντων κεχάλκευται, ὑπὲρ τοὺς πεντακοσιομεδίμνους ἂν εἴη.

ΖΕΥΣ

Τί γὰρ ἔδει παρεῖναι καὶ τοῦτον ἐλέγξοντα τὴν τῶν ἄλλων μικρότητα καὶ ἐνοχλήσοντα τῇ καθέδρᾳ; πλὴν ἀλλ', ὦ Ῥοδίων ἄριστε, εἰ καὶ ὅτι μάλιστα προτιμητέος εἶ τῶν χρυσῶν, πῶς ἂν καὶ προεδρεύοις, εἰ μὴ δεήσει ἀναστῆναι πάντας ὡς μόνος καθέζοιο, τὴν Πνύκα ὅλην θατέρᾳ τῶν πυγῶν ἐπιλαβών; ὥστε ἄμεινον ποιήσεις ὀρθοστάδην ἐκκλησιάζων, ἐπικεκυφὼς τῷ συνεδρίῳ.

[12] ΕΡΜΗΣ

Ἰδοὺ πάλιν ἄλλο δύσλυτον καὶ τοῦτο· χαλκῶ μὲν γὰρ ἀμφοτέρω ἐστὸν καὶ τέχνης τῆς αὐτῆς, Λυσίππου ἑκάτερον τὸ ἔργον, καὶ τὸ μέγιστον, ὁμοτίμω τὰ ἐς γένος, ἅτε δὴ Διὸς παῖδε, ὁ Διόνυσος οὑτοσὶ καὶ Ἡρακλῆς. πότερος οὖν αὐτῶν προκαθίζει; φιλονικοῦσι γάρ, ὡς ὁρᾷς.

ΖΕΥΣ

Διατρίβομεν, ὦ Ἑρμῆ, πάλαι δέον ἐκκλησιάζειν· ὥστε νῦν μὲν ἀναμὶξ καθιζέτωσαν, ἔνθ' ἂν ἕκαστος ἐθέλῃ, εἰσαῦθις δὲ ἀποδοθήσεται περὶ τούτων ἐκκλησία, κἀγὼ εἴσομαι τότε ἥντινα χρὴ ποιήσασθαι τὴν τάξιν ἐπ' αὐτοῖς.

[13] ΕΡΜΗΣ

Ἀλλ' , Ἡράκλεις, ὡς θορυβοῦσι τὰ κοινὰ καὶ τὰ καθ' ἡμέραν ταῦτα βοῶντες, »Διανομάς·«, »Ποῦ τὸ νέκταρ;«, »Ἡ ἀμβροσία ἐπέλιπεν·«, »Ποῦ αἱ ἑκατόμβαι;«, »Κοινὰς τὰς θυσίας.«

HERMES
Was soll ich tun, Zeus? Das vermag ich nicht zu entscheiden. Schaue ich nämlich auf das bloße Material, ist er aus Bronze, kalkuliere ich aber, aus wieviel Talenten Bronze er gegossen ist, dann liegt er über den Fünfhundertschefflern.[25]

ZEUS
Was musste der denn auch zu uns stoßen, um gegen die geringe Größe der anderen zu beckmessern und an unserer Sitzordnung herumzunörgeln? – Nein, aber, mein bester Rhodier, du magst ja denen aus Gold absolut vorzuziehen sein, aber wie willst du denn in der ersten Reihe sitzen, ohne dass alle anderen aufstehen müssen, damit du allein sitzen kannst, wo du doch schon mit nur einer Pobacke die ganze Pnyx besetzt?[26] Daher nimmst du besser stehend an der Versammlung teil und schaust über die Köpfe der Sitzenden.

[12] HERMES
Sieh mal, hier ist schon wieder ein anderes Problem! Sie sind beide aus Bronze, beide von gleicher künstlerischer Qualität, beide Werk des Lysippos, und was am wichtigsten ist: beide als Zeus' Söhne von gleichrangiger Herkunft, Dionysos hier und Herakles. Wer von ihnen sitzt vor dem anderen? Du siehst, jeder will der erste sein.

ZEUS
Nichts als Verzögerungen, Hermes, und das, wo wir schon lange mit der Versammlung hätten beginnen müssen! Also, jetzt sollen sie einfach durcheinandersitzen, jeder da, wo es ihm gefällt! Die nächste Versammlung halten wir zu diesem Thema ab, und dann werde ich auch wissen, in welche Sitzordnung wir sie zu bringen haben.

[13] HERMES
Nein, bei Herakles, was für einen Lärm sie machen, genau wie immer, und wie sie ihre üblichen Sprüche plärren – »Ich bin dran!« – »Wo bleibt der Nektar?« – »Ambrosia ist aus!« – »Wo sind die Hundertopfer?« – »Opfer für alle!«

ΖΕΥΣ

Κατασιώπησον αὐτούς, ὦ Ἑρμῆ, ὡς μάθωσιν ὅτου ἕνεκα συνελέγησαν τοὺς λήρους τούτους ἀφέντες.

ΕΡΜΗΣ

Οὐχ ἅπαντες, ὦ Ζεῦ, τὴν Ἑλλήνων φωνὴν συνιᾶσιν· ἐγὼ δὲ οὐ πολύγλωττός εἰμι, ὥστε καὶ Σκύθαις καὶ Πέρσαις καὶ Θρᾳξὶν καὶ Κελτοῖς συνετὰ κηρύττειν. ἄμεινον οὖν, οἶμαι, τῇ χειρὶ σημαίνειν καὶ παρακελεύεσθαι σιωπᾶν.

ΖΕΥΣ

Οὕτω ποίει.

[14] ΕΡΜΗΣ

Εὖ γε, ἀφωνότεροι γεγένηνταί σοι τῶν σοφιστῶν. ὥστε ὥρα δημηγορεῖν. ὁρᾷς; πάλαι πρὸς σὲ ἀποβλέπουσι περιμένοντες ὅ τι καὶ ἐρεῖς.

ΖΕΥΣ

Ἀλλ᾽ ὅ γε πέπονθα, ὦ Ἑρμῆ, οὐκ ἂν ὀκνήσαιμι πρὸς σὲ εἰπεῖν υἱὸν ὄντα. οἶσθα ὅπως θαρραλέος ἀεὶ καὶ μεγαληγόρος ἐν ταῖς ἐκκλησίαις ἦν.

ΕΡΜΗΣ

Οἶδα καὶ ἐδεδίειν γε ἀκούων σου δημηγοροῦντος, καὶ μάλιστα ὁπότε ἀπειλοίης ἀνασπάσειν ἐκ βάθρων τὴν γῆν καὶ τὴν θάλασσαν αὐτοῖς θεοῖς, τὴν σειρὰν ἐκείνην τὴν χρυσῆν καθείς.

ΖΕΥΣ

Ἀλλὰ νῦν, ὦ τέκνον, οὐκ οἶδα εἴτε ὑπὸ τοῦ μεγέθους τῶν ἐφεστώτων δεινῶν εἴτε καὶ ὑπὸ τοῦ πλήθους τῶν παρόντων – πολυθεωτάτη γάρ, ὡς ὁρᾷς, ἡ ἐκκλησία – διατετάραγμαι τὴν γνώμην καὶ ὑπότρομός εἰμι καὶ ἡ γλῶττά μοι πεπεδημένη ἔοικε· τὸ δὲ ἀτοπώτατον ἁπάντων, ἐπιλέλησμαι τὸ προοίμιον τῶν ὅλων, ὃ παρεσκευασάμην ὡς εὐπροσωποτάτη μοι ἡ ἀρχὴ γένοιτο πρὸς αὐτούς.

ZEUS

Bring sie zur Ruhe, Hermes, damit sie endlich hören, weswegen sie sich hier versammelt haben, sobald sie mal mit dem dummen Geschwätz aufhören.

HERMES

Sie verstehen nicht alle Griechisch, Zeus. Und ich beherrsche auch nicht so viele Sprachen, dass ich meine Ansagen Skythen, Persern, Thrakern und Kelten verständlich machen kann. Es wird besser sein, glaube ich, ihnen mit Handzeichen Schweigen zu gebieten.

ZEUS

Dann mach es so!

[14] HERMES

So, da hast du sie, stummer als die – Sophisten![27] Also, jetzt schnell deine Ansprache! Siehst du, sie schauen schon die ganze Zeit auf dich und warten, was du sagen wirst.

ZEUS

Hermes, dir als meinem Sohn will ich ruhig gestehen, wie ich mich gerade fühle. Du weißt doch, dass ich bei Versammlungen immer ein selbstbewusster und vollmundiger Redner gewesen bin.

HERMES

Das weiß ich, ich habe mich ja sogar gefürchtet bei deinen Reden, und ganz besonders damals, als du angedroht hast, du würdest Erde und Meer mitsamt den Göttern selbst aus ihrem Fundament emporheben, an jener berühmten Kette aus Gold.[28]

ZEUS

Aber heute, mein Kind, ich weiß nicht, ob wegen der Größe der anstehenden Bedrohung oder der schieren Menge der Anwesenden – du siehst ja, die Versammlung ist im wahrsten Sinne des Wortes polytheistisch –, vermag ich meine Gedanken nicht zu sammeln, ich zittere, und es kommt mir vor, als hätte ich einen Knoten in der Zunge: Aber am unpassendsten von allem ist, dass ich die ersten Sätze meiner Rede vergessen habe, die ich so gut vorbereitet hatte, damit der Anfang möglichst ansehnlich daherkäme.

ΕΡΜΗΣ
Ἀπολώλεκας, ὦ Ζεῦ, ἅπαντα· οἱ δὲ ὑποπτεύουσι τὴν σιωπὴν καί τι ὑπέρμεγα κακὸν ἀκούσεσθαι προσδοκῶσιν, ἐφ' ὅτῳ σὺ διαμέλλεις.
ΖΕΥΣ
Βούλει οὖν, ὦ Ἑρμῆ, τὸ Ὁμηρικὸν ἐκεῖνο προοίμιον ἀναρραψῳδήσω πρὸς αὐτούς;
ΕΡΜΗΣ
Τὸ ποῖον;
ΖΕΥΣ

Κέκλυτέ μευ πάντες τε θεοὶ πᾶσαί τε θέαιναι.

ΕΡΜΗΣ
Ἄπαγε, ἱκανῶς καὶ πρὸς ἡμᾶς πεπαρῴδηταί σοι τὰ πρῶτα. πλὴν εἰ δοκεῖ τὸ μὲν φορτικὸν τῶν μέτρων ἄφες, σὺ δὲ τῶν Δημοσθένους δημηγοριῶν τῶν κατὰ Φιλίππου ἥντινα ἂν ἐθέλῃς σύνειρε, ὀλίγα ἐναλλάττων· οὕτω γοῦν οἱ πολλοὶ νῦν ῥητορεύουσιν.
ΖΕΥΣ
Εὖ λέγεις ἐπίτομόν τινα ῥητορείαν καὶ ῥᾳδιουργίαν ταύτην εὔκαιρον τοῖς ἀπορουμένοις.
[15] ΕΡΜΗΣ
Ἄρξαι δ' οὖν ποτε.
ΖΕΥΣ
Ἀντὶ πολλῶν ἄν, ὦ ἄνδρες θεοί, χρημάτων ὑμᾶς ἑλέσθαι νομίζω, εἰ φανερὸν γένοιτο ὑμῖν ὅ τι δή ποτε ἄρα τοῦτό ἐστιν ἐφ' ὅτῳ νῦν συνελέγητε. ὅτε τοίνυν τοῦτο οὕτως ἔχει, προσήκει προθύμως ἀκροᾶσθαί μου λέγοντος. ὁ μὲν οὖν παρὼν καιρός, ὦ θεοί, μονονουχὶ λέγει φωνὴν ἀφιεὶς ὅτι τῶν παρόντων ἐρρωμένως ἀντιληπτέον ἡμῖν ἐστιν, ἡμεῖς δὲ πάνυ ὀλιγώρως ἔχειν δοκοῦμεν πρὸς αὐτά. βούλομαι δὲ ἤδη – καὶ γὰρ ἐπιλείπει ὁ Δημοσθένης – αὐτὰ ὑμῖν δηλῶσαι σαφῶς, ἐφ' οἷς διαταραχθεὶς συνήγαγον τὴν ἐκκλησίαν.

Hermes

Du verdirbst alles, Zeus! Die beargwöhnen jetzt schon dein Schweigen und erwarten, etwas wirklich Schreckliches zu hören zu bekommen, weswegen du zögerst.

Zeus

Meinst du, ich sollte ihnen vielleicht Homers berühmtes Proöm aufsagen, Hermes?

Hermes

Welches?

Zeus

Höret mich, alle ihr Götter und auch ihr, der Göttinnen alle![29]

Hermes

Lass mal, was du uns da am Anfang vorparodiert hast, das hat schon gereicht. Nein – lass lieber den metrischen Schwulst weg, und trage stattdessen eine beliebige Volksrede des Demosthenes gegen Philipp vor, mit leichten Abänderungen. So machen es doch heutzutage alle Redner.

Zeus

Gute Idee! – Eine rhetorische Abkürzung und Hilfe zur rechten Zeit für jemand, der keine Ahnung hat, was er sagen soll!

[15] Hermes

Fang endlich an!

Zeus

Meine Herren Götter,[30] ich glaube, ihr würdet viel dafür bezahlen,[31] endlich Klarheit darüber zu gewinnen, was denn nun der Grund dafür ist, dass ihr hier und heute zur Versammlung geladen worden seid. Da das so ist, solltet ihr meinen Worten aufmerksam lauschen! Die aktuelle Krise, Götter, schreit geradezu danach, dass wir die Situation tatkräftig anpacken, doch stehen wir ihr, so kommt es mir vor, recht nachlässig und gleichgültig gegenüber. Ich will euch jetzt in aller Deutlichkeit eröffnen – denn der Demosthenes geht mir allmählich aus –, was mich so verstört hat, dass ich diese Versammlung einberufen habe.

χθὲς γάρ, ὡς ἴστε, Μνησιθέου τοῦ ναυκλήρου θύσαντος τὰ σωτήρια ἐπὶ τῇ νηῒ ὀλίγου δεῖν ἀπολομένῃ περὶ τὸν Καφηρέα, εἱστιώμεθα ἐν Πειραιεῖ, ὁπόσους ἡμῶν ὁ Μνησίθεος ἐπὶ τὴν θυσίαν ἐκάλεσεν· εἶτα μετὰ τὰς σπονδὰς ὑμεῖς μὲν ἄλλος ἄλλην ἐτράπεσθε, ὡς ἑκάστῳ ἔδοξεν, ἐγὼ δὲ – οὐδέπω γὰρ πάνυ ὀψὲ ἦν – ἀνῆλθον ἐς τὸ ἄστυ ὡς περιπατήσαιμι τὸ δειλινὸν ἐν Κεραμεικῷ, ἐννοῶν ἅμα τοῦ Μνησιθέου τὴν μικρολογίαν, ὃς ἑκκαίδεκα θεοὺς ἑστιῶν ἀλεκτρυόνα μόνον κατέθυσε, γέροντα κἀκεῖνον ἤδη καὶ κορυζῶντα, καὶ λιβανωτοῦ χόνδρους τέτταρας εὖ μάλα εὐρωτιῶντας, ὡς αὐτίκα ἐπισβεσθῆναι τῷ ἄνθρακι, μηδὲ ὅσον ἄκρᾳ τῇ ῥινὶ ὀσφραίνεσθαι τοῦ καπνοῦ παρασχόντας, καὶ ταῦτα ἑκατόμβας ὅλας ὑποσχόμενος ὁπότε ἡ ναῦς ἤδη προσεφέρετο τῷ σκοπέλῳ καὶ ἐντὸς ἦν τῶν ἑρμάτων. **[16]** ἐπεὶ δὲ ταῦτα ἐννοῶν γίγνομαι κατὰ τὴν Ποικίλην, ὁρῶ πλῆθος ἀνθρώπων πάμπολυ συνεστηκός, ἐνίους μὲν ἔνδον ἐν αὐτῇ τῇ στοᾷ, πολλοὺς δὲ καὶ ἐν τῷ ὑπαίθρῳ, καί τινας βοῶντας καὶ διατεινομένους καὶ ἐπὶ τῶν θάκων καθημένους. εἰκάσας οὖν ὅπερ ἦν, φιλοσόφους εἶναι τῶν ἐριστικῶν τούτων, ἐβουλήθην ἐπιστὰς ἀκοῦσαι αὐτῶν ὅ τι καὶ λέγουσι· καὶ – ἔτυχον γὰρ νεφέλην τῶν παχειῶν περιβεβλημένος – σχηματίσας ἐμαυτὸν εἰς τὸν ἐκείνων τρόπον καὶ τὸν πώγωνα ἐπισπασάμενος εὖ μάλα ἐῴκειν φιλοσόφῳ· καὶ δὴ παραγκωνισάμενος τοὺς πολλοὺς εἰσέρχομαι ἀγνοούμενος ὅστις εἴην. εὑρίσκω δὲ τὸν Ἐπικούρειον Δᾶμιν, τὸν ἐπίτριπτον, καὶ Τιμοκλέα τὸν Στωϊκόν, ἀνδρῶν βέλτιστον, ἐκθύμως πάνυ ἐρίζοντας· ὁ γοῦν Τιμοκλῆς καὶ ἵδρου καὶ τὴν φωνὴν ἤδη ἐξεκέκοπτο ὑπὸ τῆς βοῆς, ὁ Δᾶμις δὲ τὸ σαρδάνιον ἐπιγελῶν ἔτι μᾶλλον παρώξυνε τὸν Τιμοκλέα.

Ihr wisst, dass wir gestern anlässlich des Opfers, das der Kapitän Mnesitheos für die Errettung seines Schiffes darbrachte, das beim Kap Kaphereus[32] beinahe untergegangen wäre, im Piräus bewirtet wurden, jedenfalls alle von uns, die Mnesitheos zum Opfer geladen hatte. Dann, nach den Trankopfern, seid ihr eurer Wege gegangen, wie es eben jedem in den Sinn kam, ich hingegen – es war ja noch nicht spät – ging zurück in die Stadt, um im Kerameikos[33] einen Abendpaziergang zu machen, wobei ich über Mnesitheos' Geiz nachdachte, der sechzehn Götter bewirten wollte und dafür gerade mal einen einzigen Hahn opferte – und sogar der war schon alt und krächzte nur noch –, außerdem vier Körner Weihrauch, so vermodert, dass er von der Kohle umgehend ausgelöscht wurde, nicht mal so viel, dass man ihn hätte riechen können, wenn man die Nasenspitze direkt in den Rauch gehalten hätte – und das, wo er ganze Hekatomben versprochen hatte, als das Schiff schon auf den Felsen zugetrieben wurde und sich mitten in den Klippen befand.

[16] Als ich nun, unter solchen Gedanken, in die Gegend der Poikile[34] komme, da sehe ich eine große Menschenmenge sich drängen, ein Teil direkt in der Stoa, viele auch im Freien, und ein paar Leute, die schreien, sich mächtig aufplustern und sich auf den Sitzen niedergelassen haben. Da ich schon so eine Ahnung hatte, worum es sich handelte, nämlich um Philosophen von der eristischen Sorte, trat ich hinzu und wollte mal hören, was sie zu sagen hätten. Zu diesem Zweck – es traf sich, dass ich mich in eine dichte Wolke gehüllt hatte – nahm ich ihre Gestalt an, zog mir den Bart lang und sah so ganz wie ein Philosoph aus. Dann schiebe ich mich durch die Menschenmenge und trete unerkannt ein. Da finde ich den Epikuräer Damis, den geriebenen Kerl, und den Stoiker Timokles, diesen vortrefflichsten Mann, in heftigem Streit miteinander. Timokles war schweißgebadet und von der Schreierei schon ganz heiser, Damis aber stachelte Timokles mit seinem sardonischen Lachen immer noch weiter an.

[17] ἦν δὲ ἄρα περὶ ἡμῶν ὁ πᾶς λόγος αὐτοῖς· ὁ μὲν γὰρ κατάρατος Δᾶμις οὔτε προνοεῖν ἡμᾶς ἔφασκε τῶν ἀνθρώπων οὔτε ἐπισκοπεῖν τὰ γινόμενα παρ' αὐτοῖς, οὐδὲν ἄλλο ἢ μηδὲ ὅλως ἡμᾶς εἶναι λέγων· τοῦτο γὰρ αὐτῷ δηλαδὴ ὁ λόγος ἐδύνατο· καὶ ἦσάν τινες οἳ ἐπῄνουν αὐτόν. ὁ δ' ἕτερος τὰ ἡμέτερα ὁ Τιμοκλῆς ἐφρόνει καὶ ὑπερεμάχει καὶ ἠγανάκτει καὶ πάντα τρόπον συνηγωνίζετο τὴν ἐπιμέλειαν ἡμῶν ἐπαινῶν καὶ διεξιὼν ὡς ἐν κόσμῳ καὶ τάξει τῇ προσηκούσῃ ἐξηγούμεθα καὶ διατάττομεν ἕκαστα· καὶ εἶχε μέν τινας καὶ αὐτὸς τοὺς ἐπαινοῦντας. πλὴν ἐκεκμήκει γὰρ ἤδη καὶ πονήρως ἐφώνει καὶ τὸ πλῆθος εἰς τὸν Δᾶμιν ἀπέβλεπεν –, συνεὶς δὲ ἐγὼ τὸ κινδύνευμα τὴν νύκτα ἐκέλευσα περιχυθεῖσαν διαλῦσαι τὴν συνουσίαν. ἀπῆλθον οὖν εἰς τὴν ὑστεραίαν συνθέμενοι εἰς τέλος ἐπεξελεύσεσθαι τὸ σκέμμα, κἀγὼ παρομαρτῶν τοῖς πολλοῖς ἐπήκουον μεταξὺ ἀπιόντων οἴκαδε παρ' αὐτοὺς ἐπαινούντων τὰ τοῦ Δάμιδος καὶ ἤδη παρὰ πολὺ αἱρουμένων τὰ ἐκείνου· ἦσαν δὲ καὶ οἱ μὴ ἀξιοῦντες προκατεγνωκέναι τῶν ἐναντίων ἀλλὰ περιμένειν τί καὶ ὁ Τιμοκλῆς αὔριον ἐρεῖ.

[18] ταῦτ' ἔστιν ἐφ' οἷς ὑμᾶς συνεκάλεσα, οὐ μικρά, ὦ θεοί, εἰ λογίσεσθε ὡς ἡ πᾶσα μὲν ἡμῖν τιμὴ καὶ δόξα καὶ πρόσοδος οἱ ἄνθρωποί εἰσιν· εἰ δ' οὗτοι πεισθεῖεν ἢ μηδὲ ὅλως θεοὺς εἶναι ἢ ὄντας ἀπρονοήτους εἶναι σφῶν αὐτῶν, ἄθυτα καὶ ἀγέραστα καὶ ἀτίμητα ἡμῖν ἔσται τὰ ἐκ γῆς καὶ μάτην ἐν οὐρανῷ καθεδούμεθα λιμῷ ἐχόμενοι, ἑορτῶν ἐκείνων καὶ πανηγύρεων καὶ ἀγώνων καὶ θυσιῶν καὶ παννυχίδων καὶ πομπῶν στερόμενοι. ὡς οὖν ὑπὲρ τηλικούτων φημὶ δεῖν ἅπαντας ἐπινοεῖν τι

[17] Und worum ging es ihnen bei der ganzen Debatte? Um uns! Denn der verfluchte Damis behauptete, weder kümmerten wir uns um die Menschen noch schenkten wir dem irdischen Geschehen irgendeine Beachtung, und damit sagte er nichts anderes, als dass es uns überhaupt nicht gebe. Denn darauf lief seine Argumentation natürlich hinaus. Und es gab durchaus einige, die ihm entschieden zustimmten. Der andere, Timokles, vertrat unsere Sache überaus kämpferisch und aufgeregt und unterstützte uns auf jede Weise, lobte unsere Fürsorge, erläuterte, wie wir das All in angemessener Ordnung regieren und jedem Ding seinen Platz zuweisen.[35] Und auch er hatte einige Leute, die seine Partei ergriffen. Nur war er eben schon erschöpft, konnte kaum noch sprechen, und die Augen der Menge waren auf Damis gerichtet – da erkannte ich die Gefahr und befahl der Nacht, hereinzubrechen und die Versammlung aufzulösen. So gingen sie also auseinander, mit der Verabredung, am nächsten Tag die Prüfung zuendezuführen, und ich, der ich mich unter die Menge mischte, vernahm, wie sie auf dem Nachhauseweg miteinander redeten und dem Damis zustimmten und sich schon weitgehend seiner Meinung anschlossen. Es gab jedoch auch noch welche, die verlangten, man solle den Kontrahenten nicht vorgreifen, sondern erst abwarten, was denn auch Timokles morgen noch ausführen werde.

[18] Das ist der Grund, aus dem ich euch zusammengerufen habe, kein geringer Grund, Götter, wenn ihr bedenkt, dass unsere ganze Ehre, unser ganzes Ansehen, alle unsere Einkünfte – die Menschen sind. Ließen sie sich überzeugen, dass es überhaupt keine Götter gibt oder dass es sie zwar gibt, sie sich aber nicht um sie kümmern, dann wird es für uns von der Erde keine Opfer, keine Gaben, keine Ehrungen mehr geben, und wir werden sinnlos im Himmel herumsitzen, vom Hunger gequält, und alle die Feste und Prozessionen und Wettkämpfe und Opfer und Nachtfeiern und Umzüge, die sind wir dann los. Deshalb, sage ich, müssen wir angesichts solcher Bedrohungen alle miteinander über eine Bereinigung

σωτήριον τοῖς παροῦσι καὶ ἀφ' ὅτου κρατήσει μὲν ὁ Τιμοκλῆς καὶ δόξει ἀληθέστερα λέγειν, ὁ Δᾶμις δὲ καταγελασθήσεται πρὸς τῶν ἀκουόντων· ὡς ἔγωγε οὐ πάνυ τῷ Τιμοκλεῖ πέποιθα ὡς κρατήσει καθ' ἑαυτόν, ἢν μὴ καὶ τὰ παρ' ἡμῶν αὐτῷ προσγένηται. κήρυττε οὖν, ὦ Ἑρμῆ, τὸ κήρυγμα τὸ ἐκ τοῦ νόμου, ὡς ἀνιστάμενοι συμβουλεύοιεν.

ΕΡΜΗΣ

Ἄκουε, σίγα, μὴ τάραττε· τίς ἀγορεύειν βούλεται τῶν τελείων θεῶν, οἷς ἔξεστι; τί τοῦτο; οὐδεὶς ἀνίσταται, ἀλλ' ἡσυχάζετε πρὸς τὸ μέγεθος τῶν ἠγγελμένων ἐκπεπληγμένοι;

[19] ΜΩΜΟΣ

Ἀλλ' ὑμεῖς μὲν πάντες ὕδωρ καὶ γαῖα γένοισθε·

ἐγὼ δέ, εἴ γέ μοι μετὰ παρρησίας λέγειν δοθείη, πολλὰ ἄν, ὦ Ζεῦ, ἔχοιμι εἰπεῖν.

ΖΕΥΣ

Λέγε, ὦ Μῶμε, πάνυ θαρρῶν· δῆλος γὰρ εἶ ἐπὶ τῷ συμφέροντι παρρησιασόμενος.

ΜΩΜΟΣ

Οὐκοῦν ἀκούετε, ὦ θεοί, τά γε ἀπὸ καρδίας, φασίν· ἐγὼ γὰρ καὶ πάνυ προσεδόκων ἐς τόδε ἀμηχανίας περιστήσεσθαι τὰ ἡμέτερα καὶ πολλοὺς τοιούτους ἀναφύσεσθαι ἡμῖν σοφιστάς, παρ' ἡμῶν αὐτῶν τὴν αἰτίαν τῆς τόλμης λαμβάνοντας· καὶ μὰ τὴν Θέμιν οὔτε τῷ Ἐπικούρῳ ἄξιον ὀργίζεσθαι οὔτε τοῖς ὁμιληταῖς αὐτοῦ καὶ διαδόχοις τῶν δογμάτων, εἰ τοιαῦτα περὶ ἡμῶν ὑπειλήφασιν. ἢ τί γὰρ αὐτοὺς ἀξιώσειέ τις ἂν φρονεῖν, ὁπόταν ὁρῶσι τοσαύτην ἐν τῷ βίῳ τὴν ταραχήν, καὶ τοὺς μὲν χρηστοὺς αὐτῶν ἀμελουμένους, ἐν πενίᾳ καὶ νόσοις καὶ δουλείᾳ καταφθειρομένους, παμπονήρους δὲ καὶ μιαροὺς ἀνθρώπους προτιμωμένους καὶ ὑπερπλουτοῦντας καὶ ἐπιτάττοντας τοῖς κρείττοσι, καὶ τοὺς μὲν ἱεροσύλους οὐ κολαζομένους ἀλλὰ διαλανθάνοντας, ἀνασκολοπιζο-

der aktuellen Situation nachdenken, die es dem Timokles ermöglicht, zu gewinnen und als Vertreter der Wahrheit angesehen zu werden, dem Damis hingegen Hohn und Spott seiner Zuhörer einträgt. Denn ich jedenfalls glaube nicht so recht an einen Sieg des Timokles aus eigener Kraft, ohne Unterstützung von unserer Seite. Also mach jetzt die gesetzlich vorgesehene Ansage, Hermes, damit sie sich erheben und sich an der Beratung beteiligen!

Hermes

Achtung, Ruhe, keine Störungen bitte! Wer von den Vollgöttern, denen es zusteht, möchte das Wort ergreifen? – Wie bitte? Niemand erhebt sich, sondern ihr sitzt da und schweigt, völlig perplex angesichts der Ungeheuerlichkeit dieser Nachrichten?

[19] Momos[36]

Nein doch! Möget ihr alle zu Wasser werden, zu Erde![37]

Ich jedenfalls hätte, Zeus, falls man mir gestattet, offen zu sprechen, eine Menge zu sagen!

Zeus

Keine falsche Scheu, Momos, sprich nur! Deine Offenheit soll ja ersichtlich dem Allgemeinwohl dienen.

Momos

Also, dann hört mal zu, Götter! Meine Worte kommen, wie man so sagt, von Herzen! Denn ich habe schon lange damit gerechnet, dass wir mit unseren Angelegenheiten derart in die Klemme geraten könnten und viele solche Sophisten aus dem Boden sprießen würden, und dass sie die Ursache ihrer Dreistigkeit in niemandem anderen als in uns selbst finden würden. Und nein, bei Themis, weder hat Epikur euren Zorn verdient noch seine Anhänger oder späteren Schüler, wenn sie solcherlei von uns annehmen. Ja, was sollen sie denn auch denken, wenn sie all das Chaos im Leben sehen: die Guten vernachlässigt, vernichtet von Armut, Krankheit, Sklaverei, Böse und Verbrecher in Ehren, mehr als reich, Bosse derer, die besser sind als sie, Tempelräuber ungestraft und sogar

μένους δὲ καὶ τυμπανιζομένους ἐνίοτε τοὺς οὐδὲν ἀδικοῦντας; **[20]** εἰκότως τοίνυν ταῦτα ὁρῶντες οὕτω διανοοῦνται περὶ ἡμῶν ὡς οὐδὲν ὅλως ὄντων, καὶ μάλιστα ὅταν ἀκούωσι τῶν χρησμῶν λεγόντων, ὡς διαβάς τις τὸν Ἅλυν μεγάλην ἀρχὴν καταλύσει, οὐ μέντοι δηλούντων, εἴτε τὴν αὑτοῦ εἴτε τὴν τῶν πολεμίων· καὶ πάλιν

ὦ θείη Σαλαμίς, ἀπολεῖς δὲ σὺ τέκνα γυναικῶν.

καὶ Πέρσαι γάρ, οἶμαι, καὶ Ἕλληνες γυναικῶν τέκνα ἦσαν. ὅταν μὲν γὰρ τῶν ῥαψῳδῶν ἀκούωσιν, ὅτι καὶ ἐρῶμεν καὶ τιτρωσκόμεθα καὶ δεσμούμεθα καὶ δουλεύομεν καὶ στασιάζομεν καὶ μυρία ὅσα πράγματα ἔχομεν, καὶ ταῦτα μακάριοι καὶ ἄφθαρτοι ἀξιοῦντες εἶναι, τί ἄλλο ἢ δικαίως καταγελῶσι καὶ ἐν οὐδενὶ λόγῳ τίθενται τὰ ἡμέτερα; ἡμεῖς δὲ ἀγανακτοῦμεν, εἴ τινες ἄνθρωποι ὄντες οὐ πάνυ ἀνόητοι διελέγχουσι ταῦτα καὶ τὴν πρόνοιαν ἡμῶν παρωθοῦνται, δέον ἀγαπᾶν εἴ τινες ἡμῖν ἔτι θύουσι τοιαῦτα ἐξαμαρτάνουσιν.

[21] καί μοι ἐνταῦθα, ὦ Ζεῦ – μόνοι γάρ ἐσμεν καὶ οὐδεὶς ἄνθρωπος πάρεστι τῷ συλλόγῳ ἔξω Ἡρακλέους καὶ Διονύσου καὶ Γανυμήδους καὶ Ἀσκληπιοῦ, τῶν παρεγγράπτων τούτων – ἀπόκριναι μετ᾽ ἀληθείας, εἴ ποτέ σοι ἐμέλησεν ἐς τοσοῦτον τῶν ἐν τῇ γῇ, ὡς ἐξετάσαι οἵτινες αὐτῶν οἱ φαῦλοι ἢ οἵτινες οἱ χρηστοί εἰσιν· ἀλλ᾽ οὐκ ἂν εἴποις. εἰ γοῦν μὴ ὁ Θησεὺς ἐκ Τροιζῆνος εἰς Ἀθήνας ἰὼν ὁδοῦ πάρεργον ἐξέκοψε τοὺς κακούργους, ὅσον ἐπὶ σοὶ καὶ τῇ σῇ προνοίᾳ οὐδὲν ἂν ἐκώλυεν ζῆν ἐντρυφῶντας ταῖς τῶν παροδοιπόρων σφαγαῖς τὸν Σκείρωνα καὶ Πιτυοκάμπτην καὶ Κερκυόνα καὶ τοὺς ἄλλους· ἢ εἴ γε μὴ ὁ Εὐρυσθεύς, ἀνὴρ

unentdeckt, während ans Kreuz und auf die Folter immer wieder Leute kommen, die nichts Unrechtes getan haben?

[20] Sehen sie das alles, dann müssen sie natürlich so über uns denken, als ob es uns gar nicht gäbe, und erst recht, wenn sie Orakelsprüche hören, die ihnen sagen, dass, wenn einer den Halys überschreite, er ein großes Reich zerstören werde – ohne allerdings zu erklären, ob es sich dabei um sein eigenes oder um das der Feinde handelt. Und das Gleiche gilt für

Göttliches Salamis, du tötest die Kinder der Frauen![38]

Denn sowohl Perser, denke ich, als auch Griechen waren Kinder von Frauen. Und wenn sie den Rhapsoden lauschen und hören, dass wir Begehren fühlen, verwundet werden, in Ketten gelegt werden, versklavt werden, dass wir Revolten anzetteln[39] und was wir nicht alles sonst noch an Problemen haben, und das, wo wir doch als glückselig und unsterblich gelten wollen, wie anders als völlig zu Recht lachen sie uns dann aus und halten unsere Angelegenheiten für kaum der Rede wert? Und da stößt es uns sauer auf, wenn ein paar Menschen, die noch über einen Rest von Verstand verfügen, die Absurdität all dessen aufzeigen und von unserer Fürsorge nichts wissen wollen, wo wir doch froh sein sollten, wenn uns, angesichts solcher kapitaler Fehler, überhaupt irgendwer noch Opfer bringt.

[21] Und antworte mir, Zeus, doch hier – wir sind ja unter uns, kein Mensch nimmt an unserer Versammlung teil[40] außer Herakles, Dionysos, Ganymed und Asklepios, diesen Zugereisten[41] – einmal ganz ehrlich, ob dich die irdischen Angelegenheiten je so sehr gekümmert haben, dass du überprüft hättest, wer von den Menschen die Schlechten oder wer die Guten sind! Nein, das könntest du kaum behaupten. Hätte jedenfalls nicht Theseus, als er sich von Troizen nach Athen begab, als Nebeneffekt seines Weges die Übeltäter ausgerottet, dann hätte sie – den Skiron, den Pityokamptes, den Kerkyon und die anderen –, soweit es von dir und deiner Fürsorge abhing, nichts an einem Leben in Saus und Braus gehindert, gemästet am Blut der Wanderer. Oder hätte nicht Eurystheus,

δίκαιος καὶ προνοητικός, ὑπὸ φιλανθρωπίας ἀναπυνθανόμενος τὰ παρ' ἑκάστοις ἐξέπεμπε τουτονὶ τὸν οἰκέτην αὑτοῦ, ἐργατικὸν ἄνθρωπον καὶ πρόθυμον εἰς τοὺς πόνους, ὦ Ζεῦ, σὺ ὀλίγον ἐφρόντισας ἂν τῆς Ὕδρας καὶ τῶν ἐν Στυμφάλῳ ὀρνέων καὶ ἵππων τῶν Θρᾳκίων καὶ τῆς Κενταύρων ὕβρεως καὶ παροινίας. **[22]** ἀλλ' εἰ χρὴ τἀληθὲς λέγειν καθήμεθα τοῦτο μόνον ἐπιτηροῦντες, εἴ τις θύει καὶ κνισᾷ τοὺς βωμούς· τὰ δ' ἄλλα κατὰ ῥοῦν φέρεται ὡς ἂν τύχῃ ἕκαστον παρασυρόμενα. τοιγαροῦν εἰκότα νῦν πάσχομεν καὶ ἔτι πεισόμεθα, ἐπειδὰν κατ' ὀλίγον οἱ ἄνθρωποι ἀνακύπτοντες εὑρίσκωσιν οὐδὲν ὄφελος αὑτοῖς ὄν, εἰ θύοιεν ἡμῖν καὶ τὰς πομπὰς πέμποιεν. εἶτ' ἐν βραχεῖ ὄψει καταγελῶντας τοὺς Ἐπικούρους καὶ Μητροδώρους καὶ Δάμιδας, κρατουμένους δὲ καὶ ἀποφραττομένους ὑπ' αὐτῶν τοὺς ἡμετέρους συνηγόρους· ὥστε ὑμέτερον ἂν εἴη παύειν καὶ ἰᾶσθαι ταῦτα, τῶν καὶ ἐς τόδε αὐτὰ προαγαγόντων. Μώμῳ δὲ οὐ μέγας ὁ κίνδυνος, εἰ ἄτιμος ἔσται· οὐδὲ γὰρ πάλαι τῶν τιμωμένων ἦν, ὑμῶν ἔτι εὐτυχούντων καὶ τὰς θυσίας καρπουμένων.

[23] ΖΕΥΣ

Τοῦτον μέν, ὦ θεοί, ληρεῖν ἐάσωμεν ἀεὶ τραχὺν ὄντα καὶ ἐπιτιμητικόν· ὡς γὰρ ὁ θαυμαστὸς Δημοσθένης ἔφη, τὸ μὲν ἐγκαλέσαι καὶ μέμψασθαι καὶ ἐπιτιμῆσαι ῥᾴδιον καὶ παντός, τὸ δὲ ὅπως τὰ παρόντα βελτίω γενήσεται συμβουλεῦσαι, τοῦτ' ἔμφρονος ὡς ἀληθῶς συμβούλου· ὅπερ οἱ ἄλλοι εὖ οἶδ' ὅτι ποιήσετε καὶ τούτου σιωπῶντος.

[24] ΠΟΣΕΙΔΩΝ

Ἐγὼ τὰ μὲν ἄλλα ὑποβρύχιός εἰμι, ὡς ἴστε, καὶ ἐν βυθῷ πολιτεύομαι κατ' ἐμαυτόν, εἰς ὅσον ἐμοὶ δυνατὸν σώζων τοὺς πλέοντας καὶ παραπέμ-

ein gerechter und fürsorglicher Mann, sich aus reiner Menschenfreundlichkeit über die diversen Lebensbedingungen allerorten kundig gemacht, Zeus, und den hier, seinen Diener, einen fleißigen Menschen, der keine Mühe scheut, ausgesandt, dann hättest du wohl kaum einen Gedanken an die Hydra, die stymphalischen Vögel, die thrakischen Pferde oder die Übergriffe und Besäufnisse der Kentauren verschwendet.[42]

[22] Aber um die Wahrheit zu sagen: Wir sitzen hier doch nur herum und spitzen darauf, ob einer opfert und die Altäre dampfen lässt. Alles andere geht, wie es halt kommt, mit Höchstgeschwindigkeit den Bach runter. Und so war das, was uns jetzt passiert, nur zu erwarten und wird uns noch öfter passieren, wenn die Menschen nur mal kurz den Blick nach oben richten und herausfinden, dass es ihnen überhaupt nichts nützt, wenn sie Opfer und Prozessionen für uns veranstalten. Ja, dann wirst du schon sehr bald Leute wie Epikur, Metrodor[43] und Damis herzlich lachen sehen, unsere Fürsprecher hingegen von ihnen besiegt und abgedrängt. Diese Zustände zu beenden und zu heilen dürfte also eure Sache sein – habt ihr es doch auch soweit kommen lassen! Für den Momos ist das Risiko, seine Ehrenstellung zu verlieren, nicht groß – gehörte er doch schon längst nicht mehr zu den Leuten, die man ehrte und achtete, als es euch noch gut ging und ihr die Opfer eingefahren habt.

[23] ZEUS

Lassen wir ihn schwätzen, Götter, so harsch und tadelsüchtig, wie er immer ist! Pflegte doch schon der wunderbare Demosthenes zu sagen, Vorwürfe machen, nörgeln und tadeln, das könne jeder, aber zu raten, wie die Dinge besser würden, dafür brauche man einen wirklichen Ratgeber mit Verstand. Dass ihr übrigen genau das tun werdet, davon bin ich überzeugt – und er soll den Mund halten.

[24] POSEIDON

Ich habe ja ansonsten den Kopf unter Wasser, wie ihr wisst, lenke mein Reich für mich am Meeresgrund, rette, so gut ich kann, die Seeleute, geleite die Schiffe und beschwichtige die Winde. Aber

πων τὰ πλοῖα καὶ τοὺς ἀνέμους καταμαλάττων· ὅμως δ' οὖν – μέλει γάρ μοι καὶ τῶν ἐνταῦθα – φημὶ δεῖν τὸν Δᾶμιν τοῦτον ἐκποδὼν ποιήσασθαι, πρὶν ἐπὶ τὴν ἔριν ἥκειν, ἤτοι κεραυνῷ ἤ τινι ἄλλῃ μηχανῇ, μὴ καὶ ὑπέρσχῃ λέγων – φὴς γάρ, ὦ Ζεῦ, πιθανόν τινα εἶναι αὐτόν· ἅμα γὰρ καὶ δείξομεν αὐτοῖς ὡς μετερχόμεθα τοὺς τὰ τοιαῦτα καθ' ἡμῶν διεξιόντας.

[25] ΖΕΥΣ

Παίζεις, ὦ Πόσειδον, ἢ τέλεον ἐπιλέλησαι ὡς οὐδὲν ἐφ' ἡμῖν τῶν τοιούτων ἐστίν, ἀλλ' αἱ Μοῖραι ἑκάστῳ ἐπικλώθουσι, τὸν μὲν κεραυνῷ, τὸν δὲ ξίφει, τὸν δὲ πυρετῷ ἢ φθόῃ ἀποθανεῖν; ἐπεὶ εἴ γέ μοι ἐπ' ἐξουσίας τὸ πρᾶγμα ἦν, εἴασα ἄν, οἴει, τοὺς ἱεροσύλους πρῴην ἀπελθεῖν ἀκεραυνώτους ἐκ Πίσης δύο μου τῶν πλοκάμων ἀποκείραντας ἓξ μνᾶς ἑκάτερον ἕλκοντας; ἢ σὺ αὐτὸς περιεῖδες ἂν ἐν Γεραιστῷ τὸν ἁλιέα τὸν ἐξ Ὠρεοῦ ὑφαιρούμενόν σου τὴν τρίαιναν; ἄλλως τε καὶ δόξομεν ἀγανακτεῖν λελυπημένοι τῷ πράγματι καὶ δεδιέναι τοὺς παρὰ τοῦ Δάμιδος λόγους καὶ δι' αὐτὸ ἀποσκευάζεσθαι τὸν ἄνδρα, οὐ περιμείναντες ἀντεξετασθῆναι αὐτὸν τῷ Τιμοκλεῖ. ὥστε τί ἄλλο ἢ ἐξ ἐρήμης κρατεῖν οὕτω δόξομεν;

ΠΟΣΕΙΔΩΝ

Καὶ μὴν ἐπίτομόν τινα ταύτην ᾤμην ἐπινενοηκέναι ἔγωγε πρὸς τὴν νίκην.

ΖΕΥΣ

Ἄπαγε, θυννῶδες τὸ ἐνθύμημα, ὦ Πόσειδον, καὶ κομιδῇ παχύ, προαναιρεῖν τὸν ἀνταγωνιστὴν ὡς ἀποθάνοι ἀήττητος, ἀμφήριστον καὶ ἀδιάκριτον καταλιπὼν τὸν λόγον.

trotzdem – denn das, was hier oben geschieht, geht mich doch schon auch an – will ich vorschlagen, dass man diesen Damis beseitigen sollte, bevor er zum Streitgespräch kommt, durch einen Blitz oder ein anderes Hilfsmittel, damit er nicht am Ende noch beim Reden die Oberhand behält – du sagst ja, Zeus, er sei ganz überzeugend. Und bei der Gelegenheit werden wir ihnen auch zeigen, wie wir mit Leuten umspringen, die solche Behauptungen gegen uns aufstellen.

[25] ZEUS

Machst du Witze, Poseidon, oder hast du völlig vergessen, dass so etwas nicht in unserer Hand liegt, sondern die Moiren jedem sein Geschick zuspinnen, dem einen, dass er durch einen Blitz, dem anderen, dass er durchs Schwert, wieder einem anderen, dass er durch Fieber oder Schwindsucht zu Tode kommt? Ja, glaubst du denn, ich hätte, wenn diese Sache in meiner Macht stünde, zugelassen, dass sich die Tempelräuber, ohne vom Blitz erschlagen zu werden, neulich aus Pisa davonmachten, nachdem sie mir zwei Locken abgeschoren hatten, von denen jede sechs Minen auf die Waage brachte?[44] Oder hättest du selbst in Geraistos den Fischer aus Oreos deinen Dreizack stibitzen lassen?[45] Nicht davon zu reden, dass man glauben wird, die ganze Angelegenheit mache uns Sorgen, wir seien deshalb in Aufregung und fürchteten Damis' Ausführungen, und darum hätten wir den Mann aus dem Weg geräumt, ohne abzuwarten, dass er von Timokles widerlegt wird. Wird es dann also nicht so aussehen, als verdankten wir unseren Sieg dem Fehlen des Gegners?

POSEIDON

Und ich hatte geglaubt, ich hätte da eine Abkürzung zum Siegespodest erdacht.

ZEUS

Lass gut sein, Poseidon, auf so eine Idee kann nur so ein dicker, dummer Thunfisch kommen: den Gegner vorweg zu töten, so dass er unbesiegt stirbt und die Diskussion verlässt, während sie noch in vollem Gange und unentschieden ist.

ΠΟΣΕΙΔΩΝ

Οὐκοῦν ἄμεινόν τι ὑμεῖς ἄλλο ἐπινοεῖτε, εἰ τἀμὰ οὕτως ὑμῖν ἀποτεθύνισται.

[26] ΑΠΟΛΛΩΝ

Εἰ καὶ τοῖς νέοις ἔτι καὶ ἀγενείοις ἡμῖν ἐφεῖτο ἐκ τοῦ νόμου δημηγορεῖν, ἴσως ἂν εἶπόν τι συμφέρον εἰς τὴν διάσκεψιν.

ΜΩΜΟΣ

Ἡ μὲν σκέψις, ὦ Ἄπολλον, οὕτω περὶ μεγάλων, ὥστε μὴ καθ' ἡλικίαν, ἀλλὰ κοινὸν ἅπασι προκεῖσθαι τὸν λόγον· χάριεν γάρ, εἰ περὶ τῶν ἐσχάτων κινδυνεύοντες περὶ τῆς ἐν τοῖς νόμοις ἐξουσίας μικρολογούμεθα. σὺ δὲ καὶ πάνυ ἤδη ἔννομος εἶ δημηγόρος, πρόπαλαι μὲν ἐξ ἐφήβων γεγονώς, ἐγγεγραμμένος δὲ ἐς τὸ τῶν δώδεκα ληξιαρχικόν, καὶ ὀλίγου δεῖν τῆς ἐπὶ Κρόνου βουλῆς ὤν· ὥστε μὴ μειρακιεύου πρὸς ἡμᾶς, ἀλλὰ λέγε θαρρῶν ἤδη τὰ δοκοῦντα, μηδὲν αἰδεσθεὶς εἰ ἀγένειος ὢν δημηγορήσεις, καὶ ταῦτα βαθυπώγωνα καὶ εὐγένειον οὕτως υἱὸν ἔχων τὸν Ἀσκληπιόν. ἄλλως τε καὶ πρέπον ἂν εἴη σοι νῦν μάλιστα ἐκφαίνειν τὴν σοφίαν, εἰ μὴ μάτην ἐν τῷ Ἑλικῶνι κάθησαι ταῖς Μούσαις συμφιλοσοφῶν.

ΑΠΟΛΛΩΝ

Ἀλλ' οὐ σέ, ὦ Μῶμε, χρὴ τὰ τοιαῦτα ἐφιέναι, τὸν Δία δέ· καὶ ἢν οὗτος κελεύσῃ, τάχ' ἄν τι οὐκ ἄμουσον εἴποιμι ἀλλὰ τῆς ἐν τῷ Ἑλικῶνι μελέτης ἄξιον.

ΖΕΥΣ

Λέγε, ὦ τέκνον· ἐφίημι γάρ.

POSEIDON
Na, dann denkt ihr euch doch etwas Anderes und Besseres aus, wenn ihr meine Idee so einfach zu den Thunfischen werft.

[26] APOLLON
Wenn es auch uns, den noch jungen und bartlosen Göttern, trotz fehlender gesetzlicher Legitimation gestattet sein sollte, zu sprechen, dann könnte ich zu unserer Untersuchung vielleicht einen nützlichen Beitrag leisten.

MOMOS
Zum einen dreht sich unsere Untersuchung um so gewichtige Fragen, Apollon, dass das Recht, das Wort zu ergreifen, nicht vom Alter abhängt, sondern allen miteinander gegeben ist; es wäre ja noch schöner, wenn wir am Rande des Abgrunds kleinliche Debatten über gesetzliche Möglichkeiten führten. Zum anderen bist du bereits ein vollumfänglich gesetzlich legitimierter Versammlungsredner: Der Ephebenklasse bist du längst entwachsen, du stehst bei den Zwölfen auf der Liste wählbarer Beamter, ja gehörtest beinahe schon in Kronos' Tagen zum Rat. Spiel uns daher jetzt nicht den kleinen Jungen vor, sondern mutig heraus mit deiner Meinung, keine schüchternen Überlegungen, ob du wohl ohne Bart in der Versammlung sprechen dürftest, wo du doch einen Sohn mit mächtigem Vollbart dein eigen nennst, den Asklepios. Zumal es sich auch gehören dürfte, dass du gerade jetzt deine Weisheit erstrahlen lässt, falls du nicht für nichts auf dem Helikon sitzt und mit den Musen tiefsinnige Gespräche führst.

APOLLON
Es steht gar nicht dir zu, Momos, solche Genehmigungen zu erteilen, sondern Zeus. Wenn er mich dazu auffordert, könnte ich vielleicht etwas sagen, was zu einem Musenfreund passt und meine Studien auf dem Helikon rechtfertigt.

ZEUS
Sprich, mein Kind! Ich gestatte es.

[27] ΑΠΟΛΛΩΝ

Ὁ Τιμοκλῆς χρηστὸς ἀνὴρ καὶ φιλόθεος καὶ τοὺς λόγους πάνυ ἠκρίβωκεν τοὺς Στωϊκούς· ὥστε καὶ σύνεστιν ἐπὶ φιλοσοφίᾳ πολλοῖς τῶν νέων καὶ μισθοὺς οὐκ ὀλίγους ἐπὶ τούτῳ ἐκλέγει, σφόδρα πιθανὸς ὢν ὁπότε ἰδίᾳ τοῖς μαθηταῖς διαλέγοιτο· ἐν πλήθει δὲ εἰπεῖν ἀτολμότατός ἐστι καὶ τὴν φωνὴν ἰδιώτης καὶ μιξοβάρβαρος, ὥστε γέλωτα ὀφλισκάνειν διὰ τοῦτο ἐν ταῖς συνουσίαις, οὐ συνείρων ἀλλὰ βατταρίζων καὶ ταραττόμενος, καὶ μάλιστα ὁπόταν οὕτως ἔχων καὶ καλλιρρημοσύνην ἐπιδείκνυσθαι βούληται. συνεῖναι μὲν γὰρ εἰς ὑπερβολὴν ὀξύς ἐστι καὶ λεπτογνώμων, ὥς φασιν οἱ ἄμεινον τὰ τῶν Στωϊκῶν εἰδότες, λέγων δὲ καὶ ἑρμηνεύων ὑπ' ἀσθενείας διαφθείρει αὐτὰ καὶ συγχεῖ, οὐκ ἀποσαφῶν ὅ τι βούλεται ἀλλὰ αἰνίγμασιν ἐοικότα προτείνων καὶ πάλιν αὖ πολὺ ἀσαφέστερα πρὸς τὰς ἐρωτήσεις ἀποκρινόμενος· οἱ δὲ οὐ συνιέντες καταγελῶσιν αὐτοῦ. δεῖ δὲ οἶμαι σαφῶς λέγειν καὶ τούτου μάλιστα πολλὴν ποιεῖσθαι τὴν πρόνοιαν, ὡς συνήσουσιν οἱ ἀκούοντες.

[28] ΜΩΜΟΣ

Τοῦτο μὲν ὀρθῶς ἔλεξας, ὦ Ἄπολλον, ἐπαινέσας τοὺς σαφῶς λέγοντας, εἰ καὶ μὴ πάνυ ποιεῖς αὐτὸ σὺ ἐν τοῖς χρησμοῖς λοξὸς ὢν καὶ γριφώδης καὶ ἐς τὸ μεταίχμιον ἀσφαλῶς ἀπορρίπτων τὰ πολλά, ὡς τοὺς ἀκούοντας ἄλλου δεῖσθαι Πυθίου πρὸς τὴν ἐξήγησιν αὐτῶν. ἀτὰρ τί τὸ ἐπὶ τούτῳ συμβουλεύεις; τίνα ἴασιν ποιήσασθαι τῆς Τιμοκλέους ἀδυναμίας ἐν τοῖς λόγοις;

[29] ΑΠΟΛΛΩΝ

Συνήγορον, ὦ Μῶμε, εἴ πως δυνηθείημεν, αὐτῷ παρασχεῖν ἄλλον τῶν

[27] APOLLON
Timokles ist ein braver und gottesfürchtiger Mann und sehr beschlagen in den Einzelheiten der stoischen Doktrin. Darum widmet er sich auch eingehend der philosophischen Ausbildung vieler junger Menschen und treibt dafür nicht wenig Hörergeld ein, denn er ist wirklich sehr überzeugend, wenn er sich mit seinen Schülern privat unterhält; soll er aber öffentlich reden, dann verlässt ihn sein ganzer Mut, er spricht wie ein Laie, wie ein halber Barbar, so dass er deswegen bei öffentlichen Treffen ausgelacht wird, bringt er doch die Wörter nicht aneinander, sondern stottert und redet wirr, vor allem dann, wenn er trotzdem besonders schön und elegant formulieren möchte. Sein Intellekt ist über alle Maßen scharf und subtil, wie Leute sagen, die mehr von der stoischen Doktrin verstehen als ich, beim Reden und Erklären jedoch macht er aufgrund seiner schwächlichen Disposition alles kaputt, bringt alles durcheinander, vermag nicht deutlich zu machen, worum es ihm geht, sondern trägt seine eigenen Argumente in Gestalt rätselhafter Andeutungen vor und antwortet auf Fragen noch viel unklarer – und die Leute lachen ihn aus, weil sie ihn nicht verstehen. Das Wesentliche wäre aber doch, klar und deutlich zu sprechen und sich vor allem darum zu bemühen, dass einen die Zuhörer auch verstehen.

[28] MOMOS
Du hast ganz recht, Apollon, die Leute zu loben, die ihre Argumente klar zu präsentieren wissen, auch wenn du das in deinen eigenen Orakelsprüchen nicht so ganz beherzigst, dunkel, Denksportaufgaben, größtenteils sicherheitshalber so sehr ins Unbestimmte dahingesagt, dass, wer sie hört, einen weiteren Pythier zu ihrer Erklärung benötigt. Aber nun gut, was empfiehlst du in seinem Fall? Wie lässt sich Timokles' verbale Impotenz heilen?

[29] APOLLON
Wir sollten ihm, Momos, wenn sich das irgendwie machen lässt, einen weiteren Advokaten zur Seite stellen, einen von der wortge-

δεινῶν τούτων, ἐροῦντα κατ᾽ ἀξίαν ἅπερ ἂν ἐκεῖνος ἐνθυμηθεὶς ὑποβάλῃ.

ΜΩΜΟΣ

Ἀγένειον τοῦτο ὡς ἀληθῶς εἴρηκας, ἔτι παιδαγωγοῦ τινος δεόμενον, συνήγορον ἐν συνουσίᾳ φιλοσόφων παραστήσασθαι ἑρμηνεύσοντα πρὸς τοὺς παρόντας ἅπερ ἂν δοκῇ Τιμοκλεῖ, καὶ τὸν μὲν Δᾶμιν αὐτοπρόσωπον καὶ δι᾽ αὑτοῦ λέγειν, τὸν δὲ ὑποκριτῇ προσχρώμενον ἰδίᾳ πρὸς τὸ οὖς ἐκείνῳ ὑποβάλλειν τὰ δοκοῦντα, τὸν ὑποκριτὴν δὲ ῥητορεύειν, οὐδ᾽ αὐτὸν ἴσως συνιέντα ὅ τι ἀκούσειε. ταῦτα πῶς οὐ γέλως ἂν εἴη τῷ πλήθει; ἀλλὰ τοῦτο μὲν ἄλλως ἐπινοήσωμεν. **[30]** σὺ δέ, ὦ θαυμάσιε – φῂς γὰρ καὶ μάντις εἶναι καὶ μισθοὺς οὐκ ὀλίγους ἐπὶ τῷ τοιούτῳ ἐξέλεξας ἄχρι τοῦ καὶ πλίνθους χρυσᾶς εἰληφέναι – τί οὐκ ἐπεδείξω ἡμῖν κατὰ καιρὸν τὴν τέχνην προειπὼν ὁπότερος τῶν σοφιστῶν κρατήσει λέγων; οἶσθα γάρ που τὸ ἀποβησόμενον μάντις ὤν.

ΑΠΟΛΛΩΝ

Πῶς, ὦ Μῶμε, δυνατὸν ποιεῖν ταῦτα μήτε τρίποδος ἡμῖν παρόντος μήτε θυμιαμάτων ἢ πηγῆς μαντικῆς οἵα ἡ Κασταλία ἐστίν;

ΜΩΜΟΣ

Ὁρᾷς; ἀποδιδράσκεις τὸν ἔλεγχον ἐν στενῷ ἐχόμενος.

ΖΕΥΣ

Ὅμως, ὦ τέκνον, εἰπὲ καὶ μὴ παράσχῃς τῷ συκοφάντῃ τούτῳ ἀφορμὰς διαβάλλειν καὶ χλευάζειν τὰ σὰ ὡς ἐπὶ τρίποδι καὶ ὕδατι καὶ λιβανωτῷ κείμενα, ὡς, εἰ μὴ ἔχοις ταῦτα, στερησόμενόν σε τῆς τέχνης.

waltigen Sorte, der angemessen formuliert, was Timokles sich ausdenkt und ihm vorsagt.

MOMOS

Deinem Rat merkt man wirklich und wahrhaftig deine Bartlosigkeit an, und du benötigst offensichtlich selbst noch einen Pädagogen, wenn du empfiehlst, Timokles auf einem Konvent von Philosophen einen Advokaten zur Seite zu stellen, der den Anwesenden erklärt, was er sagen will: Damis wird also als er selbst auftreten und durch seinen eigenen Mund sprechen, während Timokles sich einen Schauspieler dazuholt, dem er seine Ansichten ins Ohr flüstert, woraufhin der Schauspieler als Rhetor agiert, womöglich ohne das Gehörte selbst überhaupt zu verstehen. Wie soll die Zuhörermenge darüber wohl nicht lachen? Nein, hier werden wir noch andere Ideen entwickeln müssen! **[30]** Aber, du Wunderkind – du behauptest doch, ein Seher zu sein, und hast dafür keine geringen Belohnungen kassiert, bis hin zu einem Dach mit goldenen Ziegeln[46] –, warum gibst du uns jetzt, wo es wirklich passt, nicht mal eine Kostprobe deiner Kunst und sagst voraus, wer von den beiden Schlauköpfen mit seiner Präsentation gewinnen wird? Du als Seher weißt doch sicher, wie das ausgehen wird!

APOLLON

Und wie, bitte schön, Momos, soll ich das machen, ohne Dreifuß, ohne Räucherwerk oder Quelle der Prophezeiung, wie die Kastalische eine ist?

MOMOS

Siehst du? Da wirst du einmal in die Enge getrieben, und schon entziehst du dich der Probe.

ZEUS

Sag es uns doch bitte, mein Kind, und gib diesem Verleumder keinen Anlass, dir übel nachzureden und deine Leistungen mieszumachen, als ob sie von Dreifuß, Wasser und Weihrauch abhingen und du, hast du das nicht, deiner Kunst verlustig gingest.

ΑΠΟΛΛΩΝ

Ἄμεινον μὲν ἦν, ὦ πάτερ, ἐν Δελφοῖς ἢ Κολοφῶνι τὰ τοιαῦτα ποιεῖν, ἁπάντων μοι τῶν χρησίμων παρόντων, ὡς ἔθος. ὅμως δὲ καὶ οὕτω γυμνὸς ἐκείνων καὶ ἄσκευος πειράσομαι προειπεῖν ὁποτέρου τὸ κράτος ἔσται· ἀνέξεσθε δέ, εἰ μὴ ἔμμετρα λέγοιμι.

ΜΩΜΟΣ

Λέγε μόνον, σαφῆ δέ, ὦ Ἄπολλον, καὶ μὴ συνηγόρου καὶ αὐτὰ ἢ ἑρμηνέως δεόμενα· καὶ γὰρ οὐκ ἄρνεια κρέα καὶ χελώνη νῦν ἐν Λυδίᾳ συνέψεται· ἀλλὰ οἶσθα περὶ ὅτου ἡ σκέψις.

ΖΕΥΣ

Τί ποτε ἐρεῖς, ὦ τέκνον; ὡς τά γε πρὸ τοῦ χρησμοῦ ταῦτα ἤδη φοβερά· ἡ χρόα τετραμμένη, οἱ ὀφθαλμοὶ περιφερεῖς, κόμη ἀνασοβουμένη, κίνημα κορυβαντῶδες, καὶ ὅλως κατόχιμα πάντα καὶ φρικώδη καὶ μυστικά.

[31] ΑΠΟΛΛΩΝ

Κέκλυτε μαντιπόλου τόδε θέσφατον Ἀπόλλωνος
ἀμφ’ ἔριδος κρυερῆς, τὴν ἀνέρες ἐστήσαντο
ὀξυβόαι, μύθοισι κορυσσόμενοι πυκινοῖσι.
πολλὰ γὰρ ἔνθα καὶ ἔνθα μόθου ἑτεραλκέϊ κλωγμῷ
ταρφέος ἄκρα κόρυμβα καταπλήσσουσιν ἐχέτλης.
ἀλλ’ ὅταν αἰγυπιὸς γαμψώνυχος ἀκρίδα μάρψῃ,
δὴ τότε λοίσθιον ὀμβροφόροι κλάγξουσι κορῶναι.
νίκη δ’ ἡμιόνων, ὁ δ’ ὄνος θοὰ τέκνα κορύψει.

ΖΕΥΣ

Τί τοῦτο ἀνεκάγχασας, ὦ Μῶμε; καὶ μὴν οὐ γελοῖα τὰ ἐν ποσί· παῦσαι κακόδαιμον, ἀποπνιγήσῃ ὑπὸ τοῦ γέλωτος.

ΜΩΜΟΣ

Καὶ πῶς δυνατόν, ὦ Ζεῦ, ἐφ’ οὕτω σαφεῖ καὶ προδήλῳ τῷ χρησμῷ;

Apollon
Es wäre zwar besser, Vater, solche Angelegenheiten in Delphi oder Kolophon zu erledigen, wo mir alles Nötige wie üblich zur Verfügung steht; aber auch so, ohne das alles und unvorbereitet, will ich versuchen vorherzusagen, wem der Sieg gehören wird. Ihr werdet es allerdings ertragen müssen, wenn ich in Versen spreche.

Momos
Sprich nur, aber bitte verständlich, Apollon, und so, dass kein Advokat oder Erklärer dafür benötigt wird! Jetzt geht es nämlich nicht um Lamm- und Schildkrötenfleisch, das in Lydien in einem gemeinsamen Topf gekocht werden soll, sondern du kennst die Frage![47]

Zeus
Also, mein Kind, was sagst du? Jedenfalls, die Präliminarien deines Orakelspruchs sind schon furchterregend: Deine Hautfarbe ändert sich, deine Augen treten hervor, dein Haar sträubt sich, du beginnst zu zucken, überhaupt alles kündet von Besessenheit, von Schauder und Mystik.

[31] Apollon

Höret den göttlichen Spruch des Orakelgebers Apollon
über den greulichen Streit, den irdische Männer begannen,
Rufer scharfer Töne, gerüstet mit Worten der Weisheit.
Schläge hier und dort, im Glucksen des dichten Getümmels,
fest drauf auf den höchsten Punkt, des Pflugsterzes Krönung.
Doch greift erst der Geier mit krummer Kralle den Heuschreck,
ja, dann schreien zuletzt die Krähen, die Bringer des Regens.
Halbesel siegt, mit dem Kopf stößt schnell der Esel die Fohlen.

Zeus
Was lachst du so dreckig, Momos? Was hier vor uns auf dem Tisch liegt, ist doch wahrlich nicht zum Lachen! Hör auf, du Mistkerl – du wirst noch an deinem eigenen Gelächter ersticken!

Momos
Wie soll das gehen, Zeus, bei so einem klaren und verständlichen Orakelspruch?

ΖΕΥΣ
Οὐκοῦν καὶ ἡμῖν ἤδη ἑρμηνεύοις ἂν αὐτὸν ὅ τι καὶ λέγει.
ΜΩΜΟΣ
Πάνυ πρόδηλα, ὥστε οὐδὲν ἡμῖν Θεμιστοκλέους δεήσει· φησὶ γὰρ τὸ λόγιον οὑτωσὶ διαρρήδην γόητα μὲν εἶναι τοῦτον, ὑμᾶς δὲ ὄνους κανθηλίους νὴ Δία καὶ ἡμιόνους, τοὺς πιστεύοντας αὐτῷ, οὐδ' ὅσον αἱ ἀκρίδες τὸν νοῦν ἔχοντας.
[32] ΗΡΑΚΛΗΣ
Ἐγὼ δέ, ὦ πάτερ, εἰ καὶ μέτοικός εἰμι, οὐκ ὀκνήσω ὅμως τὰ δοκοῦντά μοι εἰπεῖν· ὁπόταν γὰρ ἤδη συνελθόντες διαλέγωνται, τηνικαῦτα, ἢν μὲν ὁ Τιμοκλῆς ὑπέρσχῃ, ἐάσωμεν προχωρεῖν τὴν συνουσίαν ὑπὲρ ἡμῶν, ἢν δέ τι ἑτεροῖον ἀποβαίνῃ, τότε ἤδη τὴν στοὰν αὐτὴν ἔγωγε, εἰ δοκεῖ, διασείσας ἐμβαλῶ τῷ Δάμιδι, ὡς μὴ κατάρατος ὢν ὑβρίζῃ ἐς ἡμᾶς.
ΖΕΥΣ
Ἡράκλεις, ὦ Ἡράκλεις, ἄγροικον τοῦτο εἴρηκας καὶ δεινῶς Βοιώτιον, συναπολέσαι ἑνὶ πονηρῷ τοσούτους ⟨χρηστούς⟩, καὶ προσέτι τὴν στοὰν αὐτῷ Μαραθῶνι καὶ Μιλτιάδῃ καὶ Κυνεγείρῳ. καὶ πῶς ἂν τούτων συνεμπεσόντων οἱ ῥήτορες ἔτι ῥητορεύοιεν, τὴν μεγίστην εἰς τοὺς λόγους ὑπόθεσιν ἀφῃρημένοι; ἄλλως τε ζῶντι μέν σοι δυνατὸν ἴσως ἦν πρᾶξαι τοῦτο, ἀφ' οὗ δὲ θεὸς γεγένησαι, μεμάθηκας, οἶμαι, ὡς αἱ Μοῖραι μόναι τὰ τοιαῦτα δύνανται, ἡμεῖς δὲ αὐτῶν ἄμοιροί ἐσμεν.
ΗΡΑΚΛΗΣ
Οὐκοῦν καὶ ὁπότε τὸν λέοντα ἢ τὴν ὕδραν ἐφόνευον, αἱ Μοῖραι δι' ἐμοῦ ἐκεῖνα ἔπραττον;
ΖΕΥΣ
Καὶ μάλα.

ZEUS
Magst du uns dann vielleicht mal erklären, was er sagt?
MOMOS
Völlig verständlich, da werden wir keinen Themistokles brauchen.[48] Der Spruch sagt ja ausdrücklich, dass der da ein Scharlatan ist, und ihr, die ihr ihm glaubt, die Saumesel seid, bei Zeus, und Halbesel, mit nicht mal soviel Verstand wie die Heuschrecken.
[32] HERAKLES
Vater, ich bin zwar nur zugezogen, will aber doch meine Meinung nicht zurückhalten. Also, sobald sie sich zu ihrer Diskussion versammeln, dann werden wir, sollte Timokles die Oberhand gewinnen, den Konvent weiterlaufen lassen, zu unseren Gunsten, geht es aber in die andere Richtung aus, dann schüttle ich, mit eurem Einverständnis, die ganze Stoa durch und werfe sie auf den Damis drauf – dann wird der verfluchte Kerl sich nie wieder an uns versündigen!
ZEUS[49]
Beim Herakles, Herakles, so recht und machtvoll, wie ein Bauer aus Böotien, gesprochen, so viele brave Männer mit einem einzigen Übeltäter zusammen in die Pfanne zu hauen, und dazu noch die Säulenhalle mit Marathon, Miltiades und Kynegeiros.[50] Und wie sollen, wenn das alles einkracht, die Redner noch reden, wenn ihnen ihr liebstes Thema genommen wird? Kommt noch hinzu, dass du das zu Lebzeiten vielleicht hingekriegt hättest – seit du aber ein Gott bist, wirst du verstanden haben, denke ich, dass nur das Schicksal so etwas vermag, wir hingegen das nicht beschicken können.
HERAKLES
Soll das heißen, dass als ich den Löwen oder die Hydra erschlug, das Schicksal das durch mich getan hat?
ZEUS
Ja sicher!

ΗΡΑΚΛΗΣ

Καὶ νῦν ἤν τις ὑβρίζῃ εἰς ἐμὲ ἢ περισυλῶν μου τὸν νεὼν ἢ ἀνατρέπων τὸ ἄγαλμα, ἢν μὴ ταῖς Μοίραις πάλαι δεδογμένον ᾖ, οὐκ ἐπιτρίψω αὐτόν;

ΖΕΥΣ

Οὐδαμῶς.

ΗΡΑΚΛΗΣ

Οὐκοῦν ἄκουσον, ὦ Ζεῦ, μετὰ παρρησίας· ἐγὼ γάρ, ὡς ὁ κωμικὸς ἔφη,

ἄγροικός εἰμι τὴν σκάφην σκάφην λέγων·

εἰ τοιαῦτά ἐστι τὰ ὑμέτερα, μακρὰ χαίρειν φράσας ταῖς ἐνταῦθα τιμαῖς καὶ κνίσῃ καὶ ἱερείων αἵματι κάτειμι εἰς τὸν Ἅιδην, ὅπου με γυμνὸν τὸ τόξον ἔχοντα κἂν τὰ εἴδωλα φοβήσεται τῶν ὑπ' ἐμοῦ πεφονευμένων θηρίων.

ΖΕΥΣ

Εὖ γε, οἴκοθεν ὁ μάρτυς, φασίν· ἀπέσωσάς γὰρ ἂν τῷ Δάμιδι ταῦτα εἰπεῖν ὑποβαλών. **[33]** ἀλλὰ τίς ὁ σπουδῇ προσιὼν οὗτός ἐστιν, ὁ χαλκοῦς, ὁ εὔγραμμος καὶ εὐπερίγραφος, ὁ ἀρχαῖος τὴν ἀνάδεσιν τῆς κόμης; μᾶλλον δὲ ὁ σός, ὦ Ἑρμῆ, ἀδελφός ἐστιν, ὁ ἀγοραῖος, ὁ παρὰ τὴν Ποικίλην· πίττης γοῦν ἀναπέπλησται ὁσημέραι ἐκματτόμενος ὑπὸ τῶν ἀνδριαντοποιῶν. τί, ὦ παῖ, δρομαῖος ἡμῖν ἀφῖξαι; ἦ πού τι ἐκ γῆς νεώτερον ἀπαγγέλλεις;

ΕΡΜΑΓΟΡΑΣ

Ὑπέρμεγα, ὦ Ζεῦ, καὶ μυρίας τῆς σπουδῆς δεόμενον.

ΖΕΥΣ

Λέγε ἤδη, εἴ τι καὶ ἄλλο ἡμᾶς ἐπανιστάμενον λέληθεν.

ΕΡΜΑΓΟΡΑΣ

Ἐτύγχανον μὲν ἄρτι χαλκουργῶν ὕπο

Herakles

Und wenn sich jetzt einer an mir versündigt, meinen Tempel plündert oder mein Kultbild umwirft, werde ich ihn nicht kaputtdreschen, wenn das Schicksal das nicht schon längst entschieden hat?

Zeus

Auf keinen Fall.

Herakles

Dann erlaube mir, Zeus, ein offenes Wort! Denn ich bin ja, wie der Komödiendichter es formulierte,

ein Bauer, und 'ne Wanne nenn' ich Wanne drum.[51]

Wenn das eure Lage ist, dann sage ich den hiesigen Ehren, dem Fettdampf, dem Opferblut gern Adieu und gehe hinunter in den Hades, wo, in meiner Nacktheit und mit meinem Bogen, wenigstens die Schatten der von mir erschlagenen wilden Tiere vor mir erschrecken werden.

Zeus

Na großartig, ein Gegenzeuge aus dem eigenen Haus, wie man das nennt! Ja, was für eine Heilstat, hättest du dem Damis eingegeben, das zu sagen! **[33]** Aber – wer ist denn das, der da so eifrig herbeigelaufen kommt, aus Bronze, mit den klaren Linien und Konturen, das Haar nach alter Mode hochgebunden? Das muss dein Bruder sein, Hermes, der vom Markt, gleich bei der Poikile,[52] voll von Pech, weil er jeden Tag von den Bildhauern abgeformt wird. Warum so eilig, mein Junge? Bringst du uns etwa Neuigkeiten von der Erde?

Hermagoras

Eine mehr als große Neuigkeit, Zeus, und eine, die eurer vieltausendfachen Zuwendung bedarf!

Zeus

Sag schon, sollte uns noch eine weitere Erhebung gegen uns entgangen sein!

Hermagoras

Es traf sich, dass ich von den Bronzewerkern grad'[53]

πιττούμενος στέρνον τε καὶ μετάφρενον·
θώραξ δέ μοι γελοῖος ἀμφὶ σώματι
πλασθεὶς παρῃώρητο μιμηλῇ τέχνῃ
σφραγῖδα χαλκοῦ πᾶσαν ἐκτυπούμενος·
ὁρῶ δ' ὄχλον στείχοντα καί τινας δύο
ὠχροὺς κεκράκτας, πυγμάχους σοφισμάτων,
Δᾶμίν τε καὶ –

ΖΕΥΣ

Παῦε, ὦ Ἑρμαγόρα βέλτιστε, τραγῳδῶν· οἶδα γὰρ οὕστινας λέγεις. ἀλλ' ἐκεῖνό μοι φράσον, εἰ πάλαι συγκροτεῖται αὐτοῖς ἡ ἔρις.

ΕΡΜΑΓΟΡΑΣ

Οὐ πάνυ, ἀλλ' ἐν ἀκροβολισμοῖς ἔτι ἦσαν ἀποσφενδονῶντες ἀλλήλοις πόρρωθέν ποθεν λοιδορούμενοι.

ΖΕΥΣ

Τί οὖν ἔτι ποιεῖν λοιπόν, ὦ θεοί, ἢ ἀκροάσασθαι ἐπικύψαντας αὐτῶν; ὥστε ἀφαιρείτωσαν αἱ Ὧραι τὸν μοχλὸν ἤδη καὶ ἀπάγουσαι τὰ νέφη ἀναπεταννύτωσαν τὰς πύλας τοῦ οὐρανοῦ. **[34]** Ἡράκλεις, ὅσον τὸ πλῆθος ἐπὶ τὴν ἀκρόασιν ἀπηντήκασιν. ὁ δὲ Τιμοκλῆς αὐτὸς οὐ πάνυ μοι ἀρέσκει ὑποτρέμων καὶ ταραττόμενος· ἀπολεῖ ἅπαντα οὗτος τήμερον· δῆλος γοῦν ἐστιν οὐδὲ ἀντάρασθαι τῷ Δάμιδι δυνησόμενος. ἀλλ' ὅπερ ἡμῖν δυνατώτατον, εὐχώμεθα ὑπὲρ αὐτοῦ
σιγῇ ἐφ' ἡμείων, ἵνα μὴ Δᾶμίς γε πύθηται.

[35] ΤΙΜΟΚΛΗΣ

Τί φῄς, ὦ ἱερόσυλε Δᾶμι, θεοὺς μὴ εἶναι μηδὲ προνοεῖν τῶν ἀνθρώπων;

ΔΑΜΙΣ

Οὔκ· ἀλλὰ σὺ πρότερος ἀπόκριναί μοι ᾧτινι λόγῳ ἐπείσθης εἶναι αὐτούς.

mit Pech an Brust und Rücken ward' beschmiert:
Mir hing ein lächerlicher Brustharnisch am Leib
herab, geformt durch der Nachahmung Kunst,
von Erz gesiegelt rings, zum Abdruck reliefiert.
Da seh ich eine Menge schreiten, in ihr zwei
Schreihälse, blasse, Sprücheklopfer, oberschlau,
den Damis und –[54]

Zeus
Schluss mit der Tragödie, mein bester Hermagoras! Ich weiß bereits, von wem du sprichst. Sag mir lieber, ob sie schon länger streiten und aufeinander eindreschen!

Hermagoras
Noch nicht so lange, sondern eben waren sie noch beim Vorgeplänkel und warfen einander aus der Entfernung Beschimpfungen an den Kopf.

Zeus
Was bleibt uns da jetzt anderes übrig, Götter, als uns darüberzubeugen und ihnen zuzuhören? So sollen also die Horen unverzüglich den Riegel zurückschieben, das Gewölk zur Seite rücken und die Himmelspforten auftun! – **[34]** Beim Herakles, was für eine Menge Leute sind da zum Zuhören gekommen! Timokles gefällt mir gar nicht, er zittert und kommt mir verwirrt vor. Er wird heute noch alles kaputtmachen. Man sieht ja gleich, dass er dem Damis nichts entgegenzusetzen haben wird. Aber wir wollen tun, was wir am besten können, nämlich für ihn beten,

schweigend, jeder für sich, auf dass nur Damis nichts merke![55]

[35] Timokles
Damis, du Schänder all dessen, was heilig ist, warum behauptest du, es gebe keine Götter und sie sorgten auch nicht für die Menschen?

Damis
Oh nein! Beantworte du mir erst einmal meine Frage, auf welches Argument du dich stützt mit deiner Überzeugung von ihrer Existenz?

ΤΙΜΟΚΛΗΣ
Οὐ μὲν οὖν, ἀλλὰ σύ, ὦ μιαρέ, ἀπόκριναι.
ΔΑΜΙΣ
Οὐ μὲν οὖν, ἀλλὰ σύ.
ΖΕΥΣ
Ταυτὶ μὲν παρὰ πολὺ ὁ ἡμέτερος ἄμεινον καὶ εὐφωνότερον τραχύνεται. εὖ γε, ὦ Τιμόκλεις, ἐπίχει τῶν βλασφημιῶν· ἐν γὰρ τούτῳ σοι τὸ κράτος, ὡς τά γε ἄλλα ἰχθύν σε ἀποφανεῖ ἐπιστομίζων.
ΤΙΜΟΚΛΗΣ
Ἀλλά, μὰ τὴν Ἀθηνᾶν, οὐκ ἂν ἀποκριναίμην σοι πρότερος.
ΔΑΜΙΣ
Οὐκοῦν, ὦ Τιμόκλεις, ἐρώτα· ἐκράτησας γὰρ τοῦτό γε ὀμωμοκώς· ἀλλ' ἄνευ τῶν βλασφημιῶν, εἰ δοκεῖ.
[36] ΤΙΜΟΚΛΗΣ
Εὖ λέγεις· εἰπὲ οὖν μοι, οὐ δοκοῦσί σοι, ὦ κατάρατε, προνοεῖν οἱ θεοί.
ΔΑΜΙΣ
Οὐδαμῶς.
ΤΙΜΟΚΛΗΣ
Τί φῄς; ἀπρονόητα οὖν ταῦτα πάντα;
ΔΑΜΙΣ
Ναί.
ΤΙΜΟΚΛΗΣ
Οὐδ' ὑπό τινι οὖν θεῷ τάττεται ἡ τῶν ὅλων ἐπιμέλεια;
ΔΑΜΙΣ
Οὔ.
ΤΙΜΟΚΛΗΣ
Πάντα δὲ εἰκῇ φέρεται;
ΔΑΜΙΣ
Ναί.

TIMOKLES
Ganz sicher nicht, sondern antworte du, Verbrecher!
DAMIS
Ganz sicher nicht, sondern du!
ZEUS
Bis jetzt hält sich unser Mann besser und geht härter und lauter ran! Bravo, Timokles, kipp Verunglimpfungen über ihn aus; darin bist du ja stark, wenn er dich auch in jeder anderen Hinsicht so stumm machen wird wie einen Fisch.
TIMOKLES
Aber nein, bei Athena! Ich will dir nicht als erster Rede und Antwort stehen.
DAMIS
Also gut, Timokles, dann frag! Mit dem Schwur hast du stark gepunktet. Aber bitte keine Verunglimpfungen, ja?!
[36] TIMOKLES
Einverstanden. Sag mir daher, du meinst also nicht, Verfluchter, dass die Götter für uns sorgen?
DAMIS
Kein bisschen.
TIMOKLES
Wie bitte? Dann stünde also all dies hier außerhalb jeder Vorsehung?
DAMIS
Ja.
TIMOKLES
Auch die Verwaltung des Alls untersteht nicht einem Gott?
DAMIS
Nein.
TIMOKLES
Alles treibt nach Belieben dahin?
DAMIS
Ja.

ΤΙΜΟΚΛΗΣ

Εἶτ᾽ ἄνθρωποι ταῦτα ἀκούοντες ἀνέχεσθε καὶ οὐ καταλεύσετε τὸν ἀλιτήριον;

ΔΑΜΙΣ

Τί τοὺς ἀνθρώπους ἐπ᾽ ἐμὲ παροξύνεις, ὦ Τιμόκλεις; ἢ τίς ὢν ἀγανακτεῖς ὑπὲρ τῶν θεῶν, καὶ ταῦτα ἐκείνων αὐτῶν οὐκ ἀγανακτούντων; οἵ γε οὐδὲν δεινὸν διατεθείκασί με πάλαι ἀκούοντες, εἴ γε ἀκούουσιν.

ΤΙΜΟΚΛΗΣ

Ἀκούουσι γάρ, ὦ Δᾶμι, ἀκούουσι, καί σε μετίασί ποτε χρόνῳ.

[37] ΔΑΜΙΣ

Καὶ πότε ἂν ἐκεῖνοι σχολὴν ἀγάγοιεν ἐπ᾽ ἐμέ, τοσαῦτα, ὡς φῄς, πράγματα ἔχοντες καὶ τὰ ἐν τῷ κόσμῳ ἄπειρα τὸ πλῆθος ὄντα οἰκονομούμενοι; ὥστε οὐδὲ σέ πω ἠμύναντο ὧν ἐπιορκεῖς ἀεὶ καὶ τῶν ἄλλων, ἵνα μὴ βλασφημεῖν καὶ αὐτὸς ἀναγκάζωμαι παρὰ τὰ συγκείμενα. καίτοι οὐχ ὁρῶ ἥντινα ἂν ἄλλην ἐπίδειξιν τῆς ἑαυτῶν προνοίας μείζω ἐξενεγκεῖν ἐδύναντο ἢ σὲ κακὸν κακῶς ἐπιτρίψαντες. ἀλλὰ δῆλοί εἰσιν ἀποδημοῦντες, ὑπὲρ τὸν Ὠκεανὸν ἴσως μετ᾽ ἀμύμονας Αἰθιοπῆας· ἔθος γοῦν αὐτοῖς συνεχῶς ἰέναι παρ᾽ αὐτοὺς μετὰ δαῖτα καὶ ἀνεπαγγέλτοις ἐνίοτε.

[38] ΤΙΜΟΚΛΗΣ

Τί πρὸς τοσαύτην ἀναισχυντίαν εἴποιμι ἄν, ὦ Δᾶμι;

ΔΑΜΙΣ

Ἐκεῖνο, ὦ Τιμόκλεις, ὃ πάλαι ἐγὼ ἐπόθουν ἀκοῦσαί σου, ὅπως ἐπείσθης οἴεσθαι προνοεῖν τοὺς θεούς.

TIMOKLES
Und das hört ihr euch so teilnahmslos an, ihr Leute, und wollt den Frevler nicht steinigen?

DAMIS
Warum bringst du die Leute gegen mich auf, Timokles? Wer bist du denn, dass du dich so für die Götter ereiferst, wo sie sich doch selbst gar nicht ereifern? Jedenfalls haben sie mich in all der Zeit, in der sie sich das schon anhören – immer vorausgesetzt, sie hören –, noch nie in eine schlimme Lage gebracht.

TIMOKLES
Ja, sie hören, Damis, sie hören, und mit der Zeit kommen sie über dich!

[37] DAMIS
Ach, wann hätten die wohl mal freie Zeit, die sie gegen mich zum Einsatz bringen könnten, wo sie doch, wie du behauptest, so viel zu tun haben und die unendliche Menge der Dinge im All verwalten müssen? Das ist sicher auch der Grund dafür, dass sie noch nicht deine ständigen Meineide an dir gerächt haben, und deine sonstigen Vergehen – um mich nicht noch selbst zu Beschimpfungen genötigt zu sehen, gegen unsere Verabredung. Allerdings sehe ich nicht, welche andere und stärkere Demonstration ihrer Fürsorge sie geben könnten als dich schlimmen Menschen entsprechend schlimm zu vernichten. Aber sie sind offenkundig verreist, vielleicht auf die andere Seite des Okeanos »zu den trefflichen Aithiopäern«: Zu denen begeben sie sich doch für gewöhnlich ständig, »zum Schmause«,[56] manchmal auch ohne Einladung.

[38] TIMOKLES
Was soll ich auf so eine unglaubliche Unverfrorenheit erwidern, Damis?

DAMIS
Einfach das, Timokles, was ich schon die ganze Zeit unbedingt von dir erfahren möchte: Nämlich wie du zu der Überzeugung gelangt bist, an die Fürsorge der Götter zu glauben.

ΤΙΜΟΚΛΗΣ

Ἡ τάξις με πρῶτον τῶν γινομένων ἔπεισεν, ἥλιος ἀεὶ τὴν αὐτὴν ὁδὸν ἰὼν καὶ σελήνη κατὰ ταὐτὰ καὶ ὧραι τρεπόμεναι καὶ φυτὰ φυόμενα καὶ ζῷα γεννώμενα καὶ αὐτὰ ταῦτα οὕτως εὐμηχάνως κατεσκευασμένα ὡς τρέφεσθαι καὶ κινεῖσθαι καὶ ἐννοεῖν καὶ βαδίζειν καὶ τεκταίνεσθαι καὶ σκυτοτομεῖν καὶ τἆλλα· ταῦτα προνοίας ἔργα εἶναί μοι δοκεῖ.

ΔΑΜΙΣ

Αὐτό που τὸ ζητούμενον, ὦ Τιμόκλεις, συναρπάζεις· οὐδέπω γὰρ δῆλον εἰ προνοίᾳ τούτων ἕκαστον ἀποτελεῖται. ἀλλ' ὅτι μὲν τοιαῦτά ἐστι τὰ γινόμενα φαίην ἂν καὶ αὐτός· οὐ μὴν αὐτίκα πεπεῖσθαι ἀνάγκη καὶ ὑπό τινος προμηθείας αὐτὰ γίγνεσθαι· ἔνι γὰρ καὶ ἄλλως ἀρξάμενα νῦν ὁμοίως καὶ κατὰ ταὐτὰ συνίστασθαι, σὺ δὲ τάξιν αὐτῶν ὀνομάζεις τὴν ἀνάγκην, εἶτα δηλαδὴ ἀγανακτήσεις εἴ τίς σοι μὴ ἀκολουθοίη τὰ γινόμενα μὲν ὁποῖά ἐστι καταριθμουμένῳ καὶ ἐπαινοῦντι, οἰομένῳ δὲ ἀπόδειξιν ταῦτα εἶναι τοῦ καὶ προνοίᾳ διατάττεσθαι αὐτῶν ἕκαστον. ὥστε κατὰ τὸν κωμικόν·

> τουτὶ μὲν ὑπομόχθηρον, ἄλλο μοι λέγε.

[39] ΤΙΜΟΚΛΗΣ

Ἐγὼ μὲν οὐκ οἶμαι καὶ ἄλλης ἐπὶ τούτοις δεῖν ἀποδείξεως. ὅμως δ' οὖν ἐρῶ· ἀπόκριναι γάρ μοι, Ὅμηρός σοι δοκεῖ ἄριστος ποιητὴς γενέσθαι;

ΔΑΜΙΣ

Καὶ μάλα.

ΤΙΜΟΚΛΗΣ

Οὐκοῦν ἐκείνῳ ἐπείσθην τὴν πρόνοιαν τῶν θεῶν ἐμφανίζοντι.

TIMOKLES
Zunächst hat mich die Ordnung der Dinge überzeugt: die Sonne, die ewig die gleiche Bahn zieht, desgleichen der Mond, der Wandel der Jahreszeiten, das Wachstum der Pflanzen, die Zeugung der Tiere, und all das ist so sinnreich eingerichtet, dass es sich nährt, sich bewegt, denkt, geht, zimmert und schustert und alles übrige: Das, so will mir scheinen, sind Werke der Fürsorge.

DAMIS
Da machst du dich aber eines geradezu räuberischen Zirkelschlusses schuldig, Timokles! Es ist ja noch keineswegs klar, ob jedes dieser Dinge seine Vollendung der Fürsorge und Vorsehung verdankt. Dass die Dinge so beschaffen sind, das gebe selbst ich gern zu. Nur folgt daraus noch nicht zwangsläufig die Überzeugung, dass sich dies auch einer Vorbedachtheit verdankt. Es wäre ja auch denkbar, dass die Dinge einen anderen Beginn gehabt hätten und nun trotzdem in ähnlicher Weise und genauso bestünden, aber du bezeichnest ihre natürliche Zwangsläufigkeit als Ordnung, und dann gerätst du natürlich in Rage, wenn dir jemand nicht Folge leistet bei deiner lobpreisenden Auflistung der gewordenen Dinge in ihrer Beschaffenheit und bei deiner Auffassung, dies sei bereits ein Beweis dafür, dass ein jedes seine Ordnung der Fürsorge verdanke. Daher muss das Wort des Komödiendichters zur Anwendung kommen:

> Nicht gut genug ist dies, drum sag 'was andres mir![57]

[39] TIMOKLES
Ich bin nicht der Meinung, dass hierfür noch ein weiterer Beweis benötigt wird. Trotzdem will ich dir einen nennen. Antworte mir: Ist Homer in deinen Augen der beste Dichter?

DAMIS
Allerdings.

TIMOKLES
Na also, von ihm und seiner Darlegung der göttlichen Fürsorge habe ich mich überzeugen lassen.

ΔΑΜΙΣ

Ἀλλ', ὦ θαυμάσιε, ποιητὴν μὲν ἀγαθὸν Ὅμηρον γενέσθαι πάντες σοι συνομολογήσουσι, μάρτυρα δὲ ἀληθῆ περὶ τῶν τοιούτων οὔτ' ἐκεῖνον οὔτε ἄλλον ποιητὴν οὐδένα· οὐ γὰρ ἀληθείας μέλει αὐτοῖς, οἶμαι, ἀλλὰ τοῦ κηλεῖν τοὺς ἀκούοντας, καὶ διὰ τοῦτο μέτροις τε κατᾴδουσι καὶ μύθοις κατηχοῦσι καὶ ὅλως ἅπαντα ὑπὲρ τοῦ τερπνοῦ μηχανῶνται. **[40]** ἀτὰρ ἡδέως ἂν καὶ ἀκούσαιμι οἷστισι μάλιστα ἐπείσθης τῶν Ὁμήρου· ἆρα οἷς περὶ τοῦ Διὸς λέγει, ὡς ἐπεβούλευον συνδῆσαι αὐτὸν ἡ θυγάτηρ καὶ ὁ ἀδελφὸς καὶ ἡ γυνή; καὶ εἴ γε μὴ τὸν Βριάρεων ἡ Θέτις ἐκάλεσεν ἐλεήσασα τὸ γιγνόμενον ἐπεπέδητο ἂν ἡμῖν ὁ βέλτιστος Ζεὺς συναρπασθείς. ἀνθ' ὧν καὶ ἀπομνημονεύων τῇ Θέτιδι τὴν εὐεργεσίαν ἐξαπατᾷ τὸν Ἀγαμέμνονα ὄνειρόν τινα ψευδῆ ἐπιπέμψας, ὡς πολλοὶ τῶν Ἀχαιῶν ἀποθάνοιεν. ὁρᾷς; ἀδύνατον γὰρ ἦν αὐτῷ κεραυνὸν ἐμβαλόντι καταφλέξαι τὸν Ἀγαμέμνονα αὐτὸν ἄνευ τοῦ ἀπατεῶνα εἶναι δοκεῖν. ἢ ἐκεῖνά σε μάλιστα εἰς τὴν πίστιν ἐπεσπάσαντο, ἀκούοντα ὡς Διομήδης μὲν ἔτρωσε τὴν Ἀφροδίτην, εἶτα τὸν Ἄρη αὐτὸν Ἀθηνᾶς παρακελεύσει, μετὰ μικρὸν δὲ αὐτοὶ συμπεσόντες οἱ θεοὶ ἐμονομάχουν ἀναμὶξ ἄρρενες καὶ θήλειαι, καὶ Ἀθηνᾶ μὲν Ἄρη καταγωνίζεται ἅτε καὶ προπεπονηκότα, οἶμαι, ἐκ τοῦ τραύματος ὃ παρὰ τοῦ Διομήδους εἰλήφει,

> Λητοῖ δ' ἀντέστη σῶκος ἐριούνιος Ἑρμῆς;

ἢ τὰ περὶ τῆς Ἀρτέμιδός σοι πιθανὰ ἔδοξεν, ὡς ἐκείνη μεμψίμοιρος οὖσα ἠγανάκτησεν οὐ κληθεῖσα ἐφ' ἑστίασιν ὑπὸ τοῦ Οἰνέως, καὶ διὰ τοῦτο σῦν τινα ὑπερφυᾶ καὶ ἀνυπόστατον τὴν ἀλκὴν ἐπαφῆκεν ἐπὶ τὴν χώραν αὐτοῦ; ἆρ' οὖν τὰ τοιαῦτα λέγων σε Ὅμηρος πέπεικε;

Damis

Hör mal, du komischer Kerl, dass Homer ein guter Dichter ist, darin werden dir alle zustimmen, aber nicht darin, dass er in solchen Dingen ein glaubwürdiger Zeuge ist, weder er noch irgendein anderer Dichter. Denn ihnen geht es nicht um Wahrheit, meine ich, sondern darum, ihre Zuhörer zu fesseln, und deshalb singen sie in Rhythmen, beschallen sie ihre Ohren mit Geschichten aus alter Zeit, und überhaupt dient alles, was sie sich ausdenken, der heiteren Erbauung. **[40]** Nichtsdestoweniger würde ich doch gern hören, was genau bei Homer es war, was dich so überzeugt hat. War es das, was er von Zeus erzählt, dass seine Tochter, sein Bruder und seine Frau ein Komplott schmiedeten, ihn in Fesseln zu legen?[58] Und wenn Thetis sich nicht erbarmt und Briareus gerufen hätte, dann wäre unser guter Zeus gefangen gesetzt worden und läge noch heute in Ketten. Und dann legt er in dankbarer Erinnerung an Thetis' Wohltat Agamemnon herein, indem er ihm einen betrügerischen Traum schickt, um viele Achaier ums Leben zu bringen.[59] Siehst du? Es lag eben nicht in seiner Macht, einen Blitz zu schleudern und Agamemnon direkt abzufackeln, anstatt als Betrüger dazustehen. Oder hat dich am meisten die Geschichte von Diomedes zum Glauben verlockt, wie er erst Aphrodite verwundete, dann auf Athenas Geheiß Ares persönlich, und wie kurz darauf die Götter selbst übereinander herfielen, im Zweikampf Männer gegen Frauen durcheinander, und Athene Ares niederwirft, der ja wohl, denke ich mal, schon vorher aufgrund der Wunde geschwächt war, die ihm Diomedes beigebracht hatte, und wie sich

gegen Leto erhob der mächtige, hilfreiche Hermes?[60]

Oder kamen dir die Geschichten über Artemis glaubhaft vor, wie sie, mürrisch und unzufrieden, sauer war, weil Oineus sie nicht zum Festmahl eingeladen hatte, und ihm deshalb einen riesigen und unüberwindbaren Keiler in sein Land schickte?[61] Waren es diese Art Geschichten, mit denen Homer dich überzeugt hat?

[41] ΖΕΥΣ

Βαβαί· ἡλίκον, ὦ θεοί, ἀνεβόησε τὸ πλῆθος, ἐπαινοῦντες τὸν Δᾶμιν· ὁ δ' ἡμέτερος ἀπορουμένῳ ἔοικεν· ἰδίει γοῦν καὶ ὑποτρέμει καὶ δῆλός ἐστιν ἀπορρίψων τὴν ἀσπίδα, καὶ ἤδη περιβλέπει οἷ παρεκδὺς ἀποδράσεται.

ΤΙΜΟΚΛΗΣ

Οὐδ' Εὐριπίδης ἄρα σοι δοκεῖ λέγειν τι ὑγιές, ὁπόταν αὐτοὺς ἀναβιβασάμενος τοὺς θεοὺς ἐπὶ τὴν σκηνὴν δεικνύῃ σώζοντας μὲν τοὺς χρηστοὺς τῶν ἡρώων, τοὺς πονηροὺς δὲ καὶ κατὰ σὲ τὴν ἀσέβειαν ἐπιτρίβοντας;

ΔΑΜΙΣ

Ἀλλ', ὦ γενναιότατε φιλοσόφων Τιμόκλεις, εἰ ταῦτα ποιοῦντες οἱ τραγῳδοὶ πεπείκασί σε, ἀνάγκη δυοῖν θάτερον, ἤτοι Πῶλον καὶ Ἀριστόδημον καὶ Σάτυρον ἡγεῖσθαί σε θεοὺς εἶναι τότε ἢ τὰ πρόσωπα τῶν θεῶν αὐτὰ καὶ τοὺς ἐμβάτας καὶ τοὺς ποδήρεις χιτῶνας καὶ χλαμύδας καὶ χειρῖδας καὶ προγαστρίδια καὶ σωμάτια καὶ τἆλλα οἷς ἐκεῖνοι σεμνύνουσι τὴν τραγῳδίαν, ὅπερ γελοιότατον· ἐπεὶ καθ' ἑαυτὸν ὁπόταν ὁ Εὐριπίδης, μηδὲν ἐπειγούσης τῆς χρείας τῶν δραμάτων, τὰ δοκοῦντά οἱ λέγῃ, ἀκούσῃ αὐτοῦ τότε παρρησιαζομένου,

ὁρᾷς τὸν ὑψοῦ τόνδ' ἄπειρον αἰθέρα
καὶ γῆν πέριξ ἔχονθ' ὑγραῖς ἐν ἀγκάλαις;
τοῦτον νόμιζε Ζῆνα, τόνδ' ἡγοῦ θεόν.

καὶ πάλιν,

Ζεύς, ὅστις ὁ Ζεύς, οὐ γὰρ οἶδα, πλὴν λόγῳ
κλύων.

καὶ τὰ τοιαῦτα.

ΤΙΜΟΚΛΗΣ

Οὐκοῦν ἅπαντες ἄνθρωποι καὶ τὰ ἔθνη ἐξηπάτηνται θεοὺς νομίζοντες καὶ πανηγυρίζοντες;

[41] ZEUS
Ach du liebes bisschen! Wie frenetisch die Menge aufschreit, Götter, voll Anerkennung für Damis! Und unser Mann sieht aus, als wüsste er nicht weiter – jedenfalls schwitzt er und zittert und wird ganz offensichtlich seinen Schild wegwerfen, und er schaut schon um sich, wohin er entwischen könnte.
TIMOKLES
Und Euripides? Findest du also nicht, dass er etwas Kluges sagt, wenn er die Götter auf die Bühne kommen lässt und vorführt, wie sie die Guten unter den Helden retten, Böse und Unfromme wie dich hingegen vernichten?
DAMIS
Aber, Timokles, edelster aller Philosophen, wenn dich die Tragödiendichter mithilfe solcher Werke überzeugt haben, dann geht nur eines von beiden: Entweder glaubst du, dass dann Polos, Aristodemos und Satyros[62] Götter sind, oder dass ihre Masken, ihre Schuhe, ihre fußlangen Gewänder, Mäntel, Handschuhe, Bauchkissen, Leibchen und alles übrige, womit die Dichter ihre Tragödien respektabler machen, göttlicher Natur sind; und das ist mehr als lächerlich. Denn immer wenn Euripides, falls es die Dramenhandlung nicht anders erfordert, seine eigene Meinung sagt, dann kannst du ihn offen reden hören:

> Siehst du den Äther droben, den unendlichen,
> die Erde rings umfassend in dem feuchten Arm?
> *Den* ehre du als Zeus, *den* halte du für Gott!

und dann wieder

> Wer dieser Zeus ist, weiß ich nicht, Zeus kenn ich nur
> vom Hören ...[63]

und anderes derartiges.
TIMOKLES
Dann haben sich also alle Menschen und Völker getäuscht, die an Götter glauben und ihnen Feste ausrichten?

[42] ΔΑΜΙΣ

Εὖ γε, ὦ Τιμόκλεις, ὅτι ὑπέμνησας τῶν κατὰ τὰ ἔθνη νομιζομένων, ἀφ' ὧν μάλιστα συνίδοι τις ἂν ὡς οὐδὲν βέβαιον ὁ περὶ θεῶν λόγος ἔχει· πολλὴ γὰρ ἡ ταραχὴ καὶ ἄλλοι ἄλλα νομίζουσι, Σκύθαι μὲν ἀκινάκῃ θύοντες καὶ Θρᾷκες Ζαμόλξιδι, δραπέτῃ ἀνθρώπῳ ἐκ Σάμου ὡς αὐτοὺς ἥκοντι, Φρύγες δὲ Μήνῃ καὶ Αἰθίοπες Ἡμέρᾳ καὶ Κυλλήνιοι Φάλητι καὶ Ἀσσύριοι περιστερᾷ καὶ Πέρσαι πυρὶ καὶ Αἰγύπτιοι ὕδατι. καὶ τοῦτο μὲν ἅπασι κοινὸν τοῖς Αἰγυπτίοις τὸ ὕδωρ, ἰδίᾳ δὲ Μεμφίταις μὲν ὁ βοῦς θεός, Πηλουσιώταις δὲ κρόμμυον, καὶ ἄλλοις ἶβις ἢ κροκόδειλος καὶ ἄλλοις κυνοκέφαλος ἢ αἴλουρος ἢ πίθηκος· καὶ ἔτι κατὰ κώμας τοῖς μὲν ὁ δεξιὸς ὦμος θεός, τοῖς δὲ κατ' ἀντιπέρας οἰκοῦσιν ἅτερος· καὶ ἄλλοις κεφαλῆς ἡμίτομον, καὶ ἄλλοις ποτήριον κεραμεοῦν ἢ τρύβλιον. ταῦτα πῶς οὐ γέλως ἐστίν, ὦ καλὲ Τιμόκλεις;

ΜΩΜΟΣ

Οὐκ ἔλεγον, ὦ θεοί, ταῦτα πάντα ἥξειν εἰς τοὐμφανὲς καὶ ἀκριβῶς ἐξετασθήσεσθαι;

ΖΕΥΣ

Ἔλεγες, ὦ Μῶμε, καὶ ἐπετίμας ὀρθῶς, καὶ ἔγωγε πειράσομαι ἐπανορθώσασθαι αὐτά, ἢν τὸν ἐν ποσὶ τοῦτον κίνδυνον διαφύγωμεν.

[43] ΤΙΜΟΚΛΗΣ

Ἀλλ', ὦ θεοῖς ἐχθρὲ σύ, τοὺς χρησμοὺς καὶ προαγορεύσεις τῶν ἐσομένων τίνος ἔργον ἂν εἴποις ἢ θεῶν καὶ τῆς προνοίας τῆς ἐκείνων;

ΔΑΜΙΣ

Σιώπησον, ὦ ἄριστε, περὶ τῶν χρησμῶν· ἐρήσομαι γάρ σε τίνος αὐτῶν μάλιστα μεμνῆσθαι ἀξιοῖς; ἆρ' ἐκείνου ὃν τῷ Λυδῷ ὁ Πύθιος ἔχρησεν, ὃς ἀκριβῶς ἀμφήκης ἦν καὶ διπρόσωπος, οἷοί εἰσι τῶν Ἑρμῶν ἔνιοι,

[42] Damis

Gut, Timokles, dass du an den Glauben der Völker erinnerst, an dem man besonders klar sehen kann, dass die Rede von den Göttern nichts Verlässliches enthält. Denn das Chaos ist groß, jeder glaubt an etwas anderes, die Skythen opfern dem Schwert, die Thraker dem Zamolxis, einem Sklaven, der aus Samos entlaufen und von dort zu ihnen gelangt ist, die Phryger der Mene, die Aithioper dem Tag, die Kyllenier dem Phales, die Assyrer der Taube, die Perser dem Feuer und die Ägypter dem Wasser. Und an letzteres, das Wasser, glauben alle Ägypter gemeinsam, aber den Leuten aus Memphis gilt gesondert noch das Rind als Gott, denen aus Pelusion[64] die Zwiebel, anderen der Ibis oder das Krokodil, noch anderen der Hundsköpfige, die Katze oder der Affe. Und noch eine Stufe tiefer, in den Dörfern, ist bei den einen die rechte Schulter ein Gott, bei ihren Nachbarn gegenüber die linke. Noch bei anderen eine Kopfhälfte, wieder bei anderen ein Becher aus Ton oder eine Schüssel. Wie soll man da nicht lachen, Timokles?

Momos

Habe ich nicht gesagt, Götter, all das werde ans Licht und eins zu eins auf den Prüfstand kommen?

Zeus

Das hast du gesagt, Momos, deine Vorwürfe waren berechtigt, und ich werde mich höchstpersönlich darum bemühen, das in Ordnung zu bringen, wenn wir nur erst diese Bredouille hier überstanden haben.

[43] Timokles

Aber, du Götterfeind, die Orakel und Zukunftsvorhersagen, wessen Werk willst du sie nennen, wenn nicht der Götter und ihrer Vorhersehung?

Damis

Erwähne bloß nicht die Orakel, mein Bester! Denn sonst werde ich dich fragen: An welches von ihnen soll ich denn nach deinem Willen zuvörderst denken? Vielleicht an jenes, das der Pythier dem Lyder erteilte, das absolut zweideutig und doppelgesichtig war, wie

διττοὶ καὶ ἀμφοτέρωθεν ὅμοιοι πρὸς ὁπότερον ἂν αὐτῶν μέρος ἐπιστραφῇς; ἢ τί γὰρ μᾶλλον ὁ Κροῖσος διαβὰς τὸν Ἅλυν τὴν αὑτοῦ ἀρχὴν ἢ τὴν Κύρου καταλύσει; καίτοι οὐκ ὀλίγων ταλάντων ὁ Σαρδιανὸς ἐκεῖνος ὄλεθρος τὸ ἀμφιδέξιον τοῦτο ἔπος ἐπρίατο.

ΜΩΜΟΣ

Αὐτά που, ὦ θεοί, ἁνὴρ διεξέρχεται λέγων ἃ ἐδεδίειν μάλιστα. ποῦ νῦν ὁ καλὸς ἡμῖν κιθαρῳδός; ἀπολόγησαι αὐτῷ κατελθὼν πρὸς ταῦτα.

ΖΕΥΣ

Σὺ ἡμᾶς ἐπισφάττεις, ὦ Μῶμε, οὐκ ἐν καιρῷ νῦν ἐπιτιμῶν.

[44] ΤΙΜΟΚΛΗΣ

Ὅρα οἷα ποιεῖς, ὦ ἀλιτήριε Δᾶμι, μονονουχὶ τὰ ἕδη αὐτὰ τῶν θεῶν ἀνατρέπεις τῷ λόγῳ καὶ βωμοὺς αὐτῶν.

ΔΑΜΙΣ

Οὐ πάντας ἔγωγε τοὺς βωμούς, ὦ Τιμόκλεις. τί γὰρ καὶ δεινὸν ἀπ᾽ αὐτῶν γίγνεται, εἰ θυμιαμάτων καὶ εὐωδίας μεστοί εἰσι; τοὺς δὲ ἐν Ταύροις τῆς Ἀρτέμιδος ἡδέως ἂν ἐπεῖδον ἐκ βάθρων ἐπὶ κεφαλὴν ἀνατρεπομένους, ἐφ᾽ ὧν τοιαῦτα ἡ παρθένος εὐωχουμένη ἔχαιρεν.

ΖΕΥΣ

Τουτὶ πόθεν ἡμῖν τὸ ἄμαχον κακὸν ἐπηχεῖ; ὡς δαιμόνων οὐδενὸς ἁνὴρ φείδεται, ἀλλ᾽ ἐξ ἁμάξης παρρησιάζεται καὶ

> μάρπτει ἑξείης, ὅς τ᾽ αἴτιος ὅς τε καὶ οὐκί.

ΜΩΜΟΣ

Καὶ μὴν ὀλίγους ἄν, ὦ Ζεῦ, τοὺς ἀναιτίους εὕροις ἐν ἡμῖν· καί που τάχα προϊὼν ὁ ἄνθρωπος ἅψεται καὶ τῶν κορυφαίων τινός.

manche von den Hermen, doppelt und auf beiden Seiten ähnlich, von wo du auch schaust? Oder warum sollte denn Kroisos, wenn er den Halys überschritt, eher sein eigenes Reich als das des Kyros zerstören? Und doch hatte jener Unglücksrabe aus Sardes diesen zweischneidigen Vers für nicht wenige Talente gekauft.[65]

MOMOS

Der Mann geht in seiner Argumentation genau die Punkte durch, die ich am meisten gefürchtet habe. Wo ist jetzt unser schicker Kitharaspieler? Geh runter und steh ihm Rede und Antwort!

ZEUS

Du machst uns fix und fertig, Momos, mit deinem Tadel, den wir jetzt gerade wirklich nicht brauchen können!

[44] TIMOKLES

Siehst du eigentlich, was du anrichtest, fluchwürdiger Damis? Gerade dass du nicht die Tempel und Altäre der Götter in Grund und Boden argumentierst!

DAMIS

Ich doch nicht, Timokles, jedenfalls nicht alle Altäre. Denn was richten sie schon für einen Schaden an, wenn sie voller Räucherwerk und Wohlgeruch sind? Die der Artemis in Tauris, auf denen die Jungfrau mit Genuss so greuliche Festmähler verzehrt, sähe ich allerdings gern von Grund auf umgestürzt![66]

ZEUS

Woher nimmt er diese Gemeinheiten, die er uns da ins Gesicht dröhnt und denen wir nichts entgegenzusetzen haben? Der Mann lässt keinen der Götter ungeschoren, sondern redet, als stünde er auf einem Faschingswagen, und

> schnappt einen nach dem anderen, ganz gleichgültig, ob er's
> verdient hat.[67]

MOMOS

Und dabei wird er nur wenige unter uns finden, die es nicht verdient hätten. Vielleicht geht er ja auch noch weiter, der Mensch, und macht sich an einen von den hohen Göttern.

[45] ΤΙΜΟΚΛΗΣ

Οὐδὲ βροντῶντος ἄρα τοῦ Διὸς ἀκούεις, ὦ θεομάχε Δᾶμι;

ΔΑΜΙΣ

Καὶ πῶς οὐ μέλλω βροντῆς ἀκούειν, ὦ Τιμόκλεις; εἰ δ' ὁ Ζεὺς ὁ βροντῶν ἐστι, σὺ ἄμεινον ἂν εἰδείης ἐκεῖθέν ποθεν παρὰ τῶν θεῶν ἀφιγμένος· ἐπεὶ οἵ γε ἐκ Κρήτης ἥκοντες ἄλλα ἡμῖν διηγοῦνται, τάφον τινὰ κεῖθι δείκνυσθαι καὶ στήλην ἐφεστάναι δηλοῦσαν ὡς οὐκέτι βροντήσειεν ἂν ὁ Ζεὺς τεθνεὼς πάλαι.

ΜΩΜΟΣ

Τοῦτ' ἐγὼ πρὸ πολλοῦ ἠπιστάμην ἐροῦντα τὸν ἄνθρωπον. τί δ' οὖν, ὦ Ζεῦ, ὠχρίακας ἡμῖν καὶ συγκροτεῖς τοὺς ὀδόντας ὑπὸ τοῦ τρόμου; θαρρεῖν χρὴ καὶ τῶν τοιούτων ἀνθρωπίσκων καταφρονεῖν.

ΖΕΥΣ

Τί λέγεις, ὦ Μῶμε; καταφρονεῖν; οὐχ ὁρᾷς ὅσοι ἀκούουσι καὶ ὡς συμπεπεισμένοι εἰσὶν ἤδη καθ' ἡμῶν καὶ ἀπάγει αὐτοὺς ἀναδησάμενος τῶν ὤτων ὁ Δᾶμις;

ΜΩΜΟΣ

Ἀλλὰ σύ, ὦ Ζεῦ, ὁπόταν θελήσῃς, σειρὴν χρυσείην καθεὶς ἅπαντας αὐτοὺς

αὐτῇ κεν γαίῃ ἐρύσαις αὐτῇ τε θαλάσσῃ.

[46] ΤΙΜΟΚΛΗΣ

Εἰπέ μοι, ὦ κατάρατε, πέπλευκας ἤδη ποτέ;

ΔΑΜΙΣ

Καὶ πολλάκις, ὦ Τιμόκλεις.

ΤΙΜΟΚΛΗΣ

Οὔκουν ἔφερε μὲν ὑμᾶς τότε ἢ ἄνεμος ἐμπίπτων τῇ ὀθόνῃ καὶ ἐμπιπλὰς τὰ ἀκάτια ἢ οἱ ἐρέττοντες, ἐκυβέρνα δὲ εἷς τις ἐφεστὼς καὶ ἔσωζε τὴν ναῦν;

[45] TIMOKLES
Du hörst also nicht, wenn Zeus donnert, Damis, du Gottbekämpfer?

DAMIS
Wie sollte ich denn bitte den Donner nicht hören, Timokles? Ob es aber Zeus ist, der da donnert, das wirst du besser wissen, du kommst ja von irgendwo dorther, von den Göttern. Denn die Leute, die in Kreta waren, erzählen uns jedenfalls etwas ganz anderes: Dort werde ein Grab gezeigt mit einer Säule, auf der stehe, dass Zeus nicht mehr donnere, da er schon lange tot sei.[68]

MOMOS
Ich habe schon die ganze Zeit gewusst, dass der Mann das vorbringen würde. Zeus, warum bist du denn so blass geworden und klapperst mit den Zähnen? Du musst Mut fassen und solche Menschlein mit Missachtung strafen!

ZEUS
Was meinst du denn mit Missachtung, Momos? Siehst du denn nicht, wie viele Leute ihm zuhören, wie sie schon ganz gegen uns eingenommen sind und er sie an einer Leine durch die Ohren von uns wegzieht?[69]

MOMOS
Aber wenn du, Zeus, nur willst, dann kannst du doch eine goldene Kette hinablassen und sie alle

zu dir ziehen mitsamt der Erde, mitsamt auch dem Meere.[70]

[46] TIMOKLES
Sag mir, Verfluchter, bist du schon mal zur See gefahren?

DAMIS
Ja, Timokles, schon oft.

TIMOKLES
Und fiel da nicht der Wind in euer Segel, füllte noch das Nebensegel, und trug er, oder die Ruderer, euch nicht voran, und stand nicht einer am Steuer und kümmerte sich um die Sicherheit des Schiffes?

ΔΑΜΙΣ

Καὶ μάλα.

ΤΙΜΟΚΛΗΣ

Εἶτα ἡ ναῦς μὲν οὐκ ἂν ἔπλει μὴ κυβερνωμένη, τὸ δὲ ὅλον τοῦτο ἀκυβέρνητον οἴει καὶ ἀνηγεμόνευτον φέρεσθαι;

ΖΕΥΣ

Εὖ γε, συνετῶς ὁ Τιμοκλῆς ταῦτα καὶ ἰσχυρῷ τῷ παραδείγματι.

[47] ΔΑΜΙΣ

Ἀλλ', ὦ θεοφιλέστατε Τιμόκλεις, τὸν μὲν κυβερνήτην ἐκεῖνον εἶδες ἂν ἀεὶ τὰ συμφέροντα ἐπινοοῦντα καὶ πρὸ τοῦ καιροῦ παρασκευαζόμενον καὶ προστάττοντα τοῖς ναύταις, ἀλυσιτελὲς δὲ οὐδὲ ἄλογον οὐδέν εἶχέν τι ἡ ναῦς ὃ μὴ χρήσιμον πάντως καὶ ἀναγκαῖον ἦν πρὸς τὴν ναυτιλίαν αὐτοῖς· ὁ δὲ σὸς οὗτος κυβερνήτης, ὃν τῇ μεγάλῃ ταύτῃ νηῒ ἐφεστάναι ἀξιοῖς, καὶ οἱ συνναῦται αὐτοῦ οὐδὲν εὐλόγως οὐδὲ κατὰ τὴν ἀξίαν διατάττουσιν, ἀλλ' ὁ μὲν πρότονος, εἰ τύχοι, ἐς τὴν πρύμναν ἀποτέταται, οἱ πόδες δ' ἐς τὴν πρῷραν ἀμφότεροι· καὶ χρυσαῖ μὲν αἱ ἄγκυραι ἐνίοτε, ὁ χηνίσκος δὲ μολυβδοῦς, καὶ τὰ μὲν ὕφαλα κατάγραφα, τὰ δὲ ἔξαλα τῆς νεὼς ἄμορφα. **[48]** καὶ αὐτῶν δὲ τῶν ναυτῶν ἴδοις ἂν τὸν μὲν ἀργὸν καὶ ἄτεχνον καὶ ἄτολμον πρὸς τὰ ἔργα διμοιρίτην ἢ τριμοιρίτην, τὸν δὲ κατακολυμβῆσαί τε ἄοκνον καὶ ἐπὶ τὴν κεραίαν ἀναπηδῆσαι ῥᾴδιον καὶ εἰδότα τῶν χρησίμων ἕκαστα, μόνον τοῦτον ἀντλεῖν προστεταγμένον· τὰ δὲ αὐτὰ καὶ ἐν τοῖς ἐπιβάταις, μαστιγίαν μέν τινα ἐν προεδρίᾳ παρὰ τὸν κυβερνήτην καθήμενον καὶ θεραπευόμενον, καὶ ἄλλον κίναιδον ἢ πατραλοίαν ἢ ἱερόσυλον ὑπερτιμώμενον καὶ τὰ ἄκρα

DAMIS
Genau so.
TIMOKLES
Sonst wäre doch das Schiff nicht gesegelt, ohne Steuermann – aber das All hier, glaubst du, läuft ungesteuert und führerlos in seiner Bahn?
ZEUS
Hervorragend, ein kluges Argument und ein starkes Beispiel hat Timokles da gebracht!
[47] DAMIS
Aber, mein Timokles, du Götterliebling, dann hättest du doch gesehen, wie jener eine Steuermann, auf jede Situation vorbereitet und mit voller Kommandogewalt über die Seeleute, stets nützliche Erwägungen hegt, ohne dass auf dem Schiff je etwas Nutzloses und Unvernünftiges passiert wäre, etwas, das für sie nicht ganz und gar vorteilhaft oder eben für die Seefahrt unabdingbar gewesen wäre; dieser dein Steuermann, den du als Vorsteher deines gewaltigen Schiffes postulierst, und seine Mannschaft schaffen es hingegen nicht, irgendetwas mit Verstand oder so, wie es sein sollte, in Ordnung zu halten, sondern gelegentlich wird das Bugtau zum Heck gespannt, aber die Schoten Richtung Bug, die Anker sind bisweilen aus Gold, die Heckverzierung aus Blei, der Teil unter Wasser ist bemalt, aber oberhalb der Wasserlinie ist das Schiff schmucklos. **[48]** Und was die Seeleute betrifft, so würdest du sehen, dass der eine faul, inkompetent und zaghaft ans Werk geht, jedoch doppelten oder dreifachen Sold erhält, der andere hingegen nicht zögert, ins Wasser zu springen, leichten Fußes auf die Rahe klettert und in allen wichtigen Dingen Bescheid weiß, obwohl er nur zum Schöpfen des Kielwassers abgestellt ist. Genauso bei den Passagieren: der eine ein Taugenichts, der die ganze Zeit auf dem Vorzugsplatz beim Steuermann sitzt und sich von vorn bis hinten bedienen lässt, der andere ein Perversling, Vatermörder oder Tempelräuber, der trotzdem höchste Ehren genießt und das ganze Ober-

τῆς νεὼς κατειληφότα, χαρίεντας δὲ πολλοὺς ἐν μυχῷ τοῦ σκάφους στενοχωρουμένους καὶ ὑπὸ τῶν πρὸς ἀλήθειαν χειρόνων πατουμένους· ἐννόησον γοῦν ὅπως μὲν Σωκράτης καὶ Ἀριστείδης ἔπλευσεν καὶ Φωκίων, οὐδὲ τὰ ἄλφιτα διαρκῆ ἔχοντες οὐδὲ ἀποτεῖναι τοὺς πόδας δυνάμενοι ἐπὶ γυμνῶν τῶν σανίδων παρὰ τὸν ἄντλον, ἐν ὅσοις δὲ ἀγαθοῖς Καλλίας καὶ Μειδίας καὶ Σαρδανάπαλλος, ὑπερτρυφῶντες καὶ τῶν ὑφ' αὑτοῖς καταπτύοντες. **[49]** τοιαῦτα ἐν τῇ νηΐ σου γίνεται, ὦ σοφώτατε Τιμόκλεις· διὰ τοῦτο αἱ ναυαγίαι μυρίαι. εἰ δέ τις κυβερνήτης ἐφεστὼς ἑώρα καὶ διέταττεν ἕκαστα, πρῶτον μὲν οὐκ ἂν ἠγνόησεν οἵτινες οἱ χρηστοὶ καὶ οἵτινες οἱ φαῦλοι τῶν ἐμπλεόντων, ἔπειτα ἑκάστῳ κατὰ τὴν ἀξίαν τὰ προσήκοντα ἀπένειμεν ἄν, χώραν τε τὴν ἀμείνω τοῖς ἀμείνοσι παρ' αὐτὸν ἄνω, τὴν κάτω δὲ τοῖς χείροσι, καὶ συσσίτους ἔστιν οὓς καὶ συμβούλους ἐποιήσατ' ἄν, καὶ τῶν ναυτῶν ὁ μὲν πρόθυμος ἢ πρῴρας ἐπιμελητὴς ἀπεδέδεικτ' ἂν ἢ τοίχου ἄρχων ἢ πάντως πρὸ τῶν ἄλλων, ὁ δὲ ὀκνηρὸς καὶ ῥᾴθυμος ἐπαίετ' ἂν τῷ καλωδίῳ πεντάκις τῆς ἡμέρας εἰς τὴν κεφαλήν. ὥστε σοι, ὦ θαυμάσιε, τὸ τῆς νεὼς τοῦτο παράδειγμα κινδυνεύει περιτετράφθαι κακοῦ τοῦ κυβερνήτου τετυχηκός.

[50] ΜΩΜΟΣ

Ταυτὶ μὲν ἤδη κατὰ ῥοῦν προχωρεῖ τῷ Δάμιδι καὶ πλησίστιος ἐπὶ τὴν νίκην φέρεται.

ΖΕΥΣ

Ὀρθῶς, ὦ Μῶμε, εἰκάζεις. ὁ δ' οὐδὲν ἰσχυρὸν ὁ Τιμοκλῆς ἐπινοεῖ, ἀλλὰ τὰ κοινὰ ταῦτα καὶ καθ' ἡμέραν ἄλλα ἐπ' ἄλλοις εὐπερίτρεπτα πάντα ἐπαντλεῖ.

deck für sich okkupiert, während eine Menge angenehmer Zeitgenossen sich in einem Winkel des Boots zusammendrücken und sich von den in Wahrheit schlechteren Leuten mit Füßen treten lassen. Bedenke doch, wie die Seereise eines Sokrates, eines Aristides, eines Phokion verlaufen ist,[71] die nicht einmal genug zu essen hatten und nicht einmal die Füße auf den bloßen Planken unten im Schiffsrumpf ausstrecken konnten, und demgegenüber die glückliche Lage von Kallias, Meidias und Sardanapal,[72] die in übermäßigem Luxus schwelgten und auf die unter ihnen runterspuckten.

[49] So geht es auf deinem Schiff zu, Timokles, du Born aller Weisheit! Deswegen die unzähligen Schiffbrüche. Stünde hingegen ein Steuermann am Ruder, der alles im Blick behielte und auf Ordnung achtete, dann wüsste er erstens ganz genau, wer die tauglichen und wer die nichtsnutzigen Mitreisenden sind, zweitens würde er jedem das ihm Gebührende nach seinem Wert zuteilen, den Besseren den besseren Platz bei ihm oben, den unten den Schlechteren, und es gäbe auch welche, die er an seinem eigenen Tisch Platz nehmen ließe und deren Rat er suchte, und von den Seeleuten würde der Fleißige entweder zum Aufseher über den Bug ernannt oder zum Kommandanten der Bordwand oder jedenfalls den anderen vorgezogen, der Träge und Leichtsinnige bekäme dagegen fünfmal am Tag das Tauende auf den Kopf geschlagen, und so läuft dein Beispiel vom Schiff Gefahr, du merkwürdiger Kerl, umzukippen und zu kentern, weil es nämlich leider einen schlechten Steuermann erwischt hat.

[50] Momos

Damis fährt mit alldem voll in der Strömung, ein günstiger Wind bläst ihn zum Sieg.

Zeus

Das siehst du ganz richtig, Momos. Timokles kriegt einfach keinen einzigen starken Gedanken gefasst, sondern schöpft einen alltäglichen Gemeinplatz nach dem anderen in sein Boot, und alle zusammen können sie es leicht zum Kentern bringen.

[51] ΤΙΜΟΚΛΗΣ

Οὐκοῦν ἐπεὶ τῆς νεὼς τὸ παράδειγμα οὐ πάνυ σοι ἰσχυρὸν ἔδοξεν εἶναι, ἄκουσον ἤδη τὴν ἱεράν, φασίν, ἄγκυραν καὶ ἣν οὐδεμιᾷ μηχανῇ ἀπορρήξεις.

ΖΕΥΣ

Τί ποτε ἄρα καὶ ἐρεῖ;

ΤΙΜΟΚΛΗΣ

Ἴδοις γὰρ εἰ ἀκόλουθα ταῦτα συλλογίζομαι, καὶ εἴ πῃ αὐτὰ δυνατόν σοι περιτρέψαι. εἰ γὰρ εἰσὶ βωμοί, εἰσὶ καὶ θεοί· ἀλλὰ μὴν εἰσὶ βωμοί, εἰσὶν ἄρα καὶ θεοί. τί πρὸς ταῦτα φῄς;

ΔΑΜΙΣ

Ἢν πρότερον γελάσω ἐς κόρον, ἀποκρινοῦμαί σοι.

ΤΙΜΟΚΛΗΣ

Ἀλλ' ἔοικας οὐδὲ παύσεσθαι γελῶν· εἰπὲ δὲ ὅμως ὅπῃ σοι γελάσιμον ἔδοξεν τὸ εἰρημένον εἶναι.

ΔΑΜΙΣ

Ὅτι οὐκ αἰσθάνῃ ἀπὸ λεπτῆς κρόκης ἐξαψάμενός σου τὴν ἄγκυραν, καὶ ταῦτα ἱερὰν οὖσαν· τὸ γὰρ εἶναι θεοὺς τῷ βωμοὺς εἶναι συνδήσας ἰσχυρὸν οἴει ποιήσασθαι ἀπ' αὐτῶν τὸν ὅρμον. ὥστε ἐπεὶ μηδὲν ἄλλο τούτου φῂς ἔχειν εἰπεῖν ἱερώτερον, ἀπίωμεν ἤδη.

[52] ΤΙΜΟΚΛΗΣ

Ὁμολογεῖς τοίνυν ἡττῆσθαι προαπιών;

ΔΑΜΙΣ

Ναί, ὦ Τιμόκλεις. σὺ γὰρ ὥσπερ οἱ ὑπό τινων βιαζόμενοι ἐπὶ τοὺς βωμοὺς ἡμῖν καταπέφευγας. ὥστε, νὴ τὴν ἄγκυραν τὴν ἱεράν, ἐθέλω σπείσασθαι ἤδη πρὸς σὲ ἐπ' αὐτῶν γε τῶν βωμῶν, ὡς μηκέτι περὶ τούτων ἐρίζοιμεν.

[51] TIMOKLES
Da du also mein Beispiel mit dem Schiff für nicht so stark hältst, hör dir jetzt meinen, wie man ihn nennt, heiligen Anker an, ihn, den du mit keinem Mittel losreißen kannst!

ZEUS
Was wird er denn jetzt vorbringen?

TIMOKLES
Sieh zu, ob ich damit ein schlüssiges Argument entfalte und du mich irgendwie zum Kentern bringen kannst! Denn: Wenn es Altäre gibt, gibt es Götter. Nun gibt es Altäre, also gibt es auch Götter. Was sagst du dazu?

DAMIS
Sobald ich mich sattgelacht habe, antworte ich dir.

TIMOKLES
Es sieht aber gar nicht so aus, als würdest du aufhören zu lachen. Sag mir trotzdem, inwiefern dir mein Argument lächerlich vorkommt.

DAMIS
Weil du nicht mal merkst, wie schwach der Faden ist, an dem dein Anker hängt, in all seiner Heiligkeit. Du verbindest die Existenz von Göttern mit der Existenz von Altären und glaubst wirklich, damit die Ankerkette verstärkt zu haben. Wenn du nichts Heiligmäßigeres als das sagen kannst, dann wollen wir jetzt lieber heimgehen!

TIMOKLES
Du verlässt das Gespräch vor seinem Ende! Gibst du also deine Niederlage zu?

DAMIS
Ja, Timokles. Denn du hast dich ja wie ein Gewaltopfer an die Altäre geflüchtet. Daher will ich, bei deinem Anker, dem heiligen, jetzt mit dir Frieden schließen, bei ebendiesen Altären, auf dass wir nicht mehr über sie streiten.

ΤΙΜΟΚΛΗΣ

Εἰρωνεύῃ ταῦτα πρὸς ἐμέ, τυμβωρύχε καὶ μιαρὲ καὶ κατάπτυστε καὶ μαστιγία καὶ κάθαρμα; οὐ γὰρ ἴσμεν οὗτινος μὲν πατρὸς εἶ, πῶς δὲ ἡ μήτηρ σου ἐπορνεύετο, καὶ ὡς τὸν ἀδελφὸν ἀπέπνιξας καὶ μοιχεύεις καὶ τὰ μειράκια διαφθείρεις, λιχνότατε καὶ ἀναισχυντότατε; μὴ φεῦγε δ' οὖν, ἕως καὶ παρ' ἐμοῦ πληγὰς λαβὼν ἀπέλθῃς· ἤδη γάρ σε τουτῳὶ τῷ ὀστράκῳ ἀποσφάξω παμμίαρον ὄντα.

[53] ΖΕΥΣ

Ὁ μὲν γελῶν, ὦ θεοί, ἀποτρέχει, ὁ δ' ἀκολουθεῖ λοιδορούμενος οὐ φέρων κατατρυφῶντα τὸν Δᾶμιν, καὶ ἔοικε πατάξειν αὐτὸν τῷ κεράμῳ ἐς τὴν κεφαλήν. ἡμεῖς δὲ τί ποιῶμεν ἐπὶ τούτοις;

ΕΡΜΗΣ

Ὀρθῶς ἐκεῖνό μοι ὁ κωμικὸς εἰρηκέναι δοκεῖ,

οὐδὲν πέπονθας δεινόν, ἂν μὴ προσποιῇ.

τί γὰρ καὶ ὑπέρμεγα κακόν, εἰ ὀλίγοι ἄνθρωποι πεπεισμένοι ταῦτα ἀπίασι; πολλῷ γὰρ οἱ τἀναντία γιγνώσκοντες πλείους, Ἑλλήνων ὁ πολὺς λεὼς βάρβαροί τε ἅπαντες.

ΖΕΥΣ

Ἀλλ', ὦ Ἑρμῆ, τὸ τοῦ Δαρείου πάνυ καλῶς ἔχον ἐστίν, ὃ εἶπεν ἐπὶ τοῦ Ζωπύρου· ὥστε καὶ αὐτὸς ἐβουλόμην ἂν ἕνα τοῦτον ἔχειν τὸν Δᾶμιν σύμμαχον ἢ μυρίας μοι Βαβυλῶνας ὑπάρχειν.

Timokles
Kommst du mir schon wieder mit Ironie, du Grabräuber, Unhold, Abschaum, Nichtsnutz, Auswurf? Wissen wir etwa nicht, wer dein Vater ist, wie deine Mutter es sich als Hure hat besorgen lassen, dass du deinen Bruder erdrosselt, mit seiner Frau geschlafen und seine Kinder in den Ruin getrieben hast, du dreister Lustmolch? Nein, lauf nicht weg, erst, wenn du von mir Schläge bekommen hast! Ich massakriere dich mit dem Backstein hier, du mieses Schwein!

[53] Zeus
Da läuft er lachend davon, Götter, der Damis, und Timokles ihm schimpfend hinterher, er kann seine Spöttereien nicht ertragen, und gleich haut er ihm den Backstein auf den Kopf. Und wir? Was wollen wir da jetzt tun?

Hermes
Ich finde den bekannten Komödienvers ganz zutreffend:

Nichts Schlimmes leidest du, trägst du's nach außen nicht![73]

Was soll daran schon so unendlich Schlimmes sein, wo es doch nur wenige Menschen sind, die jetzt mit ihrer neuen Überzeugung nach Hause gehen? Viel größer ist die Zahl derer, die das Gegenteil denken, der größte Teil der Griechen, und die Barbaren alle.

Zeus
Trotzdem, Hermes, ist es schon ziemlich treffend, was Dareios über Zopyros gesagt hat. Genauso hätte auch ich lieber Damis als Kämpfer auf meiner Seite, als dass mir zehntausend Babylons gehörten.[74]

ΘΕΩΝ ΕΚΚΛΗΣΙΑ

[1] ΖΕΥΣ

Μηκέτι τονθορύζετε, ὦ θεοί, μηδὲ κατὰ γωνίας συστρεφόμενοι πρὸς οὖς ἀλλήλοις κοινολογεῖσθε, ἀγανακτοῦντες εἰ πολλοὶ ἀνάξιοι μετέχουσιν ἡμῖν τοῦ συμποσίου, ἀλλ᾽ ἐπείπερ ἀποδέδοται περὶ τούτων ἐκκλησία, λεγέτω ἕκαστος ἐς τὸ φανερὸν τὰ δοκοῦντά οἱ καὶ κατηγορείτω. σὺ δὲ κήρυττε, ὦ Ἑρμῆ, τὸ κήρυγμα τὸ ἐκ τοῦ νόμου.

ΕΡΜΗΣ

Ἄκουε, σίγα. τίς ἀγορεύειν βούλεται τῶν τελείων θεῶν οἷς ἔξεστιν; ἡ δὲ σκέψις περὶ τῶν μετοίκων καὶ ξένων.

ΜΩΜΟΣ

Ἐγὼ ὁ Μῶμος, ὦ Ζεῦ, εἴ μοι ἐπιτρέψειας εἰπεῖν.

ΖΕΥΣ

Τὸ κήρυγμα ἤδη ἐφίησιν· ὥστε οὐδὲν ἐμοῦ δεήσει.

[2] ΜΩΜΟΣ

Φημὶ τοίνυν δεινὰ ποιεῖν ἐνίους ἡμῶν, οἷς οὐκ ἀπόχρη θεοὺς ἐξ ἀνθρώπων αὐτοῖς γεγενῆσθαι, ἀλλ᾽, εἰ μὴ καὶ τοὺς ἀκολούθους καὶ θεράποντας αὐτῶν ἰσοτίμους ἡμῖν ἀποφανοῦσιν, οὐδὲν μέγα οὐδὲ νεανικὸν οἴονται εἰργάσθαι. ἀξιῶ δέ, ὦ Ζεῦ, μετὰ παρρησίας μοι δοῦναι εἰπεῖν· οὐδὲ γὰρ ἂν ἄλλως δυναίμην, ἀλλὰ πάντες με ἴσασιν ὡς ἐλεύθερός εἰμι τὴν γλῶτταν καὶ οὐδὲν ἂν κατασιωπήσαιμι τῶν οὐ καλῶς γιγνομένων· διελέγχω γὰρ ἅπαντα καὶ λέγω τὰ δοκοῦντά μοι ἐς τὸ φανερὸν οὔτε δεδιώς τινα οὔτε ὑπ᾽ αἰδοῦς ἐπικαλύπτων τὴν γνώμην· ὥστε καὶ ἐπαχθὴς δοκῶ τοῖς πολλοῖς καὶ συκοφαντικὸς τὴν φύσιν,

DIE GÖTTERVERSAMMLUNG

[1] ZEUS
Schluss mit dem Getuschel, Götter, drückt euch nicht länger in den Ecken herum und hört auf, euch Bemerkungen ins Ohr zu flüstern, nur aus Ärger darüber, dass an unserem Mahl viele teilnehmen, die dessen nicht würdig sind! Nein – da unsere Versammlung ja genau zu diesem Zweck einberufen worden ist, soll jeder offen seine Meinung äußern und seine Beschwerde vorbringen. Hermes, mach du die Ankündigung, dem Brauch gemäß!

HERMES
Ruhe, alle mal herhören! Wer von den zugelassenen Vollgöttern möchte sprechen? Verhandelt wird das Problem der Metöken[1] und der Fremden.

MOMOS[2]
Zeus, ich, Momos, möchte sprechen, wenn du mir das Wort erteilst.

ZEUS
So entspricht es der Ankündigung – meine Zustimmung wird nicht benötigt.

[2] MOMOS
Nun, dann will ich einmal das ungeheuerliche Missverhalten einiger von uns beim Namen nennen. Es genügt ihnen nicht, dass sie selbst von Menschen zu Göttern geworden sind, sondern sie finden, sie hätten, wenn sie nicht auch ihren Gefolgsleuten und ihrer Dienerschaft die Gleichstellung mit uns verschaffen, noch keine große und starke Tat vollbracht. Ich verlange, Zeus, frei und offen sprechen zu dürfen; anders könnte ich auch gar nicht, es wissen ja alle, dass ich meiner Zunge keine Zügel anlege und nie den Mund halte, wenn etwas nicht recht läuft. Denn ich lasse nichts ungeprüft und sage, was mir richtig scheint, vor aller Ohren heraus, ohne jemanden zu fürchten oder aus Respekt und Scham meine Ansichten zu verhehlen. Daher gelte ich der Allgemeinheit auch als lästig und als geborener Denunziant, und man bezeichnet mich gern als

δημόσιός τις κατήγορος ὑπ᾽ αὐτῶν ἐπονομαζόμενος. πλὴν ἀλλ᾽ ἐπείπερ ἔξεστιν καὶ κεκήρυκται καὶ σύ, ὦ Ζεῦ, δίδως μετ᾽ ἐξουσίας εἰπεῖν, οὐδὲν ὑποστειλάμενος ἐρῶ.

[3] Πολλοὶ γάρ, φημί, οὐκ ἀγαπῶντες ὅτι αὐτοὶ μετέχουσι τῶν αὐτῶν ἡμῖν ξυνεδρίων καὶ εὐωχοῦνται ἐπ᾽ ἴσης, καὶ ταῦτα θνητοὶ ἐξ ἡμισείας ὄντες, ἔτι καὶ τοὺς ὑπηρέτας καὶ θιασώτας τοὺς αὑτῶν ἀνήγαγον ἐς τὸν οὐρανὸν καὶ παρενέγραψαν, καὶ νῦν ἐπ᾽ ἴσης διανομάς τε νέμονται καὶ θυσιῶν μετέχουσιν, οὐδὲ καταβαλόντες ἡμῖν τὸ μετοίκιον.

ΖΕΥΣ

Μηδὲν αἰνιγματῶδες, ὦ Μῶμε, ἀλλὰ σαφῶς καὶ διαρρήδην λέγε, προστιθεὶς καὶ τοὔνομα, νῦν γὰρ ἐς τὸ μέσον ἀπέρριπταί σοι ὁ λόγος, ὡς πολλοὺς εἰκάζειν καὶ ἐφαρμόζειν ἄλλοτε ἄλλον τοῖς λεγομένοις. χρὴ δὲ παρρησιαστὴν ὄντα μηδὲν ὀκνεῖν λέγειν.

[4] ΜΩΜΟΣ

Εὖ γε, ὦ Ζεῦ, ὅτι καὶ παροτρύνεις με πρὸς τὴν παρρησίαν· ποιεῖς γὰρ τοῦτο βασιλικὸν ὡς ἀληθῶς καὶ μεγαλόφρον, ὥστε ἐρῶ καὶ τοὔνομα. ὁ γάρ τοι γενναιότατος οὗτος Διόνυσος ἡμιάνθρωπος ὤν, οὐδὲ Ἕλλην μητρόθεν ἀλλὰ Συροφοίνικός τινος ἐμπόρου τοῦ Κάδμου θυγατριδοῦς, ἐπείπερ ἠξιώθη τῆς ἀθανασίας, οἷος μὲν αὐτός ἐστιν οὐ λέγω, οὔτε τὴν μίτραν οὔτε τὴν μέθην οὔτε τὸ βάδισμα· πάντες γάρ, οἶμαι, ὁρᾶτε ὡς θῆλυς καὶ γυναικεῖος τὴν φύσιν, ἡμιμανής, ἀκράτου ἕωθεν ἀποπνέων· ὁ δὲ καὶ ὅλην φατρίαν ἐσεποίησεν ἡμῖν καὶ τὸν χορὸν ἐπαγόμενος πάρεστι καὶ θεοὺς ἀπέφηνε τὸν Πᾶνα καὶ τὸν Σιληνὸν καὶ Σατύρους, ἀγροίκους

so eine Art öffentlichen Ankläger. Nun aber, wo es erlaubt und angekündigt ist und du, Zeus, mich zu sprechen autorisierst, will ich das, was ich zu sagen habe, nicht länger vor mir herschieben.

[3] Viele, ich sage es noch einmal, nicht zufrieden damit, persönlich an denselben Zusammenkünften wie ihr teilzunehmen und mit euch von gleich zu gleich zu tafeln – und das, wo sie zur Hälfte sterblich sind –, haben obendrein ihre Diener und Kultgenossen mit hinauf gebracht und widerrechtlich in die Liste der Himmelsbürger eingeschrieben, und jetzt erhalten diese Leute gleichberechtigt ihre Versorgungsanteile und profitieren von den Opfern, ohne uns dafür die Sondersteuer zu entrichten.[3]

Zeus

Sprich nicht in Rätseln, Momos, sondern sag klar und deutlich, was du meinst, und setze die Namen hinzu! Denn jetzt hast du uns deine Rede hier einfach so vor die Füße geworfen, weshalb viele ihre Mutmaßungen anstellen und deine Ausführungen bald auf den einen, bald auf den anderen gemünzt sehen werden. Wenn du denn wirklich ein Freund des offenen Wortes bist, dann halte jetzt mit nichts hinter dem Berg!

[4] Momos

Wirklich gut, Zeus, dass du mich sogar noch drängst, offen zu reden! Das ist wahrhaft herrscherlich und zeugt von hoher Gesinnung, und so will ich auch den Namen nennen. Denn was für einer der hochedle Dionysos hier ist, ein Halbmensch, mütterlicherseits nicht einmal Grieche, sondern Abkömmling einer Tochter des Kadmos, so eines syrophönizischen Händlers,[4] davon will ich nicht sprechen, da man ihn ja nun einmal der Unsterblichkeit für würdig befunden hat, und nichts über seine Mitra sagen, seine Trunkenheit, seinen Gang: Ihr seht ja alle, denke ich, wie weibisch er ist und was für eine Frauennatur, halb verrückt, und schon morgens riecht er nach Purem[5] – also, der hat uns gleich seine ganze Sippschaft in den Pelz gesetzt und steht hier mit seinem Chor, den er hinter sich herschleift, Pan, Silen und die Satyrn hat er zu Göttern gemacht,

τινὰς καὶ αἰπόλους τοὺς πολλούς, σκιρτητικοὺς ἀνθρώπους καὶ τὰς μορφὰς ἀλλοκότους· ὧν ὁ μὲν κέρατα ἔχων καὶ ὅσον ἐξ ἡμισείας ἐς τὸ κάτω αἰγὶ ἐοικὼς καὶ γένειον βαθὺ καθειμένος ὀλίγον τράγου διαφέρων ἐστίν, ὁ δὲ φαλακρὸς γέρων, σιμὸς τὴν ῥῖνα, ἐπὶ ὄνου τὰ πολλὰ ὀχούμενος, Λυδὸς οὗτος, οἱ δὲ Σάτυροι ὀξεῖς τὰ ὦτα, καὶ αὐτοὶ φαλακροί, κεράσται, οἷα τοῖς ἄρτι γεννηθεῖσιν ἐρίφοις τὰ κέρατα ὑποφύεται, Φρύγες τινὲς ὄντες· ἔχουσι δὲ καὶ οὐρὰς ἅπαντες. ὁρᾶτε οἵους ἡμῖν θεοὺς ποιεῖ ὁ γεννάδας;

[5] Εἶτα θαυμάζομεν εἰ καταφρονοῦσιν ἡμῶν οἱ ἄνθρωποι ὁρῶντες οὕτω γελοίους θεοὺς καὶ τεραστίους; ἐῶ γὰρ λέγειν ὅτι καὶ δύο γυναῖκας ἀνήγαγεν, τὴν μὲν ἐρωμένην οὖσαν αὐτοῦ, τὴν Ἀριάδνην, ἧς καὶ τὸν στέφανον ἐγκατέλεξε τῷ τῶν ἄστρων χορῷ, τὴν δὲ Ἰκαρίου τοῦ γεωργοῦ θυγατέρα. καὶ ὃ πάντων γελοιότατον, ὦ θεοί, καὶ τὸν κύνα τῆς Ἠριγόνης, καὶ τοῦτον ἀνήγαγεν, ὡς μὴ ἀνιῷτο ἡ παῖς εἰ μὴ ἕξει ἐν τῷ οὐρανῷ τὸ ξύνηθες ἐκεῖνο καὶ ὅπερ ἠγάπα κυνίδιον. ταῦτα οὐχ ὕβρις ὑμῖν δοκεῖ καὶ παροινία καὶ γέλως; ἀκούσατε δ' οὖν καὶ ἄλλους.

[6] ΖΕΥΣ

Μηδέν, ὦ Μῶμε, εἴπῃς μήτε περὶ Ἀσκληπιοῦ μήτε περὶ Ἡρακλέους· ὁρῶ γὰρ οἷ φέρῃ τῷ λόγῳ. οὗτοι γάρ, ὁ μὲν αὐτῶν ἰᾶται καὶ ἀνίστησιν ἐκ τῶν νόσων καὶ ἔστιν »πολλῶν ἀντάξιος ἄλλων,« ὁ δὲ Ἡρακλῆς υἱὸς ὢν ἐμὸς οὐκ ὀλίγων πόνων ἐπρίατο τὴν ἀθανασίαν· ὥστε μὴ κατηγόρει αὐτῶν.

ΜΩΜΟΣ

Σιωπήσομαι, ὦ Ζεῦ, διὰ σέ, πολλὰ εἰπεῖν ἔχων. καίτοι εἰ μηδὲν ἄλλο, ἔτι τὰ σημεῖα ἔχουσι τοῦ πυρός. εἰ δὲ ἐξῆν καὶ πρὸς αὐτὸν σὲ τῇ παρρησίᾳ

alles so Bauern und Hirten, Menschen, die herumhopsen und merkwürdig aussehen; einer von ihnen trägt Hörner und sieht von der Mitte bis zu den Füßen wie eine Ziege aus, mit langem und buschigem Bart, kaum von einem Bock zu unterscheiden, der andere ein glatzköpfiger Alter, plattnasig, ständig auf einem Esel unterwegs, ein Lyder, und die Satyrn haben spitze Ohren, sind ebenfalls kahl, tragen Hörner wie neugeborene Böckchen, so Phryger eben; sogar Schwänze haben sie alle.[6] Voilà, das sind die Leute, die uns der edle Herr zu Göttern macht!

[5] Und da wundern wir uns, wenn uns die Menschen beim Anblick so lachhafter und monströser Götter verachten? Gar nicht davon zu reden, dass er auch noch zwei Frauen mit raufgebracht hat, die eine seine Geliebte, Ariadne – sogar ihren Kranz hat er dem Chor der Sterne einverleibt –, die andere die Tochter des Bauern Ikarios. Und als Gipfel der Lächerlichkeit, ihr Götter, hat er noch Erigones Hund, ja, sogar den!, raufgebracht, damit das Mädchen nicht so traurig wäre, wenn sie ihr vertrautes und ach so geliebtes Hündchen im Himmel nicht bei sich hätte.[7] Ist das in euren Augen nicht Hybris, nicht Exzess, nicht – ein Witz? Aber hört nun auch noch von den übrigen!

[6] Zeus

Kein Wort, Momos, über Asklepios oder über Herakles! Ich sehe nämlich schon, wohin du dich von deinen Ausführungen fortreißen lässt. Was die beiden betrifft: Der eine ist ein Heiler, lässt Menschen vom Krankenbett aufstehen und ist »so viel wert wie tausend andere«[8], und Herakles, mein Sohn!, hat sich durch nicht geringe Mühen die Unsterblichkeit erkauft: Also, keine Klagen gegen sie!

Momos

Deinetwegen will ich hierüber schweigen, Zeus – allerdings hätte ich viel zu sagen. Und doch – wenn schon sonst nichts, so tragen sie immerhin noch die Spuren des Feuers.[9] Wäre es nur erlaubt, auch

χρῆσθαι, πολλὰ ἂν εἶχον εἰπεῖν.

ΖΕΥΣ

Καὶ μὴν πρὸς ἐμὲ ἔξεστιν μάλιστα. μῶν δ' οὖν κἀμὲ ξενίας διώκεις;

ΜΩΜΟΣ

Ἐν Κρήτῃ μὲν οὐ μόνον τοῦτο ἀκοῦσαι ἔστιν, ἀλλὰ καὶ ἄλλο τι περὶ σοῦ λέγουσιν καὶ τάφον ἐπιδεικνύουσιν· ἐγὼ δὲ οὔτε ἐκείνοις πείθομαι οὔτε Ἀχαιῶν Αἰγιεῦσιν ὑποβολιμαῖόν σε εἶναι φάσκουσιν. **[7]** ἃ δὲ μάλιστα ἐλεγχθῆναι δεῖν ἡγοῦμαι, ταῦτα ἐρῶ. Τὴν γάρ τοι ἀρχὴν τῶν τοιούτων παρανομημάτων καὶ τὴν αἰτίαν τοῦ νοθευθῆναι ἡμῶν τὸ ξυνέδριον σύ, ὦ Ζεῦ, παρέσχες θνηταῖς ἐπιμιγνύμενος καὶ κατιὼν παρ' αὐτὰς ἐν ἄλλοτε ἄλλῳ σχήματι, ὥστε ἡμᾶς δεδιέναι μή σε καταθύσῃ τις ξυλλαβών, ὁπόταν ταῦρος ᾖς, ἢ τῶν χρυσοχόων τις κατεργάσηται χρυσὸν ὄντα, καὶ ἀντὶ Διὸς ἢ ὅρμος ἢ ψέλιον ἢ ἐλλόβιον ἡμῖν γένῃ. πλὴν ἀλλὰ ἐμπέπληκάς γε τὸν οὐρανὸν τῶν ἡμιθέων τούτων· οὐ γὰρ ἂν ἄλλως εἴποιμι. καὶ τὸ πρᾶγμα γελοιότατόν ἐστιν, ὁπόταν τις ἄφνω ἀκούσῃ ὅτι ὁ Ἡρακλῆς μὲν θεὸς ἀπεδείχθη, ὁ δὲ Εὐρυσθεύς, ὃς ἐπέταττεν αὐτῷ, τέθνηκεν, καὶ πλησίον Ἡρακλέους νεὼς οἰκέτου ὄντος καὶ Εὐρυσθέως τάφος τοῦ δεσπότου αὐτοῦ, καὶ πάλιν ἐν Θήβαις Διόνυσος μὲν θεός, οἱ δ' ἀνεψιοὶ αὐτοῦ ὁ Πενθεὺς καὶ ὁ Ἀκταίων καὶ ὁ Λέαρχος ἀνθρώπων ἁπάντων κακοδαιμονέστατοι. **[8]** Ἀφ' οὗ δὲ ἅπαξ σύ, ὦ Ζεῦ, ἀνέῳξας τοῖς τοιούτοις τὰς θύρας καὶ ἐπὶ τὰς θνητὰς ἐτράπου, ἅπαντες μεμίμηνταί σε, καὶ οὐχ οἱ ἄρρενες μόνον, ἀλλ', ὅπερ αἴσχιστον, καὶ αἱ θήλειαι θεοί. τίς γὰρ οὐκ οἶδεν τὸν Ἀγχίσην καὶ τὸν Τιθωνὸν καὶ τὸν

dir persönlich gegenüber frei zu sprechen – ich könnte da so einiges erzählen.

ZEUS

Also, gerade mir gegenüber geht das ohne alle Umstände. Du wirst ja wohl nicht auch noch mich wegen Usurpation des Bürgerrechts anklagen?

MOMOS

Auf Kreta hört man nicht nur dies über dich, sondern sie erzählen da auch noch ganz andere Dinge von dir und zeigen dein Grab. Ich glaube aber weder denen noch den Leuten aus Aigion in Achaia, die behaupten, du seist ein untergeschobenes Kind gewesen. **[7]** Was ich allerdings dann doch für äußerst kritikwürdig halte, das will ich jetzt sagen.

Denn den eigentlichen Beginn dieser Ungesetzlichkeiten und die Ursache für diese Bastardisierung unserer Versammlung stellst du dar, Zeus, der du mit sterblichen Frauen verkehrst und in immer neuen Gestalten zu ihnen hinabsteigst, so dass wir fürchten müssen, dass dich, bist du Stier, mal einer greift und als Opfertier schlachtet oder, bist du Gold,[10] ein Juwelier dich weiterverarbeitet und wir an der Stelle von Zeus plötzlich eine Kette, ein Armband oder einen Ohrring vor uns haben. Kurz, du bist es, der den Himmel mit diesen Halbgöttern vollgestopft hat; anders wüsste ich das nicht zu formulieren. Und das Ganze ist höchst lächerlich, wenn jemand gegen alle Erwartung davon hört, Herakles sei vergöttlicht worden, Eurystheus hingegen, der ihm Befehle erteilen durfte, sei tot und Herakles', des Dieners, Tempel liege neben Eurystheus', seines Herrn, Grab,[11] und dann wieder, in Theben sei Dionysos ein Gott, seine Cousins aber, Pentheus, Aktaion und Learchos, die unglücklichsten aller Menschen.[12]

[8] Seit du, Zeus, einmal solchen Leuten Tür und Tor geöffnet und dich sterblichen Frauen zugewandt hast, machen dir das alle nach, und keineswegs nur die Männer, nein, Gipfel der Schande!, auch die Göttinnen. Wer wüsste denn nicht von Anchises, Titho-

Ἐνδυμίωνα καὶ τὸν Ἰασίωνα καὶ τοὺς ἄλλους; ὥστε ταῦτα μὲν ἐάσειν μοι δοκῶ· μακρὸν γὰρ ἂν τὸ διελέγχειν γένοιτο.

ΖΕΥΣ

Μηδὲν περὶ τοῦ Γανυμήδους, ὦ Μῶμε, εἴπῃς· χαλεπανῶ γὰρ εἰ λυπήσεις τὸ μειράκιον ὀνειδίσας ἐς τὸ γένος.

ΜΩΜΟΣ

Οὐκοῦν μηδὲ περὶ τοῦ ἀετοῦ εἴπω, ὅτι καὶ οὗτος ἐν τῷ οὐρανῷ ἐστιν, ἐπὶ τοῦ βασιλείου σκήπτρου καθεζόμενος καὶ μονονουχὶ ἐπὶ κεφαλήν σοι νεοττεύων, θεὸς εἶναι δοκῶν; **[9]** ἢ καὶ τοῦτον τοῦ Γανυμήδους ἕνεκα ἐάσομεν;

Ἀλλ' ὁ Ἄττης γε, ὦ Ζεῦ, καὶ ὁ Κορύβας καὶ ὁ Σαβάζιος, πόθεν ἡμῖν ἐπεισεκυκλήθησαν οὗτοι, ἢ ὁ Μίθρης ἐκεῖνος, ὁ Μῆδος, ὁ τὸν κάνδυν καὶ τὴν τιάραν, οὐδὲ ἑλληνίζων τῇ φωνῇ, ὥστε οὐδ' ἢν προπίῃ τις ξυνίησι; τοιγαροῦν οἱ Σκύθαι ταῦτα ὁρῶντες, οἱ Γέται αὐτῶν, μακρὰ ἡμῖν χαίρειν εἰπόντες αὐτοὶ ἀπαθανατίζουσι καὶ θεοὺς χειροτονοῦσιν οὓς ἂν ἐθελήσωσι, τὸν αὐτὸν τρόπον ὅνπερ καὶ Ζάμολξις δοῦλος ὢν παρενεγράφη οὐκ οἶδ' ὅπως διαλαθών.

[10] Καίτοι πάντα ταῦτα, ὦ θεοί, μέτρια. σὺ δέ, ὦ κυνοπρόσωπε καὶ σινδόσιν ἐσταλμένε Αἰγύπτιε, τίς εἶ, ὦ βέλτιστε, ἢ πῶς ἀξιοῖς θεὸς εἶναι ὑλακτῶν; τί δὲ βουλόμενος καὶ ὁ ποικίλος οὗτος ταῦρος ὁ Μεμφίτης προσκυνεῖται καὶ χρᾷ καὶ προφήτας ἔχει; αἰσχύνομαι γὰρ ἴβιδας καὶ πιθήκους εἰπεῖν καὶ τράγους καὶ ἄλλα πολλῷ γελοιότερα οὐκ οἶδ' ὅπως ἐξ Αἰγύπτου παραβυσθέντα ἐς τὸν οὐρανόν, ἃ ὑμεῖς, ὦ θεοί, πῶς ἀνέχεσθε ὁρῶντες ἐπ' ἴσης ἢ καὶ μᾶλλον ὑμῶν προσκυνούμενα; ἢ σύ, ὦ Ζεῦ, πῶς φέρεις ἐπειδὰν κριοῦ κέρατα φύσωσί σοι;

nos, Endymion, Iasion und den anderen?[13] Ich will das daher nicht weiter ausführen; die Kritik würde dann doch zu viel Zeit in Anspruch nehmen.

Zeus

Kein Wort über Ganymed, Momos![14] Ich werde sauer, wenn du dem Jungen Kummer machst und ihm seine Abstammung vorhältst!

Momos

Soll ich also auch nichts über den Adler sagen? Dass sich auch der im Himmel befindet und auf dem königlichen Szepter sitzt – fehlt nur, dass er sein Nest auf deinem Kopf baut – und selbst ein Gott zu sein scheint? **[9]** Oder soll ich auch den übergehen, Ganymed zu Gefallen?

Aber Attis wenigstens, Zeus, und Korybas und Sabazios, wie kommt es, dass die uns hier einer nach dem anderen angeliefert werden, oder dieser Mithras, der Meder, der mit dem Kaftan und der Tiara, der nicht mal Griechisch spricht, so dass er nicht mal dann etwas versteht, wenn man ihm zuprostet?[15] Und so wünschen uns die Skythen, mit ihnen die Geten, wenn sie das sehen, einen schönen Tag, machen selbst unsterblich, wen sie wollen, und wählen ihn zum Gott, genau wie auch Zamolxis, ein Sklave, widerrechtlich hier eingeschrieben wurde – keine Ahnung, wie der durchschlüpfen konnte.[16]

[10] Aber das, ihr Götter, hält sich ja noch alles in Grenzen. Du hingegen, du mumifizierter ägyptischer Hundskopf, wer bist denn du, mein Bester, oder wie kannst du beanspruchen, ein Gott zu sein, mit deinem Gebell?[17] Und zu welchem Zweck wird der buntscheckige Stier hier aus Memphis angebetet, gibt Orakel und hält sich Wahrsager? Ich geniere mich ja, von den Ibissen und den Affen zu sprechen und all den noch größeren Lächerlichkeiten aus Ägypten, die irgendwie in den Himmel gequetscht worden sind – und wie, Götter, haltet ihr es aus zuzuschauen, wenn die genau wie ihr, oder sogar noch mehr, angebetet werden? Oder du, Zeus, wie erträgst du es, wenn man dir Widderhörner wachsen lässt?[18]

[11] ΖΕΥΣ

Αἰσχρὰ ὡς ἀληθῶς ταῦτα φῂς τὰ περὶ τῶν Αἰγυπτίων· ὅμως δ' οὖν, ὦ Μῶμε, τὰ πολλὰ αὐτῶν αἰνίγματά ἐστιν, καὶ οὐ πάνυ χρὴ καταγελᾶν ἀμύητον ὄντα.

ΜΩΜΟΣ

Πάνυ γοῦν μυστηρίων, ὦ Ζεῦ, δεῖ ἡμῖν, ὡς εἰδέναι θεοὺς μὲν τοὺς θεούς, κυνοκεφάλους δὲ τοὺς κυνοκεφάλους.

ΖΕΥΣ

Ἔα, φημί, τὰ περὶ Αἰγυπτίων· ἄλλοτε γὰρ περὶ τούτων ἐπισκεψόμεθα ἐπὶ σχολῆς. σὺ δὲ τοὺς ἄλλους λέγε.

[12] ΜΩΜΟΣ

Τὸν Τροφώνιον, ὦ Ζεῦ, καὶ ὃ μάλιστά με ἀποπνίγει, τὸν Ἀμφίλοχον, ὃς ἐναγοῦς ἀνθρώπου καὶ μητραλῴου υἱὸς ὢν μαντεύεται ὁ γενναῖος ἐν Κιλικίᾳ, ψευδόμενος τὰ πολλὰ καὶ γοητεύων τοῖν δυοῖν ὀβολοῖν ἕνεκα. τοιγαροῦν οὐκέτι σύ, ὦ Ἄπολλον, εὐδοκιμεῖς, ἀλλὰ ἤδη πᾶς λίθος καὶ πᾶς βωμὸς χρησμῳδεῖ, ὃς ἂν ἐλαίῳ περιχυθῇ καὶ στεφάνους ἔχῃ καὶ γόητος ἀνδρὸς εὐπορήσῃ, οἷοι πολλοί εἰσιν. ἤδη καὶ ὁ Πολυδάμαντος τοῦ ἀθλητοῦ ἀνδριὰς ἰᾶται τοὺς πυρέττοντας ἐν Ὀλυμπίᾳ καὶ ὁ Θεαγένους ἐν Θάσῳ, καὶ Ἕκτορι θύουσιν ἐν Ἰλίῳ καὶ Πρωτεσιλάῳ καταντικρὺ ἐν Χερρονήσῳ. ἀφ' οὗ δ' οὖν τοσοῦτοι γεγόναμεν, ἐπιδέδωκε μᾶλλον ἡ ἐπιορκία καὶ ἱεροσυλία, καὶ ὅλως καταπεφρονήκασιν ἡμῶν – εὖ ποιοῦντες.

[13] Καὶ ταῦτα μὲν περὶ τῶν νόθων καὶ παρεγγράπτων. ἐγὼ δὲ καὶ ξένα ὀνόματα πολλὰ ἤδη ἀκούων οὔτε ὄντων τινῶν παρ' ἡμῖν οὔτε συστῆναι ὅλως δυναμένων, πάνυ, ὦ Ζεῦ, καὶ ἐπὶ τούτοις γελῶ. ἢ ποῦ γάρ ἐστιν ἡ πολυθρύλητος ἀρετὴ καὶ φύσις καὶ εἱμαρμένη καὶ τύχη,

[11] ZEUS
Ja, da hast du schon recht, das mit den Ägyptern ist peinlich. Trotzdem, Momos: Das meiste davon ist ein Geheimnis, und es ist einem Uneingeweihten entschieden nicht erlaubt, darüber zu lachen.
MOMOS
Da brauchen wir allerdings schon Mysterien, Zeus, um zu wissen, dass Götter Götter und Hundsköpfe Hundsköpfe sind.
ZEUS
Lass das mit den Ägyptern, sage ich dir! Darüber wollen uns ein andermal in Ruhe Gedanken machen. Nenne lieber noch die anderen!
[12] MOMOS
Den Trophonios, Zeus, und, was mir am meisten den Atem verschlägt, den Amphilochos, der als Sohn eines fluchbeladenen Menschen und Muttermörders in Kilikien Orakel gibt, der Gute, fast alles Lügen und falscher Zauber für zwei Obolen.[19] Und so ist es auch mit deinem Ruhm, Apollon, nicht mehr weit her, sondern bereits jeder Stein und jeder Altar gibt Weissagungen von sich, wird er nur mit Öl überschüttet und bekränzt und verfügt er über einen betrügerischen Zauberer – und von denen gibt es viele. Ja, auch das Standbild des Athleten Polydamas heilt neuerdings in Olympia die Fieberkranken, ebenso das Standbild des Theagenes auf Thasos, und in Troja opfern sie dem Hektor und gegenüber auf der Chersones dem Protesilaos. Seit wir so viele geworden sind, sind jetzt auch die Fallzahlen von Meineid und Heiligtumsschändung in die Höhe geschnellt, und überhaupt: Man verachtet uns – und daran tut man gut!

[13] Soweit zu den Bastarden und den falschen Bürgern! Ich höre aber außerdem noch zahlreiche andere Namen, von so welchen, die es bei uns nicht gibt und die es in Wirklichkeit auch nicht geben kann – und über die, Zeus, muss ich ebenfalls ziemlich lachen. Oder wo befinden sich denn jene vielbeschworenen: Tugend, Natur, Schicksal, Zufall – Namen ohne reale Grundlage und bar

ἀνυπόστατα καὶ κενὰ πραγμάτων ὀνόματα ὑπὸ βλακῶν ἀνθρώπων τῶν φιλοσόφων ἐπινοηθέντα; καὶ ὅμως αὐτοσχέδια ὄντα οὕτω τοὺς ἀνοήτους πέπεικεν, ὥστε οὐδεὶς ἡμῖν οὐδὲ θύειν βούλεται, εἰδὼς ὅτι, κἂν μυρίας ἑκατόμβας παραστήσῃ, ὅμως τὴν τύχην πράξουσαν τὰ μεμοιραμένα καὶ ἃ ἐξ ἀρχῆς ἑκάστῳ ἐπεκλώσθη. ἡδέως ἂν οὖν ἐροίμην σε, ὦ Ζεῦ, εἴ που εἶδες ἢ ἀρετὴν ἢ φύσιν ἢ εἱμαρμένην; ὅτι μὲν γὰρ ἀεὶ καὶ σὺ ἀκούεις ἐν ταῖς τῶν φιλοσόφων διατριβαῖς, οἶδα, εἰ μὴ καὶ κωφός τις εἶ, ὡς βοώντων αὐτῶν μὴ ἐπαΐειν.

Πολλὰ ἔτι ἔχων εἰπεῖν καταπαύσω τὸν λόγον· ὁρῶ γοῦν πολλοὺς ἀχθομένους μοι λέγοντι καὶ συρίττοντας, ἐκείνους μάλιστα ὧν καθήψατο ἡ παρρησία τῶν λόγων. **[14]** πέρας γοῦν, εἰ ἐθέλεις, ὦ Ζεῦ, ψήφισμά τι περὶ τούτων ἀναγνώσομαι ἤδη ξυγγεγραμμένον.

ΖΕΥΣ

Ἀνάγνωθι· οὐ πάντα γὰρ ἀλόγως ᾐτιάσω. καὶ δεῖ τὰ πολλὰ αὐτῶν ἐπισχεῖν, ὡς μὴ ἐπὶ πλεῖον ἂν γίγνηται.

ΜΩΜΟΣ

Ψήφισμα ἀγαθῇ τύχῃ. Ἐκκλησίας ἐννόμου ἀγομένης ἑβδόμῃ ἱσταμένου ὁ Ζεὺς ἐπρυτάνευε καὶ προήδρευε Ποσειδῶν, ἐπεστάτει Ἀπόλλων, ἐγραμμάτευε Μῶμος Νυκτὸς καὶ ὁ Ὕπνος τὴν γνώμην εἶπεν.

Ἐπειδὴ πολλοὶ τῶν ξένων, οὐ μόνον Ἕλληνες ἀλλὰ καὶ βάρβαροι, οὐδαμῶς ἄξιοι ὄντες κοινωνεῖν ἡμῖν τῆς πολιτείας, παρεγγραφέντες οὐκ οἶδα ὅπως καὶ θεοὶ δόξαντες ἐμπεπλήκασι μὲν τὸν οὐρανὸν ὡς μεστὸν εἶναι τὸ συμπόσιον ὄχλου ταραχώδους πολυγλώσσων τινῶν καὶ ξυγκλύδων ἀνθρώπων, ἐπιλέλοιπε δὲ ἡ ἀμβροσία καὶ τὸ νέκταρ, ὥστε μνᾶς ἤδη

jeden Inhalts, ausgedacht von dummen Menschen, den Philosophen? Und obwohl sie nur aus dem Stegreif hingesagt sind, beeindrucken sie doch die Unverständigen so sehr, dass uns niemand mehr opfern will, weil ihm klar ist, dass der Zufall, auch wenn man tausende von Hekatomben aneinanderreiht, doch das tun wird, was vom Schicksal verhängt ist und was jedem von Anfang an zugesponnen wurde. Daher möchte ich dich gern fragen, Zeus, ob du Tugend, Natur oder Schicksal schon mal irgendwo gesehen hast! Dass auch du nämlich ständig in den Moralpredigten der Philosophen von ihnen hörst, das weiß ich, es sei denn, du wärest taub und könntest daher ihr Geschrei gar nicht verstehen.[20]

Ich hätte zwar noch viel zu sagen, doch will ich meine Rede hier beenden – ich sehe ja, dass mir viele schon jetzt meine Worte übelnehmen und mich auspfeifen, vor allem diejenigen, die meine offene Rede getroffen hat. [14] Abschließend werde ich nur noch, wenn es dir recht ist, Zeus, einen Beschlussvorschlag diese Leute betreffend vorlesen, den ich bereits ausformuliert habe.

Zeus

Lies vor! Nicht alle deine Vorwürfe entbehren ja einer vernünftigen Grundlage. Und sicher hast du den größeren Teil zurückgehalten, damit das nicht überhandnimmt.

Momos

Beschluss, mit Gottes Hilfe. Gesetzliche Versammlung gehalten am siebenten des Monats, Leitung: Zeus, Vorsitz: Poseidon, Beisitzer: Apoll, Protokoll: Momos Nachtsohn, Beschlussvorschlag: Hypnos.

»Da viele Fremde, nicht nur Griechen, sondern auch Barbaren, ohne jedes Anrecht auf Teilhabe an unserem Staatswesen, auf unklare Weise widerrechtlich in die Bürgerlisten eingeschrieben wurden und, dem bloßen Anschein nach Götter, den Himmel verstopfen, so dass das Göttermahl von einem lärmenden Pöbel dahergelaufener Leute vieler Zungen besetzt ist, und da Ambrosia und Nektar knapp sind, so dass wegen der Menge der Trinker eine Schale schon eine Mine kostet, und da sie in ihrem rücksichtslosen

τὴν κοτύλην εἶναι διὰ τὸ πλῆθος τῶν πινόντων· οἱ δὲ ὑπὸ αὐθαδείας παρωσάμενοι τοὺς παλαιούς τε καὶ ἀληθεῖς θεοὺς προεδρίας ἠξιώκασιν αὑτοὺς παρὰ πάντα τὰ πάτρια καὶ ἐν τῇ γῇ προτιμᾶσθαι θέλουσι. **[15]** Δεδόχθω τῇ βουλῇ καὶ τῷ δήμῳ ξυλλεγῆναι μὲν ἐκκλησίαν ἐν τῷ Ὀλύμπῳ περὶ τροπὰς χειμερινάς, ἑλέσθαι δὲ ἐπιγνώμονας τελείους θεοὺς ἑπτά, τρεῖς μὲν ἐκ τῆς παλαιᾶς βουλῆς τῆς ἐπὶ Κρόνου, τέτταρας δὲ ἐκ τῶν δώδεκα, καὶ ἐν αὐτοῖς τὸν Δία· τούτους δὲ τοὺς ἐπιγνώμονας αὐτοὺς μὲν καθέζεσθαι ὀμόσαντας τὸν νόμιμον ὅρκον τὴν Στύγα, τὸν Ἑρμῆν δὲ κηρύξαντα ξυναγαγεῖν ἅπαντας ὅσοι ἀξιοῦσι ξυντελεῖν ἐς τὸ ξυνέδριον, τοὺς δὲ ἥκειν μάρτυρας ἐπαγομένους ἐνωμότους καὶ ἀποδείξεις τοῦ γένους. τοὐντεῦθεν δὲ οἱ μὲν παρίτωσαν καθ' ἕνα, οἱ δὲ ἐπιγνώμονες ἐξετάζοντες ἢ θεοὺς εἶναι ἀποφανοῦνται ἢ καταπέμψουσιν ἐπὶ τὰ σφέτερα ἠρία καὶ τὰς θήκας τὰς προγονικάς. ἢν δέ τις ἁλῷ τῶν ἀδοκίμων καὶ ἅπαξ ὑπὸ τῶν ἐπιγνωμόνων ἐκκριθέντων ἐπιβαίνων τοῦ οὐρανοῦ, ἐς τὸν Τάρταρον ἐμπεσεῖν τοῦτον.

[16] Ἐργάζεσθαι δὲ τὰ αὑτοῦ ἕκαστον, καὶ μήτε τὴν Ἀθηνᾶν ἰᾶσθαι μήτε τὸν Ἀσκληπιὸν χρησμῳδεῖν μήτε τὸν Ἀπόλλω τοσαῦτα μόνον ποιεῖν, ἀλλὰ ἕν τι ἐπιλεξάμενον μάντιν ἢ κιθαρῳδὸν ἢ ἰατρὸν εἶναι. **[17]** τοῖς δὲ φιλοσόφοις προειπεῖν μὴ ἀναπλάττειν κενὰ ὀνόματα μηδὲ ληρεῖν περὶ ὧν οὐκ ἴσασιν. **[18]** ὁπόσοι δὲ ἤδη ναῶν ἢ θυσιῶν ἠξιώθησαν, ἐκείνων μὲν καθαιρεθῆναι τὰ ἀγάλματα, ἐντεθῆναι δὲ ἢ Διὸς ἢ Ἥρας ἢ Ἀπόλλωνος ἢ τῶν ἄλλων τινός, ἐκείνοις δὲ τάφον χῶσαι τὴν πόλιν καὶ στήλην ἐπιστῆσαι ἀντὶ βωμοῦ. ἢν δέ τις παρακούσῃ τοῦ κηρύγματος καὶ μὴ ἐθελήσῃ ἐπὶ τοὺς ἐπιγνώμονας ἐλθεῖν, ἐρήμην αὐτοῦ καταδιαιτησάτωσαν. **[19]** Τοῦτο μὲν ὑμῖν τὸ ψήφισμα.

Eigensinn die alten und wahren Götter zur Seite drängen und gegen alles Herkommen den Vorsitz für sich reklamieren und fordern, auf Erden an erster Stelle geehrt zu werden:

[15] Mögen der Rat und das Volk beschließen, zur Wintersonnenwende eine Versammlung auf dem Olymp einzuberufen und sieben Vollgötter zu Schiedsrichtern zu wählen, und zwar drei aus dem alten Kronos-Rat, vier aus den Zwölfgöttern, unter ihnen Zeus. Diese Schiedsrichter sollen höchstpersönlich zu Gericht sitzen, vereidigt auf den gebräuchlichen Eid bei der Styx; Hermes soll als Ausrufer alle zusammenbringen, die verlangen, als ordentliche Mitglieder in die Versammlung aufgenommen zu werden, und diese sollen eidliche Zeugen und Abstammungsnachweise mitbringen. Dann sollen sie einer nach dem anderen vortreten, und die Schiedsrichter sollen sie aufgrund einer Prüfung entweder zu Göttern erklären oder sie in ihre Gräber und zu den Ruhestätten ihrer Ahnen hinabsenden. Wenn aber einer derer, denen die Anerkennung verweigert wurde und die ein für allemal von den Schiedsrichtern eliminiert wurden, beim erneuten Betreten des Himmels erwischt wird, soll er in den Tartaros geworfen werden.

[16] Jeder soll seine eigene Aufgabe erfüllen: Weder soll Athena heilen noch Asklepios orakeln noch Apoll so viele Tätigkeiten ganz allein ausüben, sondern er soll eine davon wählen und entweder Seher oder Kitharöde oder Arzt sein. **[17]** Den Philosophen soll verboten werden, leere Bezeichnungen zu erfinden und Unsinn über Dinge zu reden, von denen sie keine Ahnung haben. **[18]** Alle diejenigen, die schon Ehrungen durch Tempel und Opfer erhalten haben, deren Standbilder sollen umgerissen werden, und an deren Stelle sollen welche für Zeus, Hera, Apoll oder einen der anderen errichtet werden, jenen aber soll ihre Polis einen Grabhügel aufschütten und, statt eines Altars, eine Säule aufstellen. Wenn jemand den Aufruf ignoriert und sich weigert, die Schiedsrichter aufzusuchen, sollen sie ihren Schiedsspruch in seiner Abwesenheit fällen.

[19] Soweit der Antrag an euch.«[21]

ΖΕΥΣ

Δικαιότατον, ὦ Μῶμε· καὶ ὅτῳ δοκεῖ, ἀνατεινάτω τὴν χεῖρα· μᾶλλον δέ, οὕτω γιγνέσθω, πλείους γὰρ οἶδ᾽ ὅτι ἔσονται οἱ μὴ χειροτονήσοντες. ἀλλὰ νῦν μὲν ἄπιτε· ὁπόταν δὲ κηρύξῃ ὁ Ἑρμῆς, ἥκετε κομίζοντες ἕκαστος ἐναργῆ τὰ γνωρίσματα καὶ σαφεῖς τὰς ἀποδείξεις, πατρὸς ὄνομα καὶ μητρός, καὶ ὅθεν καὶ ὅπως θεὸς ἐγένετο, καὶ φυλὴν καὶ φράτορας. ὡς ὅστις ἂν μὴ ταῦτα παράσχηται, οὐδὲν μελήσει τοῖς ἐπιγνώμοσιν εἰ νεὼν τις μέγαν ἐν τῇ γῇ ἔχει καὶ οἱ ἄνθρωποι θεὸν αὐτὸν εἶναι νομίζουσιν.

Zeus
Äußerst gerecht, Momos! Alle, die zustimmen, mögen die Hand heben – ach nein, besser: So sei es! Denn mir ist klar, dass die Mehrheit dagegen stimmen wird. Aber nun geht! Und sobald Hermes die Ankündigung macht, dann kommt und bringt jeder nachvollziehbare Erkennungszeichen und klare Nachweise mit, die Namen von Vater und Mutter, und warum und wie er Gott geworden ist, außerdem die Angabe der Phyle und der Phratrie.[22] Sollte jemand das nicht vorweisen können, wird es den Schiedsrichtern gleichgültig sein, wenn er einen großen Tempel auf Erden besitzt und die Menschen ihn für einen Gott halten.

ΖΕΥΣ ΕΛΕΓΧΟΜΕΝΟΣ

[1] ΚΥΝΙΣΚΟΣ

Ἐγὼ δέ, ὦ Ζεῦ, τὰ μὲν τοιαῦτα οὐκ ἐνοχλήσω σε πλοῦτον ἢ χρυσὸν ἢ βασιλείαν αἰτῶν, ἅπερ εὐκταιότατα τοῖς πολλοῖς, σοὶ δ' οὐ πάνυ ῥᾴδια παρασχεῖν· ὁρῶ γοῦν σε τὰ πολλὰ παρακούοντα εὐχομένων αὐτῶν. ἓν δέ, καὶ τοῦτο ῥᾷστον, ἐβουλόμην παρὰ σοῦ μοι γενέσθαι.

ΖΕΥΣ

Τί τοῦτό ἐστιν, ὦ Κυνίσκε; οὐ γὰρ ἀτυχήσεις, καὶ μάλιστα μετρίων, ὡς ἔφης, δεόμενος.

ΚΥΝΙΣΚΟΣ

Ἀπόκριναί μοι πρός τινα οὐ χαλεπὴν ἐρώτησιν.

ΖΕΥΣ

Μικρά γε ὡς ἀληθῶς ἡ εὐχὴ καὶ πρόχειρος· ὥστε ἐρώτα ὁπόσα ἂν ἐθέλῃς.

ΚΥΝΙΣΚΟΣ

Ἰδοὺ ταῦτα, ὦ Ζεῦ· ἀνέγνως γὰρ δῆλον ὅτι καὶ σὺ τὰ Ὁμήρου καὶ Ἡσιόδου ποιήματα· εἰπὲ οὖν μοι εἰ ἀληθῆ ἐστιν ἃ περὶ τῆς Εἱμαρμένης καὶ τῶν Μοιρῶν ἐκεῖνοι ἐρραψῳδήκασιν, ἄφυκτα εἶναι ὁπόσα ἂν αὗται ἐπινήσωσιν γεινομένῳ ἑκάστῳ;

ΖΕΥΣ

Καὶ πάνυ ἀληθῆ ταῦτα· οὐδὲν γάρ ἐστιν ὅ τι μὴ αἱ Μοῖραι διατάττουσιν, ἀλλὰ πάντα ὁπόσα γίνεται, ὑπὸ τῷ τούτων ἀτράκτῳ στρεφόμενα εὐθὺς ἐξ ἀρχῆς ἕκαστον ἐπικεκλωσμένην ἔχει τὴν ἀπόβασιν, καὶ οὐ θέμις ἄλλως γενέσθαι.

[2] ΚΥΝΙΣΚΟΣ

Οὐκοῦν ὁπόταν ὁ αὐτὸς Ὅμηρος ἐν ἑτέρῳ μέρει τῆς ποιήσεως λέγῃ,

μὴ καὶ ὑπὲρ μοῖραν δόμον Ἄϊδος

καὶ τὰ τοιαῦτα, ληρεῖν δηλαδὴ φήσομεν τότε αὐτόν;

ZEUS WIDERLEGT

[1] Kynikerlein[1]

Ich will dich, Zeus, nicht mit den üblichen Forderungen belästigen, Forderungen nach Reichtum, Gold oder Königsmacht, was sich die meisten innigst wünschen, du aber nicht so leicht verschaffen kannst – ich sehe doch, wie du ihre Bitten meistens überhörst. Eines aber, und das ist ganz einfach, hätte ich gern von dir.

Zeus

Worum geht es, Kynikerlein? Das soll dir nicht abgeschlagen werden, vor allem, wenn du, wie du sagst, eine maßvolle Bitte äußerst.

Kynikerlein

Antworte mir auf eine gar nicht schwierige Frage!

Zeus

In der Tat, ein kleiner Wunsch und leicht zu erfüllen. Also, frag alles, was du willst!

Kynikerlein

Folgendes, Zeus: Du hast ja natürlich ebenfalls Homers und Hesiods Dichtungen gelesen. Sag mir daher: Ist es wahr, was sie über das Schicksal und die Moiren rhapsodiert haben: dass unentrinnbar sei, was sie jedem Lebewesen zugesponnen hätten?

Zeus

Ja, das ist vollkommen wahr. Denn es gibt nichts, was die Moiren nicht bestimmen, sondern alles, was geschieht, nimmt, jedes einzelne von Anfang an, auf ihre Spindel gewickelt sein ihm zugesponnenes Ende, und die Weltordnung erlaubt keinen anderen Verlauf.

[2] Kynikerlein

Wenn nun derselbe Homer an einer anderen Stelle seines Gedichts sagt:

> auf dass du nicht über Moira hinaus ins Haus des Hades

und sowas,[2] werden wir dann sagen, dass er da offenkundig Unsinn redet?

ΖΕΥΣ

Καὶ μάλα· οὐδὲν γὰρ οὕτω γένοιτ' ἂν ἔξω τοῦ νόμου τῶν Μοιρῶν, οὐδὲ ὑπὲρ τὸ λίνον. οἱ ποιηταὶ δὲ ὁπόσα μὲν ἂν ἐκ τῶν Μουσῶν κατεχόμενοι ᾄδωσιν, ἀληθῆ ταῦτά ἐστιν· ὁπόταν δὲ ἀφῶσιν αὐτοὺς αἱ θεαὶ καὶ καθ' αὑτοὺς ποιῶσι, τότε δὴ καὶ σφάλλονται καὶ ὑπεναντία τοῖς πρότερον διεξίασι· καὶ συγγνώμη, εἰ ἄνθρωποι ὄντες ἀγνοοῦσι τἀληθές, ἀπελθόντος ἐκείνου ὃ τέως παρὸν ἐρραψῴδει δι' αὐτῶν.

ΚΥΝΙΣΚΟΣ

Ἀλλὰ τοῦτο μὲν οὕτω φήσομεν. ἔτι δὲ κἀκεῖνό μοι ἀπόκριναι· οὐ τρεῖς αἱ Μοῖραί εἰσι, Κλωθὼ καὶ Λάχεσις, οἶμαι, καὶ Ἄτροπος;

ΖΕΥΣ

Πάνυ μὲν οὖν.

[3] ΚΥΝΙΣΚΟΣ

Ἡ Εἱμαρμένη τοίνυν καὶ ἡ Τύχη – πολυθρύλητοι γὰρ πάνυ καὶ αὗται – τίνες πότ' εἰσὶν ἢ τί δύναται αὐτῶν ἑκατέρα; πότερον τὰ ἴσα ταῖς Μοίραις ἤ τι καὶ ὑπὲρ ἐκείνας; ἀκούω γοῦν ἁπάντων λεγόντων μηδὲν εἶναι Τύχης καὶ Εἱμαρμένης δυνατώτερον.

ΖΕΥΣ

Οὐ θέμις ἅπαντά σε εἰδέναι, ὦ Κυνίσκε· τίνος δ' οὖν ἕνεκα ἠρώτησας τὸ περὶ τῶν Μοιρῶν;

[4] ΚΥΝΙΣΚΟΣ

Ἢν πρότερόν μοι, ὦ Ζεῦ, κἀκεῖνο εἴπῃς, εἰ καὶ ὑμῶν αὗται ἄρχουσι καὶ ἀνάγκη ὑμῖν ἠρτῆσθαι ἀπὸ τοῦ λίνου αὐτῶν.

ΖΕΥΣ

Ἀνάγκη, ὦ Κυνίσκε. τί δ' οὖν ἐμειδίασας;

Zeus

Allerdings. Denn es ist so, dass nichts außerhalb des Gesetzes der Moiren geschehen kann oder ›über den Faden hinaus‹. Alles, was die Dichter von den Musen inspiriert singen, das ist wahr; sobald die Göttinnen sie jedoch aus ihrer Macht entlassen und sie auf sich gestellt dichten, ja, dann kommen sie ins Schleudern und erzählen Dinge, die zu dem Vorigen in Widerspruch stehen. Und man muss ihnen verzeihen, dass sie – Menschen, die sie sind – die Wahrheit nicht mehr kennen, sobald sie das verlässt, was bis dahin bei ihnen war und durch sie rhapsodierte.

Kynikerlein

Dann wollen wir das so festhalten! Nun antworte mir noch auf folgende Frage: Sind die Moiren nicht zu dritt: Klotho, Lachesis, glaube ich, und Atropos?

Zeus

So ist es.

[3] Kynikerlein

Was sind denn dann Schicksal und Zufall – die sind ja auch in aller Munde –, oder was vermag jeder von ihnen? Dasselbe wie die Moiren oder etwas, das sogar über deren Macht hinausgeht? Jedenfalls höre ich alle Welt sagen, es gebe nichts Machtvolleres als Zufall und Schicksal.

Zeus

Die Weltordnung erlaubt nicht, Kynikerlein, dass du alles wissen darfst. Weswegen fragst du mich denn nach den Moiren?

[4] Kynikerlein

Sag mir doch bitte vorher noch folgendes, Zeus, ob sie auch über euch herrschen und ob die Notwendigkeit auch euch gebietet, an ihrem Faden zu hängen.

Zeus

Sie gebietet es, Kynikerlein. – Warum lächelst du jetzt?

ΚΥΝΙΣΚΟΣ

Ἀνεμνήσθην ἐκείνων τῶν Ὁμήρου ἐπῶν, ἐν οἷς πεποίησαι αὐτῷ ἐν τῇ ἐκκλησίᾳ τῶν θεῶν δημηγορῶν, ὁπότε ἠπείλεις αὐτοῖς ὡς ἀπὸ σειρᾶς τινος χρυσῆς ἀναρτησόμενος τὰ πάντα· ἔφησθα γὰρ αὐτὸς μὲν τὴν σειρὰν καθήσειν ἐξ οὐρανοῦ, τοὺς θεοὺς δὲ ἅμα πάντας, εἰ βούλοιντο, ἐκκρεμαμένους κατασπᾶν βιάσεσθαι, οὐ μὴν κατασπάσειν γε, σὺ δέ, ὁπόταν ἐθελήσῃς, ῥᾳδίως ἅπαντας

αὐτῇ κεν γαίῃ ἐρύσαι αὐτῇ τε θαλάσσῃ.

τότε μὲν οὖν θαυμάσιος ἐδόκεις μοι τὴν βίαν καὶ ὑπέφριττον μεταξὺ ἀκούων τῶν ἐπῶν· νῦν δὲ καὶ αὐτόν σε ἤδη ὁρῶ μετὰ τῆς σειρᾶς καὶ τῶν ἀπειλῶν ἀπὸ λεπτοῦ νήματος, ὡς φῄς, κρεμάμενον. δοκεῖ γοῦν μοι δικαιότερον ἂν ἡ Κλωθὼ μεγαλαυχήσασθαι, ὡς καὶ αὐτόν σε ἀνάσπαστον αἰωροῦσα ἐκ τοῦ ἀτράκτου καθάπερ οἱ ἁλιεῖς ἐκ τοῦ καλάμου τὰ ἰχθύδια.

[5] ΖΕΥΣ

Οὐκ οἶδ' ὅ τι σοι ταυτὶ βούλεται τὰ ἐρωτήματα.

ΚΥΝΙΣΚΟΣ

Ἐκεῖνο, ὦ Ζεῦ· καὶ πρὸς τῶν Μοιρῶν καὶ τῆς Εἱμαρμένης μὴ τραχέως μηδὲ πρὸς ὀργὴν ἀκούσῃς μου τἀληθῆ μετὰ παρρησίας λέγοντος. εἰ γὰρ οὕτως ἔχει ταῦτα καὶ πάντων αἱ Μοῖραι κρατοῦσι καὶ οὐδὲν ἂν ὑπ' οὐδενὸς ἔτι ἀλλαγείη τῶν ἅπαξ δοξάντων αὐταῖς, τίνος ἕνεκα ὑμῖν οἱ ἄνθρωποι θύομεν καὶ ἑκατόμβας προσάγομεν εὐχόμενοι γενέσθαι ἡμῖν παρ' ὑμῶν τἀγαθά; οὐχ ὁρῶ γὰρ ὅ τι ἂν ἀπολαύσαιμεν τῆς ἐπιμελείας ταύτης, εἰ μήτε τῶν φαύλων ἀποτροπὰς εὑρέσθαι δυνατὸν ἡμῖν ἐκ τῶν εὐχῶν μήτε ἀγαθοῦ τινος θεοσδότου ἐπιτυχεῖν.

Kynikerlein
Ich musste gerade an jene Verse Homers denken, in denen er dich bei der Versammlung der Götter reden lässt, wo du ihnen drohtest, du würdest das All an einer goldenen Kette hinaufziehen. Du sagtest da ja, du würdest persönlich die Kette vom Himmel hinablassen und die Götter sollten sich alle zusammen, wenn sie wollten, daran hängen und dich mit Gewalt herabzuziehen versuchen, allerdings würden sie dich eben nicht herabziehen, hingegen würdest du sie, wenn du nur wolltest, leicht alle zusammen

ziehen, mitsamt der Erde selbst und mitsamt dem Meere.[3]

Damals kamst du mir staunenswert vor, in deiner Gewalt, und während ich den Versen lauschte, lief es mir eiskalt den Rücken hinunter. Aber jetzt muss ich sehen, dass auch du selbst mitsamt deiner Kette und deinen Drohungen an einem dünnen Faden hängst, wie du selbst sagst. Da wären, meine ich, die Gewichte schon gerechter verteilt, wenn sich Klotho brüsten würde, dass sie sogar dich persönlich emporhieven könne, mithilfe ihrer Spindel, genauso wie Angler die Fische mit ihrer Rute.[4]

[5] Zeus
Ich weiß nicht, was du mit diesen Fragen bezweckst.

Kynikerlein
Folgendes, Zeus: Und bitte, bei den Moiren und beim Schicksal, verhärte dich nicht und werde nicht wütend, wenn ich ganz offen die Wahrheit ausspreche. Denn wenn es sich so verhält und die Moiren über alles Gewalt haben und nichts von dem, was sie einmal beschlossen haben, von jemandem abgeändert werden kann: Weswegen opfern wir Menschen euch dann, bringen euch Hekatomben dar und beten, es möge uns Gutes von euch zuteil werden? Ich vermag nicht zu sehen, welchen Gewinn wir aus dieser Fürsorge ziehen, wenn es uns weder möglich ist, mithilfe unserer Gebete Mittel zu finden, um Schlimmes abzuwenden, noch gottgegebenes Gutes zu erlangen.

[6] ΖΕΥΣ

Οἶδα ὅθεν σοι τὰ κομψὰ ταῦτα ἐρωτήματά ἐστιν, παρὰ τῶν καταράτων σοφιστῶν, οἳ μηδὲ προνοεῖν ἡμᾶς τῶν ἀνθρώπων φασίν· ἐκεῖνοι γοῦν τὰ τοιαῦτα ἐρωτῶσιν ὑπ' ἀσεβείας, ἀποτρέποντες καὶ τοὺς ἄλλους θύειν καὶ εὔχεσθαι ὡς εἰκαῖον ὄν· ἡμᾶς γὰρ οὔτ' ἐπιμελεῖσθαι τῶν πραττομένων παρ' ὑμῖν οὔθ' ὅλως τι δύνασθαι πρὸς τὰ ἐν τῇ γῇ πράγματα. πλὴν οὐ χαιρήσουσί γε τὰ τοιαῦτα διεξιόντες.

ΚΥΝΙΣΚΟΣ

Οὐ μὰ τὸν τῆς Κλωθοῦς ἄτρακτον, ὦ Ζεῦ, οὐχ ὑπ' ἐκείνων ἀναπεισθεὶς ταῦτά σε ἠρώτησα, ὁ δὲ λόγος αὐτὸς οὐκ οἶδ' ὅπως ἡμῖν προϊὼν εἰς τοῦτο ἀπέβη, περιττὰς εἶναι τὰς θυσίας. αὖθις δ', εἰ δοκεῖ, διὰ βραχέων ἐρήσομαί σε, σὺ δὲ μὴ ὀκνήσῃς ἀποκρίνασθαι, καὶ ὅπως ἀσφαλέστερον ἀποκρινῇ.

ΖΕΥΣ

Ἐρώτα, εἴ σοι σχολὴ τὰ τοιαῦτα ληρεῖν.

[7] ΚΥΝΙΣΚΟΣ

Πάντα φῂς ἐκ τῶν Μοιρῶν γίνεσθαι;

ΖΕΥΣ

Φημὶ γάρ.

ΚΥΝΙΣΚΟΣ

Ὑμῖν δὲ δυνατὸν ἀλλάττειν ταῦτα καὶ ἀνακλώθειν;

ΖΕΥΣ

Οὐδαμῶς.

ΚΥΝΙΣΚΟΣ

Βούλει οὖν ἐπαγάγω καὶ τὸ μετὰ τοῦτο, ἢ δῆλον, κἂν μὴ εἴπω αὐτό;

[6] Zeus

Ich weiß genau, woher du diese raffinierten Fragen nimmst, nämlich von den verfluchten Sophisten, die behaupten, wir kümmerten uns überhaupt nicht um die Menschen. Ja, die stellen solche Fragen aus Unfrömmigkeit und halten damit auch die anderen von Opfer und Gebet ab, weil das jeder vernünftigen Grundlage entbehre; denn das, was bei euch geschieht, berühre uns weder noch besäßen wir überhaupt irgendeinen Einfluss auf die irdischen Angelegenheiten.[5] Allerdings werden sie an solchen Ausführungen nicht mehr lange ihre Freude haben.

Kynikerlein

Aber nein, bei Klothos Spindel, Zeus, ich habe das nicht gefragt, weil ich von deren Anschauungen überzeugt wäre, vielmehr ist es unsere eigene Diskussion gewesen, die in ihrem Fortgang unversehens ergeben hat, dass Opfer überflüssig sind. Ich will dir noch eine ganz kurze Frage stellen, wenn ich darf, und du zögere nicht, mir zu antworten – und dass deine Antwort diesmal auf festeren Füßen stehe!

Zeus

Frag, wenn deine Zeit es dir erlaubt, solchen Unsinn zu verzapfen.

[7] Kynikerlein

Du behauptest, alles komme von den Moiren?

Zeus

Ja, das behaupte ich.

Kynikerlein

Liegt es in eurer Macht, das zu ändern und den Faden wieder aufzudröseln?

Zeus

Unmöglich.

Kynikerlein

Soll ich auch die Konsequenz daraus anführen, oder ist sie klar, auch wenn ich sie nicht ausformuliere?

ΖΕΥΣ

Δῆλον μέν, οἱ δέ γε θύοντες οὐ τῆς χρείας ἕνεκα θύουσιν, ἀντίδοσιν δή τινα ποιούμενοι καὶ ὥσπερ ὠνούμενοι τὰ ἀγαθὰ παρ' ἡμῶν, ἀλλὰ τιμῶντες ἄλλως τὸ βέλτιον.

ΚΥΝΙΣΚΟΣ

Ἱκανὸν καὶ τοῦτο, εἰ καὶ σὺ φῂς ἐπὶ μηδενὶ χρησίμῳ γίνεσθαι τὰς θυσίας, χρηστότητι δέ τινι τῶν ἀνθρώπων τιμώντων τὸ βέλτιον. καίτοι εἴ τις τῶν σοφιστῶν ἐκείνων παρῆν, ἤρετο ἄν σε καθ' ὅ τι βελτίους φῂς τοὺς θεούς, καὶ ταῦτα ὁμοδούλους τῶν ἀνθρώπων ὄντας καὶ ὑπὸ ταῖς αὐταῖς δεσποίναις ταῖς Μοίραις ταττομένους. οὐ γὰρ ἀποχρήσει αὐτοῖς τὸ ἀθανάτους εἶναι, ὡς δι' αὐτὸ ἀμείνους δοκεῖν· ἐπεὶ τοῦτό γε μακρῷ χεῖρόν ἐστιν, εἴ γε τοὺς μὲν εἰ μηδὲν ἄλλο θάνατός γε εἰς ἐλευθερίαν ἀφείλετο, ὑμῖν δὲ εἰς ἄπειρον ἐκπίπτει τὸ πρᾶγμα καὶ ἀΐδιος ἡ δουλεία γίνεται ὑπὸ μακρῷ τῷ λίνῳ στρεφομένη.

[8] ΖΕΥΣ

Ἀλλ', ὦ Κυνίσκε, τὸ ἀΐδιον τοῦτο καὶ ἄπειρον εὔδαιμον ἡμῖν ἐστιν καὶ ἐν ἅπασιν ἀγαθοῖς ἡμεῖς βιοῦμεν.

ΚΥΝΙΣΚΟΣ

Οὐχ ἅπαντες, ὦ Ζεῦ, ἀλλὰ διώρισται καὶ παρ' ὑμῖν τὸ πρᾶγμα καὶ πολλὴ ταραχὴ ἔνεστι· σὺ μὲν γὰρ εὐδαίμων, βασιλεὺς γάρ, καὶ δύνασαι ἀνασπᾶν τὴν γῆν καὶ τὴν θάλασσαν ὥσπερ ἱμονιὰν καθείς· ὁ δὲ Ἥφαιστος χωλός ἐστι, βάναυσός τις καὶ πυρίτης τὴν τέχνην· ὁ Προμηθεὺς δὲ καὶ ἀνεσκολοπίσθη ποτέ. τὸν γὰρ πατέρα σου τί ἂν λέγοιμι, πεδήτην ἔτι ἐν τῷ Ταρτάρῳ ὄντα; καὶ ἐρᾶν δὲ ὑμᾶς φασι καὶ τιτρώσκεσθαι καὶ δουλεύειν ἐνίοτε παρὰ τοῖς ἀνθρώποις, ὥσπερ ἀμέλει καὶ τὸν σὸν ἀδελφὸν παρὰ Λαομέδοντι καὶ παρ' Ἀδμήτῳ τὸν Ἀπόλλω. ταῦτα

ZEUS

Sie ist klar, aber die Opfernden opfern nun mal auch nicht um eines Nutzens willen, sondern bringen eine Art Gegengabe dar und kaufen sozusagen das Gute von uns; andere tun es, weil sie einfach das verehren, was besser ist.

KYNIKERLEIN

Es genügt mir schon, wenn sogar du sagst, dass die Opfer keinerlei Zweck dienen, sondern vollzogen werden, weil die Menschen aus einem unbestimmten Gefühl für Anstand heraus das, was besser ist, verehren. Wäre allerdings einer dieser Sophisten hier, dann würde er dich fragen, in Bezug worauf du die Götter besser nennst, wo sie doch Mitsklaven der Menschen sind und den gleichen Herrinnen, den Moiren, unterstehen. Nur aufgrund eurer Unsterblichkeit werden sie euch nämlich noch nicht für besser halten. Denn es ist ja sogar noch weitaus schlimmer, wenn die einen, wenn schon sonst nichts, so doch wenigstens der Tod in die Freiheit entrückt, euch aber die Sache ins Unendliche gerät und die Knechtschaft ewig währt, gesponnen in einem langen Faden.

[8] ZEUS

Aber Kynikerlein, diese Ewigkeit und Unendlichkeit bedeutet für uns Glück, und wir leben in allen nur denkbaren glücklichen Umständen.

KYNIKERLEIN

Aber nicht ihr alle, Zeus, vielmehr hat die Sache auch bei euch zwei Seiten, und da gibt es einiges Durcheinander. Denn du bist zwar glücklich, du bist ja König und vermagst die Erde und das Meer emporzuziehen, wie an einem Brunnenseil; aber Hephaistos humpelt und ist Handwerker und Ofenarbeiter von Beruf; ja, und Prometheus wurde sogar mal gekreuzigt.[6] Und was soll ich von deinem Vater sagen, der angekettet im Tartaros liegt?[7] Außerdem verliebt ihr euch, wie man erzählt, werdet verwundet und müsst ab und an als Knechte bei den Menschen leben, wie übrigens sogar dein eigener Bruder bei Laomedon und Apoll bei Admet.[8] Das alles scheint

δέ μοι οὐ πάνυ εὐδαίμονα εἶναι δοκεῖ, ἀλλ' ἐοίκασιν ὑμῶν οἱ μέν τινες εὐτυχεῖς τε καὶ εὔμοιροι εἶναι, οἱ δὲ ἔμπαλιν· ἐῶ γὰρ λέγειν, ὅτι καὶ ληστεύεσθε ὥσπερ ἡμεῖς καὶ περισυλᾶσθε ὑπὸ τῶν ἱεροσύλων καὶ ἐκ πλουσιωτάτων πενέστατοι ἐν ἀκαρεῖ γίγνεσθε· πολλοὶ δὲ καὶ κατεχωνεύθησαν ἤδη χρυσοῖ ἢ ἀργυροῖ ὄντες, οἷς τοῦτο εἵμαρτο δηλαδή.

[9] ΖΕΥΣ

Ὁρᾷς; ταῦτ' ἤδη ὑβριστικά, ὦ Κυνίσκε, φῄς· καί σοι τάχα μεταμελήσει ποτὲ αὐτῶν.

ΚΥΝΙΣΚΟΣ

Φείδου, ὦ Ζεῦ, τῶν ἀπειλῶν, εἰδὼς οὐδέν με πεισόμενον ὅ τι μὴ καὶ τῇ Μοίρᾳ πρὸ σοῦ ἔδοξεν· ἐπεὶ οὐδ' αὐτοὺς ἐκείνους ὁρῶ τοὺς ἱεροσύλους κολαζομένους, ἀλλ' οἵ γε πλεῖστοι διαφεύγουσιν ὑμᾶς· οὐ γὰρ εἵμαρτο, οἶμαι, ἁλῶναι αὐτούς.

ΖΕΥΣ

Οὐκ ἔλεγον ὡς ἄρ' ἐκείνων τις εἶ τῶν ἀναιρούντων τὴν πρόνοιαν τῷ λόγῳ;

ΚΥΝΙΣΚΟΣ

Πάνυ, ὦ Ζεῦ, δέδιας αὐτούς, οὐκ οἶδα ὅτου ἕνεκα· πάντα γοῦν ὁπόσα ἂν εἴπω, ὑποπτεύεις ἐκείνων παιδεύματα εἶναι. **[10]** ἐγὼ δὲ – παρὰ τίνος γὰρ ἂν ἄλλου τἀληθὲς ἢ παρὰ σοῦ μάθοιμι; – ἡδέως γοῦν καὶ τοῦτο ἐροίμην σε, τίς ἡ Πρόνοια ὑμῖν αὕτη ἐστί, Μοῖρά τις ἢ καὶ ὑπὲρ ταύτας θεὸς, ὥσπερ ἄρχουσα καὶ αὐτῶν ἐκείνων;

ΖΕΥΣ

Ἤδη σοι καὶ πρότερον ἔφην οὐ θεμιτὸν εἶναι πάντα σε εἰδέναι. σὺ δ' ἕν τι ἐν ἀρχῇ ἐρωτήσειν φήσας οὐ παύῃ τοσαῦτα πρός με λεπτολογούμε-

mir nicht gerade das zu sein, was man Glück nennt, sondern es kommt mir vor, als seien einige von euch vom Zufall und von den Moiren begünstigt, die anderen aber ganz im Gegenteil gar nicht; nicht davon zu reden, dass auch ihr wie wir Opfer von Raubüberfällen und Tempelplünderungen werdet und im Handumdrehen von Superreichen zu Ärmsten der Armen mutiert. Viele, die aus Gold oder Silber waren, sind sogar schon eingeschmolzen worden,[9] und das war ihnen natürlich vorherbestimmt.

[9] Zeus

Siehst du? Das ist nun schon Frevel, Kynikerlein, was du da sagst. Und das wird dir bald noch leidtun.

Kynikerlein

Spar dir die Drohungen, Zeus, und denk dran, dass mir nichts geschehen kann, was nicht auch Moira, und zwar noch vor dir, beschlossen hat. Denn ich sehe, dass ja noch nicht einmal jene Heiligtumsschänder bestraft werden, jedenfalls entwischen euch die meisten. Es war nämlich nicht vorherbestimmt, denke ich, dass sie erwischt würden.

Zeus

Habe ich es nicht gesagt? Du bist einer von denen, die uns die Vorsehung absprechen.

Kynikerlein

Vor denen, Zeus, hast du ziemlich Angst, und ich weiß gar nicht, warum; jedenfalls hegst du bei allem, was ich sage, den Verdacht, ich hätte das von ihnen gelernt. **[10]** Ich würde dich aber – von wem sonst könnte ich denn die Wahrheit erfahren, wenn nicht von dir? – gern auch noch das folgende fragen: Was ist denn für euch diese Vorsehung, eine Art Moira oder sogar eine ihnen übergeordnete Gottheit, sozusagen als Herrscherin sogar über jene selbst?

Zeus

Ich habe dir eben schon gesagt, dass die Weltordnung dir nicht erlaubt, alles zu wissen. Anfangs hast du gemeint, du wolltest mir eine einzige Frage stellen, und jetzt kommst du an kein Ende mit all

νος· καὶ ὁρῶ ὅτι σοι τὸ κεφάλαιόν ἐστι τοῦ λόγου ἐπιδεῖξαι οὐδενὸς ἡμᾶς προνοοῦντας τῶν ἀνθρωπίνων.

ΚΥΝΙΣΚΟΣ

Οὐκ ἐμὸν τοῦτο, ἀλλὰ σὺ μικρὸν ἔμπροσθεν ἔφησθα τὰς Μοίρας εἶναι τὰς πάντα ἐπιτελούσας, εἰ μὴ μεταμέλει σοι ἐκείνων καὶ ἀνατίθεσαι αὖθις τὰ εἰρημένα καὶ ἀμφισβητεῖτε τῆς ἐπιμελείας παρωσάμενοι τὴν Εἱμαρμένην;

[11] ΖΕΥΣ

Οὐδαμῶς, ἀλλ᾽ ἡ Μοῖρα δι᾽ ἡμῶν ἕκαστα ἐπιτελεῖ.

ΚΥΝΙΣΚΟΣ

Μανθάνω· ὑπηρέται καὶ διάκονοί τινες τῶν Μοιρῶν εἶναί φατε. πλὴν ἀλλὰ καὶ οὕτως ἐκεῖναι ἂν εἶεν αἱ προνοοῦσαι, ὑμεῖς δὲ ὥσπερ σκεύη τινὰ καὶ ἐργαλεῖά ἐστε αὐτῶν.

ΖΕΥΣ

Πῶς λέγεις;

ΚΥΝΙΣΚΟΣ

Ὥσπερ, οἶμαι, καὶ τὸ σκέπαρνον τῷ τέκτονι καὶ τὸ τρύπανον συνεργεῖ μέν τι πρὸς τὴν τέχνην, οὐδεὶς δ᾽ ἂν εἴποι ὡς ταῦτα ὁ τεχνίτης ἐστίν, οὐδ᾽ ἡ ναῦς ἔργον τοῦ σκεπάρνου ἢ τοῦ τρυπάνου, ἀλλὰ τοῦ ναυπηγοῦ· ἀνάλογον τοίνυν ἡ μὲν ναυπηγουμένη ἕκαστα ἡ Εἱμαρμένη ἐστίν, ὑμεῖς δέ τρύπανα ἄρα, καὶ σκέπαρνά ἐστε τῶν Μοιρῶν· καί, ὡς ἔοικεν, οἱ ἄνθρωποι δέον τῇ Εἱμαρμένῃ θύειν καὶ παρ᾽ ἐκείνης αἰτεῖν τἀγαθά, οἱ δ᾽ ἐφ᾽ ὑμᾶς ἴασι προσόδοις καὶ θυσίαις γεραίροντες· ἢ οὐδὲ τὴν Εἱμαρμένην τιμῶντες ἂν εἰς δέον αὐτὸ ἔπραττον· οὐ γὰρ οἶμαι δυνατὸν εἶναι οὐδὲ αὐταῖς ἔτι ταῖς Μοίραις ἀλλάξαι τι καὶ μετατρέψαι τῶν ἐξ ἀρχῆς

diesen Haarspaltereien. Mir ist jetzt klar, dass das eigentliche Ziel deines Argumentierens der Beweis ist, dass wir uns um keinen einzigen Menschen kümmern.

KYNIKERLEIN

Das kommt nicht von mir, sondern du warst es, der gerade eben noch gesagt hat, es seien die Moiren, die alles zu einem Ende führten – vorausgesetzt, das tut dir jetzt nicht leid, du nimmst alles, was du gesagt hast, zurück und ihr rempelt das Schicksal zur Seite und streitet euch mit ihm um die Fürsorge.

[11] ZEUS

Kein bisschen, vielmehr führt die Moira alles zu einem Ende, durch uns.

KYNIKERLEIN

Ich verstehe. Ihr behauptet, so eine Art Diener und Helfer der Moiren zu sein. Aber auch so sind dann doch wohl sie die Fürsorgenden, ihr aber seid so etwas wie ihre Werkzeuge und Arbeitsmittel.

ZEUS

Wie meinst du das?

KYNIKERLEIN

Ich denke, wie Richtbeil und Bohrer den Zimmermann zwar in seinem Beruf unterstützen, aber keiner auf die Idee käme, sie als Handwerker zu bezeichnen, und auch das Schiff nicht das Werk des Richtbeils oder des Bohrers ist, sondern das des Schiffsbauers: Gerade analog dazu ist es das Schicksal, welches das Schiff in allen Einzelteilen herstellt, und ihr seid also Bohrer und Richtbeile der Moiren. Und obwohl, wie es aussieht, die Menschen dem Schicksal opfern und von ihm das Gute erbitten müssten, kommen sie zu euch und ehren euch mit Prozessionen und Opfern. Andererseits: Selbst wenn sie dem Schicksal Ehren erwiesen, täten sie es nicht mit dem nötigen Erfolg. Ich glaube nämlich, es läge nicht einmal mehr in der Macht der Moiren selbst, von dem, was sie anfänglich über alles beschlossen haben, auch nur irgendetwas zu ändern oder rückgängig zu machen. Atropos jedenfalls würde es nicht hinneh-

δοξάντων περὶ ἑκάστου· ἡ γοῦν Ἄτροπος οὐκ ἀνάσχοιτ' ἄν, εἴ τις εἰς τὸ ἐναντίον στρέψειε τὸν ἄτρακτον ἀναλύων τῆς Κλωθοῦς τὸ ἔργον.

[12] ΖΕΥΣ

Σὺ δ' ἤδη, ὦ Κυνίσκε, οὐδὲ τὰς Μοίρας τιμᾶσθαι πρὸς τῶν ἀνθρώπων ἀξιοῖς; ἀλλ' ἔοικας ἅπαντα συγχεῖν προαιρεῖσθαι. ἡμεῖς δὲ εἰ καὶ μηδενὸς ἄλλου ἕνεκα, τοῦ γε μαντεύεσθαι καὶ προμηνύειν ἕκαστα τῶν ὑπὸ τῆς Μοίρας κεκυρωμένων δικαίως τιμῴμεθ' ἄν.

ΚΥΝΙΣΚΟΣ

Τὸ μὲν ὅλον, ἄχρηστον, ὦ Ζεῦ, προειδέναι τὰ μέλλοντα οἷς γε τὸ φυλάξασθαι αὐτὰ παντελῶς ἀδύνατον· εἰ μὴ ἄρα τοῦτο φῄς, ὡς ὁ προμαθὼν ὅτι ὑπ' αἰχμῆς σιδηρᾶς τεθνήξεται δύναιτ' ἂν ἐκφυγεῖν τὸν θάνατον καθείρξας ἑαυτόν; ἀλλ' ἀδύνατον· ἐξάξει γὰρ αὐτὸν ἡ Μοῖρα κυνηγετήσοντα καὶ παραδώσει τῇ αἰχμῇ· καὶ ὁ Ἄδραστος ἐπὶ τὸν σῦν ἀφεὶς τὴν λόγχην ἐκείνου μὲν ἁμαρτήσεται, φονεύσει δὲ τὸν Κροίσου παῖδα, ὡς ἂν ἀπ' ἰσχυρᾶς ἐμβολῆς τῶν Μοιρῶν φερομένου τοῦ ἀκοντίου ἐπὶ τὸν νεανίσκον. **[13]** τὸ μὲν γὰρ τοῦ Λαΐου καὶ γελοῖον, τό

μὴ σπεῖρε τέκνων ἄλοκα δαιμόνων βίᾳ·
εἰ γὰρ τεκνώσεις, φησί, παῖδ', ἀποκτενεῖ σ' ὁ φύς.

περιττὴ γάρ, οἶμαι, ἡ παραίνεσις πρὸς τὰ πάντως οὕτω γενησόμενα. τοιγάρτοι μετὰ τὸν χρησμὸν καὶ ἔσπειρεν καὶ ὁ φὺς ἀπέκτεινεν αὐτόν. ὥστε οὐχ ὁρῶ ἀνθ' ὅτου ἀπαιτεῖτε τὸν μισθὸν ἐπὶ τῇ μαντικῇ. **[14]** ἐῶ γὰρ λέγειν ὡς λοξὰ καὶ ἐπαμφοτερίζοντα τοῖς πολλοῖς χρᾶν εἰώθατε, οὐ πάνυ ἀποσαφοῦντες εἰ ὁ τὸν Ἅλυν διαβὰς τὴν αὑτοῦ ἀρχὴν καταλύσει ἢ τὴν τοῦ Κύρου· ἄμφω γὰρ δύναται ὁ χρησμός.

men, wenn jemand die Spindel rückwärtslaufen lassen und Klothos Werk wieder aufdröseln wollte.[10]

[12] ZEUS

So, jetzt verlangst du auch noch, Kynikerlein, dass nicht einmal die Moiren von den Menschen verehrt werden sollen? Aber du hast dir ja vorgenommen, alles ins Chaos zu stürzen! Wir dürften doch wohl, wenn schon für sonst nichts anderes, dann jedenfalls dafür zu Recht verehrt werden, dass wir alles prophezeien und vorhersagen, was von den Moiren festgesetzt worden ist.

KYNIKERLEIN

Aufs Ganze gesehen, Zeus, bringt es nichts, dass einer die Zukunft vorherweiß, in dessen Macht es nicht im Geringsten gegeben ist, sich davor zu schützen. Es sei denn, du wolltest sagen, dass, wer vorab erführe, dass er durch eine eiserne Lanze den Tod finden wird, sich einschließen und so dem Tode entrinnen könnte. Aber daraus wird nichts. Denn die Moira wird ihn aus dem Haus und auf die Jagd führen und dort der Lanze überantworten. Auch Adrastos, der seinen Speer auf das Wildschwein schleudert, wird selbiges zwar verfehlen, aber den Sohn des Kroisos töten, so als ob der Spieß durch einen kräftigen Wurf der Moiren auf den Jüngling zugeflogen wäre.[11]

[13] Auch der Orakelspruch für Laios war ja ein Witz, der hier:

> Säe nicht der Kinder Furche gegen Gottes Plan:
> Zeugst einen Sohn du – sagt er –, findest du den Tod durch ihn.[12]

Die Warnung war ja, denke ich, überflüssig angesichts dessen, dass das genau so kommen musste. Und so hat er also, nach diesem Orakelspruch, gezeugt und wurde von seinem Sprössling getötet. Ich vermag daher nicht zu sehen, wofür ihr in Sachen Mantik Lohn verlangt. **[14]** Ich lasse ja beiseite, wie krumm und zweideutig ihr den meisten zu weissagen pflegt, denn ihr macht nicht gerade deutlich, ob, wer den Halys überschreitet, sein eigenes Reich oder das des Kyros zerstören wird.[13] Der Orakelspruch vermag ja beides zu bedeuten.

ΖΕΥΣ

Ἦν τις, ὦ Κυνίσκε, τῷ Ἀπόλλωνι ὀργῆς αἰτία κατὰ τοῦ Κροίσου, διότι ἐπειρᾶτο ἐκεῖνος αὐτοῦ ἄρνεια κρέα καὶ χελώνην ἐς τὸ αὐτὸ ἕψων.

ΚΥΝΙΣΚΟΣ

Ἐχρῆν μὲν μηδὲ ὀργίζεσθαι θεὸν ὄντα· πλὴν ἀλλὰ καὶ τὸ ἐξαπατηθῆναι ὑπὸ τοῦ χρησμοῦ τῷ Λυδῷ ἐπέπρωτο, οἶμαι, καὶ ὅλως τὸ μὴ σαφῶς ἀκοῦσαι τὰ μέλλοντα ἡ Εἱμαρμένη ἐπέκλωσεν· ὥστε καὶ ἡ μαντικὴ ὑμῶν ἐκείνης μέρος ἐστίν.

[15] ΖΕΥΣ

Ἡμῖν δὲ οὐδὲν ἀπολείπεις, ἀλλὰ μάτην θεοί ἐσμεν, οὔτε πρόνοιάν τινα εἰσφερόμενοι εἰς τὰ πράγματα οὔτε τῶν θυσιῶν ἄξιοι καθάπερ τρύπανα ὡς ἀληθῶς ἢ σκέπαρνα; καί μοι δοκεῖς εἰκότως μου καταφρονεῖν, ὅτι κεραυνόν, ὡς ὁρᾷς, διηγκυλημένος ἀνέχομαί σε τοσαῦτα καθ' ἡμῶν διεξιόντα.

ΚΥΝΙΣΚΟΣ

Βάλλε, ὦ Ζεῦ, εἴ μοι κεραυνῷ πληγῆναι εἵμαρται, καὶ σὲ οὐδὲν αἰτιάσομαι τῆς πληγῆς, ἀλλὰ τὴν Κλωθὼ τὴν διὰ σοῦ τιτρώσκουσαν· οὐδὲ γὰρ τὸν κεραυνὸν αὐτὸν φαίην ἂν αἴτιον μοι γενέσθαι τοῦ τραύματος. πλὴν ἐκεῖνό γε ὑμᾶς ἐρήσομαι καὶ σὲ καὶ τὴν Εἱμαρμένην· σὺ δέ μοι καὶ ὑπὲρ ἐκείνης ἀπόκριναι· ἀνέμνησας γάρ με ἀπειλήσας. **[16]** τί δήποτε τοὺς ἱεροσύλους καὶ λῃστὰς ἀφέντες καὶ τοσούτους ὑβριστὰς καὶ βιαίους καὶ ἐπιόρκους δρῦν τινα πολλάκις κεραυνοῦτε ἢ λίθον ἢ νεὼς ἱστὸν οὐδὲν ἀδικούσης, ἐνίοτε δὲ χρηστόν τινα καὶ ὅσιον ὁδοιπόρον; τί σιωπᾷς, ὦ Ζεῦ; ἢ οὐδὲ τοῦτό με θέμις εἰδέναι;

Zeus

Apoll, Kynikerlein, hatte auch Grund zum Zorn auf Kroisos, weil der ihn auf die Probe stellte, indem er Lamm- und Schildkrötenfleisch zusammen kochte.[14]

Kynikerlein

Als Gott hätte er sich aber nun mal nicht so erzürnen dürfen![15] Ohnehin war es dem Lyder ja auch vorherbestimmt, durch den Orakelspruch in die Irre geführt zu werden, denke ich, und überhaupt hatte das Schicksal ihm zugesponnen, das, was kommen sollte, nicht genau zu verstehen. Und so ist eben auch eure Seherkunst Teil dieses Schicksals.

[15] Zeus

Lässt du nichts für uns übrig, sondern sind wir ganz vergeblich Götter, weil wir weder irgendeine Art von Vorsehung in die irdischen Angelegenheiten bringen noch Opfer verdient haben, wirklich ganz wie Bohrer oder Richtbeile? Ja, ich habe den Eindruck, du verachtest mich, zu Recht, weil ich mir geduldig alle deine Ausführungen gegen uns anhöre – den Blitz wurfbereit, wie du siehst!

Kynikerlein

Schleudere ihn, Zeus, wenn es mir denn bestimmt ist, vom Blitz getroffen zu werden, und ich werde dir wegen des Schlags keinen Vorwurf machen, sondern der Klotho, die mich durch deine Hand verwundet; denn ich könnte ja nicht behaupten, es sei der Blitz, der für meine Wunde verantwortlich sei. Aber folgende Frage möchte ich euch doch noch stellen, dir und dem Schicksal: Du antworte mir bitte in seinem Namen gleich mit! Du hast mich mit deiner Drohung nämlich an etwas erinnert. **[16]** Warum lasst ihr eigentlich Heiligtumsschänder und Räuber, die vielen Frevler, Gewalttäter und Meineidigen so oft laufen und schleudert den Blitz stattdessen auf eine Eiche, einen Stein oder den Mast eines Schiffs, das euch nichts getan hat, ab und zu sogar auf einen braven und gottesfürchtigen Wandersmann? Warum sagst du nichts, Zeus? Oder verbietet mir das zu wissen ebenfalls die Weltordnung?

ΖΕΥΣ

Οὐ γάρ, ὦ Κυνίσκε. σὺ δὲ πολυπράγμων τις εἶ καὶ οὐκ οἶδ' ὅθεν ταῦτα ἥκεις μοι συμπεφορηκώς.

ΚΥΝΙΣΚΟΣ

Οὐκοῦν μηδὲ ἐκεῖνο ὑμᾶς ἔρωμαι, σέ τε καὶ τὴν Πρόνοιαν καὶ τὴν Εἱμαρμένην, τί δήποτε Φωκίων μὲν ὁ χρηστὸς ἐν τοσαύτῃ πενίᾳ καὶ σπάνει τῶν ἀναγκαίων ἀπέθανε καὶ Ἀριστείδης πρὸ αὐτοῦ, Καλλίας δὲ καὶ Ἀλκιβιάδης, ἀκόλαστα μειράκια, ὑπερεπλούτουν καὶ Μειδίας ὁ ὑβριστὴς καὶ Χάροψ ὁ Αἰγινήτης, κίναιδος ἄνθρωπος, τὴν μητέρα λιμῷ ἀπεκτονώς, καὶ πάλιν Σωκράτης μὲν παρεδόθη τοῖς ἕνδεκα, Μέλητος δὲ οὐ παρεδόθη, καὶ Σαρδανάπαλλος μὲν ἐβασίλευε θῆλυς ὤν, Γώχης δὲ ἀνὴρ ἐνάρετος ἀνεσκολοπίσθη πρὸς αὐτοῦ, διότι μὴ ἠρέσκετο τοῖς γιγνομένοις· **[17]** ἵνα ὑμῖν μὴ τὰ νῦν λέγω καθ' ἕκαστον ἐπεξιών, τοὺς μὲν πονηροὺς εὐδαιμονοῦντας καὶ τοὺς πλεονέκτας, ἀγομένους δὲ καὶ φερομένους τοὺς χρηστοὺς ἐν πενίᾳ καὶ νόσοις καὶ μυρίοις κακοῖς πιεζομένους.

ΖΕΥΣ

Οὐ γὰρ οἶσθα, ὦ Κυνίσκε, ἡλίκας μετὰ τὸν βίον οἱ πονηροὶ τὰς κολάσεις ὑπομένουσιν, ἢ ἐν ὅσῃ οἱ χρηστοὶ εὐδαιμονίᾳ διατρίβουσιν;

ΚΥΝΙΣΚΟΣ

Ἅιδην μοι λέγεις καὶ Τιτυοὺς καὶ Ταντάλους. ἐγὼ δέ, εἰ μέν τι καὶ τοιοῦτόν ἐστιν, εἴσομαι τὸ σαφὲς ἐπειδὰν ἀποθάνω· τὸ δὲ νῦν ἔχον ἐβουλόμην τὸν ὁποσονοῦν χρόνον τοῦτον εὐδαιμόνως διαβιοὺς ὑπὸ ἑκκαίδεκα γυπῶν κείρεσθαι τὸ ἧπαρ ἀποθανών, ἀλλὰ μή, ἐνταῦθα διψήσας ὥσπερ ὁ Τάνταλος, ἐν Μακάρων νήσοις πίνειν μετὰ τῶν ἡρώων ἐν τῷ Ἠλυσίῳ λειμῶνι κατακείμενος.

ZEUS
Allerdings, Kynikerlein! Du spielst dich ganz schön auf, ich weiß nicht, wo du das alles herhast, womit du mich hier konfrontierst.
KYNIKERLEIN
Dann soll ich also auch nicht fragen – dich, die Vorhersehung und das Schicksal –, warum eigentlich der brave Phokion in solcher Armut und Bedürftigkeit gestorben ist wie vor ihm Aristides, Kallias dagegen und Alkibiades, zügellose Bürschchen, Reichtum auf Reichtum häuften, genau wie der Frevler Meidias und Charops aus Ägina, der Perversling, der seine Mutter Hungers sterben ließ, und warum wiederum Sokrates den Elf[16] überantwortet wurde, während Meletos ihnen nicht überantwortet wurde, und wie es kommt, dass Sardanapal, das Weib, König war, während Goches, der tugendhafte Mann, von ihm gekreuzigt wurde, weil er mit den Vorgängen unzufrieden war[17] – **[17]** , um euch jetzt nicht im Detail von den heutigen Verhältnissen zu sprechen: dass schlechte Menschen und Profiteure im Glück schwelgen, während gute Menschen von Armut getrieben und gebeutelt und von Krankheiten und tausend Übeln niedergedrückt werden.
ZEUS
Weißt du denn nicht, Kynikerlein, was für schwere Strafen die Schlechten nach dem Leben auf sich nehmen müssen, oder in was für großer Glückseligkeit die Guten ihre Zeit hinbringen?
KYNIKERLEIN
Du meinst den Hades und Leute wie Tityos und Tantalos.[18] – Ob es so etwas wirklich gibt, das werde ich genau wissen, sobald ich sterbe. Wie es sich aber jetzt verhält, so würde ich lieber meine Zeit hier, wieviel das auch sein mag, im Glück verbringen und nach meinem Tod von elf Geiern zerfleischt werden, als erst hier wie Tantalos Durst leiden und dann auf den Inseln der Seligen zusammen mit den Heroen auf der Elysischen Wiese liegen und zechen.

[18] ΖΕΥΣ
Τί φῄς; ἀπιστεῖς εἶναί τινας κολάσεις καὶ τιμάς, καὶ δικαστήριον ἔνθα δὴ ἐξετάζεται ὁ ἑκάστου βίος;
ΚΥΝΙΣΚΟΣ
Ἀκούω τινὰ Μίνω Κρῆτα δικάζειν κάτω τὰ τοιαῦτα· καί μοι ἀπόκριναί τι καὶ ὑπὲρ ἐκείνου· σὸς γὰρ υἱὸς εἶναι λέγεται.
ΖΕΥΣ
Τί δὲ κἀκεῖνον ἐρωτᾷς, ὦ Κυνίσκε;
ΚΥΝΙΣΚΟΣ
Τίνας κολάζει μάλιστα;
ΖΕΥΣ
Τοὺς πονηροὺς δηλαδή, οἷον ἀνδροφόνους καὶ ἱεροσύλους.
ΚΥΝΙΣΚΟΣ
Τίνας δὲ παρὰ τοὺς ἥρωας ἀποπέμπει;
ΖΕΥΣ
Τοὺς ἀγαθούς τε καὶ ὁσίους καὶ κατ' ἀρετὴν βεβιωκότας.
ΚΥΝΙΣΚΟΣ
Τίνος ἕνεκα, ὦ Ζεῦ;
ΖΕΥΣ
Διότι οἱ μὲν τιμῆς, οἱ δὲ κολάσεως ἄξιοι.
ΚΥΝΙΣΚΟΣ
Εἰ δέ τις ἀκούσιόν τι δεινὸν ἐργάσαιτο, κολάζεσθαι καὶ τοῦτον δικαιοῖ;
ΖΕΥΣ
Οὐδαμῶς.
ΚΥΝΙΣΚΟΣ
Οὐδ' ἄρα εἴ τις ἄκων τι ἀγαθὸν ἔδρασεν, οὐδὲ τοῦτον τιμᾶν ἀξιώσειεν ἄν;

[18] ZEUS
Wie bitte? Du glaubst nicht an Strafen und Belohnungen und an das Gericht, vor dem das Leben jedes einzelnen auf den Prüfstand gestellt wird?
KYNIKERLEIN
Ich habe sagen hören, dass dort unten ein Kreter, ein gewisser Minos, solche Urteile spricht.[19] Antworte mir bitte auch in seinem Namen; er soll ja angeblich dein Sohn sein.
ZEUS
Und welche Frage lässt du ihm stellen, Kynikerlein?
KYNIKERLEIN
Wen bestraft er insbesondere?
ZEUS
Natürlich die Bösen, Mörder zum Beispiel und Schänder von Heiligtümern.
KYNIKERLEIN
Und wen schickt er zu den Heroen?
ZEUS
Die Guten, die Frommen und diejenigen, die ihr Leben in Tugend verbracht haben.
KYNIKERLEIN
Weswegen, Zeus?
ZEUS
Weil die einen Belohnung, die anderen Strafe verdienen.
KYNIKERLEIN
Wenn aber einer ohne Absicht etwas Schlimmes getan hat, verurteilt er auch den zu einer Strafe?
ZEUS
Natürlich nicht.
KYNIKERLEIN
Das heißt also, auch wenn einer etwas Gutes getan hat, ohne es aber zu wollen, dann wird er es nicht richtig finden, den zu belohnen?

ΖΕΥΣ

Οὐ γὰρ οὖν.

ΚΥΝΙΣΚΟΣ

Οὐδένα τοίνυν, ὦ Ζεῦ, οὔτε τιμᾶν οὔτε κολάζειν αὐτῷ προσήκει.

ΖΕΥΣ

Πῶς οὐδένα;

ΚΥΝΙΣΚΟΣ

Ὅτι οὐδὲν ἑκόντες οἱ ἄνθρωποι ποιοῦμεν, ἀλλά τινι ἀνάγκῃ ἀφύκτῳ κεκελευσμένοι, εἴ γε ἀληθῆ ἐκεῖνά ἐστι τὰ ἔμπροσθεν ὡμολογημένα, ὡς ἡ Μοῖρα πάντων αἰτία· καὶ ἤν φονεύῃ τις, ἐκείνη ἐστὶν ἡ φονεύσασα, καὶ ἢν ἱεροσυλῇ, προστεταγμένον αὐτὸ δρᾷ. ὥστε εἴ γε τὰ δίκαια ὁ Μίνως δικάζειν μέλλοι, τὴν Εἱμαρμένην ἀντὶ τοῦ Σισύφου κολάσεται καὶ τὴν Μοῖραν ἀντὶ τοῦ Ταντάλου. τί γὰρ ἐκεῖνοι ἠδίκησαν πεισθέντες τοῖς ἐπιτάγμασιν;

[19] ΖΕΥΣ

Οὐκέτ' οὐδὲ ἀποκρίνεσθαί σοι ἄξιον τοιαῦτα ἐρωτῶντι· θρασὺς γὰρ εἶ καὶ σοφιστής. καί σε ἄπειμι ἤδη καταλιπών.

ΚΥΝΙΣΚΟΣ

Ἐδεόμην μὲν ἔτι καὶ τοῦτο ἐρέσθαι, ποῦ αἱ Μοῖραι διατρίβουσιν ἢ πῶς ἐφικνοῦνται τῇ ἐπιμελείᾳ τῶν τοσούτων ἐς τὸ λεπτότατον, καὶ ταῦτα τρεῖς οὖσαι. ἐπίπονον γάρ τινα καὶ οὐκ εὔμοιρόν μοι δοκοῦσι βιοῦν τὸν βίον τοσαῦτα ἔχουσαι πράγματα, καὶ ὡς ἔοικεν οὐ πάνυ οὐδὲ αὗται ὑπὸ χρηστῇ Εἱμαρμένῃ ἐγεννήθησαν. ἐγὼ γοῦν, εἴ μοι αἵρεσις δοθείη, οὐκ ἂν ἀλλαξαίμην πρὸς αὐτὰς τὸν ἐμαυτοῦ βίον, ἀλλ' ἑλοίμην ἂν ἔτι πενέστερος διαβιῶναι ἤπερ καθῆσθαι κλώθων ἄτρακτον τοσούτων πραγμάτων μεστόν, ἐπιτηρῶν ἕκαστα. εἰ δὲ μὴ ῥᾴδιόν σοι ἀποκρίνασθαι πρὸς ταῦτα,

Zeus

Nein, dann nicht.

Kynikerlein

Also darf er niemanden belohnen oder strafen.

Zeus

Wie, niemanden?

Kynikerlein

Weil die Menschen nichts aus freiem Willen tun, sondern auf Befehl eines unentrinnbaren Zwangs, wenn jedenfalls das wahr ist, worüber wir eben übereingekommen sind, nämlich dass die Moira Ursache von allem ist; wenn jemand einen Mord begeht, dann ist sie die Mörderin, und auch wenn jemand ein Heiligtum schändet, tut er das auf ihre Anweisung. Will daher Minos gerechte Urteile fällen, wird er anstelle von Sisyphos[20] das Schicksal bestrafen und die Moira anstelle von Tantalos. Denn welches Unrecht hätten sie begangen, wo sie doch nur den Anordnungen gefolgt sind?

[19] Zeus

Du hast gar nicht verdient, auf solche Fragen noch eine Antwort zu erhalten! Dreist bist du nämlich, und ein Sophist! Und so lasse ich dich jetzt hier einfach stehen und gehe.

Kynikerlein

Ich hatte dich doch auch noch fragen wollen, wo eigentlich die Moiren hausen und wie sie mit der fein abgestimmten Fürsorge für soviele Angelegenheiten fertigwerden, wo sie doch nur zu dritt sind. Ich habe den Eindruck, sie führen ein mühsames und nicht gerade von glücklicher Schickung bestimmtes Leben, mit so vielen Schwierigkeiten, und wie es aussieht, sind auch sie nicht gerade unter einem guten Stern auf die Welt gekommen. Also, ich jedenfalls, ließe man mir die Wahl, würde mein Leben nicht mit ihnen tauschen wollen, sondern würde es vorziehen, in noch größerer Armut zu leben,[21] als mit einer Spindel so voller Probleme dazusitzen und auf alles achtgeben zu müssen. Wenn es dir aber nicht leichtfällt, hierauf zu antworten, Zeus, dann will ich mit deinen bisherigen

ὦ Ζεῦ, καὶ τούτοις ἀγαπήσομεν οἷς ἀπεκρίνω· ἱκανὰ γὰρ ἐμφανίσαι τὸν περὶ τῆς Εἱμαρμένης καὶ Προνοίας λόγον· τὰ λοιπὰ δ' ἴσως οὐχ εἵμαρτο ἀκοῦσαί μοι.

Antworten zufrieden sein. Sie genügen ja, um die Lehre von Schicksal und Vorsehung ins rechte Licht zu rücken. Den Rest zu hören war mir vielleicht nicht vorherbestimmt.

ΠΡΟΜΗΘΕΥΣ

[1] ΕΡΜΗΣ

Ὁ μὲν Καύκασος, ὦ Ἥφαιστε, οὗτος, ᾧ τὸν ἄθλιον τουτονὶ Τιτᾶνα προσηλῶσθαι δεήσει· περισκοπῶμεν δὲ ἤδη κρημνόν τινα ἐπιτήδειον, εἴ που τῆς χιόνος τι γυμνόν ἐστιν, ὡς βεβαιότερον καταπαγείη τὰ δεσμὰ καὶ οὗτος ἅπασι περιφανὴς εἴη κρεμάμενος.

ΗΦΑΙΣΤΟΣ

Περισκοπῶμεν, ὦ Ἑρμῆ· οὔτε γὰρ ταπεινὸν καὶ πρόσγειον ἐσταυρῶσθαι χρή, ὡς μὴ ἐπαμύνοιεν αὐτῷ τὰ πλάσματα αὐτοῦ οἱ ἄνθρωποι, οὔτε μὴν κατὰ τὸ ἄκρον, – ἀφανὴς γὰρ ἂν εἴη τοῖς κάτω – ἀλλ' εἰ δοκεῖ κατὰ μέσον ἐνταῦθά που ὑπὲρ τῆς φάραγγος ἀνεσταυρώσθω ἐκπετασθεὶς τὼ χεῖρε ἀπὸ τουτουὶ τοῦ κρημνοῦ πρὸς τὸν ἐναντίον.

ΕΡΜΗΣ

Εὖ λέγεις· ἀπόξυροί τε γὰρ αἱ πέτραι καὶ ἀπρόσβατοι πανταχόθεν, ἠρέμα ἐπινενευκυῖαι, καὶ τῷ ποδὶ στενὴν ταύτην ὁ κρημνὸς ἔχει τὴν ἐπίβασιν, ὡς ἀκροποδητὶ μόλις ἑστάναι, καὶ ὅλως ἐπικαιρότατος ἂν ὁ σταυρὸς γένοιτο. μὴ μέλλε οὖν, ὦ Προμηθεῦ, ἀλλ' ἀνάβαινε καὶ πάρεχε σεαυτὸν καταπαγησόμενον πρὸς τὸ ὄρος.

[2] ΠΡΟΜΗΘΕΥΣ

Ἀλλὰ κἂν ὑμεῖς γε, ὦ Ἥφαιστε καὶ Ἑρμῆ, κατελεήσατέ με παρὰ τὴν ἀξίαν δυστυχοῦντα.

ΕΡΜΗΣ

Τοῦτ' ἔφης, ὦ Προμηθεῦ, τὸ κατελεήσατε ἀντὶ τοῦ ἀνασκολοπισθῆναι αὐτίκα μάλα παρακούσαντας τοῦ ἐπιτάγματος· ἢ οὐχ ἱκανὸς εἶναί σοι δοκεῖ ὁ Καύκασος καὶ ἄλλους χωρῆσαι δύο προσπατταλευθέντας; ἀλλ' ὄρεγε τὴν δεξιάν· σὺ δέ, ὦ Ἥφαιστε, κατάκλειε καὶ προσήλου καὶ τὴν σφῦραν ἐρρωμένως κατάφερε. δὸς καὶ τὴν ἑτέραν· κατειλήφθω εὖ μάλα

PROMETHEUS

[1] HERMES

So, da ist der Kaukasus, Hephaistos, an den wir den unglücklichen Titan hier nageln sollen. Lass uns mal nach einem geeigneten Felssturz Ausschau halten – gibt es hier einen, an dem kein Schnee liegt, damit die Ketten fester halten und er, wenn er hängt, für alle ringsum gut zu sehen ist?

HEPHAISTOS

Ja, Hermes, lass uns mal schauen! Wir dürfen ihn nämlich weder tief und nahe am Boden kreuzigen, damit ihm seine Kreaturen, die Menschen, nicht helfen kommen, noch auch in der Höhe – denn dann ist er für die unten nicht mehr zu sehen –, sondern er soll, wenn du einverstanden bist, hier irgendwo in der Mitte oberhalb der Schlucht ans Kreuz geschlagen werden, die Arme ausgebreitet von dem Felsen hier bis zu dem auf der anderen Seite.

HERMES

Bestens. Die Felsen fallen hier ja steil ab und sind von keiner Seite zugänglich, leicht überkragend, für die Füße bietet der Abhang hier eine schmale Auflage, so dass er gerade so auf den Zehenspitzen stehen kann, und insgesamt dürfte sich ein perfektes Kreuz ergeben. So, jetzt kein Zögern, Prometheus, sondern rauf mit dir und lass dich an den Berg nageln!

[2] PROMETHEUS

Aber du und Hephaistos, wenigstens ihr könntet doch Mitleid mit mir haben, der ich so ganz gegen mein Verdienst im Unglück bin!

HERMES

Ein großes Wort, Prometheus, Mitleid – anstelle von sofortiger Kreuzigung, wenn wir gegen den Befehl verstoßen; oder glaubst du nicht, der Kaukasus böte auch noch für zwei weitere Angenagelte genügend Platz? Nein, streck die rechte Hand aus! Und du, Hephaistos, leg ihr die Schelle um, setz den Nagel auf und hau kräftig mit dem Hammer drauf! Jetzt die andere Hand! Die muss auch

καὶ αὕτη. εὖ ἔχει. καταπτήσεται δὲ ἤδη καὶ ὁ ἀετὸς ἀποκερῶν τὸ ἧπαρ, ὡς πάντα ἔχοις ἀντὶ τῆς καλῆς καὶ εὐμηχάνου πλαστικῆς.

[3] ΠΡΟΜΗΘΕΥΣ

Ὦ Κρόνε καὶ Ἰαπετὲ καὶ σὺ ὦ μῆτερ, οἷα πέπονθα ὁ κακοδαίμων οὐδὲν δεινὸν εἰργασμένος.

ΕΡΜΗΣ

Οὐδέν δεινόν, ὦ Προμηθεῦ, εἰργάσω, ὃς πρῶτα μὲν τὴν νομὴν τῶν κρεῶν ἐγχειρισθεὶς οὕτως ἄδικον ἐποιήσω καὶ ἀπατηλήν, ὡς σαυτῷ μὲν τὰ κάλλιστα ὑπεξελέσθαι, τὸν Δία δὲ παραλογίσασθαι ὀστᾶ »καλύψας ἄργετι δημῷ«; μέμνημαι γὰρ Ἡσιόδου νὴ Δί' οὕτως εἰπόντος· ἔπειτα δὲ τοὺς ἀνθρώπους ἀνέπλασας, πανουργότατα ζῷα, καὶ μάλιστά γε τὰς γυναῖκας· ἐπὶ πᾶσι δὲ τὸ τιμιώτατον κτῆμα τῶν θεῶν τὸ πῦρ κλέψας, καὶ τοῦτο ἔδωκας τοῖς ἀνθρώποις; τοσαῦτα δεινὰ εἰργασμένος φῂς μηδὲν ἀδικήσας δεδέσθαι;

[4] ΠΡΟΜΗΘΕΥΣ

Ἔοικας, ὦ Ἑρμῆ, καὶ σὺ κατὰ τὸν ποιητὴν »ἀναίτιον αἰτιάασθαι«, ὃς τὰ τοιαῦτά μοι προφέρεις, ἐφ' οἷς ἔγωγε τῆς ἐν πρυτανείῳ σιτήσεως, εἰ τὰ δίκαια ἐγίγνετο, ἐτιμησάμην ἂν ἐμαυτῷ. εἰ γοῦν σχολή σοι, ἡδέως ἂν καὶ δικαιολογησαίμην ὑπὲρ τῶν ἐγκλημάτων, ὡς δείξαιμι ἄδικα ἐγνωκότα περὶ ἡμῶν τὸν Δία· σὺ δὲ – στωμύλος γὰρ εἶ καὶ δικανικός – ἀπολόγησαι ὑπὲρ αὐτοῦ ὡς δικαίαν τὴν ψῆφον ἔθετο, ἀνεσταυρῶσθαί με πλησίον τῶν Κασπίων τούτων πυλῶν ἐπὶ τοῦ Καυκάσου, οἴκτιστον θέαμα πᾶσι Σκύθαις.

sehr gut befestigt sein. Alles bestens! Gleich fliegt dann der Adler herbei, der die Leber abnagen soll, damit du die volle Bestrafung erhältst für deine hübsche und trickreiche Bildhauerei.

[3] PROMETHEUS

Kronos, Iapetos und du, Mutter![1] Was muss ich Armer erdulden, wo ich doch nichts Schlimmes getan habe!

HERMES

Du nichts Schlimmes getan, Prometheus, du, der du erstens, mit der Verteilung des Opferfleisches betraut, es so unfair und betrügerisch verteilt hast, dass du für dich selbst die schönsten Stücke herausgenommen, Zeus aber reingelegt hast, indem du die Knochen »verbargst unter glänzendem Fett«? Ich erinnere mich nämlich, dass Hesiod, bei Zeus, das so formuliert hat.[2] Hast du nicht, zweitens, die Menschen gebildet, mehr als schurkische Lebewesen, und das ganz besonders die Frauen; und hast du nicht, zu allem Überfluss, den wertvollsten Besitz der Götter gestohlen, das Feuer, und hast es den Menschen gegeben? Und da behauptest du, angesichts all dieser Übeltaten, man habe dich verhaftet, ohne ein Unrecht deinerseits?

[4] PROMETHEUS

Es kommt mir so vor, Hermes, als würdest auch du, gemäß den Worten des Dichters, »den Schuldlosen beschuldigen«,[3] wenn du mir Taten vorwirfst, für die ich mich selbst, ginge es mit rechten Dingen zu, mit der Speisung im Prytaneion ehren würde.[4] Wenn du noch Zeit hast, würde ich mich gern gegen die Vorwürfe verteidigen, um dir zu beweisen, dass Zeus ein Unrechtsurteil gegen mich gefällt hat; und du – weil du ja gern dein Mundwerk gebrauchst und juristische Auseinandersetzungen schätzst – lege in einer Verteidigungsrede für ihn dar, dass das Urteil, das er gefällt hat, gerecht war: mich nahe der Kaspischen Pforte hier am Kaukasus zu kreuzigen, ein höchst bejammernswerter Anblick für alle Skythen.

ΕΡΜΗΣ

Ἐκπρόθεσμον μέν, ὦ Προμηθεῦ, τὴν ἔφεσιν ἀγωνιῇ καὶ ἐς οὐδὲν δέον· ὅμως δ᾿ οὖν λέγε· καὶ γὰρ ἄλλως περιμένειν ἀναγκαῖον, ἔστ᾿ ἂν ὁ ἀετὸς καταπτῇ ἐπιμελησόμενός σου τοῦ ἥπατος. τὴν ἐν τῷ μέσῳ δὴ ταύτην σχολὴν καλῶς ἂν ἔχον εἴη εἰς ἀκρόασιν καταχρήσασθαι σοφιστικήν, οἷος εἶ σὺ πανουργότατος ἐν τοῖς λόγοις.

[5] ΠΡΟΜΗΘΕΥΣ

Πρότερος οὖν, ὦ Ἑρμῆ, λέγε, καὶ ὅπως μου ὡς δεινότατα κατηγορήσῃς μηδὲ καθυφῇς τι τῶν δικαίων τοῦ πατρός. σὲ δέ, ὦ Ἥφαιστε, δικαστὴν ποιοῦμαι ἔγωγε.

ΗΦΑΙΣΤΟΣ

Μὰ Δί᾿, ἀλλὰ κατήγορον ἀντὶ δικαστοῦ ἴσθι με ἕξων, ὃς τὸ πῦρ ὑφελόμενος ψυχράν μοι τὴν κάμινον ἀπολέλοιπας.

ΠΡΟΜΗΘΕΥΣ

Οὐκοῦν διελόμενοι τὴν κατηγορίαν, σὺ μὲν περὶ τῆς κλοπῆς ἤδη σύνειρε, ὁ Ἑρμῆς δὲ τὴν κρεανομίαν καὶ τὴν ἀνθρωποποιΐαν αἰτιάσεται· ἄμφω δὲ τεχνῖται καὶ εἰπεῖν δεινοὶ ἐοίκατε εἶναι.

ΗΦΑΙΣΤΟΣ

Ὁ Ἑρμῆς καὶ ὑπὲρ ἐμοῦ ἐρεῖ· ἐγὼ γὰρ οὐ πρὸς λόγοις τοῖς δικανικοῖς εἰμι, ἀλλ᾿ ἀμφὶ τὴν κάμινον ἔχω τὰ πολλά· ὁ δὲ ῥήτωρ τέ ἐστιν καὶ τῶν τοιούτων οὐ παρέργως μεμέληκεν αὐτῷ.

ΠΡΟΜΗΘΕΥΣ

Ἐγὼ μὲν οὐκ ἄν ποτε ᾤμην καὶ περὶ τῆς κλοπῆς τὸν Ἑρμῆν ἐθελῆσαι ἂν εἰπεῖν οὐδὲ ὀνειδιεῖν μοι τὸ τοιοῦτον ὁμοτέχνῳ ὄντι. πλὴν ἀλλά, εἰ καὶ τοῦτο, ὦ Μαίας παῖ, ὑφίστασαι, καιρὸς ἤδη περαίνειν τὴν κατηγορίαν.

HERMES
Einen verspäteten Kampf um den Freispruch führst du da, Prometheus, einen völlig zwecklosen. Aber sprich ruhig! Ohnehin müssen wir ja warten, bis der Adler herabschwebt, der sich um deine Leber kümmern soll. Es könnte nett sein, diese Zwischenzeit für ein sophistisches Konzert zu nutzen, bist du doch ein Teufelskerl in Sachen Rhetorik.[5]

[5] PROMETHEUS
Hermes, sprich du zuerst, und dass du mich auch ja so heftig wie möglich anklagst und keinen der gerechten Gründe des Vaters auslässt! Und dich, Hephaistos, mache ich hiermit zum Richter!

HEPHAISTOS
Nein, bei Zeus – mach dir ganz im Gegenteil klar, dass du in mir anstelle eines Richters einen Ankläger haben wirst, hast du mir doch durch deinen Feuerdiebstahl meinen Ofen kalt werden lassen.

PROMETHEUS
Dann teilt doch die Anklage unter euch auf, und du stelle die Argumente hinsichtlich meines Diebstahls zusammen, Hermes aber soll die Anklage wegen der Fleischverteilung und der Menschenbildung vortragen. Ihr seht mir so aus, als wärt ihr beide Professionelle und Wortkünstler.

HEPHAISTOS
Hermes soll auch für mich sprechen! Gerichtsreden sind nämlich nicht so mein Ding, sondern ich bin den ganzen Tag am Ofen zugange. Aber er ist ein Rhetor und beschäftigt sich mit so etwas nicht nur nebenher.

PROMETHEUS
Ich hätte zwar nie geglaubt, dass Hermes eines Tages sogar über den Diebstahl reden wollen und mich für so etwas tadeln würde – mich, seinen Zunftgenossen![6] Aber gut, wenn du dich, Sohn der Maia, auch dieser Aufgabe stellen möchtest, dann hast du jetzt die beste Gelegenheit, die Anklage durchzuziehen.

[6] ΕΡΜΗΣ

Πάνυ γοῦν, ὦ Προμηθεῦ, μακρῶν δεῖ λόγων καὶ ἱκανῆς τινος παρασκευῆς ἐπὶ τὰ σοὶ πεπραγμένα, οὐχὶ δὲ ἀπόχρη μόνα τὰ κεφάλαια εἰπεῖν τῶν ἀδικημάτων, ὅτι ἐπιτραπέν σοι μοιρᾶσαι τὰ κρέα σαυτῷ μὲν τὰ κάλλιστα ἐφύλαττες, ἐξηπάτας δὲ τὸν βασιλέα, καὶ τοὺς ἀνθρώπους ἀνέπλασας, οὐδὲν δέον, καὶ τὸ πῦρ κλέψας παρ᾽ ἡμῶν ἐκόμισας ἐς αὐτούς· καί μοι δοκεῖς, ὦ βέλτιστε, μὴ συνιέναι ἐπὶ τοῖς τηλικούτοις πάνυ φιλανθρώπου τοῦ Διὸς πεπειραμένος. εἰ μὲν οὖν ἔξαρνος εἶ μὴ εἰργάσθαι αὐτά, δεήσει καὶ διελέγχειν καὶ ῥῆσίν τινα μακρὰν ἀποτείνειν καὶ πειρᾶσθαι ὡς ἔνι μάλιστα ἐμφανίζειν τὴν ἀλήθειαν· εἰ δὲ φῂς τοιαύτην πεποιῆσθαι τὴν νομὴν τῶν κρεῶν καὶ τὰ περὶ τοὺς ἀνθρώπους καινουργῆσαι καὶ τὸ πῦρ κεκλοφέναι, ἱκανῶς κατηγόρηταί μοι, καὶ μακρότερα οὐκ ἂν εἴποιμι· λῆρος γὰρ ἄλλως τὸ τοιοῦτον.

[7] ΠΡΟΜΗΘΕΥΣ

Εἰ μὲν καὶ ταῦτα λῆρός ἐστιν ἃ εἴρηκας, εἰσόμεθα μικρὸν ὕστερον· ἐγὼ δέ, ἐπείπερ ἱκανὰ φῂς εἶναι τὰ κατηγορημένα, πειράσομαι ὡς ἂν οἷός τε ὦ διαλύσασθαι τὰ ἐγκλήματα. καὶ πρῶτόν γε ἄκουσον τὰ περὶ τῶν κρεῶν. καίτοι, νὴ τὸν Οὐρανόν, καὶ νῦν λέγων ταῦτα αἰσχύνομαι ὑπὲρ τοῦ Διός, εἰ οὕτω μικρολόγος καὶ μεμψίμοιρός ἐστιν, ὡς διότι μικρὸν ὀστοῦν ἐν τῇ μερίδι εὗρεν, ἀνασκολοπισθησόμενον πέμπειν παλαιὸν οὕτω θεόν, μήτε τῆς συμμαχίας μνημονεύσαντα μήτε αὖ τὸ τῆς ὀργῆς κεφάλαιον ἡλίκον ἐστὶν ἐννοήσαντα καὶ ὡς μειρακίου τὸ τοιοῦτον ὀργίζεσθαι καὶ ἀγανακτεῖν εἰ μὴ τὸ μεῖζον αὐτὸς λήψεται. **[8]** καίτοι τάς γε ἀπάτας, ὦ Ἑρμῆ, τὰς τοιαύτας συμποτικὰς οὔσας οὐ χρή, οἶμαι, ἀπομνημονεύειν, ἀλλ᾽ εἰ καί τι ἡμάρτηται μεταξὺ εὐωχουμένων,

[6] Hermes

Sicher, Prometheus, da bedarf es, für deine Taten!, natürlich langer Reden und umfänglicher Vorkehrungen, und es genügt nicht, nur deine Hauptverbrechen zu benennen: Dass du, beauftragt, das Opferfleisch in gleiche Portionen zu verteilen, die beste für dich behalten, den König aber betrogen hast, und dass du, ohne Not, die Menschen gebildet hast, und dass du uns das Feuer gestohlen und es ihnen gebracht hast. Du scheinst mir, mein Bester, nicht zu verstehen, dass du für solche Taten schon auf einen sehr menschenfreundlichen Zeus gestoßen bist. Wenn du nun leugnest, das getan zu haben, dann wirst du einen sorgfältigen Gegenbeweis führen, eine lange Rede halten und versuchen müssen, die Wahrheit, so gut es geht, deutlich werden zu lassen; wenn du aber zugibst, das Fleisch so verteilt zu haben, in Sachen Menschen innovativ tätig geworden zu sein und das Feuer gestohlen zu haben, bin ich mit meiner Anklage schon fertig, und länger will ich nicht sprechen; denn das wäre bloß Geschwätz.

[7] Prometheus

Ob auch das Geschwätz ist, was du gerade vorgebracht hast, das werden wir gleich wissen. Ich aber – denn du behauptest ja, mit deiner Anklage fertig zu sein – will versuchen, die Vorwürfe, so gut ich kann, zu entkräften. Und zuerst hör dir an, was ich über das Opferfleisch zu sagen habe! Allerdings, beim Himmel, schon jetzt, wo ich das sage, geniere ich mich für Zeus, dass er so ein Kleinkrämer und Nörgler ist, dass er, nur weil er ein Knöchelchen in seiner Portion gefunden hat, einen so altehrwürdigen Gott ans Kreuz schickt, ohne einen Gedanken an unsere Waffenbrüderschaft und ohne sich klar zu machen, was für eine Sache da eigentlich der Hauptgegenstand seines Zorns ist und dass nur kleine Jungen wegen so etwas wütend werden und sich ärgern, wenn sie nicht die größere Portion kriegen. **[8]** An solche Flunkereien zurückzudenken, Hermes, die so typisch fürs Gastmahl sind, gehört sich nicht, meine ich, sondern wenn auch beim Schmausen etwas nicht *comme*

παιδιὰν ἡγεῖσθαι καὶ αὐτοῦ ἐν τῷ συμποσίῳ καταλιπεῖν τὴν ὀργήν· ἐς δὲ τὴν αὔριον ταμιεύεσθαι τὸ μῖσος καὶ μνησικακεῖν καὶ ἕωλόν τινα μῆνιν διαφυλάττειν, ἄπαγε, οὔτε θεοῖς πρέπον οὔτε ἄλλως βασιλικόν· ἢν γοῦν ἀφέλῃ τις τῶν συμποσίων τὰς κομψείας ταύτας, ἀπάτην καὶ σκώμματα καὶ τὸ διασιλλαίνειν καὶ ἐπιγελᾶν, τὸ καταλειπόμενόν ἐστι μέθη καὶ κόρος καὶ σιωπή, σκυθρωπὰ καὶ ἀτερπῆ πράγματα καὶ ἥκιστα συμποσίῳ πρέποντα. ὥστε ἔγωγε οὐδὲ μνημονεύσειν εἰς τὴν ὑστεραίαν ἔτι ᾤμην τούτων τὸν Δία, οὐχ ὅπως τηλικαῦτα ἐπ' αὐτοῖς ἀγανακτήσειν καὶ πάνδεινα ἡγήσεσθαι πεπονθέναι, εἰ διανέμων τις κρέα παιδιάν τινα ἔπαιζε πειρώμενος εἰ διαγνώσεται τὸ βέλτιον ὁ αἱρούμενος. **[9]** τίθει δ' ὅμως, ὦ Ἑρμῆ, τὸ χαλεπώτερον, μὴ τὴν ἐλάττω μοῖραν ἀπονενεμηκέναι τῷ Διί, τὴν ὅλην δὲ ὑφῃρῆσθαι· τί οὖν; διὰ τοῦτο ἐχρῆν, τὸ τοῦ λόγου, τῇ γῇ τὸν οὐρανὸν ἀναμεμῖχθαι καὶ δεσμὰ καὶ σταυροὺς καὶ Καύκασον ὅλον ἐπινοεῖν καὶ ἀετοὺς καταπέμπειν καὶ τὸ ἧπαρ ἐκκολάπτειν; ὅρα γὰρ μὴ πολλήν τινα ταῦτα κατηγορῇ τοῦ ἀγανακτοῦντος αὐτοῦ μικροψυχίαν καὶ ἀγένειαν τῆς γνώμης καὶ πρὸς ὀργὴν εὐχέρειαν. ἢ τί γὰρ ἂν ἐποίησεν οὗτος ὅλον βοῦν ἀπολέσας, εἰ κρεῶν ὀλίγων ἕνεκα τηλικαῦτα ἐργάζεται; **[10]** καίτοι πόσῳ οἱ ἄνθρωποι εὐγνωμονέστερον διάκεινται πρὸς τὰ τοιαῦτα, οὓς εἰκὸς ἦν καὶ τὰ ἐς τὴν ὀργὴν ὀξυτέρους εἶναι τῶν θεῶν; ἀλλ' ὅμως ἐκείνων οὐκ ἔστιν ὅστις τῷ μαγείρῳ σταυροῦ ἂν τιμήσαιτο, εἰ τὰ κρέα ἕψων καθεὶς τὸν δάκτυλον τοῦ ζωμοῦ περιελιχμήσατο ἢ ὀπτωμένων ἀποσπάσας κατεβρόχθισεν, ἀλλὰ συγγνώμην ἀπονέμουσιν αὐτοῖς· εἰ δὲ καὶ πάνυ ὀργισθεῖεν, ἢ κονδύλους ἐνέτριψαντο

il faut gelaufen ist, dann muss man das für einen kindischen Scherz halten und die Wut darüber beim Gastmahl zurücklassen; den Hass bis zum nächsten Morgen zu hätscheln, nachtragend zu sein und eine Art abgestandenen Zorn zu bewahren, pfui Teufel!, weder ziemt sich das für Götter noch ist es überhaupt Art eines Königs. Wenn man jedenfalls diese feinen Scherze dem Symposion entzöge: Flunkerei, Spöttereien, Aufziehen und Auslachen, dann bleibt nur Rausch, Überdruss und Schweigen übrig, finstere und unerfreuliche Dinge und völlig unpassend für ein Festmahl. Und deshalb hätte ich nicht gedacht, dass sich Zeus am nächsten Tag daran noch erinnern würde, geschweige denn dass er sich darüber dermaßen aufregt und wer weiß was Fürchterliches erlitten zu haben glaubt, wenn einer sich bei der Verteilung des Fleisches einen Scherz erlaubt und ausprobiert, ob derjenige, der auswählt, merkt, welches das bessere Stück ist. **[9]** Setz doch mal, Hermes, den schlimmeren Fall, Zeus wäre nicht die kleinere Portion zugeteilt, sondern sein ganzer Anteil entzogen worden! Was dann? Musste man deshalb gleich, wie man so sagt, Himmel und Erde in Bewegung setzen und sich Fesseln und Kreuze und den ganzen Kaukasus ausdenken und Adler hinabschicken und die Leber aushacken? Da sieh nur zu, dass das hier nicht zur Anklage der Kleinherzigkeit, der unedlen Gesinnung und des aufbrausenden Charakters desjenigen selbst gerät, der so verärgert ist! Oder was hätte er denn getan, wenn ihm ein ganzer Ochse abhanden gekommen wäre, wo er schon wegen ein bisschen Fleisch so einen Aufstand macht? **[10]** Wieviel vernünftiger verhalten sich doch die Menschen in solchen Angelegenheiten, die eigentlich plausiblerweise viel leichter zum Zorn geneigt sein müssten als die Götter! Allerdings findest du bei denen keinen, der seinen Koch zum Kreuz verurteilen würde, wenn der bei der Zubereitung einer Fleischspeise den Finger in die Soße stippte und abschleckte oder, wenn das Fleisch fertig gebraten ist, sich ein Stückchen abrisse und verspeiste, sondern sie würden ihm Verzeihung gewähren. Wenn sie aber wirklich in Wut gerieten, dann

ἢ κατὰ κόρρης ἐπάταξαν, ἀνεσκολοπίσθη δὲ οὐδεὶς παρ' αὐτοῖς τῶν τηλικούτων ἕνεκα. καὶ περὶ μὲν τῶν κρεῶν τοσαῦτα, αἰσχρὰ μὲν κἀμοὶ ἀπολογεῖσθαι, πολὺ δὲ αἰσχίω κατηγορεῖν ἐκείνῳ. **[11]** περὶ δὲ τῆς πλαστικῆς καὶ ὅτι τοὺς ἀνθρώπους ἐποίησα, καιρὸς ἤδη λέγειν. τοῦτο δέ, ὦ Ἑρμῆ, διττὴν ἔχον τὴν κατηγορίαν, οὐκ οἶδα καθ' ὁπότερον αἰτιᾶσθέ μου, πότερα ὡς οὐδὲ ὅλως ἐχρῆν τοὺς ἀνθρώπους γεγονέναι, ἀλλ' ἄμεινον ἦν ἀτρεμεῖν αὐτοὺς γῆν ἄλλως ὄντας, ἢ ὡς πεπλάσθαι μὲν ἐχρῆν, ἄλλον δέ τινα καὶ μὴ τοῦτον διεσχηματίσθαι τὸν τρόπον; ἐγὼ δὲ ὅμως ὑπὲρ ἀμφοῖν ἐρῶ· καὶ πρῶτόν γε, ὡς οὐδεμία τοῖς θεοῖς ἀπὸ τούτου βλάβη γεγένηται, τῶν ἀνθρώπων ἐς τὸν βίον παραχθέντων, πειράσομαι δεικνύειν· ἔπειτα δέ, ὡς καὶ συμφέροντα καὶ ἀμείνω ταῦτα αὐτοῖς παρὰ πολὺ ἢ εἰ ἐρήμην καὶ ἀπάνθρωπον συνέβαινε τὴν γῆν μένειν. **[12]** ἦν τοίνυν πάλαι – ῥᾷον γὰρ οὕτω δῆλον ἂν γένοιτο, εἴ τι ἠδίκηκα ἐγὼ μετακοσμήσας καὶ νεωτερίσας τὰ περὶ τοὺς ἀνθρώπους – ἦν οὖν τὸ θεῖον μόνον καὶ τὸ ἐπουράνιον γένος, ἡ γῆ δὲ ἄγριόν τι χρῆμα καὶ ἄμορφον, ὕλαις ἅπασα καὶ ταύταις ἀνημέροις λάσιος, οὔτε δὲ βωμοὶ θεῶν ἢ ναοί, – πόθεν γάρ; – ἢ ἀγάλματα ἢ ξόανα ἤ τι ἄλλο τοιοῦτον, οἷα πολλὰ νῦν ἁπανταχόθι φαίνεται μετὰ πάσης ἐπιμελείας τιμώμενα· ἐγὼ δὲ – ἀεὶ γάρ τι προβουλεύω ἐς τὸ κοινὸν καὶ σκοπῶ ὅπως αὐξηθήσεται μὲν τὰ τῶν θεῶν, ἐπιδώσει δὲ καὶ τἆλλα πάντα ἐς κόσμον καὶ κάλλος – ἐνενόησα ὡς ἄμεινον εἴη ὀλίγον ὅσον τοῦ πηλοῦ λαβόντα ζῷά τινα συστήσασθαι καὶ ἀναπλάσαι τὰς μορφὰς ἡμῖν αὐτοῖς προσεοικότα· καὶ γὰρ ἐνδεῖν τι ᾤμην τῷ θείῳ, μὴ ὄντος τοῦ ἐναντίου αὐτῷ καὶ πρὸς ὃ

würden sie ihm eins mit der Faust versetzen oder eins hinter die Ohren geben, ans Kreuz genagelt aber würde bei ihnen für so etwas keiner! Soviel zum Thema Fleisch – peinlich für mich, mich dafür verteidigen zu müssen, aber noch viel peinlicher für ihn, darüber Klage zu führen.

[11] Nun steht an, über die Bildnerei zu sprechen und darüber, dass ich die Menschen gemacht habe. Da die Anklage in dieser Angelegenheit, Hermes, zwei Seiten hat, weiß ich nicht, unter welchem Aspekt ihr mich beschuldigt, entweder, dass die Menschen überhaupt nicht hätten entstehen dürfen, sondern dass es besser gewesen wäre, sie wären in aller Ruhe das geblieben, was sie einfach waren, nämlich Lehm, oder dass sie zwar gebildet werden mussten, aber auf andere und nicht auf diese Weise hätten geformt werden dürfen. Ich will gleichwohl über beide Seiten sprechen. Erstens will ich zu zeigen versuchen, dass den Göttern keinerlei Schaden daraus erwachsen ist, dass die Menschen ins Leben geführt wurden; zweitens, dass dies sogar von Nutzen und bei weitem besser für sie war, als wenn es sich gefügt hätte, dass die Erde menschenleere Einöde bliebe. [12] Damals, in alter Zeit, gab es – so dürfte nämlich leichter klar werden, ob ich mit meiner Um-, ja Neugestaltung in Sachen Menschheit ein Unrecht begangen habe –, da gab es also nur das göttliche und himmlische Geschlecht, die Erde hingegen war ein wildes und gestaltloses Ding; struppig, wie sie war, bestand sie nur aus Wald, dazu aus Wald ohne alle Kulturpflanzen, und es gab weder Götteraltäre noch Tempel – woher auch? – noch Statuen noch hölzerne Kultbilder noch sonst etwas in der Art, was nun überall zu sehen ist und jede ehrerbietige Fürsorge erhält; ich aber – denn stets denke ich an das Gemeinwohl und sehe zu, wie sich die Angelegenheiten der Götter fördern lassen und auch alles Übrige ständig an Ordnung und Schönheit zunimmt – überlegte mir, dass es vorteilhaft sein könnte, ein klein wenig Lehm zu nehmen, daraus Lebewesen zu fügen und ihre Formen so zu bilden, dass sie den unseren ähneln. Denn ich dachte, dem Göttlichen fehle

ἔμελλεν ἡ ἐξέτασις γιγνομένη εὐδαιμονέστερον ἀποφαίνειν αὐτό· θνητὸν μέντοι εἶναι τοῦτο, εὐμηχανώτατον δ' ἄλλως καὶ συνετώτατον καὶ τοῦ βελτίονος αἰσθανόμενον. [13] καὶ δὴ κατὰ τὸν ποιητικὸν λόγον »γαῖαν ὕδει φύρας« καὶ διαμαλάξας ἀνέπλασα τοὺς ἀνθρώπους, ἔτι καὶ τὴν Ἀθηνᾶν παρακαλέσας συνεπιλαβέσθαι μοι τοῦ ἔργου. ταῦτά ἐστιν ἃ μεγάλα ἐγὼ τοὺς θεοὺς ἠδίκηκα. καὶ τὸ ζημίωμα ὁρᾷς ἡλίκον, εἰ ἐκ πηλοῦ ζῷα ἐποίησα καὶ τὸ τέως ἀκίνητον εἰς κίνησιν ἤγαγον· καί, ὡς ἔοικε, τὸ ἀπ' ἐκείνου ἧττον θεοί εἰσιν οἱ θεοί, διότι καὶ ἐπὶ γῆς τινα θνητὰ ζῷα γεγένηται· οὕτω γὰρ δὴ καὶ ἀγανακτεῖ νῦν ὁ Ζεὺς ὥσπερ ἐλαττουμένων τῶν θεῶν ἐκ τῆς τῶν ἀνθρώπων γενέσεως, εἰ μὴ ἄρα τοῦτο δέδιεν, μὴ καὶ οὗτοι ἐπανάστασιν ἐπ' αὐτὸν βουλεύσωσι καὶ πόλεμον ἐξενέγκωσι πρὸς τοὺς θεοὺς ὥσπερ οἱ Γίγαντες. ἀλλ' ὅτι μὲν δὴ οὐδὲν ἠδίκησθε, ὦ Ἑρμῆ, πρὸς ἐμοῦ καὶ τῶν ἔργων τῶν ἐμῶν δῆλον· ἢ σὺ δεῖξον κἂν ἕν τι μικρότατον, κἀγὼ σιωπήσομαι καὶ δίκαια ἔσομαι πεπονθὼς πρὸς ὑμῶν. **[14]** ὅτι δὲ καὶ χρήσιμα ταῦτα γεγένηται τοῖς θεοῖς, οὕτως ἂν μάθοις, εἰ ἐπιβλέψειας ἅπασαν τὴν γῆν οὐκέτ' αὐχμηρὰν καὶ ἀκαλλῆ οὖσαν, ἀλλὰ πόλεσι καὶ γεωργίαις καὶ φυτοῖς ἡμέροις διακεκοσμημένην καὶ τὴν θάλατταν πλεομένην καὶ τὰς νήσους κατοικουμένας, ἁπανταχοῦ δὲ βωμοὺς καὶ θυσίας καὶ ναοὺς καὶ πανηγύρεις·

> μεσταὶ δὲ Διὸς πᾶσαι μὲν ἀγυιαί,
> πᾶσαι δ' ἀνθρώπων ἀγοραί.

καὶ γὰρ εἰ μὲν ἐμαυτῷ μόνῳ κτῆμα τοῦτο ἐπλασάμην, ἐπλεονέκτουν ἂν τῆς χρήσεως, νυνὶ δὲ εἰς τὸ κοινὸν φέρων κατέθηκα ὑμῖν αὐτοῖς· μᾶλλον

doch etwas, wenn es kein Gegenüber besitze, mit dem verglichen es sich als glückseliger erwiese; dieses Geschlecht wäre zwar natürlich sterblich, im Übrigen aber außerordentlich findig, verständig und in der Lage, das Bessere zu sehen. **[13]** Also, ganz getreu dem Dichterwort, »vermengte ich Erde mit Wasser«[7], knetete sie weich und bildete damit die Menschen; dabei bat ich auch noch Athene an meine Seite, um mir bei diesem Werk zu helfen. Dies ist das gewaltige Unrecht, das ich den Göttern zugefügt habe! Da kannst du sehen, was für ein Strafmaß ich mir eingehandelt habe, weil ich aus Lehm Lebewesen gemacht und das, was bis dahin unbewegt war, in Bewegung versetzt habe; und ja, man könnte meinen, seitdem wären die Götter in geringerem Maße Götter, nur weil es auf der Erde irgendwelche sterblichen Wesen gibt; denn das ist es natürlich, worüber Zeus nun verärgert ist, als ob die Macht der Götter durch die Entstehung der Menschen verringert worden wäre – wenn er nicht sogar davor Angst hat, dass auch sie gegen ihn intrigieren, planen, von ihm abzufallen und Krieg gegen die Götter zu führen wie die Giganten. Dass euch aber in Wirklichkeit überhaupt kein Unrecht geschehen ist, durch mich und durch meine Werke, das ist offensichtlich. Vielmehr – zeige du mir auch nur die kleinste Kleinigkeit, und ich werde schweigen, und es wird gerecht sein, was ich von euch zu erdulden habe! **[14]** Dass dies alles aber den Göttern sogar zum Nutzen gereicht, das wirst du begreifen, wenn du einmal die ganze Welt anschaust, nicht mehr dreckig und bar aller Schönheit, sondern durch ein Netz von Städten, Ackerflächen und Nutzpflanzen geordnet und geschmückt, und wie das Meer befahren wird und die Inseln besiedelt sind, überall Altäre, Opfer, Tempel und Prozessionen:

voll alle Straßen von Zeus,
und alle Plätze der Menschen.[8]

Ja, wenn ich diesen Besitz für mich allein erschaffen hätte, wäre ich durch seine Nutzung mehr als reich, doch nun habe ich ihn euch allen gebracht und zur Verfügung gestellt, und es gibt, mehr noch,

δὲ Διὸς μὲν καὶ Ἀπόλλωνος καὶ Ἥρας καὶ σοῦ δέ, ὦ Ἑρμῆ, νεὼς ἰδεῖν ἁπανταχοῦ ἐστι, Προμηθέως δὲ οὐδαμοῦ. ὁρᾷς ὅπως τὰ ἐμαυτοῦ μόνα σκοπῶ, τὰ κοινὰ δὲ καταπροδίδωμι καὶ ἐλάττω ποιῶ; **[15]** ἔτι δέ μοι, ὦ Ἑρμῆ, καὶ τόδε ἐννόησον, εἴ τι σοι δοκεῖ ἀγαθὸν ἀμάρτυρον, οἷον κτῆμα ἢ ποίημα ὃ μηδεὶς ὄψεται μηδὲ ἐπαινέσεται, ὁμοίως ἡδὺ καὶ τερπνὸν ἔσεσθαι τῷ ἔχοντι. πρὸς δὴ τί τοῦτ᾽ ἔφην; ὅτι μὴ γενομένων τῶν ἀνθρώπων ἀμάρτυρον συνέβαινε τὸ κάλλος εἶναι τῶν ὅλων, καὶ πλοῦτόν τινα πλουτήσειν ἐμέλλομεν οὔτε ὑπ᾽ ἄλλου τινὸς θαυμασθησόμενον οὔτε ἡμῖν αὐτοῖς ὁμοίως τίμιον· οὐδὲ γὰρ ἂν εἴχομεν πρὸς ὅ τι ἔλαττον παραθεωρῶμεν αὐτόν, οὐδ᾽ ἂν συνίεμεν ἡλίκα εὐδαιμονοῦμεν οὐχ ὁρῶντες ἀμοίρους τῶν ἡμετέρων τινάς· οὕτω γὰρ δὴ καὶ τὸ μέγα δόξειεν ἂν μέγα, εἰ τῷ μικρῷ παραμετροῖτο. ὑμεῖς δέ, τιμᾶν ἐπὶ τῷ πολιτεύματι τούτῳ δέον, ἀνεσταυρώκατέ με καὶ ταύτην μοι τὴν ἀμοιβὴν ἀποδεδώκατε τοῦ βουλεύματος. **[16]** ἀλλὰ κακοῦργοί τινες, φής, ἐν αὐτοῖς καὶ μοιχεύουσι καὶ πολεμοῦσι καὶ ἀδελφὰς γαμοῦσι καὶ πατράσιν ἐπιβουλεύουσι. παρ᾽ ἡμῖν γὰρ οὐχὶ πολλὴ τούτων ἀφθονία; καὶ οὐ δήπου διὰ τοῦτ᾽ αἰτιάσαιτ᾽ ἄν τις τὸν Οὐρανὸν καὶ τὴν Γῆν, ὅτι ἡμᾶς συνεστήσαντο. ἔτι καὶ τοῦτο ἴσως φαίης ἄν, ὅτι ἀνάγκη πολλὰ ἡμᾶς ἔχειν πράγματα ἐπιμελουμένους αὐτῶν. οὐκοῦν διά γε τοῦτο καὶ ὁ νομεὺς ἀχθέσθω ἐπὶ τῷ ἔχειν τὴν ἀγέλην, διότι ἀναγκαῖον αὐτῷ ἐπιμελεῖσθαι αὐτῆς. καίτοι τό γε ἐργῶδες τοῦτο καὶ ἡδύ ἄλλως, καὶ ἡ φροντὶς οὐκ ἀτερπὴς ἔχουσά τινα διατριβήν. ἢ τί γὰρ ἂν ἐπράττομεν οὐκ ἔχοντες ὧν προνοῶμεν τούτων; ἠργοῦμεν ἂν καὶ τὸ νέκταρ ἐπίνομεν

überall Tempel des Zeus, des Apoll, der Hera und sogar für dich, Hermes, zu sehen – für Prometheus aber nirgendwo. Siehst du, wie sehr ich nur meinen Vorteil im Auge habe, den Gemeinnutzen hingegen verrate und verringere? **[15]** Bedenke bitte außerdem noch, Hermes, ob du wirklich der Meinung bist, irgendein Gut ohne Zeugen – beispielsweise ein Besitz oder ein Kunstgegenstand, den niemand zu sehen bekommt oder lobpreisen wird – werde für seinen Besitzer in gleichem Maße angenehm und erfreulich sein. Warum sage ich das? Weil, gäbe es die Menschen nicht, daraus resultieren würde, dass die Schönheit des Alls unbezeugt bliebe und wir in einem Reichtum schwelgen müssten, der weder von irgendjemandem sonst bewundert würde noch bei uns selbst die gleiche Wertschätzung erführe. Denn wir hätten ja nichts Geringeres, womit wir es vergleichen könnten, und wir würden die Größe unseres Glücks gar nicht verstehen, sähen wir nicht welche, die unserer Güter nicht teilhaftig sind. So kann ja auch das Große nur groß erscheinen, wenn es am Kleinen gemessen wird. Ihr aber habt mich, den ihr für diese Maßnahme zum öffentlichen Wohl ehren müsstet, ans Kreuz geschlagen und mich damit für meinen klugen Plan belohnt. **[16]** Aber, wirst du sagen, unter ihnen gibt es auch ein paar Schurken, sie brechen die Ehe, führen Krieg, heiraten ihre Schwestern und intrigieren gegen ihre Väter. Ja, gibt es das denn bei uns etwa nicht im Überfluss? Und doch würde deswegen sicher niemand Uranos oder Gaia zum Vorwurf machen, dass sie uns hervorgebracht haben. Du könntest vielleicht auch noch Folgendes ausführen: Dass es unumgänglich sei, dass wir uns um sie kümmern, und dass uns das viele Schwierigkeiten macht. Dann soll sich also der Hirte darüber ärgern, dass er eine Herde besitzt, weil er sich um sie kümmern muss. Und doch ist diese Mühe auf eine Weise auch angenehm, und die Sorge ist nicht unerfreulich, denn sie bietet Abwechslung. Oder was täten wir denn, wenn wir keinen Anlass hätten, uns um sie zu kümmern? Wir würden herumfaulenzen, Nektar trinken und uns sinn- und zwecklos den Bauch mit

καὶ τῆς ἀμβροσίας ἐνεφορούμεθα οὐδὲν ποιοῦντες. [17] ὃ δὲ μάλιστά με ἀποπνίγει τοῦτ᾽ ἐστίν, ὅτι μεμφόμενοι τὴν ἀνθρωποποιίαν καὶ μάλιστά γε τὰς γυναῖκας ὅμως ἐρᾶτε αὐτῶν καὶ οὐ διαλείπετε κατιόντες, ἄρτι μὲν ταῦροι, ἄρτι δὲ σάτυροι καὶ κύκνοι γενόμενοι, καὶ θεοὺς ἐξ αὐτῶν ποιεῖσθαι ἀξιοῦτε. ἀλλ᾽ ἐχρῆν μέν, ἴσως φήσεις, ἀναπεπλάσθαι τοὺς ἀνθρώπους, ἄλλον τινὰ τρόπον, ἀλλὰ μὴ ἡμῖν ἐοικότας· καὶ τί ἂν ἄλλο παράδειγμα τούτου ἄμεινον προεστησάμην, ὃ πάντως καλὸν ἠπιστάμην; ἢ ἀσύνετον καὶ θηριῶδες ἔδει καὶ ἄγριον ἀπεργάσασθαι τὸ ζῷον; καὶ πῶς ἂν ἢ θεοῖς ἔθυσαν ἢ τὰς ἄλλας ὑμῖν τιμὰς ἀπένειμαν οὐχὶ τοιοῦτοι γενόμενοι; ἀλλὰ ὑμεῖς, ὅταν μὲν ὑμῖν τὰς ἑκατόμβας προσάγωσιν, οὐκ ὀκνεῖτε, κἂν ἐπὶ τὸν Ὠκεανὸν ἐλθεῖν δέῃ »μετ᾽ ἀμύμονας Αἰθιοπῆας,« τὸν δὲ τῶν τιμῶν ὑμῖν καὶ τῶν θυσιῶν αἴτιον ἀνεσταυρώκατε. περὶ μὲν οὖν τῶν ἀνθρώπων καὶ ταῦτα ἱκανά.

[18] ἤδη δὲ ἐπὶ τὸ πῦρ, εἰ δοκεῖ, μέτειμι καὶ τὴν ἐπονείδιστον ταύτην κλοπήν. καὶ πρὸς θεῶν τοῦτό μοι ἀπόκριναι μηδὲν ὀκνήσας· ἔσθ᾽ ὅ τι ἡμεῖς τοῦ πυρὸς ἀπολωλέκαμεν, ἐξ οὗ καὶ παρ᾽ ἀνθρώποις ἐστίν; οὐκ ἂν εἴποις. αὕτη γάρ, οἶμαι, φύσις τουτουὶ τοῦ κτήματος, οὐδέν τι ἔλαττον γίγνεται, εἰ καί τις ἄλλος αὐτοῦ μεταλάβοι· οὐ γὰρ ἀποσβέννυται ἐναυσαμένου τινός· φθόνος δὲ δὴ ἄντικρυς τὸ τοιοῦτο, ἀφ᾽ ὧν μηδὲν ὑμεῖς ἠδίκησθε, τούτου κωλύειν μεταδιδόναι τοῖς δεομένοις. καίτοι θεούς γε ὄντας ἀγαθοὺς εἶναι χρὴ καὶ »δωτῆρας ἑάων« καὶ ἔξω φθόνου παντὸς ἑστάναι· ὅπου γε καὶ εἰ τὸ πᾶν τοῦτο πῦρ ὑφελόμενος κατεκόμισα εἰς τὴν γῆν μηδ᾽ ὅλως τι αὐτοῦ καταλιπών, οὐ μεγάλα ὑμᾶς ἠδίκουν· οὐδὲν γὰρ ὑμεῖς δεῖσθε αὐτοῦ μήτε ῥιγοῦντες μήτε ἕψοντες τὴν ἀμβρο-

Ambrosia vollschlagen. **[17]** Was mir aber am meisten den Atem stocken lässt, das ist, dass ihr zwar die Erschaffung der Menschen rügt und insbesondere die der Frauen, sie aber trotzdem begehrt und pausenlos zu ihnen hinabsteigt, bald als Stiere, bald als Satyrn und Schwäne, und sie für würdig erachtet, mit ihnen Götter zu zeugen. Aber, wirst du vielleicht sagen, du hättest die Menschen auf irgendeine andere Weise bilden sollen, nicht aber so, dass sie uns gleichen. Und welches andere Vorbild hätte ich mir bitteschön vor Augen stellen sollen, ein besseres als dieses, von dem ich wusste, dass es absolut schön ist? Oder hätte ich dieses Lebewesen unvernünftig, tierhaft und wild erschaffen sollen? Und wie hätten sie dann den Göttern opfern oder euch die übrigen Ehren erweisen sollen, wären sie nicht so, wie sie sind? Aber ihr kennt, führen sie euch die Hekatomben zu, keinerlei Zurückhaltung, selbst wenn ihr dafür bis zum Okeanos laufen müsst »zu den edlen Aithiopäern«[9] – aber den Urheber dieser Ehrungen und dieser Opfer für euch, den schlagt ihr ans Kreuz!

[18] Was also die Menschen betrifft, so soll das genügen! Und da bin ich schon beim Feuer, wenn es dir recht ist, und diesem ach so schändlichen Diebstahl. Bei den Göttern, antworte mir, ohne zu zögern, auf folgende Frage: Haben wir irgendetwas vom Feuer verloren, seit es sich auch bei den Menschen befindet? Das wirst du nicht behaupten wollen. Das ist nämlich das Wesen dieses besonderen Besitzes, meine ich: Es wird kein bisschen weniger, auch wenn ein anderer Anteil daran nimmt. Denn es verlöscht nicht, wenn sich jemand daran Feuer für sich holt. Und so ist dieses Verhalten also schlichtweg Neid: einen daran zu hindern, den Bedürftigen ohne Nachteil für euch davon abzugeben. Dabei müsstet ihr doch, als Götter, gut sein und »Geber von Gutem«[10], und außerhalb jeder Empfindung von Missgunst stehen; wobei ich selbst dann, wenn ich euch das ganze Feuer entzogen und hinab auf die Erde gebracht hätte, ohne euch auch nur irgendetwas davon zu lassen, euch kein großes Unrecht zugefügt hätte; denn ihr braucht es gar nicht, weil

σίαν μήτε φωτὸς ἐπιτεχνητοῦ δεόμενοι. **[19]** οἱ δὲ ἄνθρωποι καὶ εἰς τἆλλα μὲν ἀναγκαίῳ χρῶνται τῷ πυρί, μάλιστα δὲ ἐς τὰς θυσίας, ὅπως ἔχοιεν κνισᾶν τὰς ἀγυιὰς καὶ τοῦ λιβανωτοῦ θυμιᾶν καὶ τὰ μηρία καίειν ἐπὶ τῶν βωμῶν. ὁρῶ δέ γε ὑμᾶς μάλιστα χαίροντας τῷ καπνῷ καὶ τὴν εὐωχίαν ταύτην ἡδίστην οἰομένους, ὁπόταν εἰς τὸν οὐρανὸν ἡ κνῖσα παραγένηται »ἑλισσομένη περὶ καπνῷ.« ἐναντιωτάτη τοίνυν ἡ μέμψις ἂν γένοιτο αὕτη τῇ ὑμετέρᾳ ἐπιθυμίᾳ. θαυμάζω δὲ ὅπως οὐχὶ καὶ τὸν ἥλιον κεκωλύκατε καταλάμπειν αὐτούς· καίτοι πῦρ καὶ οὗτός ἐστι πολὺ θειότερόν τε καὶ πυρωδέστερον. ἢ κἀκεῖνον αἰτιᾶσθε ὡς σπαθῶντα ὑμῶν τὸ κτῆμα;

Εἴρηκα. σφὼ δέ, ὦ Ἑρμῆ καὶ Ἥφαιστε, εἴ τι μὴ καλῶς εἰρῆσθαι δοκεῖ, διευθύνετε καὶ ἐξελέγχετε, κἀγὼ αὖθις ἀπολογήσομαι.

[20] ΕΡΜΗΣ

Οὐ ῥᾴδιον, ὦ Προμηθεῦ, πρὸς οὕτω γενναῖον σοφιστὴν ἁμιλλᾶσθαι· πλὴν ἀλλὰ ὤνησο, διότι μὴ καὶ ὁ Ζεὺς ταῦτα ἐπήκουσέ σου· εὖ γὰρ οἶδα ὡς ἑκκαίδεκα γῦπας ἂν ἐπέστησέ σοι τὰ ἔγκατα ἐξαιρήσοντας· οὕτω δεινῶς αὐτοῦ κατηγόρηκας ἀπολογεῖσθαι δοκῶν. ἐκεῖνο δέ γε θαυμάζω, ὅπως μάντις ὢν οὐ προεγίγνωσκες ἐπὶ τούτοις κολασθησόμενος.

ΠΡΟΜΗΘΕΥΣ

Ἠπιστάμην, ὦ Ἑρμῆ, καὶ ταῦτα μὲν καὶ διότι δὲ ἀπολυθήσομαι αὖθις οἶδα, καὶ ἤδη γέ τις ἐκ Θηβῶν ἀφίξεται σὸς ἀδελφὸς οὐκ εἰς μακρὰν κατατοξεύσων ὃν φῂς ἐπιπτήσεσθαί μοι τὸν ἀετόν.

ihr weder friert noch die Ambrosia kocht noch irgendein künstliches Licht benötigt. **[19]** Die Menschen hingegen benötigen das Feuer zum einen dringend zu allen übrigen Zwecken, vor allem aber für die Opfer, um Dampf durch die Straßen ziehen, Weihrauch glimmen zu lassen und Schenkel der Tiere auf den Altären zu verbrennen. Jedenfalls sehe ich, wie ihr am Rauch eure ganz besondere Freude habt und es für den Höhepunkt lustvollen Schmausens haltet, wenn der Dampf zum Himmel steigt, »wirbelnd im Rauche«[11]. So dürfte also diese Kritik eure eigenen Wünsche ad absurdum führen! Ich kann mich nur wundern, dass ihr nicht auch die Sonne davon abhaltet, ihnen zu leuchten. Dabei ist doch auch sie Feuer, und zwar ein noch viel göttlicheres und feurigeres. Oder macht ihr auch Helios den Vorwurf, euren Besitz zu vergeuden?

Soweit meine Worte. Und ihr beiden, Hermes und Hephaistos, berichtigt und widerlegt mich, sollte ich nicht treffend gesprochen haben, und ich werde mich dann erneut verteidigen!

[20] HERMES

Es ist nicht leicht, Prometheus, gegen einen so gewiegten Sophisten anzutreten. Aber sei mal froh, dass dir nicht auch Zeus bei all dem zugehört hat; denn ich bin sicher, dass er dir dann sechzehn Geier zum Auspicken deiner Eingeweide schicken würde: So massiv hast du ihn angeklagt, unter dem Anschein der Verteidigung. Über eines wundere ich mich aber doch noch: Wie es kommt, dass du als Seher, der du bist, nicht vorhergesehen hast, dass du hierfür bestraft werden würdest.

PROMETHEUS

Ich wusste das, und ebenso weiß ich, dass ich auch wieder erlöst werde. Schon bald wird jemand aus Theben kommen, dein Bruder, und – nicht mehr lange! – den Adler abschießen, von dem du sagst, dass er schon auf dem Flug zu mir sei.[12]

ΕΡΜΗΣ

Εἰ γὰρ γένοιτο, ὦ Προμηθεῦ, ταῦτα καὶ ἐπίδοιμί σε λελυμένον, κοινῇ σὺν ἡμῖν εὐωχούμενον, οὐ μέντοι καὶ κρεανομοῦντά γε.

[21] ΠΡΟΜΗΘΕΥΣ

Θάρρει· καὶ συνευωχήσομαι ὑμῖν καὶ ὁ Ζεὺς λύσει με οὐκ ἀντὶ μικρᾶς εὐεργεσίας.

ΕΡΜΗΣ

Τίνος ταύτης; μὴ γὰρ ὀκνήσῃς εἰπεῖν.

ΠΡΟΜΗΘΕΥΣ

Οἶσθα, ὦ Ἑρμῆ, τὴν Θέτιν; ἀλλ' οὐ χρὴ λέγειν· φυλάττειν γὰρ ἄμεινον τὸ ἀπόρρητον, ὡς μισθὸς εἴη καὶ λύτρα μοι ἀντὶ τῆς καταδίκης.

ΕΡΜΗΣ

Ἀλλὰ φύλαττε, ὦ Τιτάν, εἰ τοῦτ' ἄμεινον. ἡμεῖς δὲ ἀπίωμεν, ὦ Ἥφαιστε· καὶ γὰρ ἤδη πλησίον οὑτοσὶ ὁ ἀετός. ὑπόμενε οὖν καρτερῶς· εἴη δέ γε ἤδη σοι τὸν Θηβαῖον ὃν φῂς τοξότην ἐπιφανῆναι, ὡς παύσειέ σε ἀνατεμνόμενον ὑπὸ τοῦ ὀρνέου.

HERMES
Ach, wenn das doch wirklich geschähe, Prometheus, und ich dich befreit sähe, gemeinsam mit uns beim Schmaus – allerdings ohne dass du das Fleisch portionierst!

[21] PROMETHEUS
Keine Sorge! Ich werde mit euch gemeinsam tafeln, und Zeus wird mich freisprechen, für eine nicht geringe Wohltat.

HERMES
Was soll denn das sein? Sag schon!

PROMETHEUS
Du kennst die Thetis, Hermes? – Aber nein, ich darf nicht darüber sprechen. Besser ist es, für mich zu behalten, was nicht ausgesprochen werden darf, damit ich anstelle von Verurteilung auch mit Erlösung belohnt werde.[13]

HERMES
Behalt es für dich, Titan, wenn das besser ist! Hephaistos, wir wollen uns auf den Weg machen! Denn da ist ja auch schon der Adler, ganz in der Nähe. Halt feste aus! Und schon bald möge dir der Bogenschütze aus Theben erscheinen, von dem du sprichst, damit er dich von der Aufschlitzerei durch diesen Vogel erlöst.

GÖTTER UNTER SICH ... UND UNTER MENSCHEN

GÖTTER UNTER SICH … UND UNTER MENSCHEN

ΘΕΩΝ ΔΙΑΛΟΓΟΙ

1. Ἄρεως καὶ Ἑρμοῦ

[1] ΑΡΗΣ

Ἤκουσας, ὦ Ἑρμῆ, οἷα ἠπείλησεν ἡμῖν ὁ Ζεύς, ὡς ὑπεροπτικὰ καὶ ὡς ἀπίθανα; »Ἢν ἐθελήσω,« φησίν, »ἐγὼ μὲν ἐκ τοῦ οὐρανοῦ σειρὰν καθήσω, ὑμεῖς δὲ ἀποκρεμασθέντες κατασπᾶν βιάσεσθέ με, ἀλλὰ μάτην πονήσετε· οὐ γὰρ δὴ καθελκύσετε· ἐγὼ δὲ εἰ θελήσαιμι ἀνελκύσαι, οὐ μόνον ὑμᾶς, ἀλλὰ καὶ τὴν γῆν ἅμα καὶ τὴν θάλασσαν συναναστάσας μετεωριῶ«· καὶ τἆλλα ὅσα καὶ σὺ ἀκήκοας. ἐγὼ δὲ ὅτι μὲν καθ' ἕνα πάντων ἀμείνων καὶ ἰσχυρότερός ἐστιν οὐκ ἂν ἀρνηθείην, ὁμοῦ δὲ τῶν τοσούτων ὑπερφέρειν, ὡς μὴ καταβαρήσειν αὐτόν, ἢν καὶ τὴν γῆν καὶ τὴν θάλασσαν προσλάβωμεν, οὐκ ἂν πεισθείην.

[2] ΕΡΜΗΣ

Εὐφήμει, ὦ Ἄρες· οὐ γὰρ ἀσφαλὲς λέγειν τὰ τοιαῦτα, μὴ καί τι κακὸν ἀπολαύσωμεν τῆς φλυαρίας.

ΑΡΗΣ

Οἴει γάρ με πρὸς πάντας ἂν ταῦτα εἰπεῖν, οὐχὶ δὲ πρὸς μόνον σέ, ὃν ἐχεμυθήσειν ἠπιστάμην; ὃ γοῦν μάλιστα γελοῖον ἔδοξέ μοι ἀκούοντι μεταξὺ τῆς ἀπειλῆς, οὐκ ἂν δυναίμην σιωπῆσαι πρὸς σέ· μέμνημαι γὰρ οὐ πρὸ πολλοῦ, ὁπότε ὁ Ποσειδῶν καὶ ἡ Ἥρα καὶ ἡ Ἀθηνᾶ ἐπαναστάντες ἐπεβούλευσαν ξυνδῆσαι αὐτὸν λαβόντες, ὡς παντοῖος ἦν δεδιώς, καὶ ταῦτα τρεῖς ὄντας, καὶ εἰ μή γε ἡ Θέτις κατελεήσασα ἐκάλεσεν αὐτῷ σύμμαχον Βριάρεων ἑκατόγχειρα ὄντα, κἂν ἐδέδετο αὐτῷ κεραυνῷ καὶ

GÖTTER IM GESPRÄCH

1. Ares und Hermes

[1] Ares

Hermes, hast du die Drohungen gehört, die Zeus gegen uns ausgestoßen hat – wie herablassend und unglaubwürdig? »Wenn ich will«, hat er gesagt, »lasse ich vom Himmel aus eine Kette hinunter, und ihr könnt euch dranhängen und mit aller Gewalt versuchen, mich herunterzuzerren, aber da werdet ihr euch vergeblich mühen: Ihr werdet mich nicht herunterziehen! Sollte hingegen ich euch hinaufziehen wollen, dann werde ich nicht nur euch, sondern zusammen mit euch auch noch Erde und Meer mit einem Ruck in die Höhe heben.«[1] Und so weiter, du hast das ja alles selbst mitbekommen. Ich will gar nicht abstreiten, dass er allein besser und stärker ist als jeder einzelne von uns, aber uns alle zusammen zu übertreffen, soviele wie wir sind, ohne dass ihm das zu schwer wäre, wenn wir noch Erde und Meer dazupacken, das kann ich doch nicht glauben.

[2] Hermes

Still, Ares! Ziemlich riskant, so etwas auszusprechen – nicht, dass unser Geschwätz uns noch teuer zu stehen kommt!

Ares

Ja, glaubst du denn, das würde ich zu jedem sagen und nicht bloß zu dir, von dem ich weiß, dass er den Mund halten kann? Also, was ich jedenfalls am lächerlichsten fand, als ich mir seine Drohungen anhörte, das muss ich dir einfach noch erzählen. Es ist noch gar nicht lange her, ich erinnere mich genau, als sich Poseidon, Hera und Athena gegen ihn auflehnten und den Plan schmiedeten, ihn zu ergreifen und in Ketten zu legen, da wusste er weder aus noch ein vor Angst, dabei waren sie nur zu dritt, und hätte Thetis nicht aus Mitleid den Briareus mit seinen hundert Armen als Kämpfer an seine Seite gerufen, dann wäre er auch angekettet worden, mitsamt

βροντῇ. ταῦτα λογιζομένῳ ἐπῄει μοι γελᾶν ἐπὶ τῇ καλλιρρημοσύνῃ αὐτοῦ.

ΕΡΜΗΣ

Σιώπα, φημί· οὐ γὰρ ἀσφαλὲς οὔτε σοὶ λέγειν οὔτ’ ἐμοὶ ἀκούειν τὰ τοιαῦτα.

Donner und Blitz.[2] Als mir das durch den Kopf ging, musste ich denn doch lachen über seine Aufschneiderei.

HERMES

Sei doch still, sage ich! Es ist wirklich gefährlich für dich, so etwas zu sagen – und für mich, dir zuzuhören.

2. Πανὸς καὶ Ἑρμοῦ

[1] ΠΑΝ

Χαῖρε, ὦ πάτερ Ἑρμῆ.

ΕΡΜΗΣ

Νὴ καὶ σύ γε. ἀλλὰ πῶς ἐγὼ σὸς πατήρ;

ΠΑΝ

Οὐχ ὁ Κυλλήνιος Ἑρμῆς ὢν τυγχάνεις;

ΕΡΜΗΣ

Καὶ μάλα. πῶς οὖν υἱὸς ἐμὸς εἶ;

ΠΑΝ

Μοιχίδιός εἰμι, ἐξ ἔρωτός σοι γενόμενος.

ΕΡΜΗΣ

Νὴ Δία, τράγου ἴσως τινὸς μοιχεύσαντος αἶγα· ἐμοὶ γὰρ πῶς, κέρατα ἔχων καὶ ῥῖνα τοιαύτην καὶ πώγωνα λάσιον καὶ σκέλη διχηλὰ καὶ τραγικὰ καὶ οὐρὰν ὑπὲρ τὰς πυγάς;

ΠΑΝ

Ὅσα ἂν ἀποσκώψῃς εἰς ἐμέ, τὸν σεαυτοῦ υἱόν, ὦ πάτερ, ἐπονείδιστον ἀποφαίνεις, μᾶλλον δὲ σεαυτόν, ὃς τοιαῦτα γεννᾷς καὶ παιδοποιεῖς, ἐγὼ δὲ ἀναίτιος.

ΕΡΜΗΣ

Τίνα καὶ φῄς σου μητέρα; ἤ που ἔλαθον αἶγα μοιχεύσας ἔγωγε;

ΠΑΝ

Οὐκ αἶγα ἐμοίχευσας, ἀλλ᾽ ἀνάμνησον σεαυτόν, εἴ ποτε ἐν Ἀρκαδίᾳ παῖδα ἐλευθέραν ἐβιάσω. τί δακὼν τὸν δάκτυλον ζητεῖς καὶ ἐπὶ πολὺ ἀπορεῖς; τὴν Ἰκαρίου λέγω Πηνελόπην.

2. Pan und Hermes

[1] PAN
Guten Tag, Hermes, mein Vater!
HERMES
Ja, dir auch einen guten Tag! Aber – ich dein Vater? Wie das?
PAN
Bist du etwa nicht Hermes aus Kyllene?
HERMES
Doch, doch. Wie willst du also dann mein Sohn sein?
PAN
Ich bin das Ergebnis eines deiner Ehebrüche und ein Kind der Liebe.
HERMES
Ja, sicher, bei Zeus, vielleicht eines Ehebruchs zwischen Bock und Ziege. Wie sollst du denn meiner sein, mit Hörnern, so einer Nase, zottigem Bart, Bocksbeinen, gespaltenen Hufen und einem Schwanz überm Hinterteil?
PAN
Mit all deinem Spott über mich, deinen eigenen Sohn, Vater, tust du zwar auch mir Schimpf und Schande an, aber noch mehr dir selbst, der du so etwas zeugst und solche Kinder in die Welt setzt. Aber ich kann nichts dafür.
HERMES
Und wer, bitte, soll deine Mutter sein? Oder habe ich es versehentlich mit einer Ziege getrieben?
PAN
Du hast es nicht mit einer Ziege getrieben, aber geh doch bitte mal deine Erinnerung durch, ob du jemals in Arkadien eine freie junge Frau vergewaltigt hast. Was beißt du dir auf den Finger, grübelst und bist so recht in Verlegenheit? Ich spreche von Ikarios' Tochter, Penelope![3]

ΕΡΜΗΣ

Εἶτα τί παθοῦσα ἐκείνη ἀντ᾽ ἐμοῦ τράγῳ σε ὅμοιον ἔτεκεν;

[2] ΠΑΝ

Αὐτῆς ἐκείνης λόγον σοι ἐρῶ· ὅτε γάρ με ἐξέπεμπεν ἐπὶ τὴν Ἀρκαδίαν, »Ὦ παῖ, μήτηρ μέν σοι,« ἔφη, »ἐγώ εἰμι, Πηνελόπη ἡ Σπαρτιᾶτις, τὸν πατέρα δὲ γίνωσκε θεὸν ἔχων Ἑρμῆν Μαίας καὶ Διός. εἰ δὲ κερασφόρος καὶ τραγοσκελὴς εἶ, μὴ λυπείτω σε· ὁπότε γάρ μοι συνῄει ὁ πατὴρ ὁ σός, τράγῳ ἑαυτὸν ἀπείκασεν, ὡς λάθοι, καὶ διὰ τοῦτο ὅμοιος ἀπέβης τῷ τράγῳ.«

ΕΡΜΗΣ

Νὴ Δία, μέμνημαι ποιήσας τοιοῦτόν τι. ἐγὼ οὖν ὁ ἐπὶ κάλλει μέγα φρονῶν, ἔτι ἀγένειος αὐτὸς ὤν, σὸς πατὴρ κεκλήσομαι καὶ γέλωτα ὀφλήσω παρὰ πᾶσιν ἐπὶ τῇ εὐπαιδίᾳ;

[3] ΠΑΝ

Καὶ μὴν οὐ καταισχυνῶ σε, ὦ πάτερ· μουσικός τε γάρ εἰμι καὶ συρίζω πάνυ καπυρόν, καὶ Διόνυσος οὐδὲν ἐμοῦ ἄνευ ποιεῖν δύναται, ἀλλ᾽ ἑταῖρον καὶ θιασώτην πεποίηταί με, καὶ ἡγοῦμαι αὐτῷ τοῦ χοροῦ· καὶ τὰ ποίμνια δὲ εἰ θεάσαιό μου, ὁπόσα περὶ Τεγέαν καὶ ἀνὰ τὸ Παρθένιον ἔχω, πάνυ ἡσθήσῃ· ἄρχω δὲ καὶ τῆς Ἀρκαδίας ἁπάσης· πρῴην δὲ καὶ Ἀθηναίοις συμμαχήσας οὕτως ἠρίστευσα Μαραθῶνι, ὥστε καὶ ἀριστεῖον ᾑρέθη μοι τὸ ὑπὸ τῇ ἀκροπόλει σπήλαιον. ἢν γοῦν εἰς Ἀθήνας ἔλθῃς, εἴσῃ ὅσον ἐκεῖ τοῦ Πανὸς ὄνομα.

Hermes

Und was ist ihr danach passiert, dass du bei deiner Geburt nicht mir, sondern einem Bock ähnlich gesehen hast?

[2] Pan

Ich will es dir mit ihren eigenen Worten sagen. Als sie mich nämlich nach Arkadien verabschiedete, da sprach sie: »Liebes Kind, ich bin zwar deine Mutter, Penelope aus Sparta, doch wisse, dass du einen Gott zum Vater hast, Hermes, den Sohn der Maia und des Zeus. Und wenn du Hörner und Bocksbeine hast, dann mach dir nichts draus! Denn als dein Vater mit mir schlief, da tat er das in Bocksgestalt, um unerkannt zu bleiben, und so ähnelst du im Ergebnis einem Bock.

Hermes

Bei Zeus, nun erinnere ich mich, etwas in der Art getan zu haben. Und jetzt wird man mich, der ich mir doch auf meine Schönheit etwas einbilde und selbst noch immer bartlos bin, deinen Vater nennen, und ich werde mich bei allen zum Gespött machen für meine gelungene Nachkommenschaft.

[3] Pan

Aber ich werde dir doch keine Schande bereiten, Vater! Denn ich bin musikalisch und spiele die Syrinx klar und knackig; Dionysos bringt ohne mich nichts zuwege, sondern hat mich zu seinem Freund und Kultgefährten gemacht, und ich bin der Anführer seines Chors. Und siehst du mal eines Tages all meine Herden, die ich bei Tegea und an den Hängen des Parthenion besitze, dann wird dir das wirklich eine Freude sein. Ich herrsche außerdem über ganz Arkadien. Und neulich habe ich auf der Seite der Athener gekämpft und mich bei Marathon derart ausgezeichnet, dass mir als Ehrenpreis die Höhle unterhalb der Akropolis reserviert wurde. Solltest du mal nach Athen kommen, dann wirst du ja sehen, was dort der Name Pans gilt.[4]

[4] ΕΡΜΗΣ
Εἰπὲ δέ μοι, γεγάμηκας, ὦ Πάν, ἤδη; τοῦτο γάρ, οἶμαι, καλοῦσίν σε.
ΠΑΝ
Οὐδαμῶς, ὦ πάτερ· ἐρωτικὸς γάρ εἰμι καὶ οὐκ ἂν ἀγαπήσαιμι συνὼν μιᾷ.
ΕΡΜΗΣ
Ταῖς οὖν αἰξὶ δηλαδὴ ἐπιχειρεῖς.
ΠΑΝ
Σὺ μὲν σκώπτεις, ἐγὼ δὲ τῇ τε Ἠχοῖ καὶ τῇ Πίτυϊ σύνειμι καὶ ἁπάσαις ταῖς τοῦ Διονύσου Μαινάσι καὶ πάνυ σπουδάζομαι πρὸς αὐτῶν.
ΕΡΜΗΣ
Οἶσθα οὖν, ὦ τέκνον, ὅ τι χαρίσῃ τὸ πρῶτον αἰτοῦντί μοι;
ΠΑΝ
Πρόσταττε, ὦ πάτερ· ἡμεῖς μὲν εἰδῶμεν ταῦτα.
ΕΡΜΗΣ
Καὶ πρόσιθί μοι καὶ φιλοφρονοῦ· πατέρα δὲ ὅρα μὴ καλέσῃς με ἄλλου ἀκούοντος.

[4] HERMES
Sag mal, Pan – so nennt man dich dann ja, denke ich –, hast du denn schon eine Frau?
PAN
Nein, Vater. Ich bin nämlich ein großer Liebhaber, und mit nur einer Frau zu verkehren würde mich nicht zufriedenstellen.
HERMES
Klar, du machst dich also an die Ziegen ran.
PAN
Spotte du nur, aber ich verkehre mit Echo, Pitys und allen Mänaden des Dionysos, und sie halten große Stücke auf mich.
HERMES
Weißt du, mein Kind, welchen Gefallen du mir, wenn ich dich recht bitte, für den Anfang tun könntest?
PAN
Befiehl nur, Vater! Wir wollen dann schon zusehen.
HERMES
Komm zu mir und sei mir gewogen! Aber bitte, nenn mich nicht Vater, wenn jemand anderer zuhört!

3. Ἀπόλλωνος καὶ Διονύσου

[1] ΑΠΟΛΛΩΝ

Τί ἂν λέγοιμεν; ὁμομητρίους, ὦ Διόνυσε, ἀδελφοὺς ὄντας Ἔρωτα καὶ Ἑρμαφρόδιτον καὶ Πρίαπον, ἀνομοιοτάτους εἶναι τὰς μορφὰς καὶ τὰ ἐπιτηδεύματα; ὁ μὲν γὰρ πάγκαλος καὶ τοξότης καὶ δύναμιν οὐ μικρὰν περιβεβλημένος ἁπάντων ἄρχων, ὁ δὲ θῆλυς καὶ ἡμίανδρος καὶ ἀμφίβολος τὴν ὄψιν· οὐκ ἂν διακρίναις εἴτ᾽ ἔφηβός ἐστιν εἴτε καὶ παρθένος· ὁ δὲ καὶ πέρα τοῦ εὐπρεποῦς ἀνδρικὸς ὁ Πρίαπος.

ΔΙΟΝΥΣΟΣ

Μηδὲν θαυμάσῃς, ὦ Ἄπολλον· οὐ γὰρ Ἀφροδίτη αἰτία τούτου, ἀλλὰ οἱ πατέρες διάφοροι γεγενημένοι, ὅπου γε καὶ ὁμοπάτριοι πολλάκις ἐκ μιᾶς γαστρός, ὁ μὲν ἄρσην, ἡ δὲ θήλεια, ὥσπερ ὑμεῖς, γίνονται.

ΑΠΟΛΛΩΝ

Ναί· ἀλλ᾽ ἡμεῖς ὅμοιοί ἐσμεν καὶ ταὐτὰ ἐπιτηδεύομεν· τοξόται γὰρ ἄμφω.

ΔΙΟΝΥΣΟΣ

Μέχρι μὲν τόξου τὰ αὐτά, ὦ Ἄπολλον, ἐκεῖνα μέντοι οὐχ ὅμοια, ὅτι ἡ μὲν Ἄρτεμις ξενοκτονεῖ ἐν Σκύθαις, σὺ δὲ μαντεύῃ καὶ ἰᾷ τοὺς κάμνοντας.

ΑΠΟΛΛΩΝ

Οἴει γὰρ τὴν ἀδελφὴν χαίρειν τοῖς Σκύθαις, ἥ γε καὶ παρεσκεύασται, ἤν τις Ἕλλην ἀφίκηταί ποτε εἰς τὴν Ταυρικήν, συνεκπλεῦσαι μετ᾽ αὐτοῦ μυσαττομένη τὰς σφαγάς;

[2] ΔΙΟΝΥΣΟΣ

Εὖ γε ἐκείνη ποιοῦσα. ὁ μέντοι Πρίαπος, γελοῖον γάρ τί σοι διηγήσομαι, πρῴην ἐν Λαμψάκῳ γενόμενος, ἐγὼ μὲν παρῄειν τὴν πόλιν, ὁ δὲ ὑποδεξάμενός με καὶ ξενίσας παρ᾽ αὑτῷ, ἐπειδὴ ἀνεπαυσάμεθα ἐν τῷ

3. Apollon und Dionysos

[1] Apollon
Was sagt man dazu? Drei Brüder, Eros, Hermaphroditos und Priapos, Kinder ein und derselben Mutter, und doch so völlig unähnlich in Gestalt und Tätigkeit? Der eine sehr hübsch, Bogenschütze, mit nicht geringer Macht ausgestattet und Herrscher über alles, der zweite weiblich, halbmännlich, doppeldeutig im Aussehen; man wüsste nicht zu entscheiden, ob er ein junger Mann oder auch eine junge Frau ist. Und der dritte ist geradezu ungehörig männlich, Priapos.

Dionysos
Da musst du dich nicht wundern, Apollon. Daran ist nicht Aphrodite schuld, sondern die Tatsache, dass sie unterschiedliche Väter haben, wo doch auch Kinder desselben Vaters und aus einem Bauch oft teils männlich, teils weiblich sind, wie ihr beide.[5]

Apollon
Stimmt. Aber wir ähneln einander und haben auch dieselbe Beschäftigung: Wir sind beide Bogenschützen.

Dionysos
Ja, bis zum Bogen seid ihr ganz gleich, Apollon, aber darin seid ihr einander dann doch nicht ähnlich, dass Artemis bei den Skythen Fremde tötet, du aber Orakel gibst und Kranke heilst.[6]

Apollon
Ja, glaubst du denn, dass es meiner Schwester bei den Skythen gefällt, wo sie doch, sobald nur irgendein Grieche ins taurische Land kommt, parat steht, um mit ihm wegzusegeln, so satt hat sie die Gemetzel.

[2] Dionysos
Daran tut sie jedenfalls recht. Der Priapos allerdings – da will ich dir mal eine lustige Geschichte erzählen – lebt ja seit Kurzem in Lampsakos;[7] ich besuchte die Stadt, er nahm mich auf und bewirtete mich bei sich zuhause, und als wir uns beim Gastmahl ausruhten,

συμποσίῳ ἱκανῶς ὑποβεβρεγμένοι, κατ᾽ αὐτάς που μέσας νύκτας ἐπαναστὰς ὁ γενναῖος – αἰδοῦμαι λέγειν.

ΑΠΟΛΛΩΝ

Ἐπείρα σε, Διόνυσε;

ΔΙΟΝΥΣΟΣ

Τοιοῦτόν ἐστι.

ΑΠΟΛΛΩΝ

Σὺ δὲ τί πρὸς ταῦτα;

ΔΙΟΝΥΣΟΣ

Τί γὰρ ἄλλο ἢ ἐγέλασα;

ΑΠΟΛΛΩΝ

Εὖ γε, τὸ μὴ χαλεπῶς μηδὲ ἀγρίως· συγγνωστὸς γάρ, εἰ καλόν σε οὕτως ὄντα ἐπείρα.

ΔΙΟΝΥΣΟΣ

Τούτου μὲν ἕνεκα καὶ ἐπὶ σὲ ἄν, ὦ Ἄπολλον, ἀγάγοι τὴν πεῖραν· καλὸς γὰρ σὺ καὶ κομήτης, ὡς καὶ νήφοντα ἄν σοι τὸν Πρίαπον ἐπιχειρῆσαι.

ΑΠΟΛΛΩΝ

Ἀλλ᾽ οὐκ ἐπιχειρήσει γε, ὦ Διόνυσε· ἔχω γὰρ μετὰ τῆς κόμης καὶ τόξα.

hinreichend beschwipst, da stand unser Wunderknabe mitten in der Nacht auf – es ist mir peinlich, weiterzusprechen.

Apollon

Er hat sich an dich rangemacht, Dionysos?

Dionysos

So in der Art.

Apollon

Und was hast du da getan?

Dionysos

Was wohl anderes als zu lachen?

Apollon

Bravo, dass du nicht verärgert oder brutal reagiert hast! Man muss ihm ja nachsehen, wenn er sich an dich rangemacht hat, so hübsch, wie du bist.

Dionysos

Aus dem gleichen Grund könnte er seine Attacke auch gegen dich führen, Apollon. Du bist hübsch und hast schönes langes Haar, so dass Priapos sogar nüchtern Hand an dich legen würde.

Apollon

Nein, er wird sicher nicht Hand an mich legen, Dionysos! Denn außer meinen Haaren habe ich auch meinen Bogen.

4. Ἑρμοῦ καὶ Μαίας

[1] ΕΡΜΗΣ
Ἔστι γάρ τις, ὦ μῆτερ, ἐν οὐρανῷ θεὸς ἀθλιώτερος ἐμοῦ;
ΜΑΙΑ
Μὴ λέγε, ὦ Ἑρμῆ, τοιοῦτον μηδέν.
ΕΡΜΗΣ
Τί μὴ λέγω, ὃς τοσαῦτα πράγματα ἔχω μόνος κάμνων καὶ πρὸς τοσαύτας ὑπηρεσίας διασπώμενος; ἕωθεν μὲν γὰρ ἐξαναστάντα σαίρειν δεῖ τὸ συμπόσιον καὶ διαστρώσαντα τὴν κλισίαν εὐθετίσαντα ἕκαστα παρεστάναι τῷ Διὶ καὶ διαφέρειν τὰς ἀγγελίας τὰς παρ᾽ αὐτοῦ ἄνω καὶ κάτω ἡμεροδρομοῦντα, καὶ ἐπανελθόντα ἔτι κεκονιμένον παρατιθέναι τὴν ἀμβροσίαν· πρὶν δὲ τὸν νεώνητον τοῦτον οἰνοχόον ἥκειν, καὶ τὸ νέκταρ ἐγὼ ἐνέχεον. τὸ δὲ πάντων δεινότατον, ὅτι μηδὲ νυκτὸς καθεύδω μόνος τῶν ἄλλων, ἀλλὰ δεῖ με καὶ τότε τῷ Πλούτωνι ψυχαγωγεῖν καὶ νεκροπομπὸν εἶναι καὶ παρεστάναι τῷ δικαστηρίῳ· οὐ γὰρ ἱκανά μοι τὰ τῆς ἡμέρας ἔργα, ἐν παλαίστραις εἶναι καὶ ταῖς ἐκκλησίαις κηρύττειν καὶ ῥήτορας ἐκδιδάσκειν, ἀλλ᾽ ἔτι καὶ νεκρικὰ συνδιαπράττειν μεμερισμένον. [2] καίτοι τὰ μὲν τῆς Λήδας τέκνα παρ᾽ ἡμέραν ἑκάτερος ἐν οὐρανῷ ἢ ἐν ᾅδου εἰσίν, ἐμοὶ δὲ καθ᾽ ἑκάστην ἡμέραν κἀκεῖνα καὶ ταῦτα ποιεῖν ἀναγκαῖον, καὶ οἱ μὲν Ἀλκμήνης καὶ Σεμέλης υἱοὶ ἐκ γυναικῶν δυστήνων γενόμενοι εὐωχοῦνται ἀφρόντιδες, ὁ δὲ Μαίας τῆς Ἀτλαντίδος διακονοῦμαι αὐτοῖς. καὶ νῦν ἄρτι ἥκοντά με ἀπὸ Σιδῶνος παρὰ τῆς Κάδμου θυγατρός, ἐφ᾽ ἣν πέπομφέ με ὀψόμενον ὅ τι πράττει ἡ παῖς, μηδὲ ἀναπνεύσαντα πέπομφεν αὖθις εἰς τὸ Ἄργος ἐπισκεψόμενον τὴν Δανάην, εἶτ᾽ ἐκεῖθεν »εἰς Βοιωτίαν,« φησίν, »ἐλθὼν ἐν παρόδῳ τὴν

4. *Hermes und Maia*

[1] HERMES
Ach Mutter, gibt es denn wohl im Himmel einen Gott, der noch ärmer dran ist als ich?
MAIA
Aber Hermes, sag doch so etwas nicht!
HERMES
Warum soll ich das nicht sagen, ich, der ich nichts als Ärger habe, mich ganz allein abmühen muss und zu so vielen Dienstleistungen herangezogen werde? Morgens muss ich gleich nach dem Aufstehen die Festhalle fegen, die Klinen decken, alles herrichten, Zeus aufwarten und seine Botschaften nach oben und unten überbringen, den ganzen Tag auf den Beinen, und kaum bin ich zurück, muss ich, noch staubbedeckt, Ambrosia auftragen. Bevor dieser neu angekaufte Mundschenk da war,[8] musste ich auch noch den Nektar kredenzen. Am schlimmsten ist aber, dass ich nicht mal nachts schlafen darf, als einziger von allen anderen, sondern da muss ich die Seelen zu Pluton bringen, den Totengeleiter machen und mich dem Gericht zur Verfügung stellen. Denn meine Tagesarbeiten sind ja nicht ausreichend, meine Anwesenheit auf den Ringplätzen, meine Ausrufertätigkeit bei Versammlungen, die Ausbildung der Redner, nein, obendrein sind mir auch noch die Geschäfte der Toten zugeteilt. **[2]** Dagegen sind Ledas Kinder tageweise abwechselnd im Himmel oder im Hades,[9] während ich jeden einzelnen Tag beides tun muss, und die Söhne der Alkmene und der Semele, armseliger sterblicher Frauen,[10] dürfen sorglos schmausen, aber ich, der Sohn von Maia, der Tochter des Atlas,[11] muss sie bedienen. Und gerade eben, wo ich aus Sidon von Kadmos' Tochter zurück bin, zu der er mich geschickt hatte, um mal nachzuschauen, wie es dem Mädchen so geht,[12] da darf ich noch nicht einmal Luft holen, schon schickt er mich wieder nach Argos, um einen Blick auf Danae zu werfen,[13] und dann, sagt er, »geh von dort nach Böotien, und schau doch

Ἀντιόπην ἰδέ.« καὶ ὅλως ἀπηγόρευκα ἤδη. εἰ γοῦν δυνατὸν ἦν, ἡδέως ἂν ἠξίωσα πεπρᾶσθαι, ὥσπερ οἱ ἐν γῇ κακῶς δουλεύοντες.

ΜΑΙΑ

Ἔα ταῦτα, ὦ τέκνον· χρὴ γὰρ πάντα ὑπηρετεῖν τῷ πατρὶ νεανίαν ὄντα. καὶ νῦν ὥσπερ ἐπέμφθης, σόβει εἰς Ἄργος, εἶτα εἰς τὴν Βοιωτίαν, μὴ καὶ πληγὰς βραδύνων λάβῃς· ὀξύχολοι γὰρ οἱ ἐρῶντες.

mal, bei der Gelegenheit, nach Antiope![14]« Ich bin schon total am Ende. Wäre das nur irgendwie möglich, dann würde ich gern verlangen, verkauft zu werden, gerade wie die Sklaven auf der Erde, wenn sie in schlechtem Dienst stehen.

MAIA

Lass das mal lieber, mein Kind! Es gehört sich, dass du, ein junger Mann, dem Vater jeden Dienst erweist. Und nun, wie du geschickt worden bist, hopp! Ab mit dir nach Argos, dann nach Böotien, sonst beziehst du noch Schläge für deine Langsamkeit. Liebenden kocht ja schnell die Galle hoch.

5. *Προμηθέως καὶ Διός*

[1] ΠΡΟΜΗΘΕΥΣ

Λῦσόν με, ὦ Ζεῦ· δεινὰ γὰρ ἤδη πέπονθα.

ΖΕΥΣ

Λύσω σε, φῄς, ὃν ἐχρῆν βαρυτέρας πέδας ἔχοντα καὶ τὸν Καύκασον ὅλον ὑπὲρ κεφαλῆς ἐπικείμενον ὑπὸ ἑκκαίδεκα γυπῶν μὴ μόνον κείρεσθαι τὸ ἧπαρ, ἀλλὰ καὶ τοὺς ὀφθαλμοὺς ὀρύττεσθαι, ἀνθ' ὧν τοιαῦθ' ἡμῖν ζῷα τοὺς ἀνθρώπους ἔπλασας καὶ τὸ πῦρ ἔκλεψας καὶ γυναῖκας ἐδημιούργησας; ἃ μὲν γὰρ ἐμὲ ἐξηπάτησας ἐν τῇ νομῇ τῶν κρεῶν ὀστᾶ πιμελῇ κεκαλυμμένα παραθεὶς καὶ τὴν ἀμείνω τῶν μοιρῶν σεαυτῷ φυλάττων, τί χρὴ λέγειν;

ΠΡΟΜΗΘΕΥΣ

Οὔκουν ἱκανὴν ἤδη τὴν δίκην ἐκτέτικα τοσοῦτον χρόνον τῷ Καυκάσῳ προσηλωμένος τὸν κάκιστα ὀρνέων ἀπολούμενον ἀετὸν τρέφων τῷ ἥπατι;

ΖΕΥΣ

Οὐδὲ πολλοστημόριον τοῦτο ὧν σε δεῖ παθεῖν.

ΠΡΟΜΗΘΕΥΣ

Καὶ μὴν οὐκ ἀμισθί με λύσεις, ἀλλά σοι μηνύσω τι, ὦ Ζεῦ, πάνυ ἀναγκαῖον.

[2] ΖΕΥΣ

Κατασοφίζῃ με, ὦ Προμηθεῦ.

ΠΡΟΜΗΘΕΥΣ

Καὶ τί πλέον ἕξω; οὐ γὰρ ἀγνοήσεις αὖθις ἔνθα ὁ Καύκασός ἐστιν, οὐδὲ ἀπορήσεις δεσμῶν, ἐάν τι τεχνάζων ἁλίσκωμαι.

5. Prometheus und Zeus

[1] PROMETHEUS
Lass mich laufen, Zeus! Was ich erleiden musste, war doch schon schlimm genug.[15]

ZEUS
Ich dich laufen lassen, sagst du, der du noch viel schwerere Ketten verdient hättest und den ganzen Kaukasus auf deinem Kopf und sechzehn Geier, die dir nicht nur die Leber zerhacken, sondern auch noch die Augen auspicken müssten, zur Strafe dafür, dass du uns solche Wesen wie die Menschen geformt, das Feuer gestohlen und die Frauen erschaffen hast? Und was mich betrifft: Dass du mich bei der Verteilung des Opferfleisches betrogen hast und mir in Fett eingewickelte Knochen vorgesetzt, den besseren Teil aber für dich behalten hast – muss ich das extra erwähnen?

PROMETHEUS
Bin ich denn nicht genug damit bestraft, dass ich schon so lange an den Kaukasus genagelt bin und diesen gottverdammten Vogel, deinen Adler, mit meiner Leber füttern muss?

ZEUS
Damit hast du noch nicht einmal den Bruchteil dessen bekommen, was du verdienst!

PROMETHEUS
Du sollst mich ja auch nicht umsonst laufen lassen! Ich habe vielmehr eine lebenswichtige Information für dich, Zeus.

[2] ZEUS
Du willst mich austricksen, Prometheus.

PROMETHEUS
Und was hätte ich davon? Du wirst ja beim nächsten Mal nicht vergessen haben, wo der Kaukasus liegt, und die Ketten werden dir nicht ausgegangen sein, falls du mich bei einem Trick erwischst.

ΖΕΥΣ

Εἰπὲ πρότερον ὅντινα μισθὸν ἀποτίσεις ἀναγκαῖον ἡμῖν ὄντα.

ΠΡΟΜΗΘΕΥΣ

Ἢν εἴπω ἐφ' ὅ τι βαδίζεις νῦν, ἀξιόπιστος ἔσομαί σοι καὶ περὶ τῶν ὑπολοίπων μαντευόμενος;

ΖΕΥΣ

Πῶς γὰρ οὔ;

ΠΡΟΜΗΘΕΥΣ

Παρὰ τὴν Θέτιν, συνεσόμενος αὐτῇ.

ΖΕΥΣ

Τουτὶ μὲν ἔγνως· τί δ' οὖν τὸ ἐπὶ τούτῳ; δοκεῖς γάρ τι ἐρεῖν.

ΠΡΟΜΗΘΕΥΣ

Μηδέν, ὦ Ζεῦ, κοινωνήσῃς τῇ Νηρεΐδι· ἢν γὰρ αὕτη κυοφορήσῃ ἐκ σοῦ, τὸ τεχθὲν ἴσα ἐργάσεταί σε οἷα καὶ σὺ ἔδρασας –

ΖΕΥΣ

Τοῦτο φῄς, ἐκπεσεῖσθαί με τῆς ἀρχῆς;

ΠΡΟΜΗΘΕΥΣ

Μὴ γένοιτο, ὦ Ζεῦ. πλὴν τοιοῦτό γε ἡ μῖξις αὐτῆς ἀπειλεῖ.

ΖΕΥΣ

Χαιρέτω τοιγαροῦν ἡ Θέτις· σὲ δὲ ὁ Ἥφαιστος ἐπὶ τούτοις λυσάτω.

ZEUS
Sag mir erst, was das für ein »lebenswichtiger« Lohn sein soll, den du mir zahlen willst.
PROMETHEUS
Angenommen, ich sage dir, in welcher Absicht du gerade unterwegs bist, wirst du dann auch meine weiteren Vorhersagen für vertrauenswürdig halten?
ZEUS
Natürlich.
PROMETHEUS
Du bist unterwegs zu Thetis und willst mit ihr ins Bett.
ZEUS
Richtig, das stimmt. Also, was kommt jetzt? Es sieht so aus, als würdest du tatsächlich etwas Relevantes sagen.
PROMETHEUS
Schlaf nicht mit Nereus' Tochter, Zeus! Denn wenn sie von dir schwanger wird, dann wird das Kind aus dieser Verbindung das mit dir tun, was auch du schon getan hast ...
ZEUS
Du meinst, ich werde meine Herrschaft verlieren?
PROMETHEUS
Das möge Gott verhüten, Zeus! Aber es droht dir etwas in der Art, wenn du mit ihr schläfst.
ZEUS
Also gut, Thetis adieu! Und dich soll Hephaistos zur Belohnung freilassen![16]

6. Ἔρωτος καὶ Διός

[1] ΕΡΩΣ

Ἀλλ' εἰ καί τι ἥμαρτον, ὦ Ζεῦ, σύγγνωθί μοι· παιδίον γάρ εἰμι.

ΖΕΥΣ

Σὺ παιδίον, ὦ Ἔρως, ὃς ἀρχαιότερος εἶ πολὺ Ἰαπετοῦ; ἢ διότι μὴ πώγωνα μηδὲ πολιὰς ἔφυσας, διὰ ταῦτα καὶ βρέφος ἀξιοῖς νομίζεσθαι γέρων καὶ πανοῦργος ὤν;

ΕΡΩΣ

Τί δαί σε μέγα ἠδίκησα ὁ γέρων ὡς φῂς ἐγώ, διότι με καὶ πεδῆσαι διανοῇ;

ΖΕΥΣ

Σκόπει, ὦ κατάρατε, εἰ μικρά, ὃς ἐμοὶ μὲν οὕτως ἐντρυφᾷς, ὥστε οὐδέν ἐστιν ὃ μὴ πεποίηκάς με, σάτυρον, ταῦρον, χρυσόν, κύκνον, ἀετόν· ἐμοῦ δὲ ὅλως οὐδεμίαν ἥντινα ἐρασθῆναι πεποίηκας, οὐδὲ συνῆκα ἡδὺς γυναικὶ διὰ σὲ γεγενημένος, ἀλλά με δεῖ μαγγανεύειν ἐπ' αὐτὰς καὶ κρύπτειν ἐμαυτόν· αἱ δὲ τὸν μὲν ταῦρον ἢ κύκνον φιλοῦσιν, ἐμὲ δὲ ἐὰν ἴδωσι, τεθνᾶσιν ὑπὸ τοῦ δέους.

[2] ΕΡΩΣ

Εἰκότως· οὐ γὰρ φέρουσιν, ὦ Ζεῦ, θνηταὶ οὖσαι τὴν σὴν πρόσοψιν.

ΖΕΥΣ

Πῶς οὖν τὸν Ἀπόλλω ὁ Βράγχος καὶ ὁ Ὑάκινθος φιλοῦσιν;

6. Eros und Zeus

[1] Eros
Ach Zeus, wenn ich etwas falsch gemacht habe, dann entschuldige bitte! Ich bin doch noch ein Kind.

Zeus
Ein Kind, du, Eros? Du bist um einiges älter als Iapetos![17] Oder meinst du, weil dir weder ein Bart noch graue Haare wachsen, deshalb müsste man dich gleich für ein Babychen halten? Wo du doch ein alter Mann bist – und ein Schurke!

Eros
Was hat dir denn der alte Mann, wie du mich nennst, für ein gewaltiges Unrecht getan, dass du mich dafür sogar in Ketten zu legen beabsichtigst?

Zeus
Dann sieh mal zu, du verfluchter Kerl, ob es eine Kleinigkeit ist, dass du mich derart zum Besten hältst, dass es nichts mehr gibt, wozu du mich nicht gemacht hast, zum Satyrn, zum Stier, zu Gold, zum Schwan, zum Adler.[18] Du sorgst dafür, dass sich in mich selbst nicht eine einzige verliebt, und mir ist klar, dass ich für eine Frau noch nie durch dich reizvoll geworden bin, sondern ich muss Zaubertricks gegen sie zur Anwendung bringen und meine eigene Person unkenntlich machen: Und sie küssen zwar den Schwan oder den Stier, aber wenn sie mich selbst zu Gesicht bekommen, dann fallen sie tot um vor Schreck!

[2] Eros
Natürlich! Sie können eben deinen Anblick nicht ertragen, Zeus, sterblich, wie sie sind.

Zeus
Wie kommt es dann, dass Branchos und Hyakinthos den Apoll lieben?[19]

ΕΡΩΣ

Ἀλλὰ ἡ Δάφνη κἀκεῖνον ἔφευγε καίτοι κομήτην καὶ ἀγένειον ὄντα. εἰ δ' ἐθέλεις ἐπέραστος εἶναι, μὴ ἐπίσειε τὴν αἰγίδα μηδὲ τὸν κεραυνὸν φέρε, ἀλλ' ὡς ἥδιστον ποίει σεαυτὸν, ἁπαλὸν ὀφθῆναι, καθειμένος βοστρύχους, τῇ μίτρᾳ τούτους ἀνειλημμένος, πορφυρίδα ἔχε, ὑποδέου χρυσίδας, ὑπ' αὐλῷ καὶ τυμπάνοις εὔρυθμα βαῖνε, καὶ ὄψει ὅτι πλείους ἀκολουθήσουσί σοι τῶν Διονύσου Μαινάδων.

ΖΕΥΣ

Ἄπαγε· οὐκ ἂν δεξαίμην ἐπέραστος εἶναι τοιοῦτος γενόμενος.

ΕΡΩΣ

Οὐκοῦν, ὦ Ζεῦ, μηδὲ ἐρᾶν θέλε· ῥᾴδιον γὰρ τοῦτό γε.

ΖΕΥΣ

Οὔκ, ἀλλὰ ἐρᾶν μέν, ἀπραγμονέστερον δὲ αὐτῶν ἐπιτυγχάνειν· ἐπὶ τούτοις αὐτοῖς ἀφίημί σε.

Eros

Schon, aber Daphne lief auch vor ihm weg, obwohl er so schöne lange Haare und keinen Bart hat.[20] Wenn du willst, dass man sich in dich verliebt, dann hör auf, die Aigis zu schwingen und den Blitz zu führen, und mach dich stattdessen so liebreizend, wie es geht, achte darauf, dass du mild und gütig aussiehst, lass dir lange Locken wachsen und raffe sie mit einem Band zusammen, lege ein Purpurgewand an, schnalle dir goldene Sandalen unter, schreite im Takt von Aulos und Pauke einher – und du wirst sehen, dass dir mehr Frauen nachlaufen, als Dionysos Mänaden hat.

Zeus

Geh mir aus den Augen! Zu dem Preis mag ich nicht liebenswert sein.

Eros

Dann, Zeus, schlag dir doch auch das Verliebtsein aus dem Kopf! Das ist ja nicht schwierig!

Zeus

Nein, ich will verliebt sein, aber ohne so ein Theater bei ihnen Erfolg haben. Sorge dafür, und ich lasse dich gehen.

7. Διὸς καὶ Ἑρμοῦ

ΖΕΥΣ

Τὴν τοῦ Ἰνάχου παῖδα τὴν καλὴν οἶσθα, ὦ Ἑρμῆ;

ΕΡΜΗΣ

Ναί· τὴν Ἰὼ λέγεις;

ΖΕΥΣ

Οὐκέτι παῖς ἐκείνη ἐστίν, ἀλλὰ δάμαλις.

ΕΡΜΗΣ

Τεράστιον τοῦτο· τῷ τρόπῳ δ' ἐνηλλάγη;

ΖΕΥΣ

Ζηλοτυπήσασα ἡ Ἥρα μετέβαλεν αὐτήν. ἀλλὰ καὶ και νῦν ἄλλο τι δεινὸν ἐπιμεμηχάνηται τῇ κακοδαίμονι· βουκόλον τινὰ πολυόμματον, Ἄργον τοὔνομα, ἐπέστησεν, ὃς νέμει τὴν δάμαλιν ἄϋπνος ὤν.

ΕΡΜΗΣ

Τί οὖν ἡμᾶς χρὴ ποιεῖν;

ΖΕΥΣ

Καταπτάμενος εἰς τὴν Νεμέαν – ἐκεῖ δέ που ὁ Ἄργος βουκολεῖ – ἐκεῖνον ἀπόκτεινον, τὴν δὲ Ἰὼ διὰ τοῦ πελάγους ἐς τὴν Αἴγυπτον ἀγαγὼν Ἶσιν ποίησον· καὶ τὸ λοιπὸν ἔστω θεὸς τοῖς ἐκεῖ καὶ τὸν Νεῖλον ἀναγέτω καὶ τοὺς ἀνέμους ἐπιπεμπέτω καὶ σῳζέτω τοὺς πλέοντας.

7. Zeus und Hermes

ZEUS
Kennst du Inachos' Tochter, Hermes, das hübsche Mädchen?
HERMES
Sicher! Du meinst Io?[21]
ZEUS
Die ist jetzt kein Mädchen mehr, sondern eine Kuh.
HERMES
Wie seltsam! Und wie ist sie zu ihrer neuen Gestalt gekommen?
ZEUS
Die hat Hera ihr verpasst, aus Eifersucht. Aber jetzt hat sie sich noch eine weitere Gemeinheit für die Arme ausgedacht: Sie hat einen Kuhhirten mit tausenden von Augen für sie abgestellt, Argos heißt er, der sie als Kuh auf der Weide hütet und niemals schläft.
HERMES
Und was sollen wir da jetzt machen?
ZEUS
Flieg nach Nemea – irgendwo da hat Argos seine Weide – und leg ihn um, schaff Io übers Meer nach Ägypten und mach sie zu Isis! Ab jetzt soll sie von den Leuten dort als Göttin verehrt werden, für die Nilschwemme verantwortlich sein, die Winde wehen lassen und die Seeleute retten!

8. Ἥρας καὶ Διός

[1] ΗΡΑ

Ἐξ οὗ τὸ μειράκιον τοῦτο, ὦ Ζεῦ, τὸ Φρύγιον ἀπὸ τῆς Ἴδης ἁρπάσας δεῦρο ἀνήγαγες, ἔλαττόν μοι προσέχεις τὸν νοῦν.

ΖΕΥΣ

Καὶ τοῦτο γάρ, ὦ Ἥρα, ζηλοτυπεῖς ἤδη ἀφελὲς οὕτω καὶ ἀλυπότατον; ἐγὼ δὲ ᾤμην ταῖς γυναιξὶ μόναις χαλεπήν σε εἶναι, ὁπόσαι ἂν ὁμιλήσωσιν ἐμοί.

[2] ΗΡΑ

Οὐδὲ ἐκεῖνα μὲν εὖ ποιεῖς οὐδὲ πρέποντα σεαυτῷ ὃς ἁπάντων θεῶν δεσπότης ὢν ἀπολιπὼν ἐμὲ τὴν νόμῳ γαμετὴν ἐπὶ τὴν γῆν κάτει μοιχεύσων, χρυσίον ἢ σάτυρος ἢ ταῦρος γενόμενος. πλὴν ἀλλ᾽ ἐκεῖναι μέν σοι κἂν ἐν γῇ μένουσι, τὸ δὲ τουτὶ Ἰδαῖον παιδίον ἁρπάσας ἀνέπτης, ὦ γενναιότατε ἀετῶν, καὶ συνοικεῖ ἡμῖν ἐπὶ κεφαλήν μοι ἀνενεχθέν, οἰνοχοοῦν δὴ τῷ λόγῳ. οὕτως ἠπόρεις οἰνοχόων, καὶ ἀπηγορεύκασιν ἄρα ἥ τε Ἥβη καὶ ὁ Ἥφαιστος διακονούμενοι; σὺ δὲ καὶ τὴν κύλικα οὐκ ἂν ἄλλως λάβοις παρ᾽ αὐτοῦ ἢ φιλήσας πρότερον αὐτὸν ἁπάντων ὁρώντων, καὶ τὸ φίλημά σοι ἥδιον τοῦ νέκταρος, καὶ διὰ τοῦτο οὐδὲ διψῶν πολλάκις αἰτεῖς πιεῖν· ὁτὲ δὲ καὶ ἀπογευσάμενος μόνον ἔδωκας ἐκείνῳ, καὶ πιόντος ἀπολαβὼν τὴν κύλικα ὅσον ὑπόλοιπον ἐν αὐτῇ πίνεις, ὅθεν καὶ ὁ παῖς ἔπιε καὶ ἔνθα προσήρμοσε τὰ χείλη, ἵνα καὶ πίνῃς ἅμα καὶ φιλῇς· πρῴην δὲ ὁ βασιλεὺς καὶ ὁ πάντων πατὴρ ἀποθέμενος τὴν αἰγίδα καὶ τὸν κεραυνὸν ἐκάθησο ἀστραγαλίζων μετ᾽ αὐτοῦ πώγωνα τηλικοῦτον καθειμένος. ἅπαντα οὖν ὁρῶ ταῦτα, ὥστε μὴ οἴου λανθάνειν.

8. Zeus und Hera

[1] HERA
Seit du dieses Phrygerbürschchen im Ida geraubt und hierher hochgebracht hast, Zeus, bist du nicht mehr so aufmerksam mir gegenüber.[22]
ZEUS
Bist du denn sogar auf den eifersüchtig, Hera, so einen einfachen Jungen, der nun wirklich niemandem Kummer macht? Und ich dachte immer, du seiest nur auf all die Frauen sauer, die mit mir verkehren.
[2] HERA
Auch da benimmst du dich schlecht und unangemessen für den Herrn aller Götter, wenn du mich, deine gesetzlich angetraute Ehefrau, allein lässt und zur Erde hinabsteigst, um Ehebruch zu treiben, als Goldregen, Satyr oder Stier![23] Aber die lässt du wenigstens schön auf der Erde bleiben, diesen Burschen vom Ida hingegen hast du dir gekrallt und bist mit ihm emporgeflogen, du hochedler Adler, und jetzt wohnt er bei uns und tanzt mir auf der Nase herum, offiziell als Weinschenk, klar. Du hattest ja wirklich Mangel an Weinschenken, und Hebe war also schon verschlissen, ebenso Hephaistos, als Diener? Und du kannst nicht mal den Pokal von ihm entgegennehmen, ohne ihn vorher zu küssen, vor aller Augen, der Kuss schmeckt dir besser als der Nektar, und das ist auch der Grund, warum du ständig zu trinken verlangst, obwohl du gar nicht durstig bist. Manchmal nippst du nur daran und gibst ihm den Pokal, und hat er getrunken, nimmst du ihn wieder zurück und trinkst den Rest dort, wo auch der Junge getrunken und seine Lippen aufgesetzt hat, damit du zugleich trinken und küssen kannst. Ja, neulich hast du, König und Allvater, die Aigis aus der Hand und den Blitz auf den Boden gelegt und mit ihm gewürfelt, du mit deinem langen Bart! Ich sehe das alles, glaub ja nicht, ich kriegte das nicht mit!

[3] ΖΕΥΣ

Καὶ τί δεινόν, ὦ Ἥρα, μειράκιον οὕτω καλὸν μεταξὺ πίνοντα καταφιλεῖν καὶ ἥδεσθαι ἀμφοῖν καὶ τῷ φιλήματι καὶ τῷ νέκταρι; ἢν γοῦν ἐπιτρέψω αὐτῷ κἂν ἅπαξ φιλῆσαί σε, οὐκέτι μέμψῃ μοι ποτιμώτερον τοῦ νέκταρος οἰομένῳ τὸ φίλημα εἶναι.

ΗΡΑ

Παιδεραστῶν οὗτοι λόγοι. ἐγὼ δὲ μὴ οὕτω μανείην ὡς τὰ χείλη προσενεγκεῖν τῷ μαλθακῷ τούτῳ Φρυγὶ οὕτως ἐκτεθηλυμένῳ.

ΖΕΥΣ

Μή λοιδοροῦ, ὦ γενναιοτάτη, τοῖς παιδικοῖς· οὑτοσὶ γὰρ ὁ θηλυδρίας, ὁ βάρβαρος, ὁ μαλθακός, ἡδίων ἐμοὶ καὶ ποθεινότερος – οὐ βούλομαι δὲ εἰπεῖν, μή σε παροξύνω ἐπὶ πλέον.

[4] ΗΡΑ

Εἴθε καὶ γαμήσειας αὐτὸν ἐμοῦ γε οὕνεκα· μέμνησο γοῦν οἷά μοι διὰ τὸν οἰνοχόον τοῦτον ἐμπαροινεῖς.

ΖΕΥΣ

Οὔκ, ἀλλὰ τὸν Ἥφαιστον ἔδει τὸν σὸν υἱὸν οἰνοχοεῖν ἡμῖν χωλεύοντα, ἐκ τῆς καμίνου ἥκοντα, ἔτι τῶν σπινθήρων ἀνάπλεων, ἄρτι τὴν πυράγραν ἀποτεθειμένον, καὶ ἀπ' ἐκείνων αὐτοῦ τῶν δακτύλων λαμβάνειν ἡμᾶς τὴν κύλικα καὶ ἐπισπασαμένους γε φιλῆσαι μεταξύ; ὃν οὐδ' ἂν ἡ μήτηρ σὺ ἡδέως φιλήσειας ὑπὸ τῆς ἀσβόλου κατῃθαλωμένον τὸ πρόσωπον; ἡδίω ταῦτα· οὐ γάρ παρὰ πολὺ ὁ οἰνοχόος ἐκεῖνος ἐμπρέπει τῷ συμποσίῳ τῶν θεῶν, ὁ Γανυμήδης δὲ καταπεμπτέος αὖθις ἐς τὴν Ἴδην· καθάριος γὰρ καὶ ῥοδοδάκτυλος καὶ ἐπισταμένως ὀρέγει τὸ ἔκπωμα, καὶ ὅ σε λυπεῖ μάλιστα, καὶ φιλεῖ ἥδιον τοῦ νέκταρος.

[3] Zeus
Und was ist daran schlimm, Hera, ein so hübsches Bürschchen beim Trinken abzuküssen und an beidem zugleich sein Vergnügen zu haben, am Kuss und am Nektar? Wenn ich ihm mal erlaube, nur ein einziges Mal, dich zu küssen, dann wirst du mich nicht mehr dafür auszanken, dass ich seinen Kuss für ein besseres Getränke halte als Nektar.
Hera
Päderastengerede ist das! Was mich betrifft, werde ich nicht so verrückt sein, diesen weichen und weibischen Phryger da mit meinen Lippen zu berühren.
Zeus
Nun, meine Beste, schimpf nicht auf meinen Liebling! Denn dieser mädchenhafte Junge, dieser Barbar, dieser Weichling, der ist mir lieber und begehrenswerter – nein, ich will's nicht sagen, um dich nicht noch mehr aufzubringen.
[4] Hera
Von mir aus hättest du ruhig ihn heiraten können! Erinnere dich doch mal, was du mir wegen dieses Mundschenks im Suff schon an Unverschämtheiten serviert hast!
Zeus
Nein, aber sollten wir deinen Sohn, Hephaistos, den Wein einschenken lassen, den Hinker, direkt vom Ofen, noch voller Funken, gerade dass er die Feuerzange aus der Hand gelegt hat, und sollten wir aus solchen Fingern den Pokal nehmen, ihn dabei an uns drücken und küssen? Ihn, den mit seinem rußverbrannten Gesicht nicht mal du, seine eigene Mutter, gern küssen würdest? Da ist das jetzt doch angenehmer! Denn jener Weinschenk da taugt entschieden nicht als Zierde für das Gelage der Götter – aber den Ganymed sollen wir wieder zum Ida hinunterschicken! Denn er ist reinlich, hat Rosenfinger, weiß, wie man den Becher zu kredenzen hat, und außerdem – und das ärgert dich besonders – ist auch sein Kuss lieblicher als der Nektar.

[5] ΗΡΑ

Νῦν καὶ χωλός, ὦ Ζεῦ, ὁ Ἥφαιστος καὶ οἱ δάκτυλοι αὐτοῦ ἀνάξιοι τῆς σῆς κύλικος καὶ ἀσβόλου μεστός ἐστι, καὶ ναυτιᾷς ὁρῶν αὐτόν, ἐξ οὗ τὸν καλὸν τοῦτον ἡ Ἴδη ἀνέθρεψεν· πάλαι δὲ οὐχ ἑώρας ταῦτα, οὐδὲ οἱ σπινθῆρες οὐδὲ ἡ κάμινος ἀπέτρεπόν σε μὴ οὐχὶ πίνειν παρ᾽ αὐτοῦ.

ΖΕΥΣ

Λυπεῖς, ὦ Ἥρα, σεαυτήν, οὐδὲν ἄλλο, κἀμοὶ ἐπιτείνεις τὸν ἔρωτα ζηλοτυποῦσα· εἰ δὲ ἄχθῃ παρὰ παιδὸς ὡραίου δεχομένη τὸ ἔκπωμα, σοὶ μὲν ὁ υἱὸς οἰνοχοείτω, σὺ δέ, ὦ Γανύμηδες, ἐμοὶ μόνῳ ἀναδίδου τὴν κύλικα καὶ ἐφ᾽ ἑκάστῃ δὶς φίλει με καὶ ὅτε πλήρη ὀρέγοις κᾆτα αὖθις ὁπότε παρ᾽ ἐμοῦ ἀπολαμβάνοις. τί τοῦτο; δακρύεις; μὴ δέδιθι· οἰμώξεται γάρ, ἤν τίς σε λυπεῖν θέλῃ.

[5] Hera
Aha, heutzutage ist Hephaistos also lahm, Zeus, und sind seine Finger deines Pokals unwürdig, und ist er voll Asche, und dir wird übel, wenn du ihn siehst – nämlich seit der Ida uns diesen Schönen da großgezogen hat. Früher hast du das gar nicht bemerkt, und auch die Funken und der Ofen haben dich nicht davon abgeschreckt, aus seiner Hand den Trank entgegenzunehmen.
Zeus
Du machst niemandem Kummer außer dir selbst, Hera, sonst nichts, und mir verlängerst du durch deine Eifersucht nur meine Leidenschaft. Wenn es dich belastet, von einem hübschen Jungen den Becher entgegenzunehmen, dann soll dir dein Sohn den Wein einschenken, und du, Ganymed, reiche den Pokal mir allein und gib mir beide Male gleich zwei Küsse, sowohl, wenn du ihn mir gefüllt reichst, als auch dann wieder, wenn du ihn von mir zurücknimmst! – Was denn? Tränen? Keine Angst! Wenn dir einer ein Leid zufügen will, wird er Grund zu Kummer haben!

9. Ἥρας καὶ Διός

[1] ΗΡΑ

Τὸν Ἰξίονα τοῦτον, ὦ Ζεῦ, ποῖόν τινα τὸν τρόπον ἡγῇ;

ΖΕΥΣ

Ἄνθρωπον εἶναι χρηστόν, ὦ Ἥρα, καὶ συμποτικόν· οὐ γὰρ ἂν συνῆν ἡμῖν ἀνάξιος τοῦ συμποσίου ὤν.

ΗΡΑ

Ἀλλὰ ἀνάξιός ἐστιν, ὑβριστής γε ὤν· ὥστε μηκέτι συνέστω.

ΖΕΥΣ

Τί δαὶ ὕβρισεν; χρὴ γάρ, οἶμαι, κἀμὲ εἰδέναι.

ΗΡΑ

Τί γὰρ ἄλλο; – καίτοι αἰσχύνομαι εἰπεῖν αὐτό· τοιοῦτόν ἐστιν ὃ ἐτόλμησεν.

ΖΕΥΣ

Καὶ μὴν διὰ τοῦτο καὶ μᾶλλον εἴποις ἄν, ὅσον καὶ αἰσχίοσιν ἐπεχείρησε. μῶν δ᾽ οὖν ἐπείρα τινά; συνίημι γὰρ ὁποῖόν τι τὸ αἰσχρόν, ὅπερ ἂν σὺ ὀκνήσειας εἰπεῖν.

[2] ΗΡΑ

Αὐτὴν ἐμέ, οὐκ ἄλλην τινά, ὦ Ζεῦ, πολὺν ἤδη χρόνον. καὶ τὸ μὲν πρῶτον ἠγνόουν τὸ πρᾶγμα, διότι ἀτενὲς ἀφεώρα εἰς ἐμέ· ὁ δὲ καὶ ἔστενε καὶ ὑπεδάκρυε, καὶ εἴ ποτε πιοῦσα παραδοίην τῷ Γανυμήδει τὸ ἔκπωμα, ὁ δὲ ᾔτει ἐν αὐτῷ ἐκείνῳ πιεῖν καὶ λαβὼν ἐφίλει μεταξὺ καὶ πρὸς τοὺς ὀφθαλμοὺς προσῆγε καὶ αὖθις ἀφεώρα ἐς ἐμέ· ταῦτα δὲ ἤδη συνίην ἐρωτικὰ ὄντα. καὶ ἐπὶ πολὺ μὲν ᾐδούμην λέγειν πρὸς σὲ καὶ ᾤμην παύσεσθαι τῆς μανίας τὸν ἄνθρωπον· ἐπεὶ δὲ καὶ λόγους ἐτόλμησέ μοι

9. Hera und Zeus

[1] HERA
Dieser Ixion, Zeus, was hältst du von seinem Charakter?[24]
ZEUS
Ich denke, er ist ein ordentlicher Mensch, Hera, und ein guter Genosse beim Gelage; wäre er des Gelages unwürdig, wäre er nicht hier bei uns.
HERA
Aber er ist unwürdig, weil er ein Frevler ist! Er soll nicht mehr dabeisein!
ZEUS
Wie bitte, ein Frevler? Ich denke, das sollte wohl auch ich erfahren!
HERA
Was wohl sonst als ...? – Allerdings, es ist mir peinlich, das zu erzählen – von dieser Art ist sein Übergriff.
ZEUS
Und gerade deswegen solltest du es mir erst recht sagen, je schändlicher seine Aktion war! Er hat sich doch nicht etwa an jemanden herangemacht? – Ah, ich ahne schon, worum es bei dieser Schändlichkeit geht, die du mir lieber nicht erzählen magst.
[2] HERA
An mich persönlich, keine andere, Zeus, und das schon seit geraumer Zeit. Zuerst habe ich ja gar nicht verstanden, was los war, als er mich so unverwandt angestarrt hat. Er ächzte, verdrückte ein paar Tränchen, und wenn ich mal getrunken hatte und dem Ganymed den Becher gab, dann wollte er genau aus demselben trinken, griff nach ihm, küsste ihn ab, hielt ihn sich vor die Augen und schaute dann wieder auf mich. Da habe ich dann erst verstanden, dass es etwas Erotisches war. Lange habe ich mich geniert, dir davon zu erzählen, und dachte mir, der Mensch würde mit seinen Verrücktheiten schon noch aufhören. Als er sich dann aber traute, auch noch das Wort an mich zu richten, da schickte ich ihn weg, trotz seinem Ge-

προσενεγκεῖν, ἐγὼ μὲν ἀφεῖσα αὐτὸν ἔτι δακρύοντα καὶ προκυλινδούμενον, ἐπιφραξαμένη τὰ ὦτα, ὡς μηδὲ ἀκούσαιμι αὐτοῦ ὑβριστικὰ ἱκετεύοντος, ἀπῆλθον σοὶ φράσουσα· σὺ δὲ αὐτὸς ὅρα, ὅπως μέτει τὸν ἄνδρα.

[3] ΖΕΥΣ

Εὖ γε ὁ κατάρατος· ἐπ᾽ ἐμὲ αὐτὸν καὶ μέχρι τῶν Ἥρας γάμων; τοσοῦτον ἐμεθύσθη τοῦ νέκταρος; ἀλλ᾽ ἡμεῖς τούτων αἴτιοι καὶ πέρα τοῦ μετρίου φιλάνθρωποι, οἵ γε καὶ συμπότας αὐτοὺς ἐποιησάμεθα. συγγνωστοὶ οὖν, εἰ πιόντες ὅμοια ἡμῖν καὶ ἰδόντες οὐράνια κάλλη καὶ οἷα οὐδέποτε εἶδον ἐπὶ γῆς, ἐπεθύμησαν ἀπολαῦσαι αὐτῶν ἔρωτι ἁλόντες· ὁ δ᾽ ἔρως βίαιόν τί ἐστι καὶ οὐκ ἀνθρώπων μόνον ἄρχει, ἀλλὰ καὶ ἡμῶν αὐτῶν ἐνίοτε.

ΗΡΑ

Σοῦ μὲν καὶ πάνυ οὗτός γε δεσπότης ἐστὶν καὶ ἄγει σε καὶ φέρει τῆς ῥινός, φασίν, ἕλκων, καὶ σὺ ἕπῃ αὐτῷ ἔνθα ἂν ἡγῆταί σοι, καὶ ἀλλάττῃ ῥᾳδίως ἐς ὅ τι ἂν κελεύσῃ σέ, καὶ ὅλως κτῆμα καὶ παιδιὰ τοῦ ἔρωτος σύ γε· καὶ νῦν οἶδα ἐγὼ τῷ Ἰξίονι συγγνώμην ἀπονέμεις ἅτε καὶ αὐτὸς μοιχεύσας ποτὲ αὐτοῦ τὴν γυναῖκα, ἥ σοι τὸν Πειρίθουν ἔτεκεν.

[4] ΖΕΥΣ

Ἔτι γὰρ σὺ μέμνησαι ἐκείνων, εἴ τι ἐγὼ ἔπαιξα εἰς γῆν κατελθών; ἀτὰρ οἶσθα ὅ μοι δοκεῖ περὶ τοῦ Ἰξίονος; κολάζειν μὲν μηδαμῶς αὐτὸν μηδὲ ἀπωθεῖν τοῦ συμποσίου· σκαιὸν γάρ· ἐπεὶ δὲ ἐρᾷ καὶ ὡς φῄς δακρύει καὶ ἀφόρητα πάσχει –

ΗΡΑ

Τί, ὦ Ζεῦ; δέδια γάρ, μή τι ὑβριστικὸν καὶ σὺ εἴπῃς.

schluchze und obwohl er sich vor mir auf dem Boden wälzte, hielt mir die Ohren zu, um sein übergriffiges Gebettel nicht mehr mitanhören zu müssen, und dann machte ich mich auf, es dir zu sagen. Du musst selbst zusehen, wie du dich an dem Mann rächen willst.

[3] ZEUS

Na bravo, der verfluchte Kerl! Gegen mich persönlich und bis zu meiner Ehe mit Hera? Hat ihn der Nektar so betrunken gemacht? Aber daran sind wir selbst schuld mit unserer Menschenfreundlichkeit, die jedes Maß übersteigt, so weit, dass wir sie sogar zu Mitzechern erhoben haben. Da muss man es ihnen jetzt nachsehen, dass sie, wenn sie das gleiche trinken wie wir und himmlische Schönheit erblicken, Dinge, die sie auf Erden noch nie gesehen haben, sie dann auch zu genießen verlangen, von Begehren gepackt. Begehren ist ja etwas Gewalttätiges und beherrscht nicht nur Menschen, sondern manchmal sogar uns.

HERA

Ja, und dein Herr und Gebieter ist Eros ganz besonders und zieht und zerrt dich an der Nase herum, wie man so sagt, und du läufst ihm nach, wohin er dich auch führt, verwandelst dich bereitwillig in alles, was er dir befiehlt, und überhaupt bist du jedenfalls Eros' persönliches Besitztum und Spielzeug. Ich weiß schon jetzt, du gewährst Ixion Verzeihung, weil du ja auch selbst mit seiner Frau Ehebruch getrieben hast; die hat dir dann den Peirithoos zur Welt gebracht.[25]

[4] ZEUS

Ja, denkst du daran denn immer noch, wo ich mir doch nur mal unten auf der Erde einen kleinen Scherz erlaubt habe? Sei's drum! Weißt du, was ich in Sachen Ixion beschließe? Ich werde ihn auf jeden Fall nicht bestrafen und auch nicht vom Festmahl ausschließen. Das wäre ja unsensibel. Wo er doch verliebt ist und, wie du sagst, Tränen vergießt und unerträgliche Schmerzen leidet –

HERA

Wie bitte, Zeus? Mir schwant, sogar du willst gleich etwas Übergriffiges von dir geben!

ΖΕΥΣ
Μηδαμῶς· ἀλλ᾽ εἴδωλον ἐκ νεφέλης πλασάμενοι αὐτῇ σοι ὅμοιον, ἐπειδὰν λυθῇ τὸ συμπόσιον κἀκεῖνος ἀγρυπνῇ, ὡς τὸ εἰκός, ὑπὸ τοῦ ἔρωτος, συγκατακλίνωμεν αὐτῷ φέροντες· οὕτω γὰρ ἀναπαύσαιτο ἀνιώμενος οἰηθεὶς τετυχηκέναι τῆς ἐπιθυμίας.

ΗΡΑ
Ἄπαγε, μὴ ὥρας ἵκοιτο τῶν ὑπὲρ αὐτὸν ἐπιθυμῶν.

ΖΕΥΣ
Ὅμως ὑπόμεινον, ὦ Ἥρα. τί γὰρ ἂν πάθοις δεινὸν ἀπὸ τοῦ πλάσματος, εἰ νεφέλῃ ὁ Ἰξίων συνέσται;

[5] ΗΡΑ
Ἀλλ᾽ ἡ νεφέλη ἐγὼ εἶναι δόξω, καὶ τὸ αἰσχρὸν ἐπ᾽ ἐμὲ ποιήσει διὰ τὴν ὁμοιότητα.

ΖΕΥΣ
Οὐδὲν τοῦτο φῄς· οὔτε γὰρ ἡ νεφέλη ποτὲ Ἥρα γένοιτ᾽ ἂν οὔτε σὺ νεφέλη· ὁ δ᾽ Ἰξίων μόνον ἐξαπατηθήσεται.

ΗΡΑ
Ἀλλὰ οἱ πάντες ἄνθρωποι ἀπειρόκαλοί εἰσιν· αὐχήσει κατελθὼν ἴσως καὶ διηγήσεται πᾶσι λέγων συγγεγενῆσθαι τῇ Ἥρᾳ καὶ σύλλεκτρος εἶναι τῷ Διί, καί που τάχα ἐρᾶν με φήσειεν αὐτοῦ, οἱ δὲ πιστεύσουσιν οὐκ εἰδότες ὡς νεφέλῃ συνῆν.

ΖΕΥΣ
Οὐκοῦν, ἤν τι τοιοῦτον εἴπῃ, ἐς ᾅδην ἐμπεσὼν τροχῷ ἄθλιος προσδεθεὶς συμπεριενεχθήσεται μετ᾽ αὐτοῦ ἀεὶ καὶ πόνον ἄπαυστον ἕξει δίκην διδοὺς οὐ τοῦ ἔρωτος – οὐ γὰρ δεινὸν τοῦτό γε – ἀλλὰ τῆς μεγαλαυχίας.

Zeus
Aber nein! Stattdessen werde ich aus einer Wolke ein Abbild von dir formen, das dir täuschend ähnlich sieht, und wenn dann das Fest zuende ist und er, wie nicht anders zu erwarten, vor lauter Begehren nicht schlafen kann, dann bringe ich es ihm und lege es ihm ins Bett. So soll er dann geheilt sein und Ruhe finden, im Glauben, seine Leidenschaft habe sich erfüllt.

Hera
Nein, hol ihn der Geier dafür, dass er begehrt, was über ihm steht.

Zeus
Nun nimm es doch hin, Hera! Welcher Schaden entsteht dir schon durch dieses Täuschungsmanöver, wenn Ixion mit einer Wolke schläft?

[5] Hera
Aber er wird die Wolke für mich halten, und aufgrund der Ähnlichkeit bin dann ich es, der er die Schande antut!

Zeus
Das ist doch Unsinn! Weder könnte ja die Wolke jemals Hera werden noch du eine Wolke: Nur Ixion wird reingelegt!

Hera
Aber die Menschen sind doch alle miteinander geschmacklos! Bei seiner Rückkehr wird er sich vielleicht brüsten und allen erzählen, er habe mit Hera geschlafen und teile ihr Bett mit Zeus, und vielleicht wird er sogar behaupten, ich sei in ihn verliebt, und man wird ihm Glauben schenken, weil keiner weiß, dass er mit einer Wolke geschlafen hat.

Zeus
Also, wenn er so etwas erzählt, dann wird er in den Hades geworfen und dort als Verbrecher auf ein Rad geflochten und in alle Ewigkeit auf ihm gedreht, und er wird unaufhörliche Qualen erdulden zur Strafe, nicht für seine Leidenschaft – denn die ist ja kein Verbrechen –, sondern für seine Prahlerei.

10. Διὸς καὶ Γανυμήδους

[1] ΖΕΥΣ

Ἄγε, ὦ Γανύμηδες – ἥκομεν γὰρ ἔνθα ἐχρῆν – φίλησόν με ἤδη, ὅπως εἰδῇς οὐκέτι ῥάμφος ἀγκύλον ἔχοντα οὐδ᾽ ὄνυχας ὀξεῖς οὐδὲ πτερά, οἷος ἐφαινόμην σοι πτηνὸς εἶναι δοκῶν.

ΓΑΝΥΜΗΔΗΣ

Ἄνθρωπε, οὐκ ἀετὸς ἄρτι ἦσθα καὶ καταπτάμενος ἥρπασάς με ἀπὸ μέσου τοῦ ποιμνίου; πῶς οὖν τὰ μὲν πτερά σοι ἐκεῖνα ἐξερρύηκε, σὺ δὲ ἄλλος ἤδη ἀναπέφηνας;

ΖΕΥΣ

Ἀλλ᾽ οὔτε ἄνθρωπον ὁρᾷς, ὦ μειράκιον, οὔτε ἀετὸν, ὁ δὲ πάντων βασιλεὺς τῶν θεῶν οὗτός εἰμι πρὸς τὸν καιρὸν ἀλλάξας ἐμαυτόν.

ΓΑΝΥΜΗΔΗΣ

Τί φῄς; σὺ γὰρ ὁ Πὰν ἐκεῖνος εἶ; εἶτα πῶς σύριγγα οὐκ ἔχεις οὐδὲ κέρατα οὐδὲ λάσιος εἶ τὰ σκέλη;

ΖΕΥΣ

Μόνον γὰρ ἐκεῖνον ἡγῇ θεόν;

ΓΑΝΥΜΗΔΗΣ

Ναί· καὶ θύομέν γε αὐτῷ ἔνορχιν τράγον ἐπὶ τὸ σπήλαιον ἄγοντες, ἔνθα ἕστηκε· σὺ δὲ ἀνδραποδιστής τις εἶναί μοι δοκεῖς.

[2] ΖΕΥΣ

Εἰπέ μοι, Διὸς δὲ οὐκ ἤκουσας ὄνομα οὐδὲ βωμὸν εἶδες ἐν τῷ Γαργάρῳ τοῦ ὕοντος καὶ βροντῶντος καὶ ἀστραπὰς ποιοῦντος;

ΓΑΝΥΜΗΔΗΣ

Σύ, ὦ βέλτιστε, φῄς εἶναι, ὁ πρῴην κατέχεας ἡμῖν τὴν πολλὴν χάλαζαν,

10. Zeus und Ganymed

[1] ZEUS
Komm, mein Ganymed – hier sind wir am Ziel unserer Reise –, und gib mir mal einen Kuss, damit du merkst, dass ich keinen krummen Schnabel, keine scharfen Krallen und auch keine Flügel mehr habe wie eben, als ich mich dir noch in Vogelgestalt gezeigt habe.
GANYMED
Mensch, warst du nicht eben noch ein Adler, der auf mich herabstieß und mich mitten aus meiner Herde raubte? Wie sind dir denn so schnell diese Federn ausgefallen, und wie kommt es, dass du jetzt ganz anders aussiehst?
ZEUS
Nein, mein Kleiner, du hast weder einen Menschen vor dir noch einen Adler, sondern vor dir stehe ich, der König aller Götter! Ich hatte mich nur zu diesem Anlass verwandelt.
GANYMED
Wie bitte? Dann bist du also dieser Pan! Aber warum hast du dann keine Syrinx und keine Hörner und keine Haare an den Beinen?
ZEUS
Hältst du nur ihn für einen Gott?
GANYMED
Ja! Jedenfalls opfern wir ihm einen unverschnittenen Bock bei der Höhle, wo sein Bild steht. Und du, würde ich sagen, bist einfach ein Kinderräuber!
[2] ZEUS
Sag mir, hast du noch nie den Namen Zeus gehört und noch nie im Gargaron[26] seinen Altar gesehen – von Zeus? – ihm, der es regnen, donnern und blitzen lässt?
GANYMED
Der willst du sein, guter Mann, der uns vorgestern diesen vielen Hagel beschert hat? Der angeblich weit oben im Himmel wohnt, der

ὁ οἰκεῖν ὑπεράνω λεγόμενος, ὁ ποιῶν τὸν ψόφον, ᾧ τὸν κριὸν ὁ πατὴρ ἔθυσεν; εἶτα τί ἀδικήσαντά με ἀνήρπασας, ὦ βασιλεῦ τῶν θεῶν; τὰ δὲ πρόβατα ἴσως οἱ λύκοι διαρπάσονται ἤδη ἐρήμοις ἐπιπεσόντες.

ΖΕΥΣ

Ἔτι γὰρ μέλει σοι τῶν προβάτων ἀθανάτῳ γεγενημένῳ καὶ ἐνταῦθα συνεσομένῳ μεθ' ἡμῶν;

ΓΑΝΥΜΗΔΗΣ

Τί λέγεις; οὐ γὰρ κατάξεις με ἤδη ἐς τὴν Ἴδην τήμερον;

ΖΕΥΣ

Οὐδαμῶς· ἐπεὶ μάτην ἀετὸς εἴην ἀντὶ θεοῦ γεγενημένος.

ΓΑΝΥΜΗΔΗΣ

Οὐκοῦν ἐπιζητήσει με ὁ πατὴρ καὶ ἀγανακτήσει μὴ εὑρίσκων, καὶ πληγὰς ὕστερον λήψομαι καταλιπὼν τὸ ποίμνιον.

ΖΕΥΣ

Ποῦ γὰρ ἐκεῖνος ὄψεταί σε;

ΓΑΝΥΜΗΔΗΣ

Μηδαμῶς· ποθῶ γὰρ ἤδη αὐτόν. εἰ δὲ ἀπάξεις με, ὑπισχνοῦμαί σοι καὶ ἄλλον παρ' αὐτοῦ κριὸν τυθήσεσθαι λύτρα ὑπὲρ ἐμοῦ. ἔχομεν δὲ τὸν τριετῆ, τὸν μέγαν, ὃς ἡγεῖται πρὸς τὴν νομήν.

[3] ΖΕΥΣ

Ὡς ἀφελὴς ὁ παῖς ἐστι καὶ ἁπλοϊκὸς καὶ αὐτὸ δὴ τοῦτο παῖς ἔτι. – ἀλλ', ὦ Γανύμηδες, ἐκεῖνα μὲν πάντα χαίρειν ἔα καὶ ἐπιλάθου αὐτῶν, τοῦ ποιμνίου καὶ τῆς Ἴδης. σὺ δὲ – ἤδη γὰρ ἐπουράνιος εἶ – πολλὰ εὖ ποιήσεις ἐντεῦθεν καὶ τὸν πατέρα καὶ πατρίδα, καὶ ἀντὶ μὲν τυροῦ καὶ γάλακτος ἀμβροσίαν ἔδῃ καὶ νέκταρ πίῃ· τοῦτο μέντοι καὶ τοῖς ἄλλοις ἡμῖν αὐτὸς παρέξεις ἐγχέων· τὸ δὲ μέγιστον, οὐκέτι ἄνθρωπος, ἀλλὰ

ständig diesen Krach macht und dem mein Vater den Widder geopfert hat? Was habe ich denn Böses getan, dass du mich geraubt hast, oh König der Götter? Und vielleicht fallen jetzt schon die Wölfe über meine schutzlosen Schafe her und zerreißen sie!

ZEUS

Denkst du denn immer noch an deine Schafe, jetzt, wo du unsterblich bist und hier bei uns wohnen wirst?

GANYMED

Wie bitte? Bringst du mich denn heute nicht wieder zum Ida zurück?

ZEUS

Bestimmt nicht! Dann hätte ich mich ja für nichts und wieder nichts von einem Gott in einen Adler verwandelt.

GANYMED

Aber mein Vater wird mich suchen und böse werden, wenn er mich nicht findet, und später kriege ich dann Schläge, weil ich meine Herde allein gelassen habe.

ZEUS

Wo sollte er dich denn zu Gesicht bekommen?

GANYMED

Bitte nicht! Ich hab doch schon jetzt Heimweh nach ihm! Wenn du mich zurückbringst, dann verspreche ich dir, dass er dir noch einen Widder opfern wird, als Lösegeld für mich. Wir haben ja noch den dreijährigen, den großen, der die Herde zur Weide führt.

[3] ZEUS

Wie unverstellt der Junge ist, wie naiv, so ganz Kind noch! – Aber, mein lieber Ganymed, schlag dir das alles aus dem Kopf und denk nicht mehr dran, an deine Herde und den Ida. Du bist ja jetzt einer der Himmlischen, da wirst du von hier oben deinem Vater und deiner Heimat viel Gutes tun können, und statt Käse und Milch wirst du Ambrosia essen und Nektar trinken, den du übrigens auch uns anderen kredenzen sollst. Aber das Tollste ist, dass du kein Mensch mehr sein wirst, sondern ein unsterblicher Gott: Und ei-

θεὸς ἀθάνατος γενήσῃ, καὶ ἀστέρα σου φαίνεσθαι ποιήσω κάλλιστον, καὶ ὅλως εὐδαίμων ἔσῃ.

ΓΑΝΥΜΗΔΗΣ

Ἢν δὲ παίζειν ἐπιθυμήσω, τίς συμπαίξεταί μοι; ἐν γὰρ τῇ Ἴδῃ πολλοὶ ἡλικιῶται ἦμεν.

ΖΕΥΣ

Ἔχεις κἀνταῦθα τὸν συμπαιξόμενόν σοι τουτονὶ τὸν Ἔρωτα καὶ ἀστραγάλους μάλα πολλούς. θάρρει μόνον καὶ φαιδρὸς ἴσθι καὶ μηδὲν ἐπιπόθει τῶν κάτω.

[4] ΓΑΝΥΜΗΔΗΣ

Τί δαὶ ὑμῖν χρήσιμος ἂν γενοίμην; ἢ ποιμαίνειν δεήσει κἀνταῦθα;

ΖΕΥΣ

Οὔκ, ἀλλ' οἰνοχοήσεις καὶ ἐπὶ τοῦ νέκταρος τετάξῃ καὶ ἐπιμελήσῃ τοῦ συμποσίου.

ΓΑΝΥΜΗΔΗΣ

Τοῦτο μὲν οὐ χαλεπόν· οἶδα γὰρ ὡς χρὴ ἐγχέαι τὸ γάλα καὶ ἀναδοῦναι τὸ κισσύβιον.

ΖΕΥΣ

Ἰδού, πάλιν οὗτος γάλακτος μνημονεύει καὶ ἀνθρώποις διακονήσεσθαι οἴεται· ταυτὶ δὲ οὐρανός ἐστι, καὶ πίνομεν, ὥσπερ ἔφην, τὸ νέκταρ.

ΓΑΝΥΜΗΔΗΣ

Ἥδιον, ὦ Ζεῦ, τοῦ γάλακτος;

ΖΕΥΣ

Εἴσῃ μετ' ὀλίγον καὶ γευσάμενος οὐκέτι ποθήσεις τὸ γάλα.

ΓΑΝΥΜΗΔΗΣ

Κοιμήσομαι δὲ ποῦ τῆς νυκτός; ἢ μετὰ τοῦ ἡλικιώτου Ἔρωτος;

ΖΕΥΣ

Οὔκ, ἀλλὰ διὰ τοῦτό σε ἀνήρπασα, ὡς ἅμα καθεύδοιμεν.

nen wunderhübschen Stern werde ich für dich leuchten lassen, und du wirst überhaupt sehr glücklich sein.

GANYMED

Und wenn ich Lust habe zu spielen, wer spielt dann mit mir? Auf dem Ida hatte ich nämlich viele Freunde in meinem Alter.

ZEUS

Du sollst auch bei uns einen Spielkameraden haben, den Eros hier, und ganz viele Würfelknöchelchen. Kopf hoch, mach ein fröhliches Gesicht und vergiss dein Heimweh nach der Erde!

[4] GANYMED

Wie kann ich mich denn bei euch nützlich machen? Oder muss ich auch hier Schafe hüten?

ZEUS

Nein, du wirst unser Mundschenk und dem Nektar zugeteilt. Du sollst uns bei Tisch aufwarten.

GANYMED

Das ist gar nicht schwer! Ich weiß nämlich schon, wie man richtig Milch eingießt und den Napf reicht.

ZEUS

Jetzt denkt er schon wieder an Milch und glaubt, es seien Menschen, die er bedienen werde! – Das hier ist der Himmel, und wir trinken, wie ich schon sagte, Nektar!

GANYMED

Schmeckt der besser als Milch, Zeus?

ZEUS

Das kannst du bald selbst herausfinden, und wenn du erst einmal davon probiert hast, wirst du nie mehr Milch wollen.

GANYMED

Und wo soll ich nachts schlafen? Vielleicht bei meinem Spielkameraden Eros?

ZEUS

Nein! Ich habe dich ja gerade deswegen geraubt, damit wir beide in einem Bett schlafen!

ΓΑΝΥΜΗΔΗΣ

Μόνος γὰρ οὐκ ἂν δύναιο, ἀλλὰ ἥδιόν σοι καθεύδειν μετ᾽ ἐμοῦ;

ΖΕΥΣ

Ναί, μετά γε τοιούτου οἷος εἶ σύ, Γανύμηδες, οὕτω καλός.

[5] ΓΑΝΥΜΗΔΗΣ

Τί γάρ σε πρὸς τὸν ὕπνον ὀνήσει τὸ κάλλος;

ΖΕΥΣ

Ἔχει τι θέλγητρον ἡδὺ καὶ μαλακώτερον ἐπάγει αὐτόν.

ΓΑΝΥΜΗΔΗΣ

Καὶ μὴν ὅ γε πατὴρ ἤχθετό μοι συγκαθεύδοντι καὶ διηγεῖτο ἕωθεν, ὡς ἀφεῖλον αὐτοῦ τὸν ὕπνον στρεφόμενος καὶ λακτίζων καί τι φθεγγόμενος μεταξὺ ὁπότε καθεύδοιμι· ὥστε παρὰ τὴν μητέρα ἔπεμπέ με κοιμησόμενον ὡς τὰ πολλά. ὥρα δή σοι, εἰ διὰ τοῦτο, ὡς φῄς, ἀνήρπασάς με, καταθεῖναι αὖθις εἰς τὴν γῆν, ἢ πράγματα ἕξεις ἀγρυπνῶν· ἐνοχλήσω γάρ σε συνεχῶς στρεφόμενος.

ΖΕΥΣ

Τοῦτ᾽ αὐτό μοι τὸ ἥδιστον ποιήσεις, εἰ ἀγρυπνήσαιμι μετὰ σοῦ φιλῶν πολλάκις καὶ περιπτύσσων.

ΓΑΝΥΜΗΔΗΣ

Αὐτὸς ἂν εἰδείης· ἐγὼ δὲ κοιμήσομαι σοῦ καταφιλοῦντος.

ΖΕΥΣ

Εἰσόμεθα τότε ὃ πρακτέον. νῦν δὲ ἄπαγε αὐτόν, ὦ Ἑρμῆ, καὶ πιόντα τῆς ἀθανασίας ἄγε οἰνοχοήσοντα ἡμῖν διδάξας πρότερον ὡς χρὴ ὀρέγειν τὸν σκύφον.

GANYMED
Kannst du denn alleine nicht schlafen, sondern findest es mit mir angenehmer?
ZEUS
Sicher, mit einem so hübschen Jungen wie dir, Ganymed!
[5] GANYMED
Was nützt dir denn meine Schönheit fürs Schlafen?
ZEUS
Sie hat so etwas angenehm Einschläferndes und wird mich sanfter in den Schlummer wiegen.
GANYMED
Na, also mein Vater jedenfalls fand es immer lästig, wenn ich bei ihm geschlafen habe, und morgens hat er dann erzählt, ich hätte ihm die Nachtruhe geraubt, weil ich mich ständig herumgewälzt, ihn getreten und im Schlaf gesprochen hätte. Deshalb schickte er mich meistens zur Mutter schlafen. Also, wenn du mich deswegen geraubt hast, wie du sagst, setzt du mich besser gleich wieder auf der Erde ab, oder du wirst schlaflose Nächte verbringen! Ich werde dir nämlich furchtbar auf die Nerven gehen mit meinem ständigen Gewälze.
ZEUS
Gerade damit wirst du mir den allergrößten Gefallen tun, wenn ich mit dir zusammen wachbleiben und dich oft küssen und umarmen kann.
GANYMED
Das musst du selbst wissen. Ich werde schlafen, und du kannst mich abküssen.
ZEUS
Das sehen wir dann alles noch! Jetzt nimm ihn mit, Hermes, lass ihn Unsterblichkeit trinken und schick ihn uns als Mundschenk zu Tisch – aber bring ihm vorher bei, wie er den Pokal kredenzen soll!

11. Ἡφαίστου καὶ Ἀπόλλωνος

[1] ΗΦΑΙΣΤΟΣ

Ἑώρακας, ὦ Ἄπολλον, τὸ τῆς Μαίας βρέφος τὸ ἄρτι τεχθέν, ὡς καλόν τέ ἐστι καὶ προσμειδιᾷ πᾶσι καὶ δηλοῖ ἤδη μέγα τι ἀγαθὸν ἀποβησόμενον;

ΑΠΟΛΛΩΝ

Ἐκεῖνο τὸ βρέφος, ὦ Ἥφαιστε, ἢ μέγα ἀγαθόν, ὃ τοῦ Ἰαπετοῦ πρεσβύτερόν ἐστιν ὅσον ἐπὶ τῇ πανουργίᾳ;

ΗΦΑΙΣΤΟΣ

Καὶ τί ἂν ἀδικῆσαι δύναιτο ἀρτίτοκον ὄν;

ΑΠΟΛΛΩΝ

Ἐρώτα τὸν Ποσειδῶνα, οὗ τὴν τρίαιναν ἔκλεψεν, ἢ τὸν Ἄρη· καὶ τούτου γὰρ ἐξείλκυσε λαθὼν ἐκ τοῦ κολεοῦ τὸ ξίφος, ἵνα μὴ ἐμαυτὸν λέγω, ὃν ἀφώπλισε τοῦ τόξου καὶ τῶν βελῶν.

[2] ΗΦΑΙΣΤΟΣ

Τὸ νεογνὸν ταῦτα, ὃ μόλις ἕστηκε, τὸ ἐν τοῖς σπαργάνοις;

ΑΠΟΛΛΩΝ

Εἴσῃ, ὦ Ἥφαιστε, ἤν σοι προσέλθῃ μόνον.

ΗΦΑΙΣΤΟΣ

Καὶ μὴν προσῆλθεν ἤδη.

ΑΠΟΛΛΩΝ

Τί οὖν; πάντα ἔχεις τὰ ἐργαλεῖα καὶ οὐδὲν ἀπόλωλεν αὐτῶν;

ΗΦΑΙΣΤΟΣ

Πάντα, ὦ Ἄπολλον.

ΑΠΟΛΛΩΝ

Ὅμως ἐπίσκεψαι ἀκριβῶς.

ΗΦΑΙΣΤΟΣ

Μὰ Δία, τὴν πυράγραν οὐχ ὁρῶ.

11. *Hephaistos und Apollon*

[1] HEPHAISTOS
Hast du gesehen, wie hübsch Maias neugeborenes Baby ist, wie es alle anlächelt und wie man schon jetzt erkennen kann, dass aus ihm mal etwas besonders Gutes werden wird?[27]
APOLLON
Dieses Baby etwas besonders Gutes, Hephaistos? Das in Sachen Schurkerei älter ist als Iapetos?[28]
HEPHAISTOS
Ja, was soll es dir denn, so frisch auf der Welt, schon angetan haben können?
APOLLON
Frag mal Poseidon, dem es seinen Dreizack stibitzt hat, oder Ares: Auch dem hat es heimlich das Schwert aus der Scheide gezogen; von mir gar nicht zu reden, den es um Bogen und Pfeile erleichtert hat.
[2] HEPHAISTOS
Das alles soll das Neugeborene getan haben, das noch kaum stehen kann, das noch in Windeln liegt?
APOLLON
Du wirst klarsehen, Hephaistos, hat es sich erstmal an dich herangemacht.
HEPHAISTOS
Es hat sich aber ja schon an mich herangemacht.
APOLLON
Na, und? Hast du noch all dein Werkzeug? Keins weg?
HEPHAISTOS
Alles da, Apollon!
APOLLON
Schau lieber nochmal genau nach!
HEPHAISTOS
Bei Zeus, ich kann meine Feuerzange nirgends sehen!

ΑΠΟΛΛΩΝ
Ἀλλ᾽ ὄψει που ἐν τοῖς σπαργάνοις αὐτὴν τοῦ βρέφους.
ΗΦΑΙΣΤΟΣ
Οὕτως ὀξύχειρ ἐστὶ καθάπερ ἐν τῇ γαστρὶ ἐκμελετήσας τὴν κλεπτικήν;
[3] ΑΠΟΛΛΩΝ
Οὐ γὰρ ἤκουσας αὐτοῦ καὶ λαλοῦντος ἤδη στωμύλα καὶ ἐπίτροχα· ὁ δὲ καὶ διακονεῖσθαι ἡμῖν ἐθέλει. χθὲς δὲ προκαλεσάμενος τὸν Ἔρωτα κατεπάλαισεν εὐθὺς οὐκ οἶδ᾽ ὅπως ὑφελὼν τὼ πόδε· εἶτα μεταξὺ ἐπαινούμενος τῆς Ἀφροδίτης μὲν τὸν κεστὸν ἔκλεψε προσπτυξαμένης αὐτὸν ἐπὶ τῇ νίκῃ, τοῦ Διὸς δὲ γελῶντος ἦλθεν ἐπὶ τὸ σκῆπτρον· εἰ δὲ μὴ βαρύτερος ὁ κεραυνὸς ἦν καὶ πολὺ τὸ πῦρ εἶχε, κἀκεῖνον ἂν ὑφείλετο.
ΗΦΑΙΣΤΟΣ
Ὑπέρδριμύν τινα τὸν παῖδα φῄς.
ΑΠΟΛΛΩΝ
Οὐ μόνον, ἀλλ᾽ ἤδη καὶ μουσικόν.
ΗΦΑΙΣΤΟΣ
Τῷ τοῦτο τεκμαίρεσθαι ἔχεις;
[4] ΑΠΟΛΛΩΝ
Χελώνην που νεκρὰν εὑρὼν ὄργανον ἀπ᾽ αὐτῆς συνεπήξατο· πήχεις γὰρ ἐναρμόσας καὶ ζυγώσας, ἔπειτα κολλάβους ἐμπήξας καὶ μαγάδιον ὑποθεὶς καὶ ἐντεινάμενος ἑπτὰ χορδὰς μελῳδεῖ πάνυ γλαφυρόν, ὦ Ἥφαιστε, καὶ ἐναρμόνιον, ὡς κἀμὲ αὐτῷ φθονεῖν πάλαι κιθαρίζειν ἀσκοῦντα. ἔλεγε δὲ ἡ Μαῖα, ὡς μηδὲ μένοι τὰς νύκτας ἐν τῷ οὐρανῷ, ἀλλ᾽ ὑπὸ περιεργίας ἄχρι τοῦ ᾄδου κατίοι, κλέψων τι κἀκεῖθεν δηλαδή. ὑπόπτερος δ᾽ ἐστὶ καὶ ῥάβδον τινὰ πεποίηται θαυμασίαν τὴν δύναμιν, ᾗ ψυχαγωγεῖ καὶ κατάγει τοὺς νεκρούς.

Apollon
In den Windeln des Babys wirst du sie schon irgendwo finden.

Hephaistos
So ein Flinkfinger ist er, als ob er die Dieberei schon im Bauch seiner Mutter geübt hätte?

[3] Apollon
Du hast ihn ja noch nicht gehört, wie er sogar schon geschwätzig und geläufig plappert! Der wird uns am Ende noch manch guten Dienst erweisen! Gestern hat er Eros herausgefordert und ihn ohne Umstände niedergerungen, indem er ihm, hast du nicht gesehen, die Beine wegzog. Dann, während wir ihm noch applaudierten, hat er Aphrodite ihren Gürtel gestohlen, als sie ihn für seinen Sieg umarmte, und während Zeus noch lachte, hatte er es schon auf sein Szepter abgesehen. Und wäre der Blitz nicht zu schwer und zu feurig gewesen, hätte er den auch gemopst.

Hephaistos
Ein pfiffiges Kerlchen, von dem du da erzählst!

Apollon
Nicht nur das, sondern er versteht auch schon was von Musik.

Hephaistos
Woraus schließt du das?

[4] Apollon
Aus einer toten Schildkröte, die er irgendwo gefunden hat, aus der hat er sich ein Instrument gebaut. Er hat ihr Hälse angesetzt, sie durch ein Joch verbunden, Wirbel eingefügt und über einen Steg sieben Saiten gespannt, und darauf lässt er Töne erklingen, so harmonisch rein, Hephaistos, dass sogar ich ganz neidisch geworden bin, und ich übe immerhin schon lange auf der Kithara. Und Maia erzählt, dass er nicht mal nachts im Himmel bleibt, sondern aus lauter Umtriebigkeit bis in den Hades hinabsteigt, natürlich um auch da irgendetwas zu klauen. Er hat Flügel an den Schuhen und hat sich eine Art wundertätigen Stab gemacht, mit dem er die toten Seelen lenkt und hinabführt.

ΗΦΑΙΣΤΟΣ

Ἐγὼ ἐκείνην ἔδωκα αὐτῷ παίγνιον εἶναι.

ΑΠΟΛΛΩΝ

Τοιγαροῦν ἀπέδωκέ σοι τὸν μισθόν, τὴν πυράγραν –

ΗΦΑΙΣΤΟΣ

Εὖ γε ὑπέμνησας· ὥστε βαδιοῦμαι ἀποληψόμενος αὐτήν, εἴ που, ὡς φῄς, εὑρεθείη ἐν τοῖς σπαργάνοις.

Hephaistos
Den hab ich ihm gegeben, zum Spielen.
Apollon
Ja, und dafür hat er dich ja auch angemessen entlohnt, indem er dir die Feuerzange …
Hephaistos
Gut, dass du mich daran erinnerst! Da will ich mal losgehen und sie mir zurückholen, vorausgesetzt sie findet sich irgendwo, wie du sagst, in seinen Windeln.

12. Ποσειδῶνος καὶ Ἑρμοῦ

[1] ΠΟΣΕΙΔΩΝ

Ἔστιν, ὦ Ἑρμῆ, νῦν ἐντυχεῖν τῷ Διί;

ΕΡΜΗΣ

Οὐδαμῶς, ὦ Πόσειδον.

ΠΟΣΕΙΔΩΝ

Ὅμως προσάγγειλον αὐτῷ.

ΕΡΜΗΣ

Μὴ ἐνόχλει, φημί· ἄκαιρον γάρ ἐστιν, ὥστε οὐκ ἂν ἴδοις αὐτὸν ἐν τῷ παρόντι.

ΠΟΣΕΙΔΩΝ

Μῶν τῇ Ἥρᾳ σύνεστιν;

ΕΡΜΗΣ

Οὔκ, ἀλλ' ἑτεροῖόν τί ἐστιν.

ΠΟΣΕΙΔΩΝ

Συνίημι· ὁ Γανυμήδης ἔνδον.

ΕΡΜΗΣ

Οὐδὲ τοῦτο· ἀλλὰ μαλακῶς ἔχει αὐτός.

ΠΟΣΕΙΔΩΝ

Πόθεν, ὦ Ἑρμῆ; δεινὸν γὰρ τοῦτο φῄς.

ΕΡΜΗΣ

Αἰσχύνομαι εἰπεῖν, τοιοῦτόν ἐστιν.

ΠΟΣΕΙΔΩΝ

Ἀλλὰ οὐ χρὴ πρὸς ἐμὲ θεῖόν γε ὄντα.

ΕΡΜΗΣ

Τέτοκεν ἀρτίως, ὦ Πόσειδον.

ΠΟΣΕΙΔΩΝ

Ἄπαγε, τέτοκεν ἐκεῖνος; ἐκ τίνος; οὐκοῦν ἐλελήθει ἡμᾶς ἀνδρόγυνος ὤν; ἀλλὰ οὐδὲ ἐπεσήμανεν ἡ γαστὴρ αὐτῷ ὄγκον τινά.

ΕΡΜΗΣ

Εὖ λέγεις· οὐ γὰρ ἐκείνη εἶχε τὸ ἔμβρυον.

12. *Poseidon und Hermes*

[1] POSEIDON
Empfängt Zeus heute, Hermes?
HERMES
Auf keinen Fall, Poseidon.
POSEIDON
Melde mich bitte trotzdem bei ihm an!
HERMES
Stör nicht, sage ich! Es passt gerade nicht, und deshalb kannst du ihn im Moment auch nicht sehen.
POSEIDON
Ist vielleicht gerade Hera bei ihm?
HERMES
Nein, es ist etwas ganz anderes.
POSEIDON
Ah, ich verstehe – Ganymed ist drinnen.
HERMES
Auch das nicht, sondern er ist unpässlich.
POSEIDON
Wie das denn, Hermes? Das hört sich ja schlimm an.
HERMES
Ich mag nicht darüber sprechen – so etwas ist es.
POSEIDON
Aber mir kannst du es doch sagen! Ich bin schließlich dein Onkel!
HERMES
Er ist gerade niedergekommen, Poseidon.
POSEIDON
Ach, geh, der und niedergekommen? Und wer ist der Vater? Oder ist er vielleicht ein Zwitter, und keiner von uns hat es gemerkt? Aber einen auffällig dicken Bauch hat er ja auch nicht gehabt.
HERMES
Das stimmt schon. Da war das Baby ja auch nicht drin.

ΠΟΣΕΙΔΩΝ

Οἶδα· ἐκ τῆς κεφαλῆς ἔτεκεν αὖθις ὥσπερ τὴν Ἀθηνᾶν· τοκάδα γὰρ τὴν κεφαλὴν ἔχει.

ΕΡΜΗΣ

Οὔκ, ἀλλὰ ἐν τῷ μηρῷ ἐκύει τὸ τῆς Σεμέλης βρέφος.

ΠΟΣΕΙΔΩΝ

Εὖ γε ὁ γενναῖος, ὡς ὅλος ἡμῖν κυοφορεῖ καὶ πανταχόθι τοῦ σώματος. ἀλλὰ τίς ἡ Σεμέλη ἐστίν;

[2] ΕΡΜΗΣ

Θηβαία, τῶν Κάδμου θυγατέρων μία. ταύτῃ συνελθὼν ἐγκύμονα ἐποίησεν.

ΠΟΣΕΙΔΩΝ

Εἶτα ἔτεκεν, ὦ Ἑρμῆ, ἀντ᾽ ἐκείνης;

ΕΡΜΗΣ

Καὶ μάλα, εἰ καὶ παράδοξον εἶναί σοι δοκεῖ· τὴν μὲν γὰρ Σεμέλην ὑπελθοῦσα ἡ Ἥρα – οἶσθα ὡς ζηλότυπός ἐστι – πείθει αἰτῆσαι παρὰ τοῦ Διὸς μετὰ βροντῶν καὶ ἀστραπῶν ἥκειν παρ᾽ αὐτήν· ὡς δὲ ἐπείσθη καὶ ἧκεν ἔχων τὸν κεραυνόν, ἀνεφλέγη ὁ ὄροφος, καὶ ἡ Σεμέλη μὲν διαφθείρεται ὑπὸ τοῦ πυρός, ἐμὲ δὲ κελεύει ἀνατεμόντα τὴν γαστέρα τῆς γυναικὸς ἀνακομίσαι ἀτελὲς ἔτι αὐτῷ τὸ ἔμβρυον ἑπτάμηνον· καὶ ἐπειδὴ ἐποίησα, διελὼν τὸν ἑαυτοῦ μηρὸν ἐντίθησιν, ὡς ἀποτελεσθείη ἐνταῦθα, καὶ νῦν τρίτῳ ἤδη μηνὶ ἐξέτεκεν αὐτὸ καὶ μαλακῶς ἀπὸ τῶν ὠδίνων ἔχει.

ΠΟΣΕΙΔΩΝ

Νῦν οὖν ποῦ τὸ βρέφος ἐστίν;

ΕΡΜΗΣ

Ἐς τὴν Νῦσαν ἀποκομίσας παρέδωκα ταῖς Νύμφαις ἀνατρέφειν Διόνυσον αὐτὸν ἐπονομασθέντα.

ΠΟΣΕΙΔΩΝ

Οὐκοῦν ἀμφότερα τοῦ Διονύσου τούτου καὶ μήτηρ καὶ πατὴρ ὅδε ἐστίν;

Poseidon
Ach so! Schon wieder eine Kopfgeburt wie bei Athena![29] Ein gebärfreudiges Köpfchen hat er!
Hermes
Nein, diesmal war es der Schenkel. Darin hat er Semeles Baby ausgetragen.
Poseidon
Bravo, ein echter Mann! Am ganzen Leib in anderen Umständen, Mutterfreuden überall. Und wer ist diese Semele?
[2] Hermes
Sie kommt aus Theben, eine von den Töchtern des Kadmos. Der hat er ein Kind gemacht.
Poseidon
Und dann, Hermes, hat er es für sie ausgetragen?
Hermes
So ist es, auch wenn dir das merkwürdig vorkommt. Hera hatte sich nämlich heimlich mit Semele getroffen und sie – du weißt ja, wie eifersüchtig sie ist – überredet, von Zeus zu verlangen, er solle mit Donner und Blitz zu ihr kommen. Na, und als er gehorchte und mit seinem Blitz kam, da ging gleich das ganze Dach in Flammen auf, und Semele kommt im Feuer um. Mir befiehlt er, der Frau den Bauch aufzuschneiden und ihm das unfertige Siebenmonatskind zu bringen, und als ich das getan hatte, machte er einen Schlitz in seinen Schenkel und legte den Fötus hinein, um ihn dortdrin zuende auszutragen. Und jetzt, zwei Monate später, hat er es endlich zur Welt gebracht und ist noch ganz erschöpft von den Wehen.
Poseidon
Wo ist denn das Baby jetzt?
Hermes
Ich habe es nach Nysa gebracht und den Nymphen gegeben, die sollen es großziehen, unter dem Namen Dionysos.[30]
Poseidon
Dann ist er also beides für diesen Dionysos, Mutter und Vater?

ΕΡΜΗΣ
Ἔοικεν. ἄπειμι δ᾽ οὖν ὕδωρ αὐτῷ πρὸς τὸ τραῦμα οἴσων καὶ τὰ ἄλλα ποιήσων ἃ νομίζεται ὥσπερ λεχοῖ.

HERMES
So sieht's aus. Aber jetzt muss ich los, Wasser für die Wunde holen und alles Übrige tun, was bei einer Wöchnerin so üblich ist.

13. Ἡφαίστου καὶ Διός

ΗΦΑΙΣΤΟΣ
Τί με, ὦ Ζεῦ, δεῖ ποιεῖν; ἥκω γάρ, ὡς ἐκέλευσας, ἔχων τὸν πέλεκυν ὀξύτατον, εἰ καὶ λίθους δέοι μιᾷ πληγῇ διατεμεῖν.
ΖΕΥΣ
Εὖ γε, ὦ Ἥφαιστε· ἀλλὰ δίελέ μου τὴν κεφαλὴν εἰς δύο κατενεγκών.
ΗΦΑΙΣΤΟΣ
Πειρᾷ μου, εἰ μέμηνα; πρόσταττε δ' οὖν τἀληθὲς ὅπερ θέλεις σοι γενέσθαι.
ΖΕΥΣ
Τοῦτο αὐτό, διαιρεθῆναί μοι τὸ κρανίον· εἰ δὲ ἀπειθήσεις, οὐ νῦν πρῶτον ὀργιζομένου πειράσῃ μου. ἀλλὰ χρὴ καθικνεῖσθαι παντὶ τῷ θυμῷ μηδὲ μέλλειν· ἀπόλλυμαι γὰρ ὑπὸ ὠδίνων, αἵ μοι τὸν ἐγκέφαλον ἀναστρέφουσιν.
ΗΦΑΙΣΤΟΣ
Ὅρα, ὦ Ζεῦ, μὴ κακόν τι ποιήσωμεν· ὀξὺς γὰρ ὁ πέλεκύς ἐστι καὶ οὐκ ἀναιμωτὶ οὐδὲ κατὰ τὴν Εἰλήθυιαν μαιώσεταί σε.
ΖΕΥΣ
Κατένεγκε μόνον, ὦ Ἥφαιστε, θαρρῶν· οἶδα γὰρ ἐγὼ τὸ σύμφερον.
ΗΦΑΙΣΤΟΣ
Ἄκων μέν, κατοίσω δέ· τί γὰρ χρὴ ποιεῖν σοῦ κελεύοντος; τί τοῦτο; κόρη ἔνοπλος; μέγα, ὦ Ζεῦ, κακὸν εἶχες ἐν τῇ κεφαλῇ· εἰκότως γοῦν ὀξύθυμος ἦσθα τηλικαύτην ὑπὸ τὴν μήνιγγα παρθένον ζωογονῶν καὶ ταῦτα ἔνοπλον· ἦ που στρατόπεδον, οὐ κεφαλὴν ἐλελήθεις ἔχων. ἡ δὲ πηδᾷ καὶ πυρριχίζει καὶ τὴν ἀσπίδα τινάσσει καὶ τὸ δόρυ πάλλει καὶ ἐνθουσιᾷ καὶ

13. Hephaistos und Zeus

HEPHAISTOS
Was soll ich tun, Zeus? Da bin ich, wie von dir befohlen, mit meiner Axt, die sogar dann scharf wie ein Rasiermesser schneiden würde, wenn man mit einem Schlag Steine durchteilen müsste.
ZEUS
Gut, gut, Hephaistos. Aber jetzt hau zu und spalte meinen Kopf in zwei Hälften!
HEPHAISTOS
Ah, du prüfst meinen Geisteszustand! Aber jetzt befiehl, was du wirklich von mir willst!
ZEUS
Genau dies, dass mein Schädel gespalten wird. Solltest du ungehorsam sein, wirst du meinen Zorn zu spüren bekommen, nicht zum ersten Mal.[31] Nein, du musst deinen ganzen Mut zusammennehmen und zuschlagen, und kein Zögern bitte! Die Wehen schmerzen zum Verrecken, sie drehen mir das Gehirn um.
HEPHAISTOS
Pass auf, Zeus, dass wir da keinen Schaden anrichten! Meine Axt ist scharf und wird dich weder unblutig noch à la Eileithyia entbinden.[32]
ZEUS
Schlag nur mutig zu, Hephaistos! Ich weiß schon, was gut für mich ist.
HEPHAISTOS
Ungern, aber ich schlage zu. Was soll ich schon tun, wenn du es befiehlst? – Was ist denn das? Eine junge Frau, in Waffen? Ein gewaltiges Übel, Zeus, hattest du da in deinem Kopf. Natürlich warst du da gereizt, wo du so eine große Jungfrau unter der Hirnhaut ausgetragen hast, und die auch noch in voller Bewaffnung. Da hattest du wohl ein Feldlager auf den Schultern, keinen Kopf, und wir haben es nicht gemerkt. Die springt und tanzt mit ihren Waffen, sie

τὸ μέγιστον, καλὴ πάνυ καὶ ἀκμαία γεγένηται δὴ ἐν βραχεῖ· γλαυκῶπις μέν, ἀλλὰ κοσμεῖ καὶ τοῦτο ἡ κόρυς. ὥστε, ὦ Ζεῦ, μαίωτρά μοι ἀπόδος ἐγγυήσας ἤδη αὐτήν.

ΖΕΥΣ

Ἀδύνατα αἰτεῖς, ὦ Ἥφαιστε· παρθένος γὰρ ἀεὶ ἐθελήσει μένειν. ἐγὼ δ' οὖν τό γε ἐπ' ἐμοὶ οὐδὲν ἀντιλέγω.

ΗΦΑΙΣΤΟΣ

Τοῦτ' ἐβουλόμην· ἐμοὶ μελήσει τὰ λοιπά, καὶ ἤδη συναρπάσω αὐτήν.

ΖΕΥΣ

Εἴ σοι ῥᾴδιον, οὕτω ποίει· πλὴν οἶδα ὅτι ἀδυνάτων ἐρᾷς.

schüttelt den Schild, schwingt die Lanze und ist voller Begeisterung, und, das Beste, sie ist im Handumdrehen zu einer Schönheit erblüht. Die Augen einer Eule, aber selbst dafür ist der Helm ein passender Schmuck. Also, Zeus, dann gib mir mal meinen Hebammenlohn: Versprich sie mir zur Ehe!

Zeus

Du verlangst Unmögliches, Hephaistos. Sie wird nämlich auf ewig Jungfrau bleiben wollen. Käme es nur auf mich an, so hätte ich nichts dagegen.

Hephaistos

Nur das wollte ich – für den Rest sorge ich selbst, ich nehme sie sofort mit!

Zeus

Bitte, tu das, wenn du es schaffst. Aber ich weiß, dass du Unmögliches willst.

14. Ἑρμοῦ καὶ Ἡλίου

[1] ΕΡΜΗΣ
Ὦ Ἥλιε, μὴ ἐλάσῃς τήμερον, ὁ Ζεύς φησι, μηδὲ αὔριον μηδὲ εἰς τρίτην ἡμέραν, ἀλλ' ἔνδον μένε, καὶ τὸ μεταξὺ μία τις ἔστω νὺξ μακρά· ὥστε λυέτωσαν μὲν αἱ Ὧραι αὖθις τοὺς ἵππους, σὺ δὲ σβέσον τὸ πῦρ καὶ ἀνάπαυε διὰ μακροῦ σεαυτόν.
ΗΛΙΟΣ
Καινὰ ταῦτα, ὦ Ἑρμῆ, καὶ ἀλλόκοτα ἥκεις παραγγέλλων. ἀλλὰ μὴ παραβαίνειν τι ἔδοξα ἐν τῷ δρόμῳ καὶ ἔξω ἐλάσαι τῶν ὅρων, κᾆτά μοι ἄχθεται καὶ τὴν νύκτα τριπλασίαν τῆς ἡμέρας ποιῆσαι διέγνωκεν;
ΕΡΜΗΣ
Οὐδὲν τοιοῦτον, οὐδὲ ἐς ἀεὶ τοῦτο ἔσται· δεῖται δέ τι νῦν αὐτὸς ἐπιμηκεστέραν γενέσθαι οἱ τὴν νύκτα.
ΗΛΙΟΣ
Ποῦ δὲ ἔστιν ἢ πόθεν ἐξεπέμφθης ταῦτα διαγγελῶν μοι;
ΕΡΜΗΣ
Ἐκ Βοιωτίας, ὦ Ἥλιε, παρὰ τῆς Ἀμφιτρύωνος, ᾗ σύνεστιν ἐρῶν αὐτῆς.
ΗΛΙΟΣ
Εἶτα οὐχ ἱκανὴ νὺξ μία;
ΕΡΜΗΣ
Οὐδαμῶς· τεχθῆναι γάρ τινα δεῖ ἐκ τῆς ὁμιλίας ταύτης μέγαν καὶ πολύμοχθον· τοῦτον οὖν ἐν μιᾷ νυκτὶ ἀποτελεσθῆναι ἀδύνατον.
[2] ΗΛΙΟΣ
Ἀλλὰ τελεσιουργείτω μὲν ἀγαθῇ τύχῃ. ταῦτα δ' οὖν, ὦ Ἑρμῆ, οὐκ ἐγίνετο ἐπὶ τοῦ Κρόνου – αὐτοὶ γὰρ ἡμεῖς ἐσμεν – οὐδὲ ἀπόκοιτός ποτε

14. Hermes und Helios

[1] HERMES
Helios, fahr heute nicht aus, lässt Zeus dir sagen, morgen auch nicht und auch übermorgen nicht, sondern bleib im Haus, und die Zeit dazwischen soll eine einzige lange Nacht sein. Deshalb sollen die Horen die Pferde wieder ausspannen, und du lösche das Feuer und gönne dir mal richtig ausgiebig Ruhe!
HELIOS
Da bringst du ja eine Anweisung, Hermes, wie sie noch nie dagewesen und auch merkwürdig ist. Dabei denke ich nicht, ich hätte in meinem Lauf etwas falsch gemacht und mich außerhalb der vorgeschriebenen Bahn bewegt – und doch ärgert er sich jetzt über mich und hat entschieden, die Nacht dreimal so lang wie den Tag zu machen?
HERMES
Nein, so ist es nicht, und es wird auch nicht für immer so bleiben. Er äußert nur die persönliche Bitte, die Nacht für ihn zu verlängern.
HELIOS
Wo ist er denn, oder von wo wurdest du mit dieser Botschaft zu mir geschickt?
HERMES
Von Böotien aus, Helios, von Amphitryons Frau, mit der er ein Schäferstündchen verbringt.
HELIOS
Und da reicht ihm eine einzige Nacht nicht aus?
HERMES
Oh nein! Als Ergebnis dieses Stelldicheins soll nämlich ein gewaltiger und leidgeplagter Mann auf die Welt kommen. Und den kann man unmöglich in nur einer Nacht zustandebringen.[33]
[2] HELIOS
Na, dann viel Erfolg bei der Produktion! So etwas hat es zu Kronos' Zeiten aber nicht gegeben, Hermes – wir sind ja unter uns –, und

ἐκεῖνος παρὰ τῆς Ῥέας ἦν οὐδὲ ἀπολιπὼν ἂν τὸν οὐρανὸν ἐν Θήβαις ἐκοιμᾶτο, ἀλλὰ ἡμέρα μὲν ἦν ἡ ἡμέρα, νὺξ δὲ κατὰ μέτρον τὸ αὐτῆς ἀνάλογον ταῖς ὥραις, ξένον δὲ ἢ παρηλλαγμένον οὐδέν, οὐδ᾽ ἂν ἐκοινώνησέ ποτε ἐκεῖνος θνητῇ γυναικί· νῦν δὲ δυστήνου γυναίου ἕνεκα χρὴ ἀνεστράφθαι τὰ πάντα καὶ ἀκαμπεστέρους μὲν γενέσθαι τοὺς ἵππους ὑπὸ τῆς ἀργίας, δύσπορον δὲ τὴν ὁδὸν ἀτριβῆ μένουσαν τριῶν ἑξῆς ἡμερῶν, τοὺς δὲ ἀνθρώπους ἀθλίους ἐν σκοτεινῷ διαβιοῦν. τοιαῦτα ἀπολαύσονται τῶν Διὸς ἐρώτων καὶ καθεδοῦνται περιμένοντες, ἔστ᾽ ἂν ἐκεῖνος ἀποτελέσῃ τὸν ἀθλητήν, ὃν λέγεις, ὑπὸ μακρῷ τῷ ζόφῳ.

ΕΡΜΗΣ

Σιώπα, ὦ Ἥλιε, μή τι κακὸν ἀπολαύσῃς τῶν λόγων. ἐγὼ δὲ παρὰ τὴν Σελήνην ἀπελθὼν καὶ τὸν Ὕπνον ἀπαγγελῶ κἀκείνοις ἅπερ ὁ Ζεὺς ἐπέστειλε, τὴν μὲν σχολῇ προβαίνειν, τὸν δὲ Ὕπνον μὴ ἀνεῖναι τοὺς ἀνθρώπους, ὡς ἀγνοήσωσι μακρὰν οὕτω τὴν νύκτα γεγενημένην.

der hat Rheas Bett nicht verschmäht und auch nicht den Himmel verlassen, um in Theben zu schlafen, sondern Tag war Tag, und die Nacht dauerte genauso viele Stunden, da gab es keine Absonderlichkeiten oder Abweichungen, und der hätte sich auch niemals mit einer sterblichen Frau gemein gemacht. Jetzt hingegen muss eines armseligen Weibleins wegen alles auf den Kopf gestellt werden, die Pferde werden schwer zu lenken sein, wenn man sie nicht bewegt, der Weg fährt sich schlechter, wenn er drei Tage in Folge nicht benutzt wird, und die Menschen müssen armselig in Dunkelheit dahinvegetieren. Das haben sie jetzt von Zeus' Liebschaften, sie müssen dasitzen und abwarten, bis er den Athleten, von dem du sprichst, zuwege gebracht hat, in langwährender Dunkelheit.

HERMES

Sei still, Helios, nicht dass deine Worte noch schlimme Folgen für dich haben! Ich mache mich jetzt auf den Weg zu Selene und Hypnos und bringe auch ihnen Zeus' Anweisungen: Sie soll ihre Bahn schön langsam ziehen, und Hypnos soll die Menschen nicht loslassen, damit sie nicht merken, dass die Nacht so lang dauert.

15. Διὸς καὶ Ἀσκληπιοῦ καὶ Ἡρακλέους

[1] ΖΕΥΣ
Παύσασθε, ὦ Ἀσκληπιὲ καὶ Ἡράκλεις, ἐρίζοντες πρὸς ἀλλήλους ὥσπερ ἄνθρωποι· ἀπρεπῆ γὰρ ταῦτα καὶ ἀλλότρια τοῦ συμποσίου τῶν θεῶν.
ΗΡΑΚΛΗΣ
Ἀλλὰ ἐθέλεις, ὦ Ζεῦ, τουτονὶ τὸν φαρμακέα προκατακλίνεσθαί μου;
ΑΣΚΛΗΠΙΟΣ
Νὴ Δία· καὶ γὰρ ἀμείνων εἰμί.
ΗΡΑΚΛΗΣ
Κατὰ τί, ὦ ἐμβρόντητε; ἢ ὅτι σε ὁ Ζεὺς ἐκεραύνωσεν ἃ μὴ θέμις ποιοῦντα, νῦν δὲ κατ' ἔλεον αὖθις ἀθανασίας μετείληφας;
ΑΣΚΛΗΠΙΟΣ
Ἐπιλέλησαι γὰρ καὶ σύ, Ἡράκλεις, ἐν τῇ Οἴτῃ καταφλεγείς, ὅτι μοι ὀνειδίζεις τὸ πῦρ;
ΗΡΑΚΛΗΣ
Οὔκουν ἴσα καὶ ὅμοια βεβίωται ἡμῖν, ὃς Διὸς μὲν υἱός εἰμι, τοσαῦτα δὲ πεπόνηκα ἐκκαθαίρων τὸν βίον, θηρία καταγωνιζόμενος καὶ ἀνθρώπους ὑβριστὰς τιμωρούμενος· σὺ δὲ ῥιζοτόμος εἶ καὶ ἀγύρτης, νοσοῦσι μὲν ἴσως ἀνθρώποις χρήσιμος ἐπιθέσει τῶν φαρμάκων, ἀνδρῶδες δὲ οὐδὲν ἐπιδεδειγμένος.
[2] ΑΣΚΛΗΠΙΟΣ
Οὐ λέγεις, ὅτι σου τὰ ἐγκαύματα ἰασάμην, ὅτε πρῴην ἀνῆλθες ἡμίφλεκτος ὑπ' ἀμφοῖν διεφθορὼς τὸ σῶμα, καὶ τοῦ χιτῶνος καὶ μετὰ τοῦτο τοῦ πυρός; ἐγὼ δὲ εἰ καὶ μηδὲν ἄλλο, οὔτε ἐδούλευσα ὥσπερ σὺ οὔτε

15. *Zeus, Asklepios und Herakles*

[1] Zeus
Asklepios und Herakles, hört sofort auf, euch zu zanken, als ob ihr Menschen wäret! Das ist unpassend und gehört sich nicht beim Festmahl der Götter.

Herakles
Soll das heißen, es ist dein Wille, Zeus, dass dieser Giftmischer da oberhalb von mir liegen soll?

Asklepios
Allerdings, bei Zeus! Ich bin ja auch besser als du.

Herakles
Worin denn, du Knallkopf? Bloß weil dich Zeus mit dem Blitz abgeschossen hat, als du gegen das Götterrecht verstoßen hast, und weil du jetzt wieder sein Mitleid erregt hast und unsterblich geworden bist?

Asklepios
Bei deinem Vorwurf mit dem Feuer vergisst du wohl, Herakles, dass man auch dich auf dem Oita verbrannt hat.

Herakles
Dein und mein Leben lassen sich überhaupt nicht miteinander vergleichen! Ich bin ein Sohn des Zeus und habe unzählige Mühen auf mich geladen, um den Menschen das Leben leichter zu machen: Wilde Tiere habe ich überwunden und menschliche Bösewichter ihrer gerechten Strafe zugeführt, du hingegen bist ein Wurzelgräber und Gaukler. Kranken Menschen bist du vielleicht von Nutzen gewesen mit deiner Verabreichung von Heilmitteln, aber eine Mannestat hast du nicht vorzuweisen.

[2] Asklepios
Du vergisst zu erwähnen, dass ich deine Verbrennungen kuriert habe, als du neulich hier heraufkamst, von beidem übel zugerichtet und halb verbrannt: erst vom Chiton und dann noch vom Feuer.[34] Und wenn auch sonst nichts, so habe ich mich jedenfalls nicht wie

ἔξαινον ἔρια ἐν Λυδίᾳ πορφυρίδα ἐνδεδυκὼς καὶ παιόμενος ὑπὸ τῆς Ὀμφάλης χρυσῷ σανδάλῳ, ἀλλὰ οὐδὲ μελαγχολήσας ἀπέκτεινα τὰ τέκνα καὶ τὴν γυναῖκα.

ΗΡΑΚΛΗΣ

Εἰ μὴ παύσῃ λοιδορούμενός μοι, αὐτίκα μάλα εἴσῃ ὅτι οὐ πολύ σε ὀνήσει ἡ ἀθανασία, ἐπεὶ ἀράμενός σε ῥίψω ἐπὶ κεφαλὴν ἐκ τοῦ οὐρανοῦ, ὥστε μηδὲ τὸν Παιῶνα ἰάσασθαί σε τὸ κρανίον συντριβέντα.

ΖΕΥΣ

Παύσασθε, φημί, καὶ μὴ ἐπιταράττετε ἡμῖν τὴν εὐωχίαν, ἢ ἀμφοτέρους ὑμᾶς ἀποπέμψομαι τοῦ συμποσίου. καίτοι εὔγνωμον, ὦ Ἡράκλεις, προκατακλίνεσθαί σου τὸν Ἀσκληπιὸν ἅτε καὶ πρότερον ἀποθανόντα.

du zum Sklaven gemacht und auch keine Wolle in Lydien gekrempelt, herausgeputzt mit einem Purpurkleid und von Omphale mit einer goldenen Sandale geschlagen, und ich habe auch nicht meine Kinder und meine Frau im Wahnsinn umgebracht.[35]

Herakles

Wenn du nicht sofort aufhörst, mich zu beschimpfen, wirst du sehr schnell merken, dass dir deine Unsterblichkeit nichts nützt, denn dann hol ich dich von den Füßen und werf dich kopfüber aus dem Himmel: Dann kann dir nicht mal mehr Paion deinen gebrochenen Schädel richten.[36]

Zeus

Aufhören, sage ich! Stört unsere fröhliche Runde nicht, oder ich verweise euch beide des Festmahls. Und im Übrigen hat es seine Richtigkeit, Herakles, dass Asklepios oberhalb von dir liegt: Er ist nämlich auch vor dir gestorben.

16. Ἑρμοῦ καὶ Ἀπόλλωνος

[1] ΕΡΜΗΣ

Τί κατηφὴς εἶ, ὦ Ἄπολλον;

ΑΠΟΛΛΩΝ

Ὅτι δυστυχῶ, ὦ Ἑρμῆ, ἐν τοῖς ἐρωτικοῖς.

ΕΡΜΗΣ

Ἄξιον μὲν λύπης τὸ τοιοῦτο· σὺ δὲ τί δυστυχεῖς; ἢ τὸ κατὰ τὴν Δάφνην σε λυπεῖ ἔτι;

ΑΠΟΛΛΩΝ

Οὐδαμῶς· ἀλλὰ ἐρώμενον πενθῶ τὸν Λάκωνα τὸν Οἰβάλου.

ΕΡΜΗΣ

Τέθνηκε γάρ, εἰπέ μοι, ὁ Ὑάκινθος;

ΑΠΟΛΛΩΝ

Καὶ μάλα.

ΕΡΜΗΣ

Πρὸς τίνος, ὦ Ἄπολλον; ἢ τίς οὕτως ἀνέραστος ἦν ὡς ἀποκτεῖναι τὸ καλὸν ἐκεῖνο μειράκιον;

ΑΠΟΛΛΩΝ

Αὐτοῦ ἐμοῦ τὸ ἔργον.

ΕΡΜΗΣ

Οὐκοῦν ἐμάνης, ὦ Ἄπολλον;

ΑΠΟΛΛΩΝ

Οὔκ, ἀλλὰ δυστύχημά τι ἀκούσιον ἐγένετο.

ΕΡΜΗΣ

Πῶς; ἐθέλω γὰρ ἀκοῦσαι τὸν τρόπον.

[2] ΑΠΟΛΛΩΝ

Δισκεύειν ἐμάνθανε κἀγὼ συνεδίσκευον αὐτῷ, ὁ δὲ κάκιστα ἀνέμων ἀπολούμενος ὁ Ζέφυρος ἤρα μὲν ἐκ πολλοῦ καὶ αὐτός, ἀμελούμενος δὲ

16. Hermes und Apollon

[1] HERMES
Warum bist du so deprimiert, Apollon?
APOLLON
Weil ich Unglück in der Liebe habe, Hermes.
HERMES
Sowas ist schon ein guter Grund für Kummer. Worin besteht dein Unglück? Oder bekümmert es dich immer noch, wie es mit Daphne gelaufen ist?[37]
APOLLON
Nein, nein. Aber ich trauere um meinen geliebten Spartaner, Oibalos' Sohn.
HERMES
Sag mir, ist denn Hyakinthos tot?
APOLLON
Mausetot.
HERMES
Wodurch, Apollon? Oder wer war so hartherzig, dass er dieses hübsche Bürschchen umgebracht hat?
APOLLON
Das war meine eigene Tat.
HERMES
Da warst du nicht bei Sinnen, oder, Apollon?
APOLLON
Nein, so war es nicht, sondern es war ein Unglück, ganz ohne jede Absicht.
HERMES
Wie das denn? Ich will hören, wie das passiert ist.
[2] APOLLON
Er trainierte mit dem Diskus, und ich trainierte gemeinsam mit ihm. Zephyros jedoch – möge kein Wind übler verrecken als er! – war schon lange ebenfalls in ihn verliebt, weil er aber von ihm links

καὶ μὴ φέρων τὴν ὑπεροψίαν ταῦτα εἰργάσατο· ἐγὼ μὲν ἀνέρριψα, ὥσπερ εἰώθειμεν, τὸν δίσκον εἰς τὸ ἄνω, ὁ δὲ ἀπὸ τοῦ Ταϋγέτου καταπνεύσας ἐπὶ κεφαλὴν τῷ παιδὶ ἐνέσεισε φέρων αὐτόν, ὥστε ἀπὸ τῆς πληγῆς αἷμα ῥυῆναι πολὺ καὶ τὸν παῖδα εὐθὺς ἀποθανεῖν. ἀλλ' ἐγὼ τὸν μὲν Ζέφυρον αὐτίκα ἠμυνάμην κατατοξεύσας, φεύγοντι ἐπισπόμενος ἄχρι τοῦ ὄρους, τῷ παιδὶ δὲ καὶ τὸν τάφον μὲν ἐχωσάμην ἐν Ἀμύκλαις, ὅπου ὁ δίσκος αὐτὸν κατέβαλε, καὶ ἀπὸ τοῦ αἵματος ἄνθος ἀναδοῦναι τὴν γῆν ἐποίησα ἥδιστον, ὦ Ἑρμῆ, καὶ εὐανθέστατον ἀνθῶν ἁπάντων, ἔτι καὶ γράμματα ἔχον ἐπαιάζοντα τῷ νεκρῷ. ἆρά σοι ἀλόγως λελυπῆσθαι δοκῶ;

ΕΡΜΗΣ

Ναί, ὦ Ἄπολλον· ᾔδεις γὰρ θνητὸν πεποιημένος τὸν ἐρώμενον· ὥστε μὴ ἄχθου ἀποθανόντος.

liegen gelassen wurde und nicht ertrug, übersehen zu werden, tat er Folgendes: Ich schleuderte, so wie immer, den Diskus aufwärts, er aber blies vom Taygetos aus abwärts und ließ ihn dem Jungen mit so vollem Schwung auf den Kopf krachen, dass Blut in Mengen aus der Wunde strömte und der Junge sofort tot war. Ich zahlte es dem Zephyros gleich heim, schoss einen Pfeilhagel auf ihn ab und verfolgte ihn auf seiner Flucht bis ins Gebirge, dem Jungen schüttete ich in Amyklai einen Grabhügel auf, dort, wo ihn der Diskus erwischt hatte, und aus seinem Blut, Hermes, ließ ich eine besonders lieblich duftende Blume emporsprießen, von allen Blumen die wohlriechendste, und obendrein trägt sie auch noch Buchstaben, die den Toten beklagen.[38] Findest du, mein Kummer entbehre jeder Vernunft?

HERMES

Ja, Apollon. Du wusstest doch, dass du dir einen Geliebten zugelegt hattest, der sterblich war. Also gräme dich nicht, dass er starb.

17. Ἑρμοῦ καὶ Ἀπόλλωνος

[1] ΕΡΜΗΣ
Τὸ δὲ καὶ χωλὸν αὐτὸν ὄντα καὶ τέχνην ἔχοντα βάναυσον, ὦ Ἄπολλον, τὰς καλλίστας γεγαμηκέναι, τὴν Ἀφροδίτην καὶ τὴν Χάριν.

ΑΠΟΛΛΩΝ
Εὐποτμία τις, ὦ Ἑρμῆ· πλὴν ἐκεῖνό γε θαυμάζω, τὸ ἀνέχεσθαι συνούσας αὐτῷ, καὶ μάλιστα ὅταν ὁρῶσιν ἱδρῶτι ῥεόμενον, εἰς τὴν κάμινον ἐπικεκυφότα, πολλὴν αἰθάλην ἐπὶ τοῦ προσώπου ἔχοντα· καὶ ὅμως τοιοῦτον ὄντα περιβάλλουσί τε αὐτὸν καὶ φιλοῦσι καὶ ξυγκαθεύδουσι.

ΕΡΜΗΣ
Τοῦτο καὶ αὐτὸς ἀγανακτῶ καὶ τῷ Ἡφαίστῳ φθονῶ· σὺ δὲ κόμα, ὦ Ἄπολλον, καὶ κιθάριζε καὶ μέγα ἐπὶ τῷ κάλλει φρόνει, κἀγὼ ἐπὶ τῇ εὐεξίᾳ, καὶ τῇ λύρᾳ· εἶτα, ἐπειδὰν κοιμᾶσθαι δέῃ, μόνοι καθευδήσομεν.

[2] ΑΠΟΛΛΩΝ
Ἐγὼ μὲν καὶ ἄλλως ἀναφρόδιτός εἰμι εἰς τὰ ἐρωτικὰ καὶ δύο γοῦν, οὓς μάλιστα ὑπερηγάπησα, τὴν Δάφνην καὶ τὸν Ὑάκινθον· ἡ μὲν ἀποδιδράσκει με καὶ μισεῖ, ὥστε εἵλετο ξύλον γενέσθαι μᾶλλον ἢ ἐμοὶ ξυνεῖναι, ὁ δὲ ὑπὸ τοῦ δίσκου ἀπώλετο, καὶ νῦν ἀντ᾽ ἐκείνων στεφάνους ἔχω.

ΕΡΜΗΣ
Ἐγὼ δὲ ἤδη ποτὲ τὴν Ἀφροδίτην – ἀλλ᾽ οὐ χρὴ αὐχεῖν.

ΑΠΟΛΛΩΝ
Οἶδα, καὶ τὸν Ἑρμαφρόδιτον ἐκ σοῦ λέγεται τετοκέναι. πλὴν ἐκεῖνό μοι εἰπέ, εἴ τι οἶσθα, πῶς οὐ ζηλοτυπεῖ ἡ Ἀφροδίτη τὴν Χάριν ἢ ἡ Χάρις αὐτήν.

17. Hermes und Apollon

[1] HERMES
Dass er – lahm! ein Handwerker! Apollon! – die Schönsten der Schönen geheiratet hat, Aphrodite und Charis!
APOLLON
Glück muss man haben, Hermes! Ich staune ja nur, dass sie es ertragen, mit ihm ins Bett zu gehen, erst recht, wenn sie sehen, wie er vor Schweiß trieft, sich über den Ofen beugt, das Gesicht voll Ruß. Und trotzdem, obwohl er so aussieht, umarmen und küssen sie ihn und schlafen sogar mit ihm.
HERMES
Ja, das ärgert mich auch, und ich missgönne das dem Hephaistos! Du, Apollon, kannst deine Haare pflegen und Kithara spielen, soviel du willst, und dir groß was auf deine Schönheit einbilden, so wie ich auf meine gute Kondition und meine Lyra – aber dann, wenn's ins Bett geht, schlafen wir allein.
[2] APOLLON
Was mich betrifft, so meint es Aphrodite mit mir in Liebesangelegenheiten normalerweise auch nicht gerade gut, und insbesondere bei den zweien, die ich am meisten und über alle Maßen geliebt habe, Daphne und Hyakinthos. Sie ist mir davongelaufen und verabscheute mich so sehr, dass sie lieber ein Stück Holz werden wollte, als mit mir zu schlafen, und ihn hat der Diskus dahingerafft.[39] An ihrer Stelle habe ich jetzt – Kränze.[40]
HERMES
Ich habe ja schon mal mit Aphrodite – aber nein, man soll nicht prahlen![41]
APOLLON
Weiß ich doch, und man sagt, dir verdanke sie es, den Hermaphroditos zur Welt gebracht zu haben. Sag mir lieber Folgendes, wenn du da etwas weißt: Wie kommt es, dass Aphrodite nicht auf Charis eifersüchtig ist und Charis auf sie?

[3] ΕΡΜΗΣ

Ὅτι, ὦ Ἄπολλον, ἐκείνη μὲν αὐτῷ ἐν τῇ Λήμνῳ σύνεστιν, ἡ δὲ Ἀφροδίτη ἐν τῷ οὐρανῷ· ἄλλως τε περὶ τὸν Ἄρη ἔχει τὰ πολλὰ κἀκείνου ἐρᾷ, ὥστε ὀλίγον αὐτῇ τοῦ χαλκέως τούτου μέλει.

ΑΠΟΛΛΩΝ

Καὶ ταῦτα οἴει τὸν Ἥφαιστον εἰδέναι;

ΕΡΜΗΣ

Οἶδεν· ἀλλὰ τί ἂν δρᾶσαι δύναιτο γενναῖον ὁρῶν νεανίαν καὶ στρατιώτην αὐτόν; ὥστε τὴν ἡσυχίαν ἄγει· πλὴν ἀπειλεῖ γε δεσμά τινα ἐπιμηχανήσεσθαι αὐτοῖς καὶ συλλήψεσθαι σαγηνεύσας ἐπὶ τῆς εὐνῆς. Εὐξαίμην δ᾽ ἂν αὐτὸς ὁ ξυλληφθησόμενος εἶναι.

[3] HERMES
Weil Charis mit ihm auf Lemnos zusammenwohnt, Apollon, und Aphrodite im Himmel. Zumal die sich ja die meiste Zeit in Ares' Gesellschaft aufhält und in ihn verliebt ist, so dass ihr an dem Schmied da eher wenig liegt.
APOLLON
Und glaubst du, Hephaistos weiß Bescheid?
HERMES
Tut er. Aber was kann er schon machen, wenn er sich einem hochwohlgeborenen jungen Mann gegenübersieht, dazu noch einem Krieger? Und so verhält er sich eben still. Allerdings droht er, er werde für sie eine Art Ketten erfinden, sie wie ein Jagdnetz über das Bett spannen und die beiden auf diese Weise erwischen. Da würde ich mir doch wünschen, der Erwischte zu sein![42]

18. Ἥρας καὶ Λητοῦς

[1] ΗΡΑ
Καλὰ μέν, ὦ Λητοῖ, καὶ τὰ τέκνα ἔτεκες τῷ Διί.
ΛΗΤΩ
Οὐ πᾶσαι γάρ, ὦ Ἥρα, τοιούτους τίκτειν δυνάμεθα, οἷος ὁ Ἥφαιστός ἐστιν.
ΗΡΑ
Ἀλλ' οὗν οὗτος, εἰ καὶ χωλός, ἀλλ' ὅμως χρήσιμός γέ ἐστι τεχνίτης ὢν ἄριστος καὶ κατακεκόσμηκεν ἡμῖν τὸν οὐρανὸν καὶ τὴν Ἀφροδίτην γεγάμηκε καὶ σπουδάζεται πρὸς αὐτῆς, οἱ δὲ σοὶ παῖδες ἡ μὲν αὐτῶν ἀρρενικὴ πέρα τοῦ μετρίου καὶ ὄρειος, καὶ τὸ τελευταῖον εἰς τὴν Σκυθίαν ἀπελθοῦσα πάντες ἴσασιν οἷα ἐσθίει ξενοκτονοῦσα καὶ μιμουμένη τοὺς Σκύθας αὐτοὺς ἀνθρωποφάγους ὄντας· ὁ δὲ Ἀπόλλων προσποιεῖται μὲν πάντα εἰδέναι καὶ τοξεύειν καὶ κιθαρίζειν καὶ ἰατρὸς εἶναι καὶ μαντεύεσθαι καὶ καταστησάμενος ἐργαστήρια τῆς μαντικῆς τὸ μὲν ἐν Δελφοῖς, τὸ δὲ ἐν Κλάρῳ καὶ ἐν Κολοφῶνι καὶ ἐν Διδύμοις ἐξαπατᾷ τοὺς χρωμένους αὐτῷ λοξὰ καὶ ἐπαμφοτερίζοντα πρὸς ἑκάτερον τῆς ἐρωτήσεως ἀποκρινόμενος ὡς ἀκίνδυνον εἶναι τὸ σφάλμα. καὶ πλουτεῖ μὲν ἀπὸ τοῦ τοιούτου· πολλοὶ γὰρ οἱ ἀνόητοι καὶ παρέχοντες αὑτοὺς καταγοητεύεσθαι· πλὴν οὐκ ἀγνοεῖταί γε ὑπὸ τῶν ξυνετωτέρων τὰ πολλὰ τερατευόμενος· αὐτὸς γοῦν ὁ μάντις ἠγνόει μὲν ὅτι φονεύσει τὸν ἐρώμενον τῷ δίσκῳ, οὐ προεμαντεύετο δὲ ὡς φεύξεται αὐτὸν ἡ Δάφνη, καὶ ταῦτα οὕτω καλὸν καὶ κομήτην ὄντα· ὥστε οὐχ ὁρῶ καθότι καλλιτεκνοτέρα τῆς Νιόβης ἔδοξας.

18. Hera und Leto

[1] HERA
Hübsche Kinder, Leto, hast du dem Zeus da geschenkt.
LETO
Wir können ja nicht alle so etwas wie deinen Hephaistos in die Welt setzen, Hera.
HERA
Der humpelt zwar vielleicht, aber er ist jedenfalls zu etwas nütze mit seinen überragenden handwerklichen Fähigkeiten. Er hat uns den Himmel schön hergerichtet und Aphrodite geheiratet, und sie liebt ihn heiß und innig. Und deine Kinder? Deine Tochter ist männlicher, als sich für ein Mädchen gehört, und treibt sich in den Bergen herum, und seit sie sich letztens nach Skythien abgesetzt hat, kennt ja jeder ihre Essgewohnheiten, wo sie doch die Fremden umbringt und es den Skythen nachmacht, die ja ebenfalls Menschenfresser sind.[43] Und dein Apoll tut so, als ob er alles könne, bogenschießen, Kithara spielen, Arzt sein und wahrsagen, und seit er seine Orakelkette mit ihren Niederlassungen in Delphi, Klaros, Kolophon und Didyma gegründet hat, legt er alle, die ihn befragen, mit seinen schiefen Antworten rein, die sich immer in beide Richtungen der Frage verstehen lassen, weil er auf diese Weise kein Risiko eingeht. Und damit macht er ein Vermögen: Die Dummköpfe kommen ja in Scharen und wollen betrogen sein. Wenigstens bleibt den Klügeren nicht verborgen, dass das Meiste bloße Effekthascherei ist. Jedenfalls wusste der Herr Seher persönlich nichts davon, dass er seinen eigenen Geliebten mit dem Diskus töten würde, und er schaffte es auch nicht vorherzusagen, dass Daphne vor ihm weglaufen würde, und das, wo er doch so schön ist und so hübsche Haare hat. Also, ich verstehe nicht, wie du auf die Idee kommen konntest, du hättest bessere Kinder als Niobe.

[2] ΛΗΤΩ

Ταῦτα μέντοι τὰ τέκνα, ἡ ξενοκτόνος καὶ ὁ ψευδόμαντις, οἶδα, ὅπως λυπεῖ σε ὁρώμενα ἐν τοῖς θεοῖς, καὶ μάλιστα ὁπόταν ἡ μὲν ἐπαινῆται ἐς τὸ κάλλος, ὁ δὲ κιθαρίζῃ ἐν τῷ συμποσίῳ θαυμαζόμενος ὑφ' ἁπάντων.

ΗΡΑ

Ἐγέλασα, ὦ Λητοῖ· ἐκεῖνος θαυμαστός, ὃν ὁ Μαρσύας, εἰ τὰ δίκαια αἱ Μοῦσαι δικάσαι ἤθελον, ἀπέδειρεν ἂν αὐτὸς κρατήσας τῇ μουσικῇ· νῦν δὲ κατασοφισθεὶς ἄθλιος ἀπόλωλεν ἀδίκως ἁλούς· ἡ δὲ καλή σου παρθένος οὕτω καλή ἐστιν, ὥστε ἐπεὶ ἔμαθεν ὀφθεῖσα ὑπὸ τοῦ Ἀκταίωνος, φοβηθεῖσα μὴ ὁ νεανίσκος ἐξαγορεύσῃ τὸ αἶσχος αὐτῆς, ἐπαφῆκεν αὐτῷ τοὺς κύνας· ἐῶ γὰρ λέγειν ὅτι οὐδὲ τὰς τεκούσας ⟨ἂν⟩ ἐμαιοῦτο παρθένος γε αὐτὴ οὖσα.

ΛΗΤΩ

Μέγα, ὦ Ἥρα, φρονεῖς, ὅτι ξύνει τῷ Διὶ καὶ συμβασιλεύεις αὐτῷ, καὶ διὰ τοῦτο ὑβρίζεις ἀδεῶς· πλὴν ἀλλ' ὄψομαί σε μετ' ὀλίγον αὖθις δακρύουσαν, ὁπόταν σε καταλιπὼν ἐς τὴν γῆν κατίῃ ταῦρος ἢ κύκνος γενόμενος.

[2] LETO
Trotzdem weiß ich genau, wie sehr es dich wurmt, wenn du diese Kinder, die Fremdenmörderin und den Lügenpropheten, im Kreis der Götter siehst, und vor allem wenn die eine für ihre Schönheit gerühmt wird und der andere unter allgemeiner Bewunderung beim Festmahl die Kithara schlägt.
HERA
Dass ich nicht lache, Leto! Den soll man bewundern, dem Marsyas, wenn die Musen ein gerechtes Urteil hätten fällen wollen, als Sieger im Musikwettbewerb eigenhändig das Fell über die Ohren gezogen hätte? Aber jetzt hat man ihn ausgetrickst, den armen Kerl, und zu Unrecht verurteilt hat er sein Leben lassen müssen.[44] Und dein schönes Mädchen ist so schön, dass sie, als sie erfuhr, dass sie von Aktaion gesehen worden war, vor lauter Angst, der junge Mann könnte vielleicht herumerzählen, wie hässlich sie ist, seine Hunde auf ihn gehetzt hat.[45] Ganz zu schweigen davon, dass sie auch nicht den Gebärenden bei der Entbindung helfen würde, wenn sie selbst noch Jungfrau wäre.[46]
LETO
Du bildest dir gewaltig was darauf ein, Hera, dass du mit Zeus verheiratet bist und als Königin an seiner Seite thronst, und deshalb hast du keine Angst, es zu weit zu treiben. Aber warte nur – schon bald werde ich zusehen dürfen, wie du dir schon wieder die Augen ausweinst, wenn er dich sitzen lässt und zur Erde hinabsteigt, als Stier oder als Schwan.

19. Ἀφροδίτης καὶ Σελήνης

[1] ΑΦΡΟΔΙΤΗ

Τί ταῦτα, ὦ Σελήνη, φασὶ ποιεῖν σε; ὁπόταν κατὰ τὴν Καρίαν γένῃ, ἱστάναι μέν σε τὸ ζεῦγος ἀφορῶσαν ἐς τὸν Ἐνδυμίωνα καθεύδοντα ὑπαίθριον ἅτε κυνηγέτην ὄντα, ἐνίοτε δὲ καὶ καταβαίνειν παρ᾽ αὐτὸν ἐκ μέσης τῆς ὁδοῦ;

ΣΕΛΗΝΗ

Ἐρώτα, ὦ Ἀφροδίτη, τὸν σὸν υἱόν, ὅς μοι τούτων αἴτιος.

ΑΦΡΟΔΙΤΗ

Ἔα· ἐκεῖνος ὑβριστής ἐστιν· ἐμὲ γοῦν αὐτὴν τὴν μητέρα οἷα δέδρακεν, ἄρτι μὲν ἐς τὴν Ἴδην κατάγων Ἀγχίσου ἕνεκα τοῦ Ἰλιέως, ἄρτι δὲ ἐς τὸν Λίβανον ἐπὶ τὸ Ἀσσύριον ἐκεῖνο μειράκιον, ὃ καὶ τῇ Φερσεφάττῃ ἐπέραστον ποιήσας ἐξ ἡμισείας ἀφείλετό με τὸν ἐρώμενον· ὥστε πολλάκις ἠπείλησα, εἰ μὴ παύσεται τοιαῦτα ποιῶν, κλάσειν μὲν αὐτοῦ τὰ τόξα καὶ τὴν φαρέτραν, περιαιρήσειν δὲ καὶ τὰ πτερά· ἤδη δὲ καὶ πληγὰς αὐτῷ ἐνέτεινα ἐς τὰς πυγὰς τῷ σανδάλῳ· ὁ δὲ οὐκ οἶδ᾽ ὅπως τὸ παραυτίκα δεδιὼς καὶ ἱκετεύων μετ᾽ ὀλίγον ἐπιλέλησται ἁπάντων. **[2]** ἀτὰρ εἰπέ μοι, καλὸς ὁ Ἐνδυμίων ἐστίν; ἀπαραμύθητον γὰρ οὕτως τὸ δεινόν.

ΣΕΛΗΝΗ

Ἐμοὶ μὲν καὶ πάνυ καλός, ὦ Ἀφροδίτη, δοκεῖ, καὶ μάλιστα ὅταν ὑποβαλλόμενος ἐπὶ τῆς πέτρας τὴν χλαμύδα καθεύδῃ τῇ λαιᾷ μὲν ἔχων τὰ ἀκόντια ἤδη ἐκ τῆς χειρὸς ὑπορρέοντα, ἡ δεξιὰ δὲ περὶ τὴν κεφαλὴν ἐς τὸ ἄνω ἐπικεκλασμένη ἐπιπρέπει τῷ προσώπῳ περικειμένη, ὁ δὲ ὑπὸ τοῦ ὕπνου λελυμένος ἀναπνέει τὸ ἀμβρόσιον ἐκεῖνο ἆσθμα. τότε τοίνυν ἐγὼ ἀψοφητὶ κατιοῦσα ἐπ᾽ ἄκρων τῶν δακτύλων βεβηκυῖα ὡς ἂν μὴ

19. Aphrodite und Selene

[1] Aphrodite
Was ist das für eine Geschichte, Selene, die man da über dich erzählt? Dass du immer, wenn du über Karien scheinst, deinen Wagen anhältst und auf Endymion hinabschaust, der – als Jäger – unter freiem Himmel schläft, und dass du ab und zu sogar deine Bahn mittendrin verlässt und zu ihm hinuntersteigst?
Selene
Frag mal deinen Sohn, Aphrodite, der hat mir das eingebrockt!
Aphrodite
Ha, der Verbrecher, der! Was er mir persönlich, seiner Mutter!, schon alles angetan hat! Mal hat er mich zum Ida gebracht wegen Ilieus' Sohn Anchises, mal in den Libanon zu diesem assyrischen Bürschchen – das hat er dann auch für Persephone attraktiv gemacht und mir so meinen Geliebten zur Hälfte entzogen.[47] Ich habe ihm daher schon oft angedroht, ich würde ihm, wenn er damit nicht aufhöre, Bogen und Köcher zerbrechen und ihm außerdem die Flügel wegnehmen. Ich habe ihm sogar schon den Hintern mit der Sandale versohlt.[48] Aber er, ich weiß nicht, wie es kommt, hat dann zwar für den Augenblick Angst und bettelt und fleht um Gnade, doch schon kurz danach hat er alles vergessen. – **[2]** Aber sag mir mal, ist Endymion ein Hübscher? Denn das wäre schlimm, und man könnte nichts machen.
Selene
Mir jedenfalls kommt er sehr hübsch vor, Aphrodite, und ganz besonders dann, wenn er, seinen Umhang unter sich ausgebreitet, auf dem Felsen schläft, in der Linken seine Jagdspeere, die ihm schon aus der Hand gleiten, der rechte Arm biegt sich nach oben um den Kopf und schmiegt sich entzückend ans Gesicht, und er, hingegossen im Schlaf, lässt einen Atem entströmen, der nach Ambrosia duftet. Da steige ich dann, ohne Lärm zu machen, auf Zehenspitzen hinab,[49] damit er nicht erwacht und einen Schrecken bekommt

ἀνεγρόμενος ἐκταραχθείη – οἶσθα· τί οὖν ἄν σοι λέγοιμι τὰ μετὰ ταῦτα; πλὴν ἀπόλλυμαί γε ὑπὸ τοῦ ἔρωτος.

– na, du weißt ja Bescheid: Warum soll ich dir erzählen, was dann passiert? Nur, dass ich vor Verlangen geradezu – vergehe![50]

20. Ἀφροδίτης καὶ Ἔρωτος

[1] ΑΦΡΟΔΙΤΗ

Ὦ τέκνον Ἔρως, ὅρα οἷα ποιεῖς· οὐ τὰ ἐν τῇ γῇ λέγω, ὁπόσα τοὺς ἀνθρώπους ἀναπείθεις καθ' αὑτῶν ἢ κατ' ἀλλήλων ἐργάζεσθαι, ἀλλὰ καὶ τὰ ἐν τῷ οὐρανῷ, ὃς τὸν μὲν Δία πολύμορφον ἐπιδεικνύεις ἀλλάττων ἐς ὅ τι ἂν σοι ἐπὶ τοῦ καιροῦ δοκῇ, τὴν Σελήνην δὲ καθαιρεῖς ἐκ τοῦ οὐρανοῦ, τὸν Ἥλιον δὲ παρὰ τῇ Κλυμένῃ βραδύνειν ἐνίοτε ἀναγκάζεις ἐπιλελησμένον τῆς ἱππασίας· ἃ μὲν γὰρ ἐς ἐμὲ τὴν μητέρα ὑβρίζεις, θαρρῶν ποιεῖς. ἀλλὰ σύ, ὦ τολμηρότατε, καὶ τὴν Ῥέαν αὐτὴν γραῦν ἤδη καὶ μητέρα τοσούτων θεῶν οὖσαν ἀνέπεισας παιδεραστεῖν καὶ τὸ Φρύγιον ἐκεῖνο μειράκιον ποθεῖν, καὶ νῦν ἐκείνη μέμηνεν ὑπὸ σοῦ καὶ ζευξαμένη τοὺς λέοντας, παραλαβοῦσα καὶ τοὺς Κορύβαντας ἅτε μανικοὺς καὶ αὐτοὺς ὄντας, ἄνω καὶ κάτω τὴν Ἴδην περιπολοῦσιν, ἡ μὲν ὀλολύζουσα ἐπὶ τῷ Ἄττῃ, οἱ Κορύβαντες δὲ ὁ μὲν αὐτῶν τέμνεται ξίφει τὸν πῆχυν, ὁ δὲ ἀνεὶς τὴν κόμην ἵεται μεμηνὼς διὰ τῶν ὀρῶν, ὁ δὲ αὐλεῖ τῷ κέρατι, ὁ δὲ ἐπιβομβεῖ τῷ τυμπάνῳ ἢ ἐπικτυπεῖ τῷ κυμβάλῳ, καὶ ὅλως θόρυβος καὶ μανία τὰ ἐν τῇ Ἴδῃ ἅπαντά ἐστι. δέδια τοίνυν ἅπαντα, δέδια τὸ τοιοῦτο ἡ τὸ μέγα σε κακὸν ἐγὼ τεκοῦσα, μὴ ἀπομανεῖσά ποτε ἡ Ῥέα ἢ καὶ μᾶλλον ἔτι ἐν αὑτῇ οὖσα κελεύσῃ τοὺς Κορύβαντας συλλαβόντας σε διασπάσασθαι ἢ τοῖς λέουσι παραβαλεῖν· ταῦτα δέδια κινδυνεύοντά σε ὁρῶσα.

[2] ΕΡΩΣ

Θάρρει, μῆτερ, ἐπεὶ καὶ τοῖς λέουσιν αὐτοῖς ἤδη ξυνήθης εἰμί, καὶ πολλάκις ἐπαναβὰς ἐπὶ τὰ νῶτα καὶ τῆς κόμης λαβόμενος ἡνιοχῶ

20. Aphrodite und Eros

[1] Aphrodite
Eros, mein Kind, nun schau doch mal, was du anrichtest! Ich will gar nicht von dem reden, was du auf der Erde tust, zu was für Aktionen du die Menschen, zu ihrem eigenen oder fremden Schaden, verleitest, aber doch wenigstens von deinen Taten im Himmel! Du führst Zeus in zahllosen Gestalten vor, indem du ihn in das verwandelst, was dir gerade in den Sinn kommt, Selene holst du vom Himmel, Helios zwingst du manchmal, bei Klymene herumzutrödeln und sein Pferdegespann zu vergessen;[51] und deine frechen Übergriffe mir gegenüber, deiner Mutter, die begehst du sowieso ohne jede Zurückhaltung. Aber du dreister Kerl hast sogar noch Rhea persönlich, doch schon eine alte Frau und Mutter so vieler Götter, dazu verführt, sich in einen Knaben zu verlieben und sich nach diesem phrygischen Bürschchen zu verzehren, und jetzt ist sie völlig verrückt, deinetwegen, spannt Löwen vor ihren Wagen, holt sich noch die Korybanten[52] dazu, weil die genauso verrückt sind, sie fahren den Ida rauf und runter, sie dabei unter Schreien der Klage über Attis[53], und von den Korybanten ritzt sich der eine mit dem Schwert den Arm, der andere löst sein Haar und stürzt im Wahnsinn durch die Berge, der dritte bläst auf einem Horn, der nächste haut dazu auf die Pauke oder lässt die Zimbel krachen, und überhaupt ist der ganze Ida ein einziges verrücktes Getöse. Das alles versetzt mich in Angst und Sorge, ja, so etwas lässt mich befürchten – mich, die ich dich als großes Übel in die Welt gesetzt habe –, dass Rhea am Ende völlig den Verstand verliert oder, eher noch, dass sie zu sich kommt und den Korybanten befiehlt, dich zu packen und zu zerreißen oder den Löwen vorzuwerfen. Das ist es, was mir Angst macht, wenn ich sehe, was für Risiken du eingehst.

[2] Eros
Keine Panik, Mutter, wegen der Löwen, mit denen bin ich doch schon vertraut, weil ich oft auf ihre Rücken gestiegen bin, sie an

αὐτούς, οἱ δὲ σαίνουσί με καὶ χεῖρα δεχόμενοι ἐς τὸ στόμα περιλιχμησάμενοι ἀποδιδόασί μοι. αὐτὴ μὲν γὰρ ἡ Ῥέα πότε ἂν ἐκείνη σχολὴν ἀγάγοι ἐπ᾽ ἐμὲ ὅλη οὖσα ἐν τῷ Ἄττῃ; καίτοι τί ἐγὼ ἀδικῶ δεικνὺς τὰ καλὰ οἷά ἐστιν; ὑμεῖς δὲ μὴ ἐφίεσθε τῶν καλῶν· μὴ τοίνυν ἐμὲ αἰτιᾶσθε τούτων. ἢ θέλεις σύ, ὦ μῆτερ, αὐτὴ μηκέτι ἐρᾶν μήτε σὲ τοῦ Ἄρεως μήτε ἐκεῖνον σοῦ;

ΑΦΡΟΔΙΤΗ

Ὡς δεινὸς εἶ καὶ κρατεῖς ἁπάντων· ἀλλὰ μεμνήσῃ μού ποτε τῶν λόγων.

ihrer Mähne gepackt und gelenkt habe. Die wedeln, wenn sie mich sehen, nehmen meine Hand in ihr Maul, lecken sie ab und geben sie wieder her. Und was Rhea betrifft, wann sollte sie wohl Zeit für mich haben, wo sie doch ganz in ihrem Attis aufgeht? Und überhaupt: Worin besteht denn mein Unrecht, wenn ich das Schöne zeige, wie es ist? Ihr müsst das Schöne ja nicht begehren – macht mir deswegen bitte keinen Vorwurf! Oder willst du, Mutter, vielleicht, dass weder du Ares liebst noch er dich?

Aphrodite

Wie gefährlich du bist und alles unter deiner Fuchtel hast! Aber du wirst noch an meine Worte denken!

21. *Ἀπόλλωνος καὶ Ἑρμοῦ*

[1] ΑΠΟΛΛΩΝ

Τί γελᾷς, ὦ Ἑρμῆ;

ΕΡΜΗΣ

Ὅτι γελοιότατα, ὦ Ἄπολλον, εἶδον.

ΑΠΟΛΛΩΝ

Εἰπὲ οὖν, ὡς καὶ αὐτὸς ἀκούσας ἔχω ξυγγελᾶν.

ΕΡΜΗΣ

Ἡ Ἀφροδίτη ξυνοῦσα τῷ Ἄρει κατείληπται καὶ ὁ Ἥφαιστος ἔδησεν αὐτοὺς ξυλλαβών.

ΑΠΟΛΛΩΝ

Πῶς; ἡδὺ γάρ τι ἐρεῖν ἔοικας.

ΕΡΜΗΣ

Ἐκ πολλοῦ, οἶμαι, ταῦτα εἰδὼς ἐθήρευεν αὐτούς, καὶ περὶ τὴν εὐνὴν ἀφανῆ δεσμὰ περιθεὶς εἰργάζετο ἀπελθὼν ἐπὶ τὴν κάμινον· εἶτα ὁ μὲν Ἄρης ἐσέρχεται λαθών, ὡς ᾤετο, καθορᾷ δὲ αὐτὸν ὁ Ἥλιος καὶ λέγει πρὸς τὸν Ἥφαιστον. ἐπεὶ δὲ ἐπέβησαν τοῦ λέχους καὶ ἐν ἔργῳ ἦσαν καὶ ἐντὸς ἐγεγένηντο τῶν ἀρκύων, περιπλέκεται μὲν αὐτοῖς τὰ δεσμά, ἐφίσταται δὲ ὁ Ἥφαιστος. ἐκείνη μὲν οὖν – καὶ γὰρ ἔτυχε γυμνὴ οὖσα – οὐκ εἶχεν ὅπως ἐγκαλύψαιτο αἰδουμένη, ὁ δὲ Ἄρης τὰ μὲν πρῶτα διαφυγεῖν ἐπειρᾶτο καὶ ἤλπιζε ῥήξειν τὰ δεσμά, ἔπειτα δὲ, συνεὶς ἐν ἀφύκτῳ ἐχόμενον ἑαυτὸν, ἱκέτευεν.

[2] ΑΠΟΛΛΩΝ

Τί οὖν; ἀπέλυσεν αὐτὸν ὁ Ἥφαιστος;

ΕΡΜΗΣ

Οὐδέπω, ἀλλὰ ξυγκαλέσας τοὺς θεοὺς ἐπιδείκνυται τὴν μοιχείαν αὐτοῖς· οἱ δὲ γυμνοὶ ἀμφότεροι κάτω νενευκότες ξυνδεδεμένοι ἐρυθριῶσι, καὶ τὸ θέαμα ἥδιστον ἐμοὶ ἔδοξε μονονουχὶ αὐτὸ γινόμενον τὸ ἔργον.

21. Apollon und Hermes

[1] Apollon
Warum lachst du, Hermes?[54]
Hermes
Weil ich etwas unendlich Witziges gesehen habe, Apollon.
Apollon
Nun erzähl schon! Wenn ich es höre, kann ich mitlachen!
Hermes
Aphrodite ist im Bett mit Ares erwischt worden, und Hephaistos hat die beiden aneinandergefesselt.
Apollon
Was? Das klingt ja nach einer köstlichen Geschichte!
Hermes
Ich glaube, er wusste schon längst Bescheid, lauerte ihnen auf und begab sich, nachdem er unsichtbare Bänder um das Bett gespannt hatte, außer Haus zur Arbeit am Ofen. Darauf geht Ares – unbemerkt, wie er glaubte – hinein, aber Helios sieht ihn und sagt es Hephaistos. Als sie dann ins Bett gingen, schwer beschäftigt waren und sich vollständig in Reichweite des Netzes befanden, da schlingen sich die Bänder um sie, und da steht auch schon Hephaistos. Sie, beschämt, hatte – nackt, wie sie ja gerade war – nichts, um sich zu bedecken, während Ares zuerst noch versuchte zu entwischen und hoffte, die Bänder zerreißen zu können, sich aber dann, als er einsehen musste, dass es kein Entkommen gab, aufs Bitten verlegte.
[2] Apollon
Und was dann? Hat Hephaistos ihn laufen lassen?
Hermes
Nicht gleich, sondern er rief die Götter herbei und präsentierte ihnen den Ehebruch. Und die beiden, nackt, aneinander gekettet, ließen den Kopf hängen und erröteten – ich fand, der Anblick war wirklich mehr als anregend, gerade dass sie nicht mehr direkt bei der Sache waren.

ΑΠΟΛΛΩΝ

Ὁ δὲ χαλκεὺς ἐκεῖνος οὐκ αἰδεῖται καὶ αὐτὸς ἐπιδεικνύμενος τὴν αἰσχύνην τοῦ γάμου;

ΕΡΜΗΣ

Μὰ Δί', ὅς γε καὶ ἐπιγελᾷ ἐφεστὼς αὐτοῖς. ἐγὼ μέντοι, εἰ χρὴ τἀληθὲς εἰπεῖν, ἐφθόνουν τῷ Ἄρει μὴ μόνον μοιχεύσαντι τὴν καλλίστην θεόν, ἀλλὰ καὶ δεδεμένῳ μετ' αὐτῆς.

ΑΠΟΛΛΩΝ

Οὐκοῦν καὶ δεδέσθαι ἂν ὑπέμεινας ἐπὶ τούτῳ;

ΕΡΜΗΣ

Σὺ δ' οὐκ ἄν, ὦ Ἄπολλον; ἰδὲ μόνον ἐπελθών· ἐπαινέσομαι γάρ σε, ἢν μὴ τὰ ὅμοια καὶ αὐτὸς εὔξῃ ἰδών.

APOLLON

Ja, schämt dieser Schmied sich denn nicht, seine geschändete Ehe auch noch selbst allen auf den Präsentierteller zu legen?

HERMES

Nein, bei Zeus, der stand sogar neben ihnen und lachte sie aus. Ich hingegen, wenn ich ehrlich sein soll, war neidisch auf Ares, der nicht nur mit der schönsten Göttin Ehebruch getrieben hatte, sondern auch noch an sie gefesselt war.

APOLLON

Du hättest es also ertragen, in einer solchen Situation gefesselt zu sein?

HERMES

Du etwa nicht, Apollon? Geh doch hin und schau selbst! Mein Kompliment, wenn du das siehst – und dir nicht genau das Gleiche wünschst wie ich!

22. Ἥρας καὶ Διός

[1] ΗΡΑ

Ἐγὼ μὲν ᾐσχυνόμην ἄν, ὦ Ζεῦ, εἴ μοι τοιοῦτος υἱὸς ἦν, θῆλυς οὕτω καὶ διεφθαρμένος ὑπὸ τῆς μέθης, μίτρᾳ μὲν ἀναδεδεμένος τὴν κόμην, τὰ πολλὰ δὲ μαινομέναις γυναιξὶ συνών, ἁβρότερος αὐτῶν ἐκείνων, ὑπὸ τυμπάνοις καὶ αὐλῷ καὶ κυμβάλοις χορεύων, καὶ ὅλως παντὶ μᾶλλον ἐοικὼς ἢ σοὶ τῷ πατρί.

ΖΕΥΣ

Καὶ μὴν οὗτός γε ὁ θηλυμίτρης, ὁ ἁβρότερος τῶν γυναικῶν οὐ μόνον, ὦ Ἥρα, τὴν Λυδίαν ἐχειρώσατο καὶ τοὺς κατοικοῦντας τὸν Τμῶλον ἔλαβε καὶ Θρᾷκας ὑπηγάγετο, ἀλλὰ καὶ ἐπ᾽ Ἰνδοὺς ἐλάσας τῷ γυναικείῳ τούτῳ στρατιωτικῷ τούς τε ἐλέφαντας εἷλε καὶ τῆς χώρας ἐκράτησε καὶ τὸν βασιλέα πρὸς ὀλίγον ἀντιστῆναι τολμήσαντα αἰχμάλωτον ἀπήγαγε, καὶ ταῦτα πάντα ἔπραξεν ὀρχούμενος ἅμα καὶ χορεύων θύρσοις χρώμενος κιττίνοις, μεθύων, ὡς φής, καὶ ἐνθεάζων. εἰ δέ τις ἐπεχείρησε λοιδορήσασθαι αὐτῷ ὑβρίσας ἐς τὴν τελετήν, καὶ τοῦτον ἐτιμωρήσατο, ἢ καταδήσας τοῖς κλήμασιν ἢ διασπασθῆναι ποιήσας ὑπὸ τῆς μητρὸς ὥσπερ νεβρόν. ὁρᾷς ὡς ἀνδρεῖα ταῦτα καὶ οὐκ ἀνάξια τοῦ πατρός; εἰ δὲ παιδιὰ καὶ τρυφὴ πρόσεστιν αὐτοῖς, οὐδεὶς φθόνος, καὶ μάλιστα εἰ λογίσαιτό τις, οἷος ἂν οὗτος νήφων ἦν, ὅπου ταῦτα μεθύων ποιεῖ.

[2] ΗΡΑ

Σύ μοι δοκεῖς ἐπαινέσεσθαι καὶ τὸ εὕρεμα αὐτοῦ, τὴν ἄμπελον καὶ τὸν οἶνον, καὶ ταῦτα ὁρῶν οἷα οἱ μεθυσθέντες ποιοῦσι σφαλλόμενοι καὶ πρὸς ὕβριν τρεπόμενοι καὶ ὅλως μεμηνότες ὑπὸ τοῦ ποτοῦ· τὸν γοῦν Ἰκάριον,

22. Hera und Zeus

[1] HERA
Also, ich würde mich ja für so einen Sohn schämen, Zeus, so weibisch und vom Trinken zerrüttet, das Haar mit einem Band gerafft, ständig mit verrückten Frauen unterwegs, aber noch verweichlichter als sie, ständig am Tanzen zur Musik von Pauken, Auloi und Zimbeln – und überhaupt sieht er jedem anderen ähnlicher als dir, seinem Vater.
ZEUS
Und doch hat dieser Kerl mit seinem weibischen Haarband, er, der noch verweichlichter als seine Frauen ist, nicht nur Lydien in die Knie gezwungen, die Bewohner des Tmolos-Gebirges unter seine Kontrolle gebracht und die Thraker unterworfen, sondern er ist mit diesem Weiberheer sogar bis nach Indien gezogen, hat die Elefanten getötet, sich des Landes bemächtigt und den König, der sich ihm kurze Zeit entgegenzustellen wagte, als Kriegsgefangenen abgeführt, und das alles hat er tanzend und springend vollbracht, mit Hilfe von efeuumwickelten Thyrsosstäben, betrunken – wie du sagst – und in göttlicher Raserei.[55] Und wenn einer versuchte, sich an seinem Kult zu vergehen und ihm damit Schimpf anzutun, dann hat er sich auch an dem gerächt, indem er ihn entweder mit Weinreben fesselte oder ihn von seiner eigenen Mutter zerreißen ließ wie ein Rehkitz.[56] Na, wie männlich ist das und wie sehr seines Vaters würdig? Wenn sie dabei ihren Spaß haben und es sich gut gehen lassen, muss man ihnen das nicht missgönnen, und erst recht dann nicht, wenn man in Rechnung stellt, was für ein Kerl er nüchtern wäre, wo er das alles schon betrunken fertigbringt.
[2] HERA
Gleich wirst du mir auch noch seine Erfindung anpreisen wollen, den Weinstock und den Wein, und das, wo du doch sehen kannst, was Betrunkene so anrichten, wenn sie hinfallen, groben Unfug stiften und völlig den Verstand verlieren, und zwar wegen des Ge-

ᾧ πρώτῳ ἔδωκεν τὸ κλῆμα, οἱ ξυμπόται αὐτοὶ διέφθειραν παίοντες ταῖς δικέλλαις.

ΖΕΥΣ

Οὐδὲν τοῦτο φῄς· οὐ γὰρ οἶνος ταῦτα οὐδὲ ὁ Διόνυσος ποιεῖ, τὸ δὲ ἄμετρον τῆς πόσεως καὶ τὸ πέρα τοῦ καλῶς ἔχοντος ἐμφορεῖσθαι τοῦ ἀκράτου. ὃς δ᾽ ἂν ἔμμετρα πίνῃ, ἱλαρώτερος μὲν καὶ ἡδίων γένοιτ᾽ ἄν· οἷον δὲ ὁ Ἰκάριος ἔπαθεν, οὐδὲν ἂν ἐργάσαιτο οὐδένα τῶν ξυμποτῶν. ἀλλὰ σὺ ἔτι ζηλοτυπεῖν ἔοικας, ὦ Ἥρα, καὶ τῆς Σεμέλης μνημονεύειν, ἥ γε διαβάλλεις τοῦ Διονύσου τὰ κάλλιστα.

tränks: Den Ikarios, dem er die Weinrebe als erstem schenkte, haben jedenfalls seine Zechkumpanen persönlich mit ihren Hacken erschlagen.[57]

ZEUS

Das ist doch alles Unsinn! Dafür ist ja weder der Wein noch Dionysos verantwortlich, sondern die Maßlosigkeit beim Trinken und die Unsitte, sich ohne jeden Anstand mit purem Wein vollaufen zu lassen. Wer mit Maß trinkt, dessen Stimmung hellt sich wohl auf, und er wird angenehmer im Umgang; was aber dem Ikarios passiert ist, nichts davon würde er einem seiner Mittrinker antun. Nein, Hera, mir kommt es so vor, als wärst du immer noch eifersüchtig und dächtest immer noch an Semele, bei deinen Verleumdungen der exquisiten Gaben des Dionysos.[58]

23. *Ἀφροδίτης καὶ Ἔρωτος*

[1] ΑΦΡΟΔΙΤΗ

Τί δήποτε, ὦ Ἔρως, τοὺς μὲν ἄλλους θεοὺς κατηγωνίσω ἅπαντας, τὸν Δία, τὸν Ποσειδῶ, τὸν Ἀπόλλω, τὴν Ῥέαν, ἐμὲ τὴν μητέρα, μόνης δὲ ἀπέχῃ τῆς Ἀθηνᾶς καὶ ἐπ᾽ ἐκείνης ἄπυρος μέν σοι ἡ δᾴς, κενὴ δὲ οἰστῶν ἡ φαρέτρα, σὺ δὲ ἄτοξος εἶ καὶ ἄστοχος;

ΕΡΩΣ

Δέδια, ὦ μῆτερ, αὐτήν· φοβερὰ γάρ ἐστι καὶ χαροπὴ καὶ δεινῶς ἀνδρική· ὁπόταν γοῦν ἐντεινάμενος τὸ τόξον ἴω ἐπ᾽ αὐτήν, ἐπισείουσα τὸν λόφον ἐκπλήττει με καὶ ὑπότρομος γίνομαι καὶ ἀπορρεῖ μου τὰ τοξεύματα ἐκ τῶν χειρῶν.

ΑΦΡΟΔΙΤΗ

Ὁ Ἄρης γὰρ οὐ φοβερώτερος ἦν; καὶ ὅμως ἀφώπλισας αὐτὸν καὶ νενίκηκας.

ΕΡΩΣ

Ἀλλὰ ἐκεῖνος ἑκὼν προσίεταί με καὶ προσκαλεῖται, ἡ Ἀθηνᾶ δὲ ὑφορᾶται ἀεί, καί ποτε ἐγὼ μὲν ἄλλως παρέπτην πλησίον ἔχων τὴν λαμπάδα, ἡ δέ »Εἴ μοι πρόσει,« φησί, »νὴ τὸν πατέρα, τῷ δορατίῳ σε διαπείρασα ἢ τοῦ ποδὸς λαβομένη καὶ ἐς τὸν Τάρταρον ἐμβαλοῦσα ἢ αὐτὴ διασπασαμένη« – πολλὰ τοιαῦτα ἠπείλησε· καὶ ὁρᾷ δὲ δριμὺ καὶ ἐπὶ τοῦ στήθους ἔχει πρόσωπόν τι φοβερὸν ἐχίδναις κατάκομον, ὅπερ ἐγὼ μάλιστα δέδια· μορμολύττεται γάρ με καὶ φεύγω, ὅταν ἴδω αὐτό.

[2] ΑΦΡΟΔΙΤΗ

Ἀλλὰ τὴν μὲν Ἀθηνᾶν δέδιας, ὡς φής, καὶ τὴν Γοργόνα, καὶ ταῦτα μὴ φοβηθεὶς τὸν κεραυνὸν τοῦ Διός. αἱ δὲ Μοῦσαι διὰ τί σοι ἄτρωτοι καὶ

23. *Aphrodite und Eros*

[1] Aphrodite
Warum, Eros, unterwirfst du dir eigentlich alle anderen Götter, Zeus, Poseidon, Apollon, Rhea, mich – deine eigene Mutter! –, und hältst dich allein von Athena fern? Warum bleiben in ihrem Fall deine Fackel ohne Flamme, dein Köcher ohne Pfeile, und du selbst ohne deinen treffsicheren Bogen?

Eros
Vor der habe ich Angst, Mutter. Sie ist so furchteinflößend, hat so einen glühenden Blick und ist so erschreckend männlich. Immer wenn ich meinen Bogen spanne und auf sie losgehe, dann schüttelt sie ihren Helmbusch und schüchtert mich ein, und dann fange ich an zu zittern, und mir fallen Pfeil und Bogen aus den Händen.

Aphrodite
War denn Ares nicht noch viel furchterregender? Und trotzdem hast du ihn entwaffnet und besiegt.

Eros
Ach, der lässt mich absichtlich an sich heran, er ruft mich ja sogar zu sich, aber Athena behält mich immer im Auge, und als ich einmal mit meiner Fackel in ihrer Nähe vorbeiflog, ganz zufällig, da sagte sie: »Wenn du mir zu nahe kommst, ich schwöre es dir bei meinem Vater, ich durchbohre dich mit meiner Lanze, ich packe dich am Fuß und befördere dich in den Tartaros, oder ich zerreiße dich eigenhändig in der Luft.« Viele solcher Schrecklichkeiten hat sie mir angedroht. Und einen stechenden Blick hat sie, und auf der Brust trägt sie ein ganz fürchterliches Gesicht mit Schlangen statt Haaren, vor dem habe ich eine wahnsinnige Angst; es gruselt mich, und ich verziehe mich, wenn ich das sehe.

[2] Aphrodite
Du fürchtest dich also vor Athena, sagst du, und vor der Gorgo, und das, wo du keine Angst vor Zeus' Blitz hast. Und die Musen?

ἔξω βελῶν εἰσιν; ἢ κἀκεῖναι λόφους ἐπισείουσιν καὶ Γοργόνας προφαίνουσιν;

ΕΡΩΣ

Αἰδοῦμαι αὐτάς, ὦ μῆτερ· σεμναὶ γάρ εἰσιν καὶ ἀεί τι φροντίζουσιν καὶ περὶ ᾠδὴν ἔχουσι καὶ ἐγὼ παρίσταμαι πολλάκις αὐταῖς κηλούμενος ὑπὸ τοῦ μέλους.

ΑΦΡΟΔΙΤΗ

Ἔα καὶ ταύτας, ὅτι σεμναί· τὴν δὲ Ἄρτεμιν τίνος ἕνεκα οὐ τιτρώσκεις;

ΕΡΩΣ

Τὸ μὲν ὅλον οὐδὲ καταλαβεῖν αὐτὴν οἷόν τε φεύγουσαν ἀεὶ διὰ τῶν ὀρῶν· εἶτα καὶ ἴδιόν τινα ἔρωτα ἤδη ἐρᾷ.

ΑΦΡΟΔΙΤΗ

Τίνος, ὦ τέκνον;

ΕΡΩΣ

Θήρας καὶ ἐλάφων καὶ νεβρῶν, αἱρεῖν τε διώκουσα καὶ κατατοξεύειν, καὶ ὅλως πρὸς τῷ τοιούτῳ ἐστίν· ἐπεὶ τόν γε ἀδελφὸν αὐτῆς, καίτοι τοξότην καὶ αὐτὸν ὄντα καὶ ἑκηβόλον –

ΑΦΡΟΔΙΤΗ

Οἶδα, ὦ τέκνον, πολλὰ ἐκεῖνον ἐτόξευσας.

Warum bleiben die unverletzt und außer Schussweite? Schütteln die etwa auch ihren Helmbusch und zeigen dir die Gorgo?

EROS

Vor ihnen empfinde ich Ehrfurcht, Mutter. Sie sind so würdevoll, immer so nachdenklich, und beschäftigen sich ständig mit Gesang: Ich stelle mich ganz oft in ihre Nähe und lausche ganz verzaubert ihrem Lied.

APHRODITE

Lass also auch sie, weil sie so würdevoll sind! Aber Artemis? Weswegen verwundest du die nicht?

EROS

Ganz einfach deshalb, weil sie immer durch die Berge davonläuft und ich sie nicht einholen kann. Und dann hat sie ja auch schon ihre eigene Liebe im Leib.

APHRODITE

Wer ist es denn, mein Kind?

EROS

Die Jagd – auf Hirsche und Hirschkälber. Die verfolgt sie, um sie zu fangen und zu erlegen, darin geht sie völlig auf. Ihren Bruder hingegen, obwohl der ebenfalls Bogenschütze ist und auch weit entfernte Ziele trifft –

APHRODITE

Ich weiß, mein Kind: Den hast du schon oft getroffen.

24. Διὸς καὶ Ἡλίου

[1] ΖΕΥΣ

Οἷα πεποίηκας, ὦ Τιτάνων κάκιστε; ἀπολώλεκας τὰ ἐν τῇ γῇ ἅπαντα, μειρακίῳ ἀνοήτῳ πιστεύσας τὸ ἅρμα, ὃς τὰ μὲν κατέφλεξε πρόσγειος ἐνεχθείς, τὰ δὲ ὑπὸ κρύους διαφθαρῆναι ἐποίησε πολὺ αὐτῶν ἀποσπάσας τὸ πῦρ, καὶ ὅλως οὐδὲν ὅ τι οὐ ξυνετάραξε καὶ ξυνέχεε, καὶ εἰ μὴ ἐγὼ ξυνεὶς τὸ γιγνόμενον κατέβαλον αὐτὸν τῷ κεραυνῷ, οὐδὲ λείψανον ἀνθρώπων ἐπέμεινεν ἄν· τοιοῦτον ἡμῖν τὸν καλὸν ἡνίοχον καὶ διφρηλάτην ἐκπέπομφας.

ΗΛΙΟΣ

Ἥμαρτον, ὦ Ζεῦ, ἀλλὰ μὴ χαλέπαινε, εἰ ἐπείσθην υἱῷ πολλὰ ἱκετεύοντι· πόθεν γὰρ ἂν καὶ ἤλπισα τηλικοῦτο γενήσεσθαι κακόν;

ΖΕΥΣ

Οὐκ ᾔδεις, ὅσης ἐδεῖτο ἀκριβείας τὸ πρᾶγμα καὶ ὡς, εἰ βραχύ τις ἐκβαίη τῆς ὁδοῦ, οἴχεται πάντα; ἠγνόεις δὲ καὶ τῶν ἵππων τὸν θυμόν, ὡς δεῖ ξυνέχειν ἀνάγκῃ τὸν χαλινόν; εἰ γὰρ ἐνδοίη τις, ἀφηνιάζουσιν εὐθύς, ὥσπερ ἀμέλει καὶ τοῦτον ἐξήνεγκαν, ἄρτι μὲν ἐπὶ τὰ λαιά, μετ᾽ ὀλίγον δὲ ἐπὶ τὰ δεξιά, καὶ ἐς τὸ ἐναντίον τοῦ δρόμου ἐνίοτε, καὶ ἄνω καὶ κάτω, ὅλως ἔνθα ἐβούλοντο αὐτοί· ὁ δὲ οὐκ εἶχεν ὅ τι χρήσαιτο αὐτοῖς.

[2] ΗΛΙΟΣ

Πάντα μὲν ἠπιστάμην ταῦτα καὶ διὰ τοῦτο ἀντεῖχον ἐπὶ πολὺ καὶ οὐκ ἐπίστευον αὐτῷ τὴν ἔλασιν· ἐπεὶ δὲ κατελιπάρησε δακρύων καὶ ἡ μήτηρ

24. Zeus und Helios

[1] ZEUS
Was hast du angerichtet, du schlimmster Bösewicht unter allen Titanen? Die ganze Welt hast du vernichtet, nur weil du einem unvernünftigen Bürschchen deinen Wagen anvertrauen musstest, und der ist der Erde zu nahe gekommen, hat einen Teil von ihr niedergebrannt, einem Teil das wärmende Feuer entzogen und sie so im Frost eingehen lassen, und überhaupt gibt es nichts, was er nicht ins Chaos gestürzt und durcheinandergewirbelt hätte, und hätte ich nicht gemerkt, was da vor sich geht, und ihn mit dem Blitz erschlagen, dann wäre von den Menschen nichts mehr übrig. So einen tollen Zügelhalter und Wagenlenker hast du uns da auf die Fahrt geschickt!
HELIOS
Ich habe einen Fehler gemacht, Zeus, aber sei mir bitte nicht böse, nur weil ich mich von meinem Sohn und seinem Gebettel habe überreden lassen. Woher hätte ich auch ahnen sollen, dass so ein schlimmes Unglück passieren würde?
ZEUS
Du wusstest nicht, wieviel Präzision und Sorgfalt dieses Geschäft verlangt und wie alles den Bach runtergeht, wenn man die Bahn auch nur ganz kurz verlässt? Und dir war auch das Temperament der Pferde unbekannt, und wie brutal man die Riemen zusammenhalten muss? Gibt man nach, reißen sie einem die Zügel sofort aus der Hand, wie sie es natürlich auch bei ihm gemacht haben: Erst warfen sie ihn nach links, dann gleich nach rechts aus der Bahn, und manchmal sogar gegen die Laufrichtung, nach oben, nach unten, kurz: Wohin sie wollten, und er hatte keine Ahnung, wie er mit ihnen fertigwerden sollte.
[2] HELIOS
Das war mir alles klar, und deshalb habe ich ja auch lange nein gesagt und ihn nicht fahren lassen. Als er aber so sehr bettelte, unter

Κλυμένη μετ' αὐτοῦ, ἀναβιβασάμενος ἐπὶ τὸ ἅρμα ὑπεθέμην, ὅπως μὲν χρὴ βεβηκέναι αὐτόν, ἐφ' ὁπόσον δὲ ἐς τὸ ἄνω ἀφέντα ὑπερενεχθῆναι, εἶτα ἐς τὸ κάταντες αὖθις ἐπινεύειν καὶ ὡς ἐγκρατῆ εἶναι τῶν ἡνιῶν καὶ μὴ ἐφιέναι τῷ θυμῷ τῶν ἵππων· εἶπον δὲ καὶ ἡλίκος ὁ κίνδυνος, εἰ μὴ ὀρθὴν ἐλαύνοι· ὁ δὲ – παῖς γὰρ ἦν – ἐπιβὰς τοσούτου πυρὸς καὶ ἐπικύψας ἐς βάθος ἀχανὲς ἐξεπλάγη, ὡς τὸ εἰκός· οἱ δὲ ἵπποι ὡς ᾔσθοντο οὐκ ὄντα ἐμὲ τὸν ἐπιβεβηκότα, καταφρονήσαντες τοῦ μειρακίου ἐξετράποντο τῆς ὁδοῦ καὶ τὰ δεινὰ ταῦτα ἐποίησαν· ὁ δὲ τὰς ἡνίας ἀφείς, οἶμαι δεδιὼς μὴ ἐκπέσῃ αὐτός, εἴχετο τῆς ἄντυγος. ἀλλὰ ἐκεῖνός τε ἤδη ἔχει τὴν δίκην κἀμοί, ὦ Ζεῦ, ἱκανὸν τὸ πένθος.

[3] ΖΕΥΣ

Ἱκανὸν λέγεις τοιαῦτα τολμήσας; νῦν μὲν οὖν συγγνώμην ἀπονέμω σοι, ἐς δὲ τὸ λοιπόν, ἤν τι ὅμοιον παρανομήσῃς ἤ τινα τοιοῦτον σεαυτοῦ διάδοχον ἐκπέμψῃς, αὐτίκα εἴσῃ, ὁπόσον τοῦ σοῦ πυρὸς ὁ κεραυνὸς πυρωδέστερος. ὥστε ἐκεῖνον μὲν αἱ ἀδελφαὶ θαπτέτωσαν ἐπὶ τῷ Ἠριδανῷ, ἵναπερ ἔπεσεν ἐκδιφρευθείς, ἤλεκτρον ἐπ' αὐτῷ δακρύουσαι καὶ αἴγειροι γενέσθωσαν ἐπὶ τῷ πάθει, σὺ δὲ ξυμπηξάμενος τὸ ἅρμα – κατέαγε δὲ καὶ ὁ ῥυμὸς αὐτοῦ καὶ ἅτερος τῶν τροχῶν συντέτριπται – ἔλαυνε ἐπαγαγὼν τοὺς ἵππους. ἀλλὰ μέμνησο τούτων ἁπάντων.

Tränen, und seine Mutter Klymene ihn noch unterstützte, da ließ ich ihn zuletzt auf den Wagen steigen und erklärte ihm dessen Bedienung, wie weit er ihn frei nach oben rollen, dann wieder ihn sich steil nach unten neigen lassen solle, wie er die Zügel im Griff behalten müsse und dem Temperament der Pferde nicht nachgeben dürfe; und ich sagte ihm, wie groß die Gefahr sei, wenn er nicht geradeaus führe. Aber als er dann – er war ja noch ein Kind – auf soviel Feuer stieg und sich über die gähnende Tiefe beugte, da geriet er natürlich in Panik. Und als die Pferde merkten, dass nicht ich es war, der auf dem Wagen stand, da kümmerten sie sich nicht um das Bürschchen, verließen ihre Bahn, und das Unheil nahm seinen Lauf: Er ließ die Zügel fahren, sicher aus Angst, selbst hinauszufallen, und hielt sich an der Reling fest. Doch hat er ja nun schon seine Strafe, und meine Trauer, Zeus, ist groß genug.

[3] Zeus

Groß genug, sagst du, nach so einer dreisten und waghalsigen Tat? Na, für diesmal will ich dir verzeihen, aber das nächste Mal, wenn du dich so eines Vergehens schuldig machst oder noch so einen Stellvertreter auf die Reise schickst, sollst du gleich erfahren, wieviel feuriger mein Blitz als dein Feuer ist. – So, nun sollen ihn seine Schwestern beim Eridanos bestatten, gerade dort, wo er aus dem Wagen gestürzt ist, und Bernsteintränen sollen sie um ihn weinen und aus Kummer und Leid zu Pappeln werden,[59] aber du repariere den Wagen – seine Deichsel ist ja zerbrochen und eines der Räder kaputt –, und dann spann die Pferde an und fahr los. Aber vergiss das alles nicht!

25. Ἀπόλλωνος καὶ Ἑρμοῦ

[1] ΑΠΟΛΛΩΝ

Ἔχεις μοι εἰπεῖν, ὦ Ἑρμῆ, πότερος ὁ Κάστωρ ἐστὶ τούτων ἢ πότερος ὁ Πολυδεύκης; ἐγὼ γὰρ οὐκ ἂν διακρίναιμι αὐτούς.

ΕΡΜΗΣ

Ὁ μὲν χθὲς ἡμῖν ξυγγενόμενος ἐκεῖνος Κάστωρ ἦν, οὗτος δὲ Πολυδεύκης.

ΑΠΟΛΛΩΝ

Πῶς διαγινώσκεις; ὅμοιοι γάρ.

ΕΡΜΗΣ

Ὅτι οὗτος μέν, ὦ Ἄπολλον, ἔχει ἐπὶ τοῦ προσώπου τὰ ἴχνη τῶν τραυμάτων ἃ ἔλαβε παρὰ τῶν ἀνταγωνιστῶν πυκτεύων, καὶ μάλιστα ὁπόσα ὑπὸ τοῦ Βέβρυκος Ἀμύκου ἐτρώθη τῷ Ἰάσονι συμπλέων, ἅτερος δὲ οὐδὲν τοιοῦτον ἐμφαίνει, ἀλλὰ καθαρός ἐστι καὶ ἀπαθὴς τὸ πρόσωπον.

ΑΠΟΛΛΩΝ

Ὤνησας διδάξας τὰ γνωρίσματα, ἐπεὶ τά γε ἄλλα πάντα ἴσα, τοῦ ᾠοῦ τὸ ἡμίτομον καὶ ἀστὴρ ὑπεράνω καὶ ἀκόντιον ἐν τῇ χειρὶ καὶ ἵππος ἑκατέρῳ λευκός, ὥστε πολλάκις ἐγὼ τὸν μὲν προσεῖπον Κάστορα Πολυδεύκην ὄντα, τὸν δὲ τῷ τοῦ Πολυδεύκους ὀνόματι. ἀτὰρ εἰπέ μοι καὶ τόδε, τί δήποτε οὐκ ἄμφω ξύνεισιν ἡμῖν, ἀλλ᾽ ἐξ ἡμισείας ἄρτι μὲν νεκρός, ἄρτι δὲ θεός ἐστιν ἅτερος αὐτῶν;

ΕΡΜΗΣ

Ὑπὸ φιλαδελφίας τοῦτο ποιοῦσιν· ἐπεὶ γὰρ ἔδει ἕνα μὲν τεθνάναι τῶν Λήδας υἱέων, ἕνα δὲ ἀθάνατον εἶναι, ἐνείμαντο οὕτως αὐτοὶ τὴν ἀθανασίαν.

ΑΠΟΛΛΩΝ

Οὐ ξυνετήν, ὦ Ἑρμῆ, τὴν νομήν, οἵ γε οὐδὲ ὄψονται οὕτως ἀλλήλους,

25. Apollon und Hermes

[1] APOLLON
Bist du in der Lage, mir zu sagen, Hermes, wer von den beiden da Kastor und wer Polydeukes ist? Ich kann sie nämlich nicht auseinanderhalten.
HERMES
Der dort, der gestern zu uns gestoßen ist, das ist Kastor, und der hier ist Polydeukes.
APOLLON
Wie kannst du sie unterscheiden? Sie sehen doch gleich aus.
HERMES
Weil der hier, Apollon, in seinem Gesicht die Spuren der Verletzungen trägt, die ihm seine Gegner im Boxkampf zugefügt haben, und vor allem diejenigen, die ihm der Bebryker Amykos verpasst hat, als er Iason auf seiner Schiffsreise begleitete;[60] beim anderen sieht man nichts derartiges, sondern sein Gesicht ist rein und frei von Verletzungen.
APOLLON
Sehr hilfreich, dass du mir diese Erkennungszeichen erklärst, denn alles Übrige ist ganz gleich: die halbe Eierschale, der Stern darüber, der Speer in der Hand, beide mit einem weißen Pferd – nicht selten habe ich deshalb schon Kastor mit Polydeukes angeredet und umgekehrt.[61] Aber sag mir doch auch noch: Warum sind sie denn nicht beide bei uns, sondern jeder von ihnen zur Hälfte bald Toter, bald Gott?
[2] HERMES
Das machen sie aus Bruderliebe. Da einer von Ledas Söhnen sterblich, einer unsterblich sein musste, haben sie die Unsterblichkeit so untereinander aufgeteilt.
APOLLON
Nicht gerade sehr schlau, Hermes, diese Verteilung, denn auf diese Weise kriegen sie einander nie zu Gesicht, was sie doch, dachte ich,

ὅπερ ἐπόθουν, οἶμαι, μάλιστα· πῶς γάρ, ὁ μὲν παρὰ θεοῖς, ὁ δὲ παρὰ τοῖς φθιτοῖς ὤν; πλὴν ἀλλὰ ὥσπερ ἐγὼ μαντεύομαι, ὁ δὲ Ἀσκληπιὸς ἰᾶται, σὺ δὲ παλαίειν διδάσκεις παιδοτρίβης ἄριστος ὤν, ἡ δὲ Ἄρτεμις μαιεύεται καὶ τῶν ἄλλων ἕκαστος ἔχει τινὰ τέχνην ἢ θεοῖς ἢ ἀνθρώποις χρησίμην, οὗτοι δὲ τί ποιήσουσιν ἡμῖν; ἢ ἀργοὶ εὐωχήσονται τηλικοῦτοι ὄντες;

ΕΡΜΗΣ

Οὐδαμῶς, ἀλλὰ προστέτακται αὐτοῖν ὑπηρετεῖν τῷ Ποσειδῶνι καὶ καθιππεύειν δεῖ τὸ πέλαγος καὶ ἐάν που ναύτας χειμαζομένους ἴδωσιν, ἐπικαθίσαντας ἐπὶ τὸ πλοῖον σῴζειν τοὺς ἐμπλέοντας.

ΑΠΟΛΛΩΝ

Ἀγαθήν, ὦ Ἑρμῆ, καὶ σωτήριον λέγεις τὴν τέχνην.

am meisten ersehnten. Wie soll das jetzt funktionieren, der eine bei den Göttern, der andere bei den Dahingegangenen? Aber egal – so wie ich Orakel gebe, Asklepios die Heilkunst betreibt, du als vorzüglicher Lehrer den Ringkampf unterrichtest, Artemis als Hebamme wirkt und auch jeder der anderen einen Beruf ausübt, der entweder für die Götter oder für die Menschen von Nutzen ist: Was werden die denn tun? Oder werden sie, solche Riesen, es sich faul bei unserem Festmahl gutgehen lassen?

HERMES

Aber nein, sondern sie sind beide angewiesen, Poseidon zu dienen, müssen auf und ab über das Meer reiten und sich, wenn sie irgendwo Seeleute im Sturm sehen, auf deren Schiff setzen und die Reisenden retten.

APOLLON

Das, Hermes, ist mal ein guter und segensreicher Beruf!

ΕΝΑΛΙΟΙ ΔΙΑΛΟΓΟΙ

1. *Δωρίδος καὶ Γαλατείας*

[1] ΔΩΡΙΣ
Καλὸν ἐραστήν, ὦ Γαλάτεια, τὸν Σικελὸν τοῦτον ποιμένα φασὶν ἐπιμεμηνέναι σοί.
ΓΑΛΑΤΕΙΑ
Μὴ σκῶπτε, Δωρί· Ποσειδῶνος γὰρ υἱός ἐστιν, ὁποῖος ἂν ᾖ.
ΔΩΡΙΣ
Τί οὖν; εἰ καὶ τοῦ Διὸς αὐτοῦ παῖς ὢν ἄγριος οὕτως καὶ λάσιος ἐφαίνετο καί, τὸ πάντων ἀμορφότατον, μονόφθαλμος, οἴει τὸ γένος ἄν τι ὀνῆσαι αὐτὸν πρὸς τὴν μορφήν;
ΓΑΛΑΤΕΙΑ
Οὐδὲ τὸ λάσιον αὐτοῦ καί, ὡς φῄς, ἄγριον ἄμορφόν ἐστιν – ἀνδρῶδες γάρ – ὅ τε ὀφθαλμὸς ἐπιπρέπει τῷ μετώπῳ οὐδὲν ἐνδεέστερον ὁρῶν ἢ εἰ δύ' ἦσαν.
ΔΩΡΙΣ
Ἔοικας, ὦ Γαλάτεια, οὐκ ἐραστὴν ἀλλ' ἐρώμενον ἔχειν τὸν Πολύφημον, οἷα ἐπαινεῖς αὐτόν.
[2] ΓΑΛΑΤΕΙΑ
Οὐκ ἐρώμενον, ἀλλὰ τὸ πάνυ ὀνειδιστικὸν τοῦτο οὐ φέρω ὑμῶν, καί μοι δοκεῖτε ὑπὸ φθόνου αὐτὸ ποιεῖν, ὅτι ποιμαίνων ποτὲ ἀπὸ τῆς σκοπῆς παιζούσας ἡμᾶς ἰδὼν ἐπὶ τῆς ἠϊόνος ἐν τοῖς πρόποσι τῆς Αἴτνης, καθ' ὃ μεταξὺ τοῦ ὄρους καὶ τῆς θαλάσσης αἰγιαλὸς ἀπομηκύνεται, ὑμᾶς μὲν οὐδὲ προσέβλεψεν, ἐγὼ δὲ ἐξ ἁπασῶν ἡ καλλίστη ἔδοξα, καὶ μόνῃ ἐμοὶ

MEERGÖTTER IM GESPRÄCH

1. Doris und Galateia

[1] Doris
Dein schöner Liebhaber, Galateia, dieser sizilische Hirte, der soll ja völlig verrückt nach dir sein.
Galateia
Mach dich mal nicht lustig, Doris! Es handelt sich nämlich um Poseidons Sohn, ganz unabhängig von seinem Äußeren.
Doris
Na, und was? Und wenn er Zeus' Sohn höchstpersönlich wäre, glaubst du, wo er so wild und struppig aussieht und obendrein, Gipfel der Hässlichkeit, nur ein Auge hat, dass ihm seine Abstammung irgendwie zu Schönheit verhelfen könnte?
Galateia
Seine struppigen Haare und seine, wie du das nennst, Wildheit sind überhaupt nicht hässlich, sondern männlich, und das Auge steht seiner Stirn sehr gut, und er sieht damit auch nicht schlechter, als wenn es zwei wären.
Doris
So wie du von ihm schwärmst, Galateia, könnte man denken, es sei nicht Polyphem in dich, sondern du in ihn verliebt.
[2] Galateia
Ich bin überhaupt nicht in ihn verliebt, aber eure ständigen Sticheleien kann ich gar nicht leiden! Und ich glaube, ihr tut das aus Neid! Als er uns nämlich mal beim Weiden seiner Herde vom Felsen aus an der Küste unterhalb des Ätna spielen sah – da, wo sich zwischen Berg und Meer der Strand hinzieht –, da hat er euch nicht einmal eines einzigen Blickes gewürdigt, sondern von uns allen bin ich es gewesen, die ihm am schönsten vorgekommen ist, und nur auf mich hat er sein Auge geworfen. Das ärgert euch! Es beweist

ἐπεῖχε τὸν ὀφθαλμόν. ταῦτα ὑμᾶς ἀνιᾷ· δεῖγμα γάρ, ὡς ἀμείνων εἰμὶ καὶ ἀξιέραστος, ὑμεῖς δὲ παρώφθητε.

ΔΩΡΙΣ

Εἰ ποιμένι καὶ ἐνδεεῖ τὴν ὄψιν καλὴ ἔδοξας, ἐπίφθονος οἴει γεγονέναι; καίτοι τί ἄλλο ἐν σοὶ ἐπαινέσαι εἶχεν ἢ τὸ λευκὸν μόνον; καὶ τοῦτο, οἶμαι, ὅτι συνήθης ἐστὶ τυρῷ καὶ γάλακτι· πάντα οὖν τὰ ὅμοια τούτοις ἡγεῖται καλά. [3] ἐπεὶ τά γε ἄλλα ὁπόταν ἐθελήσῃς μαθεῖν, οἵα τυγχάνεις οὖσα τὴν ὄψιν, ἀπὸ πέτρας τινός, εἴ ποτε γαλήνη εἴη, ἐπικύψασα εἰς τὸ ὕδωρ ἰδὲ σεαυτὴν οὐδὲν ἄλλο ἢ χρόαν λευκὴν ἀκριβῶς· οὐκ ἐπαινεῖται δὲ τοῦτο, ἢν μὴ ἐπιπρέπῃ αὐτῷ καὶ τὸ ἐρύθημα.

ΓΑΛΑΤΕΙΑ

Καὶ μὴν ἐγὼ μὲν ἡ ἀκράτως λευκὴ ὅμως ἐραστὴν ἔχω κἂν τοῦτον, ὑμῶν δὲ οὐκ ἔστιν ἥντινα ἢ ποιμὴν ἢ ναύτης ἢ πορθμεὺς ἐπαινεῖ· ὁ δέ γε Πολύφημος τά τε ἄλλα καὶ μουσικός ἐστι.

[4] ΔΩΡΙΣ

Σιώπα, ὦ Γαλάτεια· ἠκούσαμεν αὐτοῦ ᾄδοντος ὁπότε ἐκώμασε πρῴην ἐπὶ σέ· Ἀφροδίτη φίλη, ὄνον ἄν τις ὀγκᾶσθαι ἔδοξεν. καὶ αὐτὴ δὲ ἡ πηκτὶς οἵα; κρανίον ἐλάφου γυμνὸν τῶν σαρκῶν, καὶ τὰ μὲν κέρατα πήχεις ὥσπερ ἦσαν, ζυγώσας δὲ αὐτὰ καὶ ἐνάψας τὰ νεῦρα, οὐδὲ κολλάβοις περιστρέψας, ἐμελῴδει ἄμουσόν τι καὶ ἀπῳδόν, ἄλλο μὲν αὐτὸς βοῶν, ἄλλο δὲ ἡ λύρα ὑπήχει, ὥστε οὐδὲ κατέχειν τὸν γέλωτα ἐδυνάμεθα ἐπὶ τῷ ἐρωτικῷ ἐκείνῳ ᾄσματι· ἡ μὲν γὰρ Ἠχὼ οὐδὲ ἀποκρίνεσθαι αὐτῷ ἤθελεν οὕτω λάλος οὖσα βρυχομένῳ, ἀλλ' ᾐσχύνετο, εἰ φανείη μιμουμένη τραχεῖαν ᾠδὴν καὶ καταγέλαστον. [5] ἔφερεν δὲ ὁ ἐπέραστος ἐν ταῖς ἀγκάλαις ἀθυρμάτιον ἄρκτου σκύλακα τὸ λάσιον

nämlich, dass ich besser bin und liebenswert und dass man euch links liegen lässt.

Doris

Glaubst du, wir müssen dich gleich beneiden, bloß weil du einem halbblinden Hirten gefallen hast? Und überhaupt, was hatte er schon anderes an dir zu rühmen als bloß deine weiße Haut? Und auch das nur, glaube ich, weil er ständig mit Käse und Milch zu tun hat: Da hält er alles für schön, was genauso aussieht. [3] Sollte dich übrigens dein eigenes Aussehen interessieren, dann geh doch mal bei Windstille auf einen Felsen am Meer, beug dich über den Wasserspiegel und schau dich an: Nichts als absolut weiß ist deine Haut! Das gefällt aber niemandem, so ohne jeden Schimmer lebensvoller Röte.

Galateia

Aber ich habe, bei meiner schneeweißen Haut, trotzdem einen Liebhaber, und wenn es der ist, aber euer Loblied stimmt keiner an, weder ein Hirt noch ein Schiffer noch ein Fährmann! Und obendrein ist Polyphem auch noch musikalisch.

[4] Doris

Sei bloß still, Galateia! Wir haben ihn singen gehört, als er neulich mal auf dem Weg zu deinem Fenster war. Du liebe Aphrodite! Man hätte meinen können, da brülle ein Esel! Und dann seine Leier, was für ein Ding! Ein abgeschabter Hirschschädel, als Hälse einfach so die Hörner, die er durch ein Joch verbunden hat, daran aufgespannt die Saiten, ohne Wirbel! Das Lied, das er darauf spielte, war unmelodisch und falsch, halb plärrte er selbst, halb dröhnte die Leier dazu – wir konnten nicht anders, wir mussten einfach lachen über dieses Liebeslied. Nicht einmal Echo wollte ja auf sein Gebrüll antworten – und das, wo sie eigentlich so geschwätzig ist –, sondern schämte sich schon bei dem bloßen Gedanken, als Imitatorin eines so rauen und lächerlichen Gesinges aufzutreten. [5] Dein lieber Schatz hielt außerdem sein Spielzeug in den Armen, ein Bärenjun-

αὐτῷ προσεοικότα. τίς οὐκ ἂν φθονήσειέ σοι, ὦ Γαλάτεια, τοιούτου ἐραστοῦ;

ΓΑΛΑΤΕΙΑ

Οὐκοῦν σύ, Δωρί, δεῖξον ἡμῖν τὸν σεαυτῆς, καλλίω δῆλον ὅτι ὄντα καὶ ᾠδικώτερον καὶ κιθαρίζειν ἄμεινον ἐπιστάμενον.

ΔΩΡΙΣ

Ἀλλὰ ἐραστὴς μὲν οὐδεὶς ἔστι μοι οὐδὲ σεμνύνομαι ἐπέραστος εἶναι· τοιοῦτος δὲ οἷος ὁ Κύκλωψ ἐστί, κινάβρας ἀπόζων ὥσπερ ὁ τράγος, ὠμοβόρος, ὥς φασι, καὶ σιτούμενος τοὺς ἐπιδημοῦντας τῶν ξένων, σοὶ γένοιτο καὶ πάντοτε σὺ ἀντερῴης αὐτοῦ.

ges, gerade so zottig wie er selbst. Wer, Galateia, würde dich um so einen Liebhaber nicht beneiden?

Galateia

Ach, dann zeig uns doch mal deinen, Doris, weil der ja ganz sicher viel schöner ist und besser singen und auch besser auf der Kithara spielen kann!

Doris

Ich habe keinen Liebhaber, und ich brüste mich auch nicht damit, begehrenswert zu sein! Und so einen wie den Kyklopen, der nach Ziegenbock stinkt, der rohes Fleisch frisst, wie die Leute erzählen, und Touristen verspeist,[1] den kannst du gerne behalten, und mögest du ihn allzeit zärtlich wiederlieben!

2. Κύκλωπος καὶ Ποσειδῶνος

[1] ΚΥΚΛΩΨ
Ὦ πάτερ, οἷα πέπονθα ὑπὸ τοῦ καταράτου ξένου, ὃς μεθύσας ἐξετύφλωσέ με κοιμωμένῳ ἐπιχειρήσας.

ΠΟΣΕΙΔΩΝ
Τίς δὲ ἦν ὁ ταῦτα τολμήσας, ὦ Πολύφημε;

ΚΥΚΛΩΨ
Τὸ μὲν πρῶτον Οὖτιν αὑτὸν ἀπεκάλει, ἐπεὶ δὲ διέφυγε καὶ ἔξω ἦν βέλους, Ὀδυσσεὺς ὀνομάζεσθαι ἔφη.

ΠΟΣΕΙΔΩΝ
Οἶδα ὃν λέγεις, τὸν Ἰθακήσιον· ἐξ Ἰλίου δ' ἀνέπλει. ἀλλὰ πῶς ταῦτα ἔπραξεν οὐδὲ πάνυ εὐθαρσὴς ὤν;

[2] ΚΥΚΛΩΨ
Κατέλαβον αὐτοὺς ἐν τῷ ἄντρῳ ἀπὸ τῆς νομῆς ἀναστρέψας πολλούς τινας, ἐπιβουλεύοντας δῆλον ὅτι τοῖς ποιμνίοις· ἐπεὶ γὰρ ἐπέθηκα τῇ θύρᾳ τὸ πῶμα – πέτρα δέ ἐστί μοι παμμεγέθης – καὶ τὸ πῦρ ἀνέκαυσα ἐναυσάμενος ὃ ἔφερον δένδρον ἀπὸ τοῦ ὄρους, ἐφάνησαν ἀποκρύπτειν αὑτοὺς πειρώμενοι· ἐγὼ δὲ συλλαβών τινας αὐτῶν, ὥσπερ εἰκὸς ἦν, κατέφαγον λῃστάς γε ὄντας. ἐνταῦθα ὁ πανουργότατος ἐκεῖνος, εἴτε Οὖτις εἴτε Ὀδυσσεὺς ἦν, δίδωσί μοι πιεῖν φάρμακόν τι ἐγχέας, ἡδὺ μὲν καὶ εὐῶδες, ἐπιβουλότατον δὲ καὶ ταραχωδέστατον· ἅπαντα γὰρ εὐθὺς ἐδόκει μοι περιφέρεσθαι πιόντι καὶ τὸ σπήλαιον αὐτὸ ἀνεστρέφετο καὶ οὐκέτι ὅλως ἐν ἐμαυτοῦ ἦν, τέλος δὲ εἰς ὕπνον κατεσπάσθην. ὁ δὲ ἀποξύνας τὸν μοχλὸν καὶ πυρώσας προσέτι ἐτύφλωσέ με καθεύδοντα, καὶ ἀπ' ἐκείνου τυφλός εἰμί σοι, ὦ Πόσειδον.

2. Kyklop und Poseidon

[1] KYKLOP
Oh weh, mein Vater, was hat er mir angetan,[2] dieser verfluchte Fremde! Erst hat er mich betrunken gemacht, und dann, als ich eingeschlafen war, hat er mich angegriffen und geblendet!
POSEIDON
Wer hat sich so etwas getraut, mein Polyphem?
KYKLOP
Zuerst hat er sich Niemand genannt, aber als er mir entkommen war und sich außer Wurfweite befand, da hat er behauptet, er heiße Odysseus.
POSEIDON
Ich weiß, wen du meinst, den aus Ithaka! Er war auf der Rückreise von Troja. Aber wie ist ihm das gelungen, wo er doch eigentlich gar nicht so mutig ist?
[2] KYKLOP
Als ich von der Weide kam, ertappte ich in meiner Höhle eine Menge Leute, die ganz offensichtlich hinter meinem Vieh her waren. Nachdem ich nämlich den Deckel vor die Tür geschoben hatte – ich verwende dafür einen ziemlich großen Stein – und mit dem Baum, den ich aus den Bergen mitgebracht hatte, Feuer gemacht hatte, da konnte ich sehen, wie sie sich zu verstecken versuchten. Ich schnappte mir ein paar von ihnen und fraß sie auf, wie man das mit Räubern eben so macht. Da gießt mir dieser Bösewicht, Niemand oder Odysseus, egal, ein Gift in den Becher und gibt es mir zu trinken, süß und köstlich duftend, aber äußerst hinterhältig und sinnverwirrend. Kaum hatte ich daran genippt, kam es mir vor, als drehte sich alles um mich, die Höhle kippte kopfüber, ich verlor völlig die Kontrolle über mich, und schließlich fiel ich in tiefen Schlummer. Der aber spitzte den Pfahl an, härtete ihn auch noch im Feuer und blendete mich im Schlaf. Seitdem ist dein Sohn blind, Poseidon!

ΠΟΣΕΙΔΩΝ

[3] Ὡς βαθὺν ἐκοιμήθης, ὦ τέκνον, ὃς οὐκ ἐξέθορες μεταξὺ τυφλούμενος. ὁ δ᾽ οὖν Ὀδυσσεὺς πῶς διέφυγεν; οὐ γὰρ ἂν εὖ οἶδ᾽ ὅτι ἠδυνήθη ἀποκινῆσαι τὴν πέτραν ἀπὸ τῆς θύρας.

ΚΥΚΛΩΨ

Ἀλλ᾽ ἐγὼ ἀφεῖλον, ὡς μᾶλλον αὐτὸν λάβοιμι ἐξιόντα, καὶ καθίσας παρὰ τὴν θύραν ἐθήρων τὰς χεῖρας ἐκπετάσας, μόνα παρεὶς τὰ πρόβατα εἰς τὴν νομήν, ἐντειλάμενος τῷ κριῷ ὅσα ἐχρῆν πράττειν αὐτὸν ὑπὲρ ἐμοῦ.

[4] ΠΟΣΕΙΔΩΝ

Μανθάνω· ὑπ᾽ ἐκείνοις ἔλαθον ὑπεξελθόντες· σὲ δὲ τοὺς ἄλλους Κύκλωπας ἔδει ἐπιβοήσασθαι ἐπ᾽ αὐτόν.

ΚΥΚΛΩΨ

Συνεκάλεσα, ὦ πάτερ, καὶ ἧκον· ἐπεὶ δὲ ἤροντο τοῦ ἐπιβουλεύοντος τοὔνομα κἀγὼ ἔφην ὅτι Οὖτίς ἐστι, μελαγχολᾶν οἰηθέντες με ἀπιόντες ᾤχοντο. οὕτω κατεσοφίσατό με ὁ κατάρατος τῷ ὀνόματι. καὶ ὃ μάλιστα ἠνίασέ με, ὅτι καὶ ὀνειδίζων ἐμοὶ τὴν συμφοράν »Οὐδὲ ὁ πατήρ,« φησίν, »ὁ Ποσειδῶν ἰάσεταί σε«.

ΠΟΣΕΙΔΩΝ

Θάρρει, ὦ τέκνον· ἀμυνοῦμαι γὰρ αὐτόν, ὡς μάθῃ ὅτι, εἰ καὶ πήρωσίν μοι τῶν ὀφθαλμῶν ἰᾶσθαι ἀδύνατον, τὰ γοῦν τῶν πλεόντων [τὸ σῴζειν αὐτοὺς καὶ ἀπολλύναι] ἐπ᾽ ἐμοί ἐστι· πλεῖ δὲ ἔτι.

[3] Poseidon
Was für ein tiefer Schlaf, mein Kind, dass du nicht aufgeschreckt bist, während er dich blendete! Und Odysseus? Wie ist er denn nun entkommen? Denn den Stein, das weiß ich genau, den hätte er nicht von der Tür wegbekommen.
Kyklop
Aber den habe ich ja selbst aus dem Weg geräumt, um ihn leichter zu erwischen, wenn er hinausschliche! Ich legte mich vor der Tür auf die Lauer, mit ausgebreiteten Armen, und ließ nur die Schafe zur Weide durch; dem Widder trug ich auf, was er an meiner Stelle tun sollte.
[4] Poseidon
Ich verstehe. Unter denen versteckten sie sich und kamen so hinaus. Du hättest die anderen Kyklopen gegen ihn zu Hilfe rufen sollen.
Kyklop
Das hab ich ja, Vater, und sie kamen auch. Aber als sie mich nach dem Namen des Attentäters fragten und ich zur Antwort gab, es sei Niemand, da hielten sie mich für übergeschnappt und gingen schnell wieder heim. So hat mich der verfluchte Kerl mit seinem Namen ausgetrickst. Und am meisten hat mich geärgert, dass er mir mein Unglück auch noch spöttisch vorgehalten hat: »Nicht einmal dein Vater Poseidon«, sagte er, »wird dich heilen können.«
Poseidon
Nicht traurig sein, mein Kind! Ich werde Rache an ihm nehmen, damit er lernt, dass ich, wenn ich auch geblendete Augen nicht heilen kann, gleichwohl doch das Schicksal der Seefahrer[3] in der Hand habe. Und noch ist er unterwegs, auf dem Meer!

3. Ποσειδῶνος καὶ Ἀλφειοῦ

[1] ΠΟΣΕΙΔΩΝ

Τί τοῦτο, ὦ Ἀλφειέ; μόνος τῶν ἄλλων ἐμπεσὼν ἐς τὸ πέλαγος οὔτε ἀναμίγνυσαι τῇ ἅλμῃ, ὡς νόμος ποταμοῖς ἅπασιν, οὔτε ἀναπαύεις σεαυτὸν διαχυθείς, ἀλλὰ διὰ τῆς θαλάσσης συνεστὼς καὶ γλυκὺ φυλάττων τὸ ῥεῖθρον, ἀμιγὴς ἔτι καὶ καθαρὸς ἐπείγῃ οὐκ οἶδ' ὅποι βύθιος ὑποδὺς καθάπερ οἱ λάροι καὶ ἐρωδιοί; καὶ ἔοικας ἀνακύψειν που καὶ αὖθις ἀναφανεῖν σεαυτόν.

ΑΛΦΕΙΟΣ

Ἐρωτικόν τι τὸ πρᾶγμά ἐστιν, ὦ Πόσειδον, ὥστε μὴ ἔλεγχε· ἠράσθης δὲ πολλάκις καὶ αὐτὸς.

ΠΟΣΕΙΔΩΝ

Γυναικός οὖν, ὦ Ἀλφειέ, ἢ νύμφης ἐρᾷς ἢ καὶ τῶν Νηρεΐδων ἁλίας;

ΑΛΦΕΙΟΣ

Οὔκ, ἀλλὰ πηγῆς, ὦ Πόσειδον.

ΠΟΣΕΙΔΩΝ

Ἡ δὲ ποῦ σοι γῆς αὕτη ῥεῖ;

ΑΛΦΕΙΟΣ

Νησιῶτίς ἐστι Σικελή· Ἀρέθουσαν αὐτὴν ὀνομάζουσιν.

[2] ΠΟΣΕΙΔΩΝ

Οἶδα οὐκ ἄμορφον, ὦ Ἀλφειέ, τὴν Ἀρέθουσαν, ἀλλὰ διαυγής ἐστι καὶ διὰ καθαροῦ ἀναβλύζει καὶ τὸ ὕδωρ ἐπιπρέπει ταῖς ψηφῖσιν ὅλον ὑπὲρ αὐτῶν φαινόμενον ἀργυροειδές.

ΑΛΦΕΙΟΣ

Ὡς ἀληθῶς οἶσθα τὴν πηγήν, ὦ Πόσειδον· παρ' ἐκείνην οὖν ἀπέρχομαι.

3. Poseidon und Alpheios

[1] POSEIDON
Was soll das heißen, Alpheios? Du allein mischst dich weder, mündest du ins Meer, mit dem Salzwasser, wie es doch bei allen Flüssen Brauch ist, noch bettest du dich im Verströmen zur Ruhe, sondern hältst dein Wasser auf deinem Weg durchs Meer zusammen und bewahrst es in seiner Süße, drängst, weiter unvermischt und rein, vorwärts, in die Tiefe abgetaucht, ich weiß nicht wohin, wie die Möwen und Reiher? Und irgendwo, so sieht's aus, tauchst du dann auf und zeigst dich wieder an der Oberfläche.

ALPHEIOS
Das ist so eine Liebesangelegenheit, Poseidon, also mach mir keine Vorwürfe! Du warst ja selbst auch schon öfter mal verliebt.

POSEIDON
Bist du denn in eine Sterbliche verliebt, Alpheios, oder in eine Nymphe oder sogar in eine Nereide aus dem Meer?

ALPHEIOS
Nein, Poseidon – in eine Quelle.

POSEIDON
Und wo auf der Erde fließt die?

ALPHEIOS
Sie bewohnt die Insel Sizilien und heißt Arethusa.

[2] POSEIDON
Die kenne ich, Alpheios, gar nicht hässlich, die Arethusa, nein, sie ist klar und sprudelt rein, und ihr Wasser sieht ganz silbrig aus und glänzt auf den Kieseln.

ALPHEIOS
Wie gut du die Quelle kennst, Poseidon ...! Dann mache ich mich jetzt mal auf den Weg zu ihr.

ΠΟΣΕΙΔΩΝ
Ἀλλ᾽ ἄπιθι μὲν καὶ εὐτύχει ἐν τῷ ἔρωτι· ἐκεῖνο δέ μοι εἰπέ, ποῦ τὴν Ἀρέθουσαν εἶδες αὐτὸς μὲν Ἀρκὰς ὤν, ἡ δὲ ἐν Συρακούσαις ἐστίν;
ΑΛΦΕΙΟΣ
Ἐπειγόμενόν με κατέχεις, ὦ Πόσειδον, περίεργα ἐρωτῶν.
ΠΟΣΕΙΔΩΝ
Εὖ λέγεις· χώρει παρὰ τὴν ἀγαπωμένην, καὶ ἀναδὺς ἀπὸ τῆς θαλάσσης συναναμίγνυσο τῇ πηγῇ καὶ ἓν ὕδωρ γίγνεσθε.

Poseidon

Ja, ab mit dir, und viel Glück in der Liebe! Aber sag mir doch das noch: Wo hast du Arethusa denn zu Gesicht bekommen, wo du doch aus Arkadien kommst, sie aber in Syrakus wohnt?

Alpheios

Ich hab's doch eilig, Poseidon, und du hältst mich mit deinen neugierigen Fragen auf.

Poseidon

Recht hast du. Also, ab mit dir zu deiner Geliebten, und wenn du aus dem Meer auftauchst, dann vermische dich mit der Quelle, und werdet ein Wasser!

4. *Μενελάου καὶ Πρωτέως*

[1] ΜΕΝΕΛΑΟΣ

Ἀλλὰ ὕδωρ μέν σε γενέσθαι, ὦ Πρωτεῦ, οὐκ ἀπίθανον, ἐνάλιόν γε ὄντα, καὶ δένδρον ἔτι φορητόν, καὶ εἰς λέοντα δὲ εἴ πως ἀλλαγείης, ὅμως οὐδὲ τοῦτο ἔξω πίστεως· εἰ δὲ καὶ πῦρ γίγνεσθαι δυνατὸν ἐν τῇ θαλάσσῃ οἰκοῦντά σε, τοῦτο πάνυ θαυμάζω καὶ ἀπιστῶ.

ΠΡΩΤΕΥΣ

Μὴ θαυμάσῃς, ὦ Μενέλαε· γίγνομαι γάρ.

ΜΕΝΕΛΑΟΣ

Εἶδον καὶ αὐτός· ἀλλά μοι δοκεῖς – εἰρήσεται γὰρ πρὸς σέ – γοητείαν τινὰ προσάγειν τῷ πράγματι καὶ τοὺς ὀφθαλμοὺς ἐξαπατᾶν τῶν ὁρώντων αὐτὸς οὐδὲν τοιοῦτο γιγνόμενος.

[2] ΠΡΩΤΕΥΣ

Καὶ τίς ἂν ἡ ἀπάτη ἐπὶ τῶν οὕτως ἐναργῶν γένοιτο; οὐκ ἀνεῳγμένοις τοῖς ὀφθαλμοῖς εἶδες εἰς ὅσα μετεποίησα ἐμαυτόν; εἰ δὲ ἀπιστεῖς καὶ τὸ πρᾶγμά σοι ψευδὲς εἶναι δοκεῖ, καὶ φαντασία τις πρὸ τῶν ὀφθαλμῶν ἱσταμένη, ἐπειδὰν πῦρ γένωμαι, προσένεγκέ μοι, ὦ γενναῖε, τὴν χεῖρα· εἴσῃ γάρ, εἰ ὁρῶμαι μόνον ἢ καὶ τὸ κάειν τότε μοι πρόσεστιν.

ΜΕΝΕΛΑΟΣ

Οὐκ ἀσφαλὴς ἡ πεῖρα, ὦ Πρωτεῦ.

ΠΡΩΤΕΥΣ

Σὺ δέ μοι, ὦ Μενέλαε, δοκεῖς οὐδὲ πολύποδα ἑωρακέναι πώποτε οὐδὲ ἃ πάσχει ὁ ἰχθῦς οὗτος εἰδέναι.

ΜΕΝΕΛΑΟΣ

Ἀλλὰ τὸν μὲν πολύποδα εἶδον, ἃ δὲ πάσχει, ἡδέως ἂν μάθοιμι παρὰ σοῦ.

4. Menelaos und Proteus

[1] Menelaos
Also nein: Dass du zu Wasser wirst, Proteus, will ich noch glauben, wo du ja ein Meerwesen bist, auch ein Baum ist noch hinnehmbar, und sogar, wenn du dich in einen Löwen oder so verwandeln würdest, wäre das doch nicht außerhalb jeder Glaubwürdigkeit.[4] Wenn es dir aber, als Meeresbewohner, möglich ist, zu Feuer zu werden, dann muss ich mich darüber doch sehr wundern und mag das gar nicht glauben.
Proteus
Du musst dich nicht wundern, Menelaos. Denn ich werde es ja.
Menelaos
Das habe ich ja auch höchstpersönlich gesehen. Aber es kommt mir so vor – das muss ich dir nun doch sagen –, als brächtest du da einen Trick ins Spiel und würdest die Augen der Zuschauer täuschen, ohne wirklich zu so etwas zu werden.
[2] Proteus
Und was für eine Täuschung sollte es da geben, bei so klaren und deutlichen Vorgängen? Hast du nicht mit offenen Augen gesehen, in was ich mich alles verwandelt habe? Glaubst du es aber nicht und kommt dir die Sache erschwindelt vor, nur ein Trugbild vor deinen Augen, dann, mein Lieber, halte doch mal deine Hand hin, wenn ich zu Feuer werde! Dann wirst du ja wissen, ob ich nur zu sehen bin, oder ob ich auch die Fähigkeit des Brennens besitze.
Menelaos
Ein ziemlich heikles Experiment, Proteus!
Proteus
Ich glaube, Menelaos, du hast auch noch nie einen Polypen gesehen und weißt gar nicht, was mit diesem Fisch passiert.
Menelaos
Doch, einen Polypen habe ich schon gesehen, aber was mit ihm passiert, das lasse ich mir gern von dir erklären.

[3] ΠΡΩΤΕΥΣ
Ὁποίᾳ ἂν πέτρᾳ προσελθὼν ἁρμόσῃ τὰς κοτύλας καὶ προσφὺς ἔχηται κατὰ τὰς πλεκτάνας, ἐκείνῃ ὅμοιον ἐργάζεται ἑαυτὸν καὶ μεταβάλλει τὴν χρόαν μιμούμενος τὴν πέτραν, ὡς λανθάνειν τοὺς ἁλιέας μὴ διαλλάττων μηδὲ ἐπίσημος ὢν διὰ τοῦτο, ἀλλ᾽ ἐοικὼς τῷ λίθῳ.
ΜΕΝΕΛΑΟΣ
Φασὶ ταῦτα· τὸ δὲ σὸν πολλῷ παραδοξότερον, ὦ Πρωτεῦ.
ΠΡΩΤΕΥΣ
Οὐκ οἶδα, ὦ Μενέλαε, ᾧτινι ἂν ἄλλῳ πιστεύσειας, τοῖς σεαυτοῦ ὀφθαλμοῖς ἀπιστῶν.
ΜΕΝΕΛΑΟΣ
Εἶδον· ἀλλὰ τὸ πρᾶγμα τεράστιον, ὁ αὐτὸς πῦρ καὶ ὕδωρ.

[3] PROTEUS
An welchen Felsen er auch kommt, seine Saugnäpfe anschmiegt und sich eng mit seinen Windungen festhält, er macht sich ihm ähnlich und ändert, in Nachahmung des Felsens, seine Farbe, so dass er den Fischern verborgen bleibt, weil er sich auf diese Weise nicht abhebt und nicht auffällt, sondern wie der Stein aussieht.
MENELAOS
Das sagt man, ja. Aber was du tust, Proteus, das ist doch noch viel merkwürdiger.
PROTEUS
Ich weiß nicht, Menelaos, wem anders du vertrauen willst, wenn du deinen eigenen Augen nicht traust.
MENELAOS
Ich hab's ja gesehen. Aber die Sache ist doch ganz gegen die Natur: ein und derselbe Feuer und Wasser!

5. *Ποσειδῶνος καὶ Δελφίνων*

[1] ΠΟΣΕΙΔΩΝ
Εὖ γε, ὦ Δελφῖνες, ὅτι ἀεὶ φιλάνθρωποί ἐστε, καὶ πάλαι μὲν τὸ τῆς Ἰνοῦς παιδίον ἐπὶ τὸν Ἰσθμὸν ἐκομίσατε ὑποδεξάμενοι ἀπὸ τῶν Σκειρωνίδων μετὰ τῆς μητρὸς ἐμπεσόν, καὶ νῦν σὺ τὸν κιθαρῳδὸν τουτονὶ τὸν ἐκ Μηθύμνης ἀναλαβὼν ἐξενήξω ἐς Ταίναρον αὐτῇ σκευῇ καὶ κιθάρᾳ, οὐδὲ περιεῖδες κακῶς ὑπὸ τῶν ναυτῶν ἀπολλύμενον.
ΔΕΛΦΙΝΕΣ
Μὴ θαυμάσῃς, ὦ Πόσειδον, εἰ τοὺς ἀνθρώπους εὖ ποιοῦμεν ἐξ ἀνθρώπων γε καὶ αὐτοὶ ἰχθύες γενόμενοι. Καὶ μέμφομαί γε τῷ Διονύσῳ, ὅτι ἡμᾶς καταναυμαχήσας καὶ μετέβαλε, δέον χειρώσασθαι μόνον, ὥσπερ τοὺς ἄλλους ὑπηγάγετο.
ΠΟΣΕΙΔΩΝ
Πῶς δ' οὖν τὰ κατὰ τὸν Ἀρίονα τοῦτον ἐγένετο, ὦ δελφίν;
ΔΕΛΦΙΝΕΣ
[2] Ὁ Περίανδρος, οἶμαι, ἔχαιρεν αὐτῷ καὶ πολλάκις μετεπέμπετο αὐτὸν ἐπὶ τῇ τέχνῃ, ὁ δὲ πλουτήσας παρὰ τοῦ τυράννου ἐπεθύμησεν πλεύσας οἴκαδε εἰς τὴν Μήθυμναν ἐπιδείξασθαι τὸν πλοῦτον, καὶ ἐπιβὰς πορθμείου τινὸς κακούργων ἀνδρῶν ὡς ἔδειξεν πολὺν ἄγων χρυσόν τε καὶ ἄργυρον, ἐπεὶ κατὰ μέσον τὸ Αἰγαῖον ἐγένετο, ἐπιβουλεύουσιν αὐτῷ οἱ ναῦται· ὁ δὲ – ἠκροώμην γὰρ ἅπαντα παρανέων τῷ σκάφει – »Ἐπεὶ ταῦτα ὑμῖν δέδοκται,« ἔφη, »ἀλλὰ τὴν σκευὴν ἀναλαβόντα με καὶ ᾄσαντα θρῆνόν τινα ἐπ' ἐμαυτῷ ἑκόντα ἐάσατε

5. Poseidon und Delphine

[1] POSEIDON
Wirklich, sehr schön von euch, Delphine, dass ihr immer so menschenfreundlich seid und ja auch früher schon mal den kleinen Sohn der Ino aufgefischt und zum Isthmos gebracht habt, als er zusammen mit seiner Mutter von den Skironiden ins Meer gestürzt war.[5] Und du, du hast dir jetzt diesen Kitharamusiker aus Methymna aufgepackt und bist mit ihm bis zum Tainaros geschwommen,[6] mitsamt seiner Ausstattung und seiner Kithara, und hast nicht einfach tatenlos zugesehen, wie ihn die Seeleute so übel traktiert und ins Verderben gestürzt haben.
DELPHIN
Kein Grund, sich zu wundern, Poseidon, wenn wir den Menschen helfen, wo wir doch auch selbst von Menschen zu Fischen geworden sind. Und ich muss dem Dionysos schon den Vorwurf machen, dass er uns zur See besiegt und verwandelt hat, wo er uns doch nur hätte zu unterwerfen brauchen, so wie er andere unter seine Macht gebracht hat.[7]
POSEIDON
Und wie lief das nun mit diesem Arion ab, Delphin?
[2] DELPHIN
Periander, glaube ich, fand Gefallen an ihm und ließ ihn oft zur Vorführung seiner Kunst zu sich rufen.[8] Als Arion durch die Zuwendungen des Tyrannen reich geworden war, wollte er unbedingt einmal nach Hause, nach Methymna, segeln und dort seinen Reichtum vorführen.[9] Er bestieg ein Fährschiff, betrieben von Schurken, und weil er das viele Gold und Silber in seinem Gepäck offen gezeigt hatte, wollten ihm die Seeleute ans Leben, als sie mitten auf der Ägäis waren. Er jedoch – ich konnte alles hören, weil ich neben dem Schiff herschwamm – sagte: »Wenn das eure Absicht ist, so lasst mich aber doch meine Ausrüstung nehmen und erlaubt mir, mich mit einem Klagelied auf meinen eigenen Tod auf den Lippen

ῥῖψαι ἐμαυτόν. ἐπέτρεψαν οἱ ναῦται καὶ ἀνέλαβε τὴν σκευὴν καὶ ᾖσε πάνυ λιγυρόν, καὶ ἔπεσεν εἰς τὴν θάλασσαν ὡς αὐτίκα πάντως ἀποθανούμενος· ἐγὼ δὲ ὑπολαβὼν καὶ ἀναθέμενος αὐτὸν ἐξενηξάμην ἔχων εἰς Ταίναρον.

ΠΟΣΕΙΔΩΝ

Ἐπαινῶ τῆς φιλομουσίας· ἄξιον γὰρ τὸν μισθὸν ἀπέδωκας αὐτῷ τῆς ἀκροάσεως.

ins Wasser zu werfen, sobald ich selbst will.« Das erlaubten ihm die Seeleute, er griff nach seiner Ausrüstung, stimmte ein besonders vernehmliches Lied an und ließ sich ins Meer fallen, in der Absicht, dort sofort ohne weitere Umstände den Tod zu finden. Aber ich glitt unter ihn, lud ihn mir auf und schwamm mit ihm beim Tainaros ans Land.

POSEIDON

Ich kann deine Musikalität nur loben! Da hast du ihm den angemessenen Lohn für sein Konzert bezahlt.

6. Ποσειδῶνος καὶ Νηρηίδων

[1] ΠΟΣΕΙΔΩΝ

Τὸ μὲν στενὸν τοῦτο, ἔνθα ἡ παῖς κατηνέχθη, Ἑλλήσποντος ἀπ' αὐτῆς καλείσθω· τὸν δὲ νεκρὸν ὑμεῖς, ὦ Νηρεΐδες, παραλαβοῦσαι τῇ Τρῳάδι προσενέγκατε, ὡς ταφείη ὑπὸ τῶν ἐπιχωρίων.

ΑΜΦΙΤΡΙΤΗ

Μηδαμῶς, ὦ Πόσειδον, ἀλλ' ἐνταῦθα ἐν τῷ ἐπωνύμῳ πελάγει τεθάφθω· ἐλεοῦμεν γὰρ αὐτὴν οἴκτιστα ὑπὸ τῆς μητρυιᾶς πεπονθυῖαν.

ΠΟΣΕΙΔΩΝ

Τοῦτο μέν, ὦ Ἀμφιτρίτη, οὐ θέμις· οὐδὲ ἄλλως καλὸν ἐνταῦθά που κεῖσθαι ὑπὸ τῇ ψάμμῳ αὐτήν, ἀλλ' ὅπερ ἔφην ἐν τῇ Τρῳάδι ἢ ἐν Χερρονήσῳ τεθάψεται. ἐκεῖνο δὲ παραμύθιον οὐ μικρὸν ἔσται αὐτῇ, ὅτι μετ' ὀλίγον τὰ αὐτὰ καὶ ἡ Ἰνὼ πείσεται καὶ ἐμπεσεῖται ὑπὸ τοῦ Ἀθάμαντος διωκομένη εἰς τὸ πέλαγος ἀπ' ἄκρου τοῦ Κιθαιρῶνος, καθ' ὅπερ καθήκει ἐπὶ τὴν θάλασσαν, ἔχουσα καὶ τὸν υἱὸν ἐπὶ τῆς ἀγκάλης. ἀλλὰ κἀκείνην σῶσαι δεήσει χαρισαμένους τῷ Διονύσῳ· τροφὸς γὰρ αὐτοῦ καὶ τίτθη ἡ Ἰνώ.

[2] ΑΜΦΙΤΡΙΤΗ

Οὐκ ἐχρῆν οὕτω πονηρὰν οὖσαν.

ΠΟΣΕΙΔΩΝ

Ἀλλὰ τῷ Διονύσῳ ἀχαριστεῖν, ὦ Ἀμφιτρίτη, οὐκ ἄξιον.

ΝΗΡΕΙΔΕΣ

Αὕτη δὲ ἄρα τί παθοῦσα κατέπεσεν ἀπὸ τοῦ κριοῦ, ὁ ἀδελφὸς δὲ ὁ Φρίξος ἀσφαλῶς ὀχεῖται;

ΠΟΣΕΙΔΩΝ

Εἰκότως· νεανίας γὰρ καὶ δύναται ἀντέχειν πρὸς τὴν φοράν, ἡ δὲ ὑπ'

6. Poseidon und Nereiden

[1] POSEIDON
Diese Meerenge hier, wo das Mädchen abgestürzt ist, soll nach ihr Hellespont genannt werden![10] Und ihr, Nereiden, nehmt ihre Leiche und bringt sie in die Troas, um sie dort von den Einheimischen bestatten zu lassen.[11]
AMPHITRITE
Das kommt nicht infrage, Poseidon, sondern sie soll hier bestattet werden, in dem nach ihr benannten Meer! Denn wir empfinden das größte Mitleid mit ihr für das, was sie von ihrer Stiefmutter zu erdulden hatte.
POSEIDON
Nein, Amphitrite, das geht nicht. Es wäre gar nicht recht, dass sie irgendwo hier im Sand verscharrt liegt, sondern sie soll, wie ich schon gesagt habe, in der Troas oder auf der Chersones bestattet werden. Und es wird ihr kein geringer Trost sein, dass schon bald auch Ino das gleiche Schicksal erleiden und, von Athamas verfolgt, von der Spitze des Kithairon aus in die See stürzen wird, dort, wo er sich zum Meer senkt, und zwar mit ihrem Sohn im Arm. Aber auch die werdet ihr bergen müssen, aus Gefälligkeit gegenüber Dionysos: Ino ist ja seine Amme und Erzieherin.
[2] AMPHITRITE
So schurkisch, wie sie ist, sollten wir das nicht tun!
POSEIDON
Aber dem Dionysos den Gefallen zu verweigern, Amphitrite, das wäre wohl kaum richtig.
NEREIDEN
Was war denn nun los, dass sie vom Widder heruntergefallen ist, während ihr Bruder Phrixos sicher im Sattel saß?
POSEIDON
Ist doch klar – er ist ein junger Mann und kann bei der rasenden Fahrt gegenhalten, aber sie war nun schon, ungewöhnlich genug für

ἀηθείας ἐπιβᾶσα ὀχήματος παραδόξου καὶ ἀπιδοῦσα ἐς βάθος ἀχανές, ἐκπλαγεῖσα καὶ τῷ θάμβει ἅμα συσχεθεῖσα καὶ ἰλιγγιάσασα πρὸς τὸ σφοδρὸν τῆς πτήσεως ἀκρατὴς ἐγένετο τῶν κεράτων τοῦ κριοῦ, ὧν τέως ἐπείληπτο, καὶ κατέπεσεν εἰς τὸ πέλαγος.

ΝΗΡΕΙΔΕΣ

Οὔκουν ἐχρῆν τὴν μητέρα τὴν Νεφέλην βοηθῆσαι πιπτούσῃ;

ΠΟΣΕΙΔΩΝ

Ἐχρῆν· ἀλλ' ἡ Μοῖρα τῆς Νεφέλης πολλῷ δυνατωτέρα.

sie, auf ein sehr merkwürdiges Fahrzeug gestiegen, und als sie in die klaffende Tiefe schaute, da wurde sie von Angst und Staunen überwältigt, konnte, schwindlig von dem rasanten Flug, die Widderhörner, an die sie sich erst noch geklammert hatte, nicht mehr festhalten und stürzte ins Meer.

NEREIDEN

Da hätte ihr doch ihre Mutter Nephele beim Sturz zur Hilfe kommen müssen!

POSEIDON

Ja, hätte sie. Aber Moira[12] ist viel mächtiger als Nephele.

7. Πανόπης καὶ Γαλήνης

[1] ΠΑΝΟΠΗ

Εἶδες, ὦ Γαλήνη, χθὲς οἷα ἐποίησεν ἡ Ἔρις παρὰ τὸ δεῖπνον ἐν Θετταλίᾳ, διότι μὴ καὶ αὐτὴ ἐκλήθη εἰς τὸ συμπόσιον;

ΓΑΛΗΝΗ

Οὐ συνειστιώμην ὑμῖν ἔγωγε· ὁ γὰρ Ποσειδῶν ἐκέλευσέ μέ, ὦ Πανόπη, ἀκύμαντον ἐν τοσούτῳ φυλάττειν τὸ πέλαγος. τί δ' οὖν ἐποίησεν ἡ Ἔρις μὴ παροῦσα;

ΠΑΝΟΠΗ

Ἡ Θέτις μὲν ἤδη καὶ ὁ Πηλεὺς ἀπεληλύθεισαν ἐς τὸν θάλαμον ὑπὸ τῆς Ἀμφιτρίτης καὶ τοῦ Ποσειδῶνος παραπεμφθέντες, ἡ Ἔρις δὲ ἐν τοσούτῳ λαθοῦσα πάντας – ἐδυνήθη δὲ ῥᾳδίως, τῶν μὲν πινόντων, ἐνίων δὲ κροτούντων ἢ τῷ Ἀπόλλωνι κιθαρίζοντι ἢ ταῖς Μούσαις ᾀδούσαις προσεχόντων τὸν νοῦν – ἐνέβαλεν ἐς τὸ συμπόσιον μῆλόν τι πάγκαλον, χρυσοῦν ὅλον, ὦ Γαλήνη· ἐπεγέγραπτο δὲ »ἡ καλὴ λαβέτω.« κυλινδούμενον δὲ τοῦτο ὥσπερ ἐξεπίτηδες ἧκεν ἔνθα Ἥρα τε καὶ Ἀφροδίτη καὶ Ἀθηνᾶ κατεκλίνοντο. **[2]** κἀπειδὴ ὁ Ἑρμῆς ἀνελόμενος ἐπελέξατο τὰ γεγραμμένα, αἱ μὲν Νηρεΐδες ἡμεῖς ἐσιωπήσαμεν. τί γὰρ ἔδει ποιεῖν ἐκείνων παρουσῶν; αἱ δὲ ἀντεποιοῦντο ἑκάστη καὶ αὑτῆς εἶναι τὸ μῆλον ἠξίουν, καὶ εἰ μή γε ὁ Ζεὺς διέστησεν αὐτάς, καὶ ἄχρι χειρῶν ἂν τὸ πρᾶγμα προὐχώρησεν. ἀλλ' ἐκεῖνος »Αὐτὸς μὲν οὐ κρινῶ,« φησί, »περὶ τούτου«, – καίτοι ἐκεῖναι αὐτὸν δικάσαι ἠξίουν – »ἄπιτε δὲ ἐς τὴν Ἴδην παρὰ τὸν Πριάμου παῖδα, ὃς οἶδέν γε διαγνῶναι τὸ κάλλιον φιλόκαλος ὤν, καὶ οὐκ ἂν ἐκεῖνος κρίναι κακῶς.«

ΓΑΛΗΝΗ

Τί οὖν αἱ θεαί, ὦ Πανόπη;

7. Panope und Galene

[1] Panope
Hast du gesehen, Galene, was Eris gestern beim Festmahl in Thessalien angerichtet hat, nur weil sie nicht persönlich zur Feier eingeladen worden war?

Galene
Ich war ja gestern nicht zusammen mit euch essen, Panope, weil Poseidon mir aufgetragen hatte, das Meer bis auf weiteres wellenlos zu halten.[13] Was hat Eris denn getan, wo sie doch gar nicht anwesend war?

Panope
Thetis und Peleus hatten sich schon in ihr Schlafgemach verabschiedet, geleitet von Amphitrite und Poseidon, aber Eris, die bis dahin niemandem aufgefallen war – das war ihr ohne Weiteres möglich, weil einige tranken, einige applaudierten oder aufmerksam dem Kitharaspiel Apolls oder dem Gesang der Musen lauschten –, warf unter die geladenen Gäste einen wunderschönen Apfel, ganz aus Gold!, Galene. Darauf stand geschrieben: »Die Schöne soll ihn haben!« Er rollte, als wär's Absicht, genau dorthin, wo Hera, Aphrodite und Athena lagen. **[2]** Als Hermes ihn aufgehoben und die Aufschrift vorgelesen hatte, da hielten wir Nereiden natürlich schön den Mund. Was hätten wir in deren Gegenwart auch schon tun sollen? Die hingegen zankten sich um ihn, jede wollte den Apfel für sich haben, und wäre Zeus nicht dazwischengegangen, dann wäre es zu Handgreiflichkeiten gekommen. Stattdessen sagte er: »Ich persönlich will in dieser Sache kein Urteil abgeben« – doch gerade das verlangten sie: Er solle den Streit entscheiden – »ab mit euch Richtung Ida zum Sohn des Priamos, der weiß, als Liebhaber der Schönheit, zu entscheiden, was schöner ist! Ich bin sicher, er wird kein schlechtes Urteil fällen.«

Galene
Und, was taten die Göttinnen dann, Panope?

ΠΑΝΟΠΗ

Τήμερον, οἶμαι, ἀπίασιν εἰς τὴν Ἴδην, καί τις ἥξει μετὰ μικρὸν ἀπαγγέλλων ἡμῖν τὴν κρατοῦσαν.

ΓΑΛΗΝΗ

Ἤδη σοί φημι, οὐκ ἄλλη κρατήσει τῆς Ἀφροδίτης ἀγωνιζομένης, ἢν μὴ πάνυ ὁ διαιτητὴς ἀμβλυώττῃ.

Panope
Heute, glaube ich, machen sie sich auf den Weg zum Ida, und man wird uns bald benachrichtigen, wer die Siegerin ist.

Galene
Das kann ich dir jetzt schon sagen: Nimmt Aphrodite am Wettstreit teil, wird keine andere gewinnen, ist der Richter nicht ganz kurzsichtig.[14]

8. Τρίτωνος καὶ Ποσειδῶνος

[1] ΤΡΙΤΩΝ

Ἐπὶ τὴν Λέρναν, ὦ Πόσειδον, παραγίνεται καθ' ἑκάστην ἡμέραν ὑδρευσομένη παρθένος, πάγκαλόν τι χρῆμα· οὐκ οἶδα ἔγωγε καλλίω παῖδα ἰδών.

ΠΟΣΕΙΔΩΝ

Ἐλευθέραν τινά, ὦ Τρίτων, λέγεις, ἢ θεράπαινά τις ὑδροφόρος ἐστίν;

ΤΡΙΤΩΝ

Οὐ μὲν οὖν, ἀλλὰ τοῦ Αἰγυπτίου ἐκείνου θυγάτηρ, μία τῶν πεντήκοντα καὶ αὐτή, Ἀμυμώνη τοὔνομα· ἐπυθόμην γὰρ ἥτις καλεῖται καὶ τὸ γένος. ὁ Δαναὸς δὲ σκληραγωγεῖ τὰς θυγατέρας καὶ αὐτουργεῖν διδάσκει καὶ πέμπει ὕδωρ τε ἀρυσομένας καὶ πρὸς τὰ ἄλλα παιδεύει ἀόκνους εἶναι αὐτάς.

[2] ΠΟΣΕΙΔΩΝ

Μόνη δὲ παραγίνεται μακρὰν οὕτω τὴν ὁδὸν ἐξ Ἄργους εἰς Λέρναν;

ΤΡΙΤΩΝ

Μόνη· πολυδίψιον δὲ τὸ Ἄργος, ὡς οἶσθα· ὥστε ἀνάγκη ἀεὶ ὑδροφορεῖν.

ΠΟΣΕΙΔΩΝ

Ὦ Τρίτων, οὐ μετρίως με διετάραξας περὶ τῆς παιδὸς εἰπών· ὥστε ἴωμεν ἐπ' αὐτήν.

ΤΡΙΤΩΝ

Ἴωμεν· ἤδη γὰρ καιρὸς τῆς ὑδροφορίας· καὶ σχεδόν που κατὰ μέσην τὴν ὁδόν ἐστιν ἰοῦσα ἐς τὴν Λέρναν.

ΠΟΣΕΙΔΩΝ

Οὐκοῦν ζεῦξον τὸ ἅρμα· ἢ τοῦτο μὲν πολλὴν ἔχει τὴν διατριβὴν ὑπάγειν τοὺς ἵππους τῇ ζεύγλῃ καὶ τὸ ἅρμα ἐπισκευάζειν, σὺ δὲ ἀλλὰ δελφῖνά μοί τινα τῶν ὠκέων παράστησον· ἀφιππάσομαι γὰρ ἐπ' αὐτοῦ τάχιστα.

8. Triton und Poseidon

[1] TRITON
Poseidon, da kommt jeden Tag ein Mädchen zum Wasserholen an den Lerna-See, ein niedliches Ding; also, ich jedenfalls wüsste nicht, je ein hübscheres Kind gesehen zu haben.
POSEIDON
Sprichst du von einer Freien, Triton, oder handelt es sich um eine Magd, die Wasser holt?
TRITON
Aber nein – es handelt sich um eine Tochter jenes bekannten Ägypters, eine von den fünfzig, Amymone heißt sie. Ich habe sie nämlich nach ihrem Namen und ihrer Familie gefragt. Danaos hält seine Töchter hart am Zügel, lässt sie selbst Arbeiten verrichten, schickt sie Wasser holen und hat ihnen beigebracht, auch sonst die Hände nicht in den Schoß zu legen.
[2] POSEIDON
Macht sie den ganzen langen Weg von Argos bis zum Lerna allein?
TRITON
Allein. Argos ist ja ein durstiger Landstrich, wie du weißt. Da muss ständig Wasser herangeschafft werden.
POSEIDON
Triton, du hast mich ganz schön scharf gemacht mit deiner Erzählung von dem Mädchen. Komm, wir wollen zu ihr!
TRITON
Gut, dann los! Jetzt ist auch genau die Tageszeit, zu der sie das Wasser holen kommt. Um diese Stunde ist sie schon beinahe auf halbem Weg nach Lerna.
POSEIDON
Auf, spann den Wagen an! Oder nein, das hält uns zu lange auf, die Pferde ins Geschirr zu spannen und den Wagen vorzubereiten – schaff mir einen Delphin bei, einen von den flotten! Auf dem reite ich am schnellsten.

ΤΡΙΤΩΝ

Ἰδού σοι οὑτοσὶ δελφίνων ὁ ὠκύτατος.

ΠΟΣΕΙΔΩΝ

Εὖ γε· ἀπελαύνωμεν· σὺ δὲ παρανήχου, ὦ Τρίτων. κἀπειδὴ πάρεσμεν εἰς τὴν Λέρναν, ἐγὼ μὲν λοχήσω ἐνταῦθά που, σὺ δὲ ἀποσκόπει· ὁπόταν αἴσθῃ προσιοῦσαν αὐτὴν –

ΤΡΙΤΩΝ

Αὕτη σοι πλησίον.

[3] ΠΟΣΕΙΔΩΝ

Καλή, ὦ Τρίτων, καὶ ὡραία παρθένος· ἀλλὰ συλληπτέα ἡμῖν ἐστιν.

ΑΜΥΜΩΝΗ

Ἄνθρωπε, ποῖ συναρπάσας με ἄγεις; ἀνδραποδιστής τις εἶ, καὶ ἔοικας ἡμῖν ὑπ' Αἰγύπτου τοῦ θείου ἐπιπεμφθῆναι· ὥστε βοήσομαι τὸν πατέρα.

ΤΡΙΤΩΝ

Σιώπησον, ὦ Ἀμυμώνη· Ποσειδῶν ἐστι.

ΑΜΥΜΩΝΗ

Τί Ποσειδῶν λέγεις; τί βιάζῃ με, ἄνθρωπε, καὶ ἐς τὴν θάλασσαν καθέλκεις; ἐγὼ δὲ ἀποπνιγήσομαι ἡ ἀθλία καταδῦσα.

ΠΟΣΕΙΔΩΝ

Θάρρει, οὐδὲν δεινὸν μὴ πάθῃς· ἀλλὰ καὶ πηγὴν ἐπώνυμον ἀναδοθῆναί σοι ποιήσω ἐνταῦθα πατάξας τῇ τριαίνῃ τὴν πέτραν πλησίον τοῦ κλύσματος, καὶ σὺ εὐδαίμων ἔσῃ καὶ μόνη τῶν ἀδελφῶν οὐχ ὑδροφορήσεις ἀποθανοῦσα.

TRITON
Bitte sehr, hier ist schon mein flottester Delphin.
POSEIDON
Sehr gut. Abfahrt! Du kannst nebenherschwimmen, Triton. Und wenn wir zum Lerna kommen, dann verstecke ich mich da irgendwo, und du halte Ausschau; wenn[15] du sie herankommen siehst …
TRITON
Da hast du sie schon, ganz nah.
[3] POSEIDON
Ein hübsches Mädchen, Triton, und genau im richtigen Alter. Die müssen wir uns schnappen!
AMYMONE
He, Mensch, wohin zerrst du mich? Du bist ein Mädchenräuber, und ich glaube, mein Onkel Aigyptos hat dich auf mich gehetzt.[16] Ich schreie gleich nach meinem Vater!
TRITON
Still, Amymone, das ist Poseidon!
AMYMONE
Was soll das heißen: Poseidon? Was rückst du mir so auf den Leib, Mensch, und zerrst mich ins Meer? Ich werde untergehen, ich Arme, und ertrinken!
POSEIDON
Nur Mut, es soll dir nichts Schlimmes geschehen! Im Gegenteil: Ich werde hier sogar eine Quelle entspringen lassen und nach dir benennen.[17] Dafür brauche ich nur in der Nähe der Brandung mit meinem Dreizack auf den Felsen zu schlagen, und du wirst glückselig sein und als einzige von deinen Schwestern kein Wasser schöpfen müssen, nach deinem Tod.

9. Ἴριδος καὶ Ποσειδῶνος

[1] ΙΡΙΣ

Τὴν νῆσον τὴν πλανωμένην, ὦ Πόσειδον, ἣν ἀποσπασθεῖσαν τῆς Σικελίας ὕφαλον ἔτι νήχεσθαι συμβέβηκεν, ταύτην, φησὶν ὁ Ζεύς, στῆσον ἤδη καὶ ἀνάφηνον καὶ ποίησον δῆλον ἐν τῷ Αἰγαίῳ μέσῳ βεβαίως μένειν στηρίξας πάνυ ἀσφαλῶς· δεῖται γάρ τι αὐτῆς.

ΠΟΣΕΙΔΩΝ

Πεπράξεται ταῦτα, ὦ Ἶρι. τίνα δ' ὅμως παρέξει αὐτῷ τὴν χρείαν ἀναφανεῖσα καὶ μηκέτι πλέουσα;

ΙΡΙΣ

Τὴν Λητὼ ἐπ' αὐτῆς δεῖ ἀποκυῆσαι· ἤδη δὲ πονηρῶς ὑπὸ τῶν ὠδίνων ἔχει.

ΠΟΣΕΙΔΩΝ

Τί οὖν; οὐχ ἱκανὸς ὁ οὐρανὸς ἐντεκεῖν; εἰ δὲ μὴ οὗτος, ἀλλ' ἥ γε γῆ πᾶσα οὐκ ἂν ὑποδέξασθαι δύναιτο τὰς γονὰς αὐτῆς;

ΙΡΙΣ

Οὔκ, ὦ Πόσειδον· Ἥρα γὰρ ὅρκῳ μεγάλῳ κατέλαβε τὴν γῆν, μὴ παρασχεῖν τῇ Λητοῖ τῶν ὠδίνων ὑποδοχήν. ἡ τοίνυν νῆσος αὕτη ἀνώμοτός ἐστιν· ἀφανὴς γὰρ ἦν.

[2] ΠΟΣΕΙΔΩΝ

Συνίημι. στῆθι, ὦ νῆσε, καὶ ἀνάδυθι ἐκ τοῦ βυθοῦ καὶ μηκέτι ὑποφέρου, ἀλλὰ βεβαίως μένε καὶ ὑπόδεξαι, ὦ εὐδαιμονεστάτη, τοῦ ἀδελφοῦ τὰ τέκνα δύο, τοὺς καλλίστους τῶν θεῶν· καὶ ὑμεῖς, ὦ Τρίτωνες, διαπορθμεύσατε τὴν Λητὼ ἐς αὐτήν· καὶ γαληνὰ ἅπαντα ἔστω. τὸν δράκοντα δέ, ὃς νῦν ἐξοιστρεῖ αὐτὴν φοβῶν, τὰ νεογνὰ ἐπὰν τεχθῇ, αὐτίκα μέτεισι καὶ τιμωρήσει τῇ μητρί. σὺ δὲ ἀπάγγελλε τῷ Διὶ ἅπαντα εἶναι εὐτρεπῆ· ἕστηκεν ἡ Δῆλος· ἡκέτω ἡ Λητὼ ἤδη καὶ τικτέτω.

9. Iris und Poseidon

[1] Iris
Die schwimmende Insel[18], die sich von Sizilien gelöst hat, Poseidon, und, wie es sich trifft, noch unter Wasser treibt: Die, lässt Zeus dir ausrichten, bring zum Stehen, lass sie auftauchen und verankere sie so sicher, dass sie mitten in der Ägäis für alle erkennbar still und unverrückbar an Ort und Stelle bleibt! Er braucht sie nämlich.
Poseidon
Das soll so gut wie getan sein, Iris. Aber wozu braucht er sie denn, sobald sie erst mal aufgetaucht ist und nicht mehr treibt?
Iris
Leto soll auf ihr gebären. Ihr geht es mit ihren Wehen bereits ziemlich mies.
Poseidon
Wie bitte? Genügt jetzt der Himmel nicht mehr fürs Gebären? Und wenn schon der nicht, stünde denn dann nicht die ganze Erde für ihre Geburt zur Verfügung?
Iris
Nein, Poseidon. Denn Hera hat die Erde durch einen unverbrüchlichen Eid verpflichtet, Leto in Wehen keine Aufnahme zu gewähren. Diese Insel allerdings hat keinen Eid geleistet – sie war ja unsichtbar.
[2] Poseidon
Ich verstehe. Bleib stehen, Insel, tauch auf aus der Meerestiefe und lass dich nicht mehr treiben, sondern bleib fest an Ort und Stelle und nimm, du allerglückseligste, die beiden Kinder meines Bruders auf, die schönsten der Götter![19] Und ihr, Tritonen, setzt Leto zu ihr über; und Windstille überall! Die Schlange aber, die sie jetzt scheucht und quält, die werden die Neugeborenen, sind sie erst auf der Welt, sofort attackieren und so ihre Mutter rächen.[20] Du kannst Zeus sagen, dass alles fertig und bereit ist: Delos steht. Leto soll sofort kommen und gebären!

10. Ξάνθου καὶ Θαλάττης

[1] ΞΑΝΘΟΣ

Δέξαι με, ὦ θάλασσα, δεινὰ πεπονθότα καὶ κατάσβεσόν μου τὰ τραύματα.

ΘΑΛΑΣΣΑ

Τί τοῦτο, ὦ Ξάνθε; τίς σε κατέκαυσεν;

ΞΑΝΘΟΣ

Ὁ Ἥφαιστος. ἀλλ' ἀπηνθράκωμαι ὁ κακοδαίμων καὶ ζέω.

ΘΑΛΑΣΣΑ

Διὰ τί δέ σοι καὶ ἐνέβαλε τὸ πῦρ;

ΞΑΝΘΟΣ

Διὰ τὸν ταύτης υἱὸν τῆς Θέτιδος· ἐπεὶ γὰρ φονεύοντα τοὺς Φρύγας ἱκετεύσας οὐκ ἔπαυσα τῆς ὀργῆς, ἀλλ' ὑπὸ τῶν νεκρῶν ἀπέφραττέ μοι τὸν ῥοῦν, ἐλεήσας τοὺς ἀθλίους ἐπῆλθον ἐπικλύσαι ἐθέλων, ὡς φοβηθεὶς ἀπόσχοιτο τῶν ἀνδρῶν. [2] ἐνταῦθα ὁ Ἥφαιστος – ἔτυχε γὰρ πλησίον που ὢν – πᾶν ὅσον οἶμαι πῦρ εἶχε καὶ ὅσον ἐν τῇ Αἴτνῃ καὶ εἴ ποθι ἄλλοθι φέρων ἐπῆλθέ μοι, καὶ ἔκαυσε μὲν τὰς πτελέας μου καὶ μυρίκας, ὤπτησε δὲ καὶ τοὺς κακοδαίμονας ἰχθῦς καὶ τὰς ἐγχέλεις, αὐτὸν δὲ ἐμὲ ὑπερκοχλάσαι ποιήσας μικροῦ δεῖν ὅλον ξηρὸν εἴργασται. ὁρᾷς γοῦν ὅπως διάκειμαι ἀπὸ τῶν ἐγκαυμάτων.

ΘΑΛΑΣΣΑ

Θολερός, ὦ Ξάνθε, καὶ θερμός, ὡς εἰκός, τὸ αἷμα μὲν ἀπὸ τῶν νεκρῶν, ἡ θέρμη δέ, ὡς φῄς, ἀπὸ τοῦ πυρός· καὶ εἰκότως, ὦ Ξάνθε, ὃς ἐπὶ τὸν ἐμὸν υἱωνὸν ὥρμησας οὐκ αἰδεσθεὶς ὅτι Νηρεΐδος υἱὸς ἦν.

10. Xanthos und Das Meer

[1] XANTHOS
Liebes Meer, mir ist etwas Schlimmes passiert! Bitte nimm mich auf und lösche meine Brandwunden!
MEER
Was ist denn los, Xanthos? Wer hat dich verbrannt?
XANTHOS
Das war Hephaistos. Ach ich Armer, ich bin ganz verkohlt und köchele und siede immer noch.
MEER
Aber warum hat er denn Feuer in dich geworfen?
XANTHOS
Wegen des Sohnes dieser Thetis! Als ich bei seinem Mordzug gegen die Phryger seiner Wut weder durch Bitten noch durch Flehen Einhalt gebieten konnte, sondern er meinen Strom mit Leichen staute, da bekam ich Mitleid mit den armen Kerlen und ging auf ihn los, um ihn unterzutauchen, damit er Angst bekäme und die Leute in Ruhe ließe. [2] Dafür ging Hephaistos, der gerade in der Nähe war, mit seinem Feuer – wie es mir vorkam, dem ganzen Ätna und wo er sonst noch welches hat – stracks auf mich los. Er fackelte mir meine Ulmen und Tamarisken ab, briet auch meine armen Fische und Aale, und mich selbst brachte er zum Überkochen: Beinahe hätte er mich völlig trockengelegt! Du siehst ja, in was für einem Zustand ich bin mit meinen Brandwunden.
MEER
Blutverschlammt, mein Xanthos, und siedend heiß, natürlich. Das Blut kommt von den Leichen, und die Hitze, wie du selbst sagst, vom Feuer. Und das geschieht dir ganz recht, Xanthos: Du hast meinen Enkel angegriffen, und es hat dich überhaupt nicht gestört, dass er der Sohn einer Nereide war!

ΞΑΝΘΟΣ

Οὐκ ἔδει οὖν ἐλεῆσαι γείτονας ὄντας τοὺς Φρύγας;

ΘΑΛΑΣΣΑ

Τὸν Ἥφαιστον δὲ οὐκ ἔδει ἐλεῆσαι Θέτιδος υἱὸν ὄντα τὸν Ἀχιλλέα;

XANTHOS
Hätte ich denn vielleicht kein Mitleid mit den Phrygern, meinen Nachbarn, haben sollen?
MEER
Und Hephaistos? Hätte der vielleicht kein Mitleid mit Achill haben sollen – dem Sohn der Thetis?

11. Νότου καὶ Ζεφύρου

[11.1] ΝΟΤΟΣ
Ταύτην, ὦ Ζέφυρε, τὴν δάμαλιν, ἣν διὰ τοῦ πελάγους εἰς Αἴγυπτον ὁ Ἑρμῆς ἄγει, ὁ Ζεὺς διεκόρησεν ἁλοὺς ἔρωτι;
ΖΕΦΥΡΟΣ
Ναί, ὦ Νότε· οὐ δάμαλις δὲ τότε, ἀλλὰ παῖς ἦν τοῦ ποταμοῦ Ἰνάχου· νῦν δὲ ἡ Ἥρα τοιαύτην ἐποίησεν αὐτὴν ζηλοτυπήσασα, ὅτι πάνυ ἑώρα ἐρῶντα τὸν Δία.
ΝΟΤΟΣ
Νῦν δὲ ἔτι ἐρᾷ τῆς βοός;
ΖΕΦΥΡΟΣ
Καὶ μάλα, καὶ διὰ τοῦτο αὐτὴν εἰς Αἴγυπτον ἔπεμψεν καὶ ἡμῖν προσέταξε μὴ κυμαίνειν τὴν θάλασσαν ἔστ' ἂν διανήξεται, ὡς ἀποτεκοῦσα ἐκεῖ – κυεῖ δὲ ἤδη – θεὸς γένοιτο καὶ αὐτὴ καὶ τὸ τεχθέν.
[2] ΝΟΤΟΣ
Ἡ δάμαλις θεός;
ΖΕΦΥΡΟΣ
Καὶ μάλα, ὦ Νότε· καὶ ἄρξει γάρ, ὡς ὁ Ἑρμῆς ἔφη, τῶν πλεόντων καὶ ἡμῶν ἔσται δέσποινα, ὅντινα ἂν ἡμῶν ἐθέλῃ ἐκπέμψαι ἢ κωλῦσαι ἐπιπνεῖν.
ΝΟΤΟΣ
Θεραπευτέα τοιγαροῦν, ὦ Ζέφυρε, ἤδε δέσποινά γε οὖσα νὴ Δία· εὐνουστέρα γὰρ ἂν οὕτως γένοιτο.
ΖΕΦΥΡΟΣ
Ἀλλ' ἤδη γὰρ διεπέρασε καὶ ἐξένευσεν ἐς τὴν γῆν. ὁρᾷς ὅπως οὐκέτι μὲν

11. *Südwind und Westwind*

[1] Südwind
Diese Kuh, lieber Westwind, die Hermes da übers Meer nach Ägypten geleitet: Ist das die Kuh, in die Zeus sich verliebt und der er die Unschuld geraubt hat?[21]

Westwind
Ja, lieber Südwind! Damals war sie allerdings noch keine Kuh, sondern die Tochter des Flusses Inachos; jetzt aber hat Hera sie aus Eifersucht verwandelt, weil sie sah, wie sehr Zeus verliebt war.

Südwind
Liebt er sie denn jetzt immer noch, wo sie eine Kuh ist?

Westwind
Und wie! Deshalb hat er sie ja auch nach Ägypten geschickt und uns befohlen, keine Wellen auf dem Meer zu machen, bis sie durchgeschwommen sei, damit, wenn sie dort niedergekommen ist – sie ist nämlich schon schwanger –, sie selbst und ihr Kind zu Göttern gemacht werden.

[2] Südwind
Die Kuh eine Göttin?

Westwind
Allerdings, lieber Südwind. Sie soll dann, wie Hermes mir mitgeteilt hat, über die Seefahrer herrschen und unsere Gebieterin werden: Ihr wird es obliegen, jeden von uns auszusenden oder am Wehen zu hindern, ganz nach ihrem Belieben.

Südwind
Also sollten wir ihr unseren Diensteifer zeigen, lieber Westwind, wo sie, bei Zeus, unsere Gebieterin ist. Dann wird sie uns um so wohlgesonnener sein.

Westwind
Aber da ist sie ja schon drüben angekommen und an Land geschwommen. Schau mal, sie läuft schon nicht mehr auf vier Beinen,

τετραποδιστὶ βαδίζει, ἀνορθώσας δὲ αὐτὴν ὁ Ἑρμῆς γυναῖκα παγκάλην αὖθις ἐποίησεν;

ΝΟΤΟΣ

Παράδοξα γοῦν ταῦτα, ὦ Ζέφυρε· οὐκέτι κέρατα οὐδὲ οὐρὰ καὶ δίχηλα τὰ σκέλη, ἀλλ' ἐπέραστος κόρη. ὁ μέντοι Ἑρμῆς τί παθὼν μεταβέβληκεν ἑαυτὸν καὶ ἀντὶ νεανίου κυνοπρόσωπος γεγένηται;

ΖΕΦΥΡΟΣ

Μὴ πολυπραγμονῶμεν, ὅτι ἐκεῖνος ἄμεινον οἶδε τὸ πρακτέον.

sondern Hermes hat sie aufgerichtet und in eine wunderschöne Frau zurückverwandelt.

SÜDWIND

Sehr merkwürdig, das Ganze, lieber Westwind! Keine Hörner, kein Schwanz, keine Hufe mehr an den Beinen, sondern ein begehrenswertes Mädchen. Aber was ist denn in Hermes gefahren, dass er sich ebenfalls verwandelt und sein Jünglingsgesicht mit einem Hundekopf vertauscht hat?[22]

WESTWIND

Da wollen wir uns lieber nicht einmischen; er wird schon wissen, was er tut.

12. Δωρίδος καὶ Θέτιδος

[1] ΔΩΡΙΣ

Τί δακρύεις, ὦ Θέτι;

ΘΕΤΙΣ

Καλλίστην, ὦ Δωρί, κόρην εἶδον ἐς κιβωτὸν ὑπὸ τοῦ πατρὸς ἐμβληθεῖσαν, αὐτήν τε καὶ βρέφος αὐτῆς ἀρτιγέννητον· ἐκέλευσεν δὲ ὁ πατὴρ τοὺς ναύτας ἀναλαβόντας τὸ κιβώτιον, ἐπειδὰν πολὺ τῆς γῆς ἀποσπάσωσιν, ἀφεῖναι εἰς τὴν θάλασσαν, ὡς ἀπόλοιτο ἡ ἀθλία, καὶ αὐτὴ καὶ τὸ βρέφος.

ΔΩΡΙΣ

Τίνος ἕνεκα, ὦ ἀδελφή; εἰπέ, εἴ τι ἔμαθες ἀκριβῶς.

ΘΕΤΙΣ

Ἅπαντα· ὁ γὰρ Ἀκρίσιος ὁ πατὴρ αὐτῆς καλλίστην οὖσαν ἐπαρθένευεν ἐς χαλκοῦν τινα θάλαμον ἐμβαλών· εἶτα, εἰ μὲν ἀληθὲς οὐκ ἔχω εἰπεῖν, φασὶ δ' οὖν τὸν Δία χρυσὸν γενόμενον ῥυῆναι διὰ τοῦ ὀρόφου ἐπ' αὐτήν, δεξαμένην δὲ ἐκείνην ἐς τὸν κόλπον καταρρέοντα τὸν θεὸν ἐγκύμονα γενέσθαι. τοῦτ' αἰσθόμενος ὁ πατήρ, ἄγριός τις καὶ ζηλότυπος γέρων, ἠγανάκτησε καὶ ὑπό τινος μεμοιχεῦσθαι οἰηθεὶς αὐτὴν ἐμβάλλει εἰς τὴν κιβωτὸν ἄρτι τετοκυῖαν.

[2] ΔΩΡΙΣ

Ἡ δὲ τί ἔπραττεν, ὦ Θέτι, ὁπότε καθίετο;

ΘΕΤΙΣ

Ὑπὲρ αὐτῆς μὲν ἐσίγα, ὦ Δωρί, καὶ ἔφερε τὴν καταδίκην. τὸ βρέφος δὲ παρῃτεῖτο μὴ ἀποθανεῖν δακρύουσα καὶ τῷ πάππῳ δεικνύουσα αὐτό, κάλλιστον ὄν· τὸ δὲ ὑπ' ἀγνοίας τῶν κακῶν καὶ ἐμειδία πρὸς τὴν θάλασ-

12. Doris und Thetis

[1] Doris
Aber warum weinst du denn, Thetis?
Thetis
Ach Doris, ich habe sehen müssen, wie ein wunderschönes Mädchen von ihrem Vater in eine Kiste gesperrt wurde, zusammen mit ihrem neugeborenen Baby. Und der Vater hat den Seeleuten befohlen, die Kiste zu nehmen und sie, sobald sie weit weg vom Land wären, im Meer auszusetzen, damit die Arme dort zugrundegeht, sie zusammen mit ihrem Baby.
Doris
Weswegen denn, Schwester? Sag schon, wenn du etwas Genaueres herausgefunden hast!
Thetis
Alles! Ihr Vater, Akrisios, hatte sie nämlich, weil sie so schön war, zu einem Leben als Jungfrau verdammt und sie in eine Kammer aus Erz gesperrt. Dann – also, ob das stimmt, kann ich nicht sagen, aber es heißt jedenfalls, Zeus sei in Form von Gold durch das Dach zu ihr geflossen, sie hätte den Gott in ihren Schoß regnen lassen und sei schwanger geworden. Als der Vater, ein unbeherrschter und eifersüchtiger Alter, das mitbekam, da geriet er in Wut, und weil er glaubte, sie sei von irgendjemandem vergewaltigt worden – sperrt er sie in die Kiste, und sie hatte doch gerade erst ihr Kind zur Welt gebracht!
[2] Doris
Und was tat sie, Thetis, nachdem er sie eingesperrt hatte?
Thetis
Zu ihrer eigenen Verteidigung schwieg sie, Doris, und ertrug die Verurteilung, aber für ihr Baby flehte sie unter Tränen, es solle nicht sterben, und hielt es dem Großvater vor die Augen, so ein hübsches Kind! Und das lächelte sogar das Meer an, es hatte ja keine Ahnung

σαν. ὑποπίμπλαμαι αὖθις τοὺς ὀφθαλμοὺς δακρύων μνημονεύσασα αὐτῶν.

ΔΩΡΙΣ

Κἀμὲ δακρῦσαι ἐποίησας. ἀλλ' ἤδη τεθνᾶσιν;

ΘΕΤΙΣ

Οὐδαμῶς· νήχεται γὰρ ἔτι ἡ κιβωτὸς ἀμφὶ τὴν Σέριφον ζῶντας αὐτοὺς φυλάττουσα.

ΔΩΡΙΣ

Τί οὖν οὐχὶ σῴζομεν αὐτὴν τοῖς ἁλιεῦσι τούτοις ἐμβαλοῦσαι ἐς τὰ δίκτυα τοῖς Σεριφίοις; οἱ δὲ ἀνασπάσαντες σώσουσι δῆλον ὅτι.

ΘΕΤΙΣ

Εὖ λέγεις· οὕτω ποιῶμεν· μὴ γὰρ ἀπολέσθω μήτε αὐτὴ μήτε τὸ παιδίον οὕτως ὂν καλόν.

von etwas Bösem. Mir steigen immer noch die Tränen in die Augen, wenn ich an sie denke.

Doris

Jetzt hast du mich mit deinen Tränen angesteckt. Aber – sind sie schon tot?

Thetis

Nein! Noch schwimmt die Kiste ja in der Gegend von Seriphos[23] und hat sie am Leben erhalten.

Doris

Was ist, wollen wir sie nicht retten und den Fischern von Seriphos ins Netz schieben? Wenn die sie rausziehen, dann bringen sie sie in Sicherheit, ganz bestimmt.

Thetis

Gute Idee! Das machen wir! Weder sie noch ihr Kindchen – es ist ja so was von hübsch! – sollen doch umkommen!

13. Ἐνιπέως καὶ Ποσειδῶνος

[1] ΕΝΙΠΕΥΣ

Οὐ καλὰ ταῦτα, ὦ Πόσειδον· εἰρήσεται γὰρ τἀληθές· ὑπελθών μου τὴν ἐρωμένην εἰκασθεὶς ἐμοὶ διεκόρησας τὴν παῖδα· ἡ δὲ ᾤετο ὑπ' ἐμοῦ αὐτὸ πεπονθέναι καὶ διὰ τοῦτο παρεῖχεν ἑαυτήν.

ΠΟΣΕΙΔΩΝ

Σὺ γάρ, ὦ Ἐνιπεῦ, ὑπεροπτικὸς ἦσθα καὶ βραδύς, ὃς κόρης οὕτω καλῆς φοιτώσης ὁσημέραι παρὰ σέ, ἀπολλυμένης ὑπὸ τοῦ ἔρωτος, ὑπερεώρας καὶ ἔχαιρες λυπῶν αὐτήν, ἡ δὲ περὶ τὰς ὄχθας ἀλύουσα καὶ ἐπεμβαίνουσα καὶ λουομένη ἑκάστοτε ηὔχετό σοι ἐντυχεῖν, σὺ δὲ ἐθρύπτου πρὸς αὐτήν.

ΕΝΙΠΕΥΣ

[2] Τί οὖν; διὰ τοῦτο ἐχρῆν σε προαρπάσαι τὸν ἔρωτα καὶ καθυποκρίνασθαι Ἐνιπέα ἀντὶ Ποσειδῶνος εἶναι καὶ κατασοφίσασθαι τὴν Τυρὼ ἀφελῆ κόρην οὖσαν;

ΠΟΣΕΙΔΩΝ

Ὀψὲ ζηλοτυπεῖς, ὦ Ἐνιπεῦ, ὑπερόπτης πρότερον ὤν· ἡ Τυρὼ δὲ οὐδὲν δεινὸν πέπονθεν οἰομένη ὑπὸ σοῦ διακεκορῆσθαι.

ΕΝΙΠΕΥΣ

Οὐ μὲν οὖν· ἔφης γὰρ ἀπιὼν ὅτι Ποσειδῶν ἦσθα. ὃ καὶ μάλιστα ἐλύπησεν αὐτήν· καὶ ἐγὼ τοῦτο ἠδίκημαι, ὅτι τὰ ἐμὰ σὺ ηὐφραίνου τότε καὶ περιστήσας πορφύρεόν τι κῦμα, ὅπερ ὑμᾶς κατέκρυψε, συνῆσθα τῇ παιδὶ ἀντ' ἐμοῦ.

ΠΟΣΕΙΔΩΝ

Ναί· σὺ γὰρ οὐκ ἤθελες, ὦ Ἐνιπεῦ.

13. Enipeus und Poseidon

[1] Enipeus
Das ist nicht in Ordnung, Poseidon! Die Wahrheit muss heraus! Du hast dich in meiner Gestalt an meine Geliebte herangemacht und sie entjungfert. Sie hingegen glaubte, ich sei es, der das mit ihr täte, und deshalb gab sie sich hin.

Poseidon
Du warst ja zu stolz und zu langsam, Enipeus, hast ein so schönes Mädchen, das dich tagtäglich besuchen kam und vor Liebe zu dir fast verging, keines Blickes gewürdigt und Spaß daran gehabt, ihr Kummer zu machen. Sie dagegen trieb sich an deinem Ufer herum, ging sogar ins Wasser und wusch sich darin und flehte jedesmal darum, dir zu begegnen, aber du hast ihr gegenüber den Spröden gespielt.

[2] Enipeus
Na und? War das etwa ein Grund, dir mein Liebesverhältnis unter den Nagel zu reißen mit der Schmierenkomödie, Enipeus statt Poseidon zu sein und Tyro reinzulegen, die ein schlichtes und unerfahrenes Mädchen ist?

Poseidon
Du kommst zu spät mit deiner Eifersucht, Enipeus, wo du doch zuvor ein Hagestolz warst. Und der Tyro ist nichts Schlimmes passiert, weil sie ja geglaubt hat, von dir entjungfert zu werden.

Enipeus
Von wegen! Beim Weggehen hast du ihr doch gesagt, dass du Poseidon bist, und das hat ihr gewaltig Kummer gemacht. Und mir selbst ist ebenfalls Unrecht geschehen, insofern als du da an dem, was mir zustand, dein Vergnügen gehabt und, umgeben von einer Woge aus Purpur, die euch verbarg, mit ihr an meiner Stelle geschlafen hast.

Poseidon
Genau. Du, Enipeus, hattest ja keine Lust!

14. Τρίτωνος καὶ Νηρηίδων

[1] ΤΡΙΤΩΝ

Τὸ κῆτος ὑμῶν, ὦ Νηρεΐδες, ὃ ἐπὶ τὴν τοῦ Κηφέως θυγατέρα τὴν Ἀνδρομέδαν ἐπέμψατε, οὔτε τὴν παῖδα ἠδίκησεν, ὡς οἴεσθε, καὶ αὐτὸ ἤδη τέθνηκεν.

ΝΗΡΕΙΔΕΣ

Ὑπὸ τίνος, ὦ Τρίτων; ἢ ὁ Κηφεὺς καθάπερ δέλεαρ προθεὶς τὴν κόρην ἀπέκτεινεν ἐπιών, λοχήσας μετὰ πολλῆς δυνάμεως;

ΤΡΙΤΩΝ

Οὔκ· ἀλλὰ ἴστε, οἶμαι, ὦ Ἰφιάνασσα, τὸν Περσέα, τὸ τῆς Δανάης παιδίον, ὃ μετὰ τῆς μητρὸς ἐν τῇ κιβωτῷ ἐμβληθὲν εἰς τὴν θάλασσαν ὑπὸ τοῦ μητροπάτορος ἐσώσατε οἰκτείρασαι αὐτούς.

ΙΦΙΑΝΑΣΣΑ

Οἶδα ὃν λέγεις· εἰκὸς δὲ ἤδη αὐτὸν νεανίαν εἶναι καὶ μάλα γενναῖόν τε καὶ καλὸν ἰδεῖν.

ΤΡΙΤΩΝ

Οὗτος ἀπέκτεινεν τὸ κῆτος.

ΙΦΙΑΝΑΣΣΑ

Διὰ τί, ὦ Τρίτων; οὐ γὰρ δὴ σῶστρα ἡμῖν τοιαῦτα ἐκτίνειν αὐτὸν ἐχρῆν.

[2] ΤΡΙΤΩΝ

Ἐγὼ ὑμῖν φράσω τὸ πᾶν ὡς ἐγένετο· ἐστάλη μὲν οὗτος ἐπὶ τὰς Γοργόνας ἆθλόν τινα τῷ βασιλεῖ ἐπιτελῶν, ἐπεὶ δὲ ἀφίκετο εἰς τὴν Λιβύην –

ΙΦΙΑΝΑΣΣΑ

Πῶς, ὦ Τρίτων; μόνος; ἢ καὶ ἄλλους συμμάχους ἦγεν; ἄλλως γὰρ δύσπορος ἡ ὁδός.

ΤΡΙΤΩΝ

Διὰ τοῦ ἀέρος· ὑπόπτερον γὰρ αὐτὸν ἡ Ἀθηνᾶ ἔθηκεν. ἐπεὶ δ' οὖν ἧκεν

14. Triton und Nereiden

[1] Triton
Euer Seeungeheuer, Nereiden, das ihr auf Kepheus' Tochter Andromeda losgelassen habt, hat dem Mädchen kein Leid getan, wie ihr glaubt, und ist außerdem selbst schon tot.

Nereiden
Wer war das, Triton? Hat etwa Kepheus die junge Frau sozusagen als Köder ausgelegt und dann das Ungeheuer angegriffen und erschlagen, aus dem Hinterhalt mit einer gewaltigen Streitmacht?

Triton
Nein. Ihr kennt doch, Iphianassa, glaube ich, den Perseus, Danaes Kind, das sein Großvater mütterlicherseits zusammen mit der Mutter in einer Kiste auf dem Meer ausgesetzt hatte und das ihr, aus Mitleid mit ihnen, gerettet habt.[24]

Iphianassa
Ich weiß, wen du meinst. Der muss jetzt natürlich schon ein junger Mann sein, äußerst edel und schön anzusehen.

Triton
Der hat das Seeungeheuer erschlagen.

Iphianassa
Und warum, Triton? So hätte er uns unsere Rettungstat nun aber wirklich nicht lohnen dürfen!

[2] Triton
Ich will euch erzählen, wie alles geschah. Er hatte sich auf den Weg in die Gegend der Gorgonen gemacht, um für den König irgendeine Arbeit zu erledigen, und als er nach Libyen kam –

Iphianassa
Wie bitte, Triton? Allein? Oder hatte er noch ein paar Helfer dabei? Auch so ist das ja schon ein mühsamer Weg?

Triton
Durch die Luft! Athene hatte ihn nämlich mit Flügelschuhen ausgestattet, und als er nun also dorthin kam, wo sie lebten, da lagen

ὅπου διῃτῶντο, αἱ μὲν ἐκάθευδον, οἶμαι, ὁ δὲ ἀποτεμὼν τῆς Μεδούσης τὴν κεφαλὴν ᾤχετο ἀποπτάμενος.

ΙΦΙΑΝΑΣΣΑ

Πῶς ἰδών; ἀθέατοι γάρ εἰσιν· ἢ ὃς ἂν ἴδῃ, οὐκ ἄν τι ἄλλο μετὰ ταύτας ἴδοι.

ΤΡΙΤΩΝ

Ἡ Ἀθηνᾶ τὴν ἀσπίδα προφαίνουσα – τοιαῦτα γὰρ ἤκουσα διηγουμένου αὐτοῦ πρὸς τὴν Ἀνδρομέδαν καὶ πρὸς τὸν Κηφέα ὕστερον – ἡ Ἀθηνᾶ δὴ ἐπὶ τῆς ἀσπίδος ἀποστιλβούσης ὥσπερ ἐπὶ κατόπτρου παρέσχεν αὐτῷ ἰδεῖν τὴν εἰκόνα τῆς Μεδούσης· εἶτα λαβόμενος τῇ λαιᾷ τῆς κόμης, ἐνορῶν δ' ἐς τὴν εἰκόνα, τῇ δεξιᾷ τὴν ἅρπην ἔχων, ἀπέτεμεν τὴν κεφαλὴν αὐτῆς, καὶ πρὶν ἀνεγρέσθαι τὰς ἀδελφὰς ἀνέπτατο. [3] ἐπεὶ δὲ κατὰ τὴν παράλιον ταύτην τῆς Αἰθιοπίας ἐγένετο, ἤδη πρόσγειος πετόμενος, ὁρᾷ τὴν Ἀνδρομέδαν προκειμένην ἐπί τινος πέτρας προβλῆτος προσπεπατταλευμένην, καλλίστην, ὦ θεοί, καθειμένην τὰς κόμας, ἡμίγυμνον πολὺ ἔνερθε τῶν μαστῶν· καὶ τὸ μὲν πρῶτον οἰκτείρας τὴν τύχην αὐτῆς ἀνηρώτα τὴν αἰτίαν τῆς καταδίκης, κατὰ μικρὸν δὲ ἁλοὺς ἔρωτι – ἐχρῆν γὰρ σεσῶσθαι τὴν παῖδα – βοηθεῖν διέγνω· καὶ ἐπειδὴ τὸ κῆτος ἐπῄει μάλα φοβερὸν ὡς καταπιόμενον τὴν Ἀνδρομέδαν, ὑπεραιωρηθεὶς ὁ νεανίας πρόκωπον ἔχων τὴν ἅρπην τῇ μὲν καθικνεῖται, τῇ δὲ προδεικνὺσι τὴν Γοργόνα καὶ λίθοποιεῖ αὐτό, τὸ δὲ τέθνηκεν ὁμοῦ καὶ πέπηγεν αὐτοῦ τὰ πολλά, ὅσα εἶδεν τὴν Μέδουσαν· ὁ δὲ λύσας τὰ δεσμὰ τῆς παρθένου, ὑποσχὼν τὴν χεῖρα ὑπεδέξατο ἀκροποδητὶ κατιοῦσαν ἐκ τῆς πέτρας ὀλισθηρᾶς οὔσης, καὶ νῦν γαμεῖ ἐν τοῦ Κηφέως καὶ ἀπάξει αὐτὴν εἰς Ἄργος, ὥστε ἀντὶ θανάτου γάμον οὐ τὸν τυχόντα εὕρετο.

sie, glaube ich, in tiefem Schlummer, aber er schlug der Medusa den Kopf ab und flog schleunigst wieder davon.

IPHIANASSA

Und wie konnte er sie überhaupt ansehen? Betrachten verboten bei ihnen! Oder jedenfalls wird einer, der sie ansieht, danach wohl nie wieder etwas anderes ansehen.

TRITON

Athena brachte ihren Schild zum Vorschein – so habe ich ihn das der Andromeda und später dem Kepheus erzählen hören –, also, Athena ließ ihn das Bild der Medusa in ihrem glänzenden Schild wie in einem Spiegel sehen; dann packte er sie, auf ihr Bild starrend, mit der Linken am Haar, mit der Sichel in seiner Rechten schlug er ihr den Kopf ab – und bevor ihre Schwestern noch wach werden konnten, flog er schon davon. [3] Als er dann hier zur Küste von Äthiopien kam und schon ganz nah am Land flog, da sieht er Andromeda auf einem vorgelagerten Felsen angeschmiedet liegen, wunderschön, ihr Götter!, die Haare gelöst, weitgehend nackt unterhalb ihres Busens. Zwar hatte er sofort Mitleid mit ihrer schlimmen Lage und fragte sie nach dem Grund für ihre Strafe, aber sehr schnell erfasste ihn dann die Liebeslust – das Mädchen musste ja nun mal heil davonkommen –, und er beschloss, ihr zu helfen. Und als das Seeungeheuer in all seiner Schrecklichkeit anrückte, um Andromeda hinunterzuschlürfen, da schwingt sich der junge Mann in die Luft, die Sichel gereckt, und mit der einen Hand lässt er sie niedersausen, mit der anderen zeigt er die Gorgo und lässt es zu Stein werden, und das Ungeheuer ist tot und gleichzeitig erstarrt, überall dort, wo es dem Anblick der Medusa ausgesetzt gewesen war. Dann löste er der Jungfrau die Fesseln, reichte ihr die Hand und half ihr, auf Zehenspitzen von dem schlüpfrigen Felsen zu steigen, ja, und jetzt wird er im Palast des Kepheus Hochzeit feiern und sie nach Argos bringen. So hat er an Stelle des Todes eine Ehe gefunden, und nicht die erstbeste.

[4] ΙΦΙΑΝΑΣΣΑ

Ἐγὼ μὲν οὐ πάνυ τῷ γεγονότι ἄχθομαι· τί γὰρ ἡ παῖς ἠδίκει ἡμᾶς, εἰ ἡ μήτηρ αὐτῆς ἐμεγαλαυχεῖτο καὶ ἠξίου καλλίων εἶναι ;

ΔΩΡΙΣ

Ὅτι οὕτως ἂν ἤλγησεν ἐπὶ τῇ θυγατρὶ μήτηρ γε οὖσα.

ΙΦΙΑΝΑΣΣΑ

Μηκέτι μεμνώμεθα, ὦ Δωρί, ἐκείνων, εἴ τι βάρβαρος γυνὴ ὑπὲρ τὴν ἀξίαν ἐλάλησεν· ἱκανὴν γὰρ ἡμῖν τιμωρίαν ἔδωκεν φοβηθεῖσα ἐπὶ τῇ παιδί. χαίρωμεν οὖν τῷ γάμῳ.

[4] Iphianassa
Ach, ich bin gar nicht so böse über das, was da vorgefallen ist. Denn inwiefern hätte das Mädchen denn uns Unrecht getan, wo doch bloß ihre Mutter den Mund zu weit aufgerissen und behauptet hatte, sie sei schöner als wir?

Doris
Jedenfalls hat sie auf diese Weise als Mutter rechten Kummer um ihre Tochter gehabt.

Iphianassa
Wir wollen nicht mehr daran denken, Doris, wenn eine Barbarenfrau irgendetwas dahergeschwätzt hat, was sich nicht gehört. Mit ihrer Angst um ihr Kind hat sie uns ja hinreichend Buße geleistet. Freuen wir uns also über die Hochzeit!

15. Ζεφύρου καὶ Νότου

[1] ΖΕΦΥΡΟΣ

Οὐ πώποτε πομπὴν ἐγὼ μεγαλοπρεπεστέραν εἶδον ἐν τῇ θαλάσσῃ, ἀφ' οὗ γέ εἰμι καὶ πνέω. σὺ δὲ οὐκ εἶδες, ὦ Νότε;

ΝΟΤΟΣ

Τίνα ταύτην λέγεις, ὦ Ζέφυρε, τὴν πομπήν; ἢ τίνες οἱ πέμποντες ἦσαν;

ΖΕΦΥΡΟΣ

Ἡδίστου θεάματος ἀπελείφθης, οἷον οὐκ ἂν ἄλλο ἴδοις ἔτι.

ΝΟΤΟΣ

Περὶ τὴν ἐρυθρὰν γὰρ θάλασσαν εἰργαζόμην, ἐπέπνευσα δὲ καὶ μέρος τῆς Ἰνδικῆς, ὅσα παράλια τῆς χώρας· οὐδὲν οὖν οἶδα ὧν λέγεις.

ΖΕΦΥΡΟΣ

Ἀλλὰ τὸν Σιδώνιόν γε Ἀγήνορα οἶδας;

ΝΟΤΟΣ

Ναί· τὸν τῆς Εὐρώπης πατέρα. τί μήν;

ΖΕΦΥΡΟΣ

Περὶ αὐτῆς ἐκείνης διηγήσομαί σοι.

ΝΟΤΟΣ

Μῶν ὅτι ὁ Ζεὺς ἐραστὴς τῆς παιδὸς ἐκ πολλοῦ; τοῦτο γὰρ καὶ πάλαι ἠπιστάμην.

[2] ΖΕΦΥΡΟΣ

Οὐκοῦν τὸν μὲν ἔρωτα οἶσθα, τὰ μετὰ ταῦτα δὲ ἤδη ἄκουσον. ἡ μὲν Εὐρώπη κατεληλύθει ἐπὶ τὴν ἠϊόνα παίζουσα τὰς ἡλικιώτιδας παραλαβοῦσα, ὁ Ζεὺς δὲ ταύρῳ εἰκάσας ἑαυτὸν συνέπαιζεν αὐταῖς κάλλιστος φαινόμενος· λευκός τε γὰρ ἦν ἀκριβῶς καὶ τὰ κέρατα εὐκαμπὴς καὶ τὸ βλέμμα ἥμερος· ἐσκίρτα οὖν καὶ αὐτὸς ἐπὶ τῆς ἠϊόνος καὶ ἐμυκᾶτο ἥδιστον, ὥστε τὴν Εὐρώπην τολμῆσαι καὶ ἀναβῆναι αὐτόν. ὡς δὲ τοῦτο

15. *Westwind und Südwind*

[1] WESTWIND
Noch nie, seit ich wese und wehe, habe ich einen großartigeren Festzug auf dem Meer gesehen! Du hast nicht zugeschaut, lieber Südwind?
SÜDWIND
Von was für einem Festzug sprichst du denn, lieber Westwind? Wer waren die Teilnehmer?
WESTWIND
Da hast du aber mal ein herrliches Schauspiel verpasst! So etwas wirst du wohl nicht noch einmal zu sehen kriegen!
SÜDWIND
Ich hatte im Roten Meer zu tun und auch noch über einem Teil von Indien zu wehen, an der ganzen Küste. Deshalb habe ich keine Ahnung, wovon du sprichst.
WESTWIND
Also, du kennst doch den Agenor aus Sidon?
SÜDWIND
Na klar. Den Vater der Europa. Und weiter?
WESTWIND
Genau von der will ich dir erzählen.
SÜDWIND
Doch nicht etwa, dass Zeus seit geraumer Zeit in das Mädchen verliebt ist? Das wusste ich schon ewig!
[2] WESTWIND
Kann sein, dass du von seiner Verliebtheit weißt, aber jetzt hör auch die Fortsetzung! Europa war mit ihren Freundinnen zum Spielen an den Strand gegangen. Zeus verwandelte sich in einen Stier und gesellte sich zu ihnen, um mitzuspielen, jeder Zoll eine Schönheit: leuchtend weißes Fell, die Hörner elegant geschwungen, sanfter Rinderblick. So tänzelte er ebenfalls über den Strand und muhte so entzückend, dass Europa sich sogar traute, ihn zu besteigen. Kaum

ἐγένετο, δρομαῖος μὲν ὁ Ζεὺς ὥρμησεν ἐπὶ τὴν θάλασσαν φέρων αὐτὴν καὶ ἐνήχετο ἐμπεσών, ἡ δὲ πάνυ ἐκπλαγὴς τῷ πράγματι τῇ λαιᾷ μὲν εἴχετο τοῦ κέρατος, ὡς μὴ ἀπολισθάνοι, τῇ ἑτέρᾳ δὲ ἠνεμωμένον τὸν πέπλον συνεῖχεν.

[3] ΝΟΤΟΣ

Ἡδὺ τοῦτο θέαμα εἶδες, ὦ Ζέφυρε, καὶ ἐρωτικόν, νηχόμενον τὸν Δία καὶ φέροντα τὴν ἀγαπωμένην.

ΖΕΦΥΡΟΣ

Καὶ μὴν τὰ μετὰ ταῦτα ἡδίω παρὰ πολύ, ὦ Νότε· ἥ τε γὰρ θάλασσα εὐθὺς ἀκύμων ἐγένετο καὶ τὴν γαλήνην ἐπισπασαμένη λείαν παρεῖχεν ἑαυτήν, ἡμεῖς δὲ πάντες ἡσυχίαν ἄγοντες οὐδὲν ἄλλο ἢ θεαταὶ μόνον τῶν γιγνομένων παρηκολουθοῦμεν, Ἔρωτες δὲ παραπετόμενοι μικρὸν ὑπὲρ τὴν θάλασσαν, ὡς ἐνίοτε ἄκροις τοῖς ποσὶν ἐπιψαύειν τοῦ ὕδατος, ἡμμένας τὰς δᾷδας φέροντες ᾖδον ἅμα τὸν ὑμέναιον, αἱ Νηρεΐδες δὲ ἀναδῦσαι παρίππευον ἐπὶ τῶν δελφίνων ἐπικροτοῦσαι ἡμίγυμνοι τὰ πολλά, τό τε τῶν Τριτώνων γένος καὶ εἴ τι ἄλλο μὴ φοβερὸν ἰδεῖν τῶν θαλασσίων, ἅπαντα περιεχόρευον τὴν παῖδα· ὁ μὲν γὰρ Ποσειδῶν ἐπιβεβηκὼς ἅρματος, παροχουμένην τὴν Ἀμφιτρίτην ἔχων, προῆγε γεγηθὼς ὁδοποιῶν νηχομένῳ τῷ ἀδελφῷ· ἐπὶ πᾶσι δὲ τὴν Ἀφροδίτην δύο Τρίτωνες ἔφερον ἐπὶ κόγχης κατακειμένην, ἄνθη παντοῖα ἐπιπάττουσαν τῇ νύμφῃ. [4] ταῦτα ἐκ Φοινίκης ἄχρι τῆς Κρήτης ἐγίνετο· ἐπεὶ δὲ ἐπέβη τῇ νήσῳ ὁ μὲν ταῦρος οὐκέτι ἐφαίνετο, ἐπιλαβόμενος δὲ τῆς χειρὸς ὁ Ζεὺς ἀπῆγε τὴν Εὐρώπην εἰς τὸ Δικταῖον ἄντρον ἐρυθριῶσαν καὶ κάτω ὁρῶσαν· ἠπίστατο γὰρ ἤδη ἐφ᾽ ὅτῳ ἄγοιτο. ἡμεῖς δὲ ἐμπεσόντες ἄλλο ἄλλος τοῦ πελάγους μέρος διεκυμαίνομεν.

war das geschehen, da galoppierte Zeus mit ihr auf dem Rücken Richtung Meer, sprang hinein und schwamm los, sie aber, vor Angst wie betäubt, klammerte sich mit der Linken an ein Horn, um nicht abzurutschen, mit der anderen Hand versuchte sie, ihren Peplos, der sich im Wind bauschte, zusammenzuhalten.

[3] SÜDWIND

Das muss ein entzückender Anblick für dich gewesen sein, lieber Westwind, und ein erotischer noch dazu, Zeus im Wasser schwimmend und seine Geliebte auf ihm.

WESTWIND

Ja, aber was dann kam, war noch viel entzückender, lieber Südwind! Denn sofort schwanden die Wellen, das Meer war, in heiterer Stille, glatt wie ein Spiegel, und auch wir legten uns und begleiteten das Geschehen nur noch als Zuschauer. Eroten eskortierten sie und flogen so knapp über der Wasseroberfläche, dass sie ab und zu mit den Zehenspitzen das Wasser berührten, und mit brennenden Fackeln in den Händen sangen sie das Hochzeitslied. Die Nereiden tauchten auf, in Gewändern, die kaum das Notwendigste verhüllten, und ritten auf Delphinen applaudierend nebenher, das Volk der Tritonen und überhaupt alles, was sonst von den Meeresbewohnern einen nicht ganz abscheulichen Anblick bietet, tanzte um das Mädchen herum. Vorneweg bahnte Poseidon auf seinem Wagen, neben sich Amphitrite, mit fröhlichem Gesicht seinem schwimmenden Bruder den Weg, und den Schluss bildete Aphrodite, die auf einer von zwei Tritonen gezogenen Muschel lag und bunte Blüten über die Braut streute. [4] So ging es von Phönizien bis Kreta. Als der Stier aber auf der Insel an Land ging, da war er auf einmal kein Stier mehr: Zeus war es, der Europa bei der Hand nahm und sie davonführte, hinein in die Diktäische Höhle. Sie war leicht errötet und hielt den Blick gesenkt – da war ihr schon klar, zu welchem Zweck sie entführt worden war. Wir aber stürzten uns jeder auf eine andere Ecke des Meeres und ließen es gewaltig aufschäumen.

ΝΟΤΟΣ
Ὦ μακάριε Ζέφυρε τῆς θέας· ἐγὼ δὲ γρῦπας καὶ ἐλέφαντας καὶ μέλανας ἀνθρώπους ἑώρων.

SÜDWIND

Was für eine Schau, lieber Westwind, du Glückspilz! Und was habe ich stattdessen zu sehen bekommen? Greife, Elefanten und schwarze Menschen![25]

I. Τὰ πρὸς Κρόνον

[1] ΙΕΡΕΥΣ

Ὦ Κρόνε, σὺ γὰρ ἔοικας ἄρχειν τό γε νῦν εἶναι καὶ σοὶ τέθυται καὶ κεκαλλιέρηται παρ' ἡμῶν, τί ἂν μάλιστα ἐπὶ τῶν ἱερῶν αἰτήσας λάβοιμι παρὰ σοῦ;

ΚΡΟΝΟΣ

Τοῦτο μὲν αὐτόν σε καλῶς ἔχει ἐσκέφθαι ὅ τι σοι εὐκτέον, εἰ μὴ καὶ μάντιν ἅμα ἐθέλεις εἶναι τὸν ἄρχοντα, εἰδέναι τί σοι ἥδιον αἰτεῖν. ἐγὼ δὲ τά γε δυνατὰ οὐκ ἀνανεύσω πρὸς τὴν εὐχήν.

ΙΕΡΕΥΣ

Ἀλλὰ πάλαι ἔσκεμμαι. ἐρῶ γὰρ τὰ κοινὰ ταυτὶ καὶ πρόχειρα – πλοῦτον καὶ χρυσὸν πολὺν καὶ ἀνδρῶν δεσπότην εἶναι καὶ ἀνδράποδα πολλὰ κεκτῆσθαι καὶ ἐσθῆτας εὐανθεῖς καὶ μαλακὰς καὶ ἄργυρον καὶ ἐλέφαντα καὶ τὰ ἄλλα ὁπόσα τίμια. τούτων οὖν, ὦ ἄριστε Κρόνε, δίδου μοι, ὥς τι καὶ αὐτὸν ἀπολαῦσαι τῆς σῆς ἀρχῆς μηδὲ ἄμοιρον εἶναι μόνον αὐτὸν διὰ παντὸς τοῦ βίου.

[2] ΚΡΟΝΟΣ

Ὁρᾷς; οὐ κατ' ἐμὲ τοῦτο ᾔτησας. οὐ γὰρ ἐμὸν διανέμειν τὰ τοιαῦτα. ὥστε μὴ ἄχθου, εἰ ἀτυχήσειας αὐτῶν, ἀλλ' αἴτει παρὰ τοῦ Διός, ὁπόταν εἰς ἐκεῖνον ἡ ἀρχὴ περιέλθῃ μετ' ὀλίγον. ἐγὼ δ' ἐπὶ ῥητοῖς παραλαμβάνω τὴν δυναστείαν. ἑπτὰ μὲν ἡμερῶν ἡ πᾶσα βασιλεία, καὶ ἢν ἐκπρόθεσμος τούτων γένωμαι, ἰδιώτης εὐθύς εἰμι καί που τοῦ πολλοῦ δήμου εἷς. ἐν αὐταῖς δὲ ταῖς ἑπτὰ σπουδαῖον μὲν ⟨οὐδὲν⟩ οὐδὲ ἀγοραῖον διοικήσα-

[SATURNALISCHES][1]

I. Gespräch mit Kronos

[1] PRIESTER
Kronos, wie es aussieht, bist du ja jetzt gerade an der Macht, dir bringen wir Opfer, von dir holen wir uns gute Vorzeichen für unsere Pläne: Was könnte ich mir für meine Gaben am ehesten von dir wünschen und bekäme es auch?
KRONOS
Es ist ja doch wohl deine Sache, zu überlegen, was du dir wünschen sollst, wenn du nicht verlangst, dass der Herrscher gleichzeitig auch noch Prophet sein und wissen soll, welche Bitte dir mehr Freude einbringen wird. Ich werde dir jedenfalls nach Möglichkeit keinen Wunsch abschlagen!
PRIESTER
Na, ich bin ja schon lange am Nachdenken! Gut, ich werde das nennen, was sich alle wünschen, das Naheliegende eben – Reichtum, Gold in Menge, unumschränkte Herrschaft, den Besitz vieler Sklaven und bestickter weicher Gewänder, Silber, Elfenbein, überhaupt alles, was wertvoll ist. Gib mir davon, bester Kronos, damit auch ich von deiner Herrschaft profitiere und nicht als einziger mein ganzes Leben lang nichts einheimse!
[2] KRONOS
Da haben wir's! Das ist keine Bitte, die mir entspricht! Die Verteilung solcher Dinge fällt nämlich nicht in meinen Aufgabenbereich. Nimm es also nicht schwer, wenn du das nicht kriegst, sondern erbitte es von Zeus, sobald die Herrschaft – es ist ja nicht mehr lange bis dahin – wieder an ihn zurückgeht. Ich übernehme die Macht nur für eine bestimmte Zeit. Sieben Tage dauert meine Herrschaft insgesamt, und ist meine Zeit abgelaufen, werde ich umgehend wieder zum Privatmann, eben zu einem aus der Masse. An diesen sieben Tagen steht es mir zwar nicht zu, irgendeine ernst-

σθαί μοι συγκεχώρηται, πίνειν δὲ καὶ μεθύειν καὶ βοᾶν καὶ παίζειν καὶ κυβεύειν καὶ ἄρχοντας καθίστασθαι καὶ τοὺς οἰκέτας εὐωχεῖν καὶ γυμνὸν ᾄδειν καὶ κροτεῖν ὑποτρέμοντα, ἐνίοτε δὲ καὶ ἐς ὕδωρ ψυχρὸν ἐπὶ κεφαλὴν ὠθεῖσθαι ἀσβόλῳ κεχρισμένον τὸ πρόσωπον, ταῦτα ἐφεῖταί μοι ποιεῖν. τὰ μεγάλα δὲ ἐκεῖνα, τὸν πλοῦτον καὶ τὸ χρυσίον, ὁ Ζεὺς διαδίδωσιν οἷς ἂν ἐθέλῃ.

[3] ΙΕΡΕΥΣ

Ἀλλ' οὐδ' ἐκεῖνος, ὦ Κρόνε, ῥᾳδίως καὶ προχείρως. ἐγὼ γοῦν ἤδη ἀπηγόρευκα αἰτῶν μεγάλῃ τῇ φωνῇ, ὁ δ' οὐκ ἐπαΐει τὸ παράπαν, ἀλλὰ τὴν αἰγίδα ἐπισείων καὶ τὸν κεραυνὸν ἐπανατεινόμενος δριμὺ ἐνορῶν ἐκπλήττει τοὺς ἐνοχλοῦντας. ἢν δέ ποτε καὶ ἐπινεύσῃ τινὶ καὶ πλούσιον ποιῇ, πολὺ τὸ ἄκριτον ἐνταῦθα, καὶ τοὺς ἀγαθοὺς ἐνίοτε καὶ συνετοὺς ἀφεὶς ὁ δὲ παμπονήροις τε καὶ ἀνοήτοις ἀνδράσι περιχεῖ τὸν πλοῦτον, μαστιγίαις ἢ ἀνδρογύνοις τοῖς πλείστοις αὐτῶν. πλὴν τά γε σοὶ δυνατὰ ἐθέλω εἰδέναι τίνα ταῦτά ἐστιν.

[4] ΚΡΟΝΟΣ

Οὐ μικρὰ ὅλως οὐδὲ παντάπασιν εὐκαταφρόνητα ὡς πρὸς τὴν δύναμιν ἐξετάζεσθαι τῆς συμπάσης ἀρχῆς – εἰ μή σοί γε μικρὸν δοκεῖ τὸ νικᾶν κυβεύοντα καὶ τοῖς ἄλλοις ἐς τὴν μονάδα κυλιομένου τοῦ κύβου σοὶ τὴν ἑξάδα ὑπεράνω ἀεὶ φαίνεσθαι. πολλοὶ γοῦν ἐς κόρον ἀπὸ τοῦ τοιούτου ἐπεσιτίσαντο, οἷς ἵλεως καὶ φορὸς ὁ κύβος ἐπινεύσει· οἱ δὲ ἔμπαλιν γυμνοὶ ἐξενήξαντο συντριβέντος αὐτοῖς τοῦ σκάφους περὶ οὕτω μικρῷ ἕρματι τῷ κύβῳ. καὶ μὴν καὶ ποιεῖν ἐς τὸ ἥδιστον καὶ ᾠδικώτερον ἄλλου δόξαι ᾆσαι ἐν τῷ συμποσίῳ καὶ διακονουμένων τοὺς μὲν ἄλλους ἐς τὸ ὕδωρ ἐμπεσεῖν – τοῦτο γὰρ τοὐπιτίμιον τῆς ἀδεξίου διακονίας – σὲ δὲ

hafte oder allgemeine Anordnung zu erlassen, aber trinken, sich vollaufen lassen, herumschreien, Witze reißen, Würfel spielen und Festvorsitzende bestimmen, die Diener schmausen lassen, nackt und zitternd vor Kälte singen und klatschen, sich ab und an das eingerußte Gesicht kopfüber ins kalte Wasser tunken lassen: Das alles darf ich! Diese bedeutenden Geschenke hingegen, Reichtum und Gold, die vergibt Zeus, an wen er will.[2]

[3] Priester

Na ja, Kronos, der erledigt das ja nun auch nicht gerade unkompliziert und prompt. Ich wenigstens habe es schon aufgegeben, meine Bitten laut vorzutragen, er hört ja doch nicht hin, sondern schüttelt die Aigis, streckt seinen Donnerkeil vor, wirft bitterböse Blicke um sich, und damit erschreckt er alle, die ihm zur Last fallen. Wenn er einem aber mal etwas gewährt und ihn reich macht, dann ohne Sinn und Verstand, und oft genug schiebt er die guten und verständigen Leute beiseite, um Oberschurken und Dummköpfe mit Reichtum zu überschütten, obwohl die zum größten Teil Taugenichtse oder Schlappschwänze sind. Lassen wir das! Ich würde gern wissen, was denn nun in deiner Macht steht.

[4] Kronos

Gemessen an der Machtfülle meiner Herrschaft insgesamt keine auch nur im geringsten verächtlichen Kleinigkeiten – immer vorausgesetzt, du hältst einen Sieg beim Würfelspiel, wenn für die anderen beim Würfeln die Eins, für dich aber die Sechs oben liegt, und zwar jedes Mal!, nicht für eine Kleinigkeit. An so etwas haben sich schon eine Menge Leute bis zum Abwinken gesättigt, denen sich der Würfel als gnädig und einträglich erwiesen hat. Andere mussten im Gegenteil nackt um ihr Leben schwimmen, nachdem ihr Schiffchen an der Klippe des doch nur so kleinen Würfels zerschellt war. Und dann wieder beim Festmahl allerliebste Verse zu dichten und nach Meinung aller Gäste musikalischer zu singen als die anderen, und dass beim Bedienen die anderen ins Wasser geworfen werden – das ist ja die Strafe für ungeschicktes Bedienen –, du

ἀνακηρυχθῆναι καλλίνικον καὶ τἆθλα φέρεσθαι τὸν ἀλλᾶντα – ὁρᾷς ἡλίκον τὸ ἀγαθόν; ἔτι καὶ βασιλέα μόνον ἐφ' ἁπάντων γενέσθαι τῷ ἀστραγάλῳ κρατήσαντα, ὡς μήτε ἐπιταχθείης γελοῖα ἐπιτάγματα καὶ αὐτὸς ἐπιτάττειν ἔχοις, τῷ μὲν αἰσχρόν τι περὶ αὑτοῦ ἀναβοῆσαι, τῷ δὲ γυμνὸν ὀρχήσασθαι καὶ ἀράμενον τὴν αὐλητρίδα τρὶς τὴν οἰκίαν περιελθεῖν – πῶς οὐχὶ καὶ ταῦτα δείγματα μεγαλοδωρίας τῆς ἐμῆς; εἰ δὲ τὸ μὴ ἀληθῆ μηδὲ βέβαιον γίγνεσθαι τὴν τοιαύτην βασιλείαν αἰτιάσει, ἄγνωμον ποιήσεις ὁρῶν αὐτὸν ἐμὲ τὸν ταῦτα διανέμοντα ὀλιγοχρόνιον τὴν ἀρχὴν ἔχοντα. τούτων δ' οὖν ἅ μοι δυνατὰ δοῦναι, τῶν πεττῶν, τοῦ ἄρχειν, τοῦ ᾄδειν καὶ τῶν ἃ κατηριθμησάμην, θαρρῶν αἴτει, ὡς ἐμοῦ πρὸς οὐδὲν δεδιξομένου σε τῇ αἰγίδι καὶ τῷ κεραυνῷ.

[5] ΙΕΡΕΥΣ

Ἀλλ', ὦ Τιτάνων ἄριστε, τῶν μὲν τοιούτων οὐ δέομαι, σὺ δὲ ἀλλ' ἐκεῖνό μοι ἀπόκριναι, ὃ μάλιστα ἐπόθουν εἰδέναι, καί μοι ἢν εἴπῃς αὐτό, ἱκανὴν ἔσει τὴν ἀμοιβὴν ἀποδεδωκὼς ἀντὶ τῆς θυσίας, καὶ πρὸς τὸ λοιπὸν ἀφίημί σοι τὰ χρέα.

ΚΡΟΝΟΣ

Ἐρώτα μόνον. ἀποκρινοῦμαι γάρ, ἢν εἰδὼς τύχω.

ΙΕΡΕΥΣ

Τὸ μὲν πρῶτον ἐκεῖνο, εἰ ἀληθῆ ταῦτά ἐστιν ἃ περὶ σοῦ ἀκούομεν, ὡς κατήσθιες τὰ γεννώμενα ὑπὸ τῆς Ῥέας, ἐκείνη δὲ ὑφελομένη τὸν Δία λίθον ὑποβαλλομένη ἀντὶ τοῦ βρέφους ἔδωκέ σοι καταπιεῖν, ὁ δὲ εἰς ἡλικίαν ἀφικόμενος ἐξήλασέ σε τῆς ἀρχῆς πολέμῳ κρατήσας, εἶτα ἐς τὸν Τάρταρον φέρων ἐνέβαλε πεδήσας αὐτόν τε καὶ τὸ συμμαχικὸν ἅπαν, ὁπόσον μετὰ σοῦ παρετάττετο.

hingegen zum herrlichen Sieger ausgerufen wirst und als Preis die Wurst bekommst: Na, siehst du, was das für ein Segen ist? Außerdem auch als einziger beim Würfeln jedes Mal zu gewinnen und König zu werden, mit dem Effekt, dass du keine lustigen Aufgaben gestellt bekommst und sie vielmehr selber stellen darfst, dem einen, dass er irgendetwas Hässliches über sich selbst laut herausschreien, dem anderen, dass er nackt tanzen und mit der Aulosbläserin auf dem Rücken dreimal ums Haus rennen muss – wie wäre auch das kein Beweis für meine Großzügigkeit? Willst du mir aber jetzt vorwerfen, so etwas sei ja gar kein richtiges und dauerhaftes Königtum, dann wird das ziemlich dumm von dir sein, wo du doch siehst, dass selbst ich, der ich das alles austeilen kann, nicht lange an der Herrschaft bin. Aber was ich dir zu schenken die Macht habe, die Würfel, den Festvorsitz, den Gesang und was ich sonst noch eben aufgezählt habe, darum bitte mich nur voller Zuversicht, denn ich werde dich bei keiner Bitte mit Aigis und Donnerkeil verscheuchen.

[5] PRIESTER

Nein, bester aller Titanen, so etwas brauche ich nicht. Antworte mir lieber auf die folgende Frage, die mir schon lange auf den Nägeln brennt. Wenn du mir das sagen kannst, dann sollst du mir damit mein Opfer hinreichend vergolten haben, und ich will dir für die Zukunft deine Schulden erlassen.

KRONOS

Frag nur! Wenn ich die Antwort weiß, sollst du sie haben!

PRIESTER

Erstens Folgendes: Ist es wahr, was man über dich hört, dass du deine mit Rhea gezeugte Nachkommenschaft verschlungen hast und sie dir den Zeus heimlich entwendet und dir anstelle des Babys einen Stein zum Schlucken untergeschoben hat und dass der dich dann als Erwachsener mit Krieg überzogen, aus der Herrschaft vertrieben und danach mit Schwung in den Tartaros befördert hat, in Fesseln, nicht nur dich, sondern auch alle deine Verbündeten, das komplette Truppenaufgebot?

ΚΡΟΝΟΣ

Εἰ μὴ ἑορτήν, ὦ οὗτος, ἤγομεν καὶ μεθύειν ἐφεῖτο καὶ λοιδορεῖσθαι τοῖς δεσπόταις ἐπ᾽ ἐξουσίας, ἔγνως ἂν ὡς ὀργίζεσθαι γοῦν ἐφεῖταί μοι, τοιαῦτα ἐρωτήσας, οὐκ αἰδεσθεὶς πολιὸν οὕτω καὶ πρεσβύτην θεόν.

ΙΕΡΕΥΣ

Κἀγὼ ταῦτα, ὦ Κρόνε, οὐ παρ᾽ ἐμαυτοῦ φημι, ἀλλ᾽ Ἡσίοδος καὶ Ὅμηρος, ὀκνῶ γὰρ λέγειν ὅτι καὶ οἱ ἄλλοι ἅπαντες ἄνθρωποι σχεδὸν ταῦτα πεπιστεύκασι περὶ σοῦ.

[6] ΚΡΟΝΟΣ

Οἴει γὰρ τὸν ποιμένα ἐκεῖνον, τὸν ἀλαζόνα, ὑγιές τι περὶ ἐμοῦ εἰδέναι; σκόπει δὲ οὕτως. ἔσθ᾽ ὅστις ἄνθρωπος (οὐ γὰρ θεὸν ἐρῶ) ὑπομείνειεν ἂν ἑκὼν αὐτὸς καταφαγεῖν τὰ τέκνα, εἰ μή τις Θυέστης ὢν ἀσεβείᾳ ἀδελφοῦ περιπεσὼν ἤσθιε; καὶ ⟨εἰ⟩ τοῦτο μανείη, πῶς ἀγνοήσειε λίθον ἀντὶ βρέφους ἐσθίων, εἰ μὴ ἀνάλγητος εἴη τοὺς ὀδόντας; ἀλλ᾽ οὔτε ἐπολεμήσαμεν οὔτε ὁ Ζεὺς βίᾳ τὴν ἀρχὴν, ἑκόντος δέ μου παραδόντος αὐτῷ καὶ ὑπεκστάντος, ἄρχει. ὅτι μὲν γὰρ οὔτε πεπέδημαι οὔτε ἐν τῷ Ταρτάρῳ εἰμί, καὶ αὐτὸς ὁρᾷς, οἶμαι, εἰ μὴ τυφλὸς ὥσπερ Ὅμηρος εἶ.

[7] ΙΕΡΕΥΣ

Τί παθὼν δέ, ὦ Κρόνε, ἀφῆκας τὴν ἀρχήν;

ΚΡΟΝΟΣ

Ἐγώ σοι φράσω. τὸ μὲν ὅλον, γέρων ἤδη καὶ ποδαγρὸς ὑπὸ τοῦ χρόνου ὤν. διὸ καὶ πεπεδῆσθαί με οἱ πολλοὶ εἴκασαν. οὐ γὰρ ἠδυνάμην διαρκεῖν πρὸς οὕτω πολλὴν ⟨τὴν⟩ ἀδικίαν τῶν νῦν, ἀλλ᾽ ἀεὶ ἀναθεῖν ἔδει ἄνω καὶ

KRONOS

Wären wir nicht gerade mitten am Feiern, du!, und wäre es nicht erlaubt, beschwipst zu sein und seine Herren nach Belieben zu verunglimpfen, dann würdest du schnell merken, dass ich durchaus auch sauer werden kann, bei solchen Fragen, die keinerlei Respekt vor einem so in Ehren ergrauten alten Gott erkennen lassen!

PRIESTER

Aber Kronos, das ist doch nicht auf meinem eigenen Mist gewachsen, sondern Hesiod und Homer und – ich sage es nur ungern – auch fast der gesamte Rest der Menschheit glaubt das von dir.

[6] KRONOS

Du meinst also, dass dieser Hirte, der dreiste Kerl, irgendetwas Zutreffendes von mir weiß?[3] Dann überleg mal so! Würde es irgendein Mensch – von einem Gott gar nicht zu reden! – freiwillig auf sich nehmen, seine Kinder zu fressen, mal abgesehen von einem Thyestes, dessen Mahlzeit Folge der Freveltat seines Bruders war?[4] Und angenommen, er wäre so wahnsinnig, wie hätte er dann, bitte, nicht bemerkt, dass er einen Stein anstelle eines Babys verspeist, es sei denn, er hätte völlig schmerzunempfindliche Zähne? Nein, weder sind wir in den Krieg gezogen, noch hat Zeus die Herrschaft mit Gewalt übernommen, denn ich habe sie ihm freiwillig übergeben und bin zurückgetreten. Ja, und dass ich weder in Ketten liege noch mich im Tartaros befinde, das siehst du ja wohl selbst, oder?, wenn du nicht blind bist wie Homer!

[7] PRIESTER

Was ist denn passiert, Kronos, dass du die Herrschaft abgegeben hast?

KRONOS

Das will ich dir sagen! Alles in allem, dass ich ein alter Mann war und nach all den Jahren schon die Gicht hatte. Das ist auch der Grund, weshalb man allgemein angenommen hat, ich liege in Ketten. Ich kam deshalb mit der massiven Gesetzlosigkeit der Leute heutzutage nicht mehr zurande, sondern musste ewig auf und ab

κάτω τὸν κεραυνὸν διηρμένον τοὺς ἐπιόρκους ἢ ἱεροσύλους ἢ βιαίους καταφλέγοντα, καὶ τὸ πρᾶγμα πάνυ ἐργῶδες ἦν καὶ νεανικόν. ἐξέστην οὖν εὖ ποιῶν τῷ Διί. καὶ ἄλλως δὲ καλῶς ἔχειν ἐδόκει μοι διανείμαντα τοῖς παισὶν οὖσι τὴν ἀρχὴν αὐτὸν εὐωχεῖσθαι τὰ πολλὰ ἐφ' ἡσυχίας οὔτε τοῖς εὐχομένοις χρηματίζοντα οὔτε ὑπὸ τῶν τἀναντία αἰτούντων ἐνοχλούμενον οὔτε βροντῶντα ἢ ἀστράπτοντα ἢ χάλαζαν ἐνίοτε βάλλειν ἀναγκαζόμενον· ἀλλὰ πρεσβυτικόν τινα τοῦτον ἥδιστον βίον διάγω ζωρότερον πίνων τὸ νέκταρ, τῷ Ἰαπετῷ καὶ τοῖς ἄλλοις τοῖς ἡλικιώταις προσμυθολογῶν· ὁ δὲ ἄρχει μυρία ἔχων πράγματα. πλὴν ὀλίγας ταύτας ἡμέρας ἐφ' οἷς εἶπον ὑπεξελέσθαι μοι ἔδοξε καὶ ἀναλαμβάνω τὴν ἀρχήν, ὡς ὑπομνήσαιμι τοὺς ἀνθρώπους οἷος ἦν ὁ ἐπ' ἐμοῦ βίος, ὁπότε ἄσπορα καὶ ἀνήροτα πάντα ἐφύετο αὐτοῖς, οὐ στάχυες, ἀλλ' ἕτοιμος ἄρτος καὶ κρέα ἐσκευασμένα, καὶ ὁ οἶνος ἔρρει ποταμηδὸν καὶ πηγαὶ μέλιτος καὶ γάλακτος· ἀγαθοὶ γὰρ ἦσαν καὶ χρυσοῖ ἅπαντες. αὕτη μοι ἡ αἰτία τῆς ὀλιγοχρονίου ταύτης δυναστείας, καὶ διὰ τοῦτο ἁπανταχοῦ κρότος καὶ ᾠδὴ καὶ παιδιὰ καὶ ἰσοτιμία πᾶσι καὶ δούλοις καὶ ἐλευθέροις. οὐδεὶς γὰρ ἐπ' ἐμοῦ δοῦλος ἦν.

[8] ΙΕΡΕΥΣ

Ἐγὼ δέ, ὦ Κρόνε, καὶ τοῦτο εἴκαζον ⟨τὸ⟩ εἰς τοὺς δούλους καὶ πεδότριβας φιλάνθρωπον ἐκ τοῦ μύθου ἐκείνου ποιεῖν σε τιμῶντα τοὺς τὰ ὅμοια πάσχοντας, ἅτε καὶ αὐτὸν δουλεύοντα, μεμνημένον τῆς πέδης.

ΚΡΟΝΟΣ

Οὐ παύσῃ γὰρ τοιαῦτα ληρῶν;

rennen, den Donnerkeil in der Hand, und Meineidige, Tempelschänder und Gewalttäter abfackeln, und die ganze Angelegenheit war einfach zu anstrengend und eher was für Jüngere. Da machte ich den Platz für Zeus frei, und daran tat ich gut. Überhaupt fand ich, es wäre doch nett, die Herrschaft den Kindern zu übergeben und mich selbst in den meisten Angelegenheiten ruhig dem Wohlleben zu überlassen, nicht mehr mit den Bittstellern verhandeln zu müssen, nicht mehr von den Leuten mit ihren gegensätzlichen Forderungen belästigt zu werden und nicht mehr gezwungen zu sein, zu donnern oder zu blitzen oder auch mal zu hageln. Nein, jetzt führe ich das überaus angenehme Leben eines Ruheständlers, trinke den Nektar fast pur und schwatze mit Iapetos[5] und den anderen Leuten in meinem Alter – und er hat die Macht und zehntausend Probleme am Hals. Nur diese paar Tage, fand ich, sollte ich mir für das, was ich dir gesagt habe, vorbehalten, und dann übernehme ich die Herrschaft, um den Menschen in Erinnerung zu rufen, wie ihr Leben zu meiner Zeit war, als ihnen noch alles ungesät und ungepflügt wuchs,[6] keine Ähren, sondern fertiges Brot, gebratenes Fleisch, und der Wein floss in Strömen, Quellen von Honig und Milch. Denn die Menschen waren alle gut und aus Gold. Das ist der Grund für die kurze Dauer meiner Machtübernahme, und deshalb gibt es überall Lärm, Gesang, Scherz und gleiches Recht für alle, Sklaven wie Freie. Denn zu meiner Zeit gab es keine Sklaven.

[8] Priester

Ich, Kronos, hatte diese menschenfreundliche Einstellung Sklaven und Gefangenen gegenüber auf jenen Mythos zurückgeführt und geglaubt, du tätest das aus Respekt vor Leuten, denen es ähnlich gehe wie dir, in Erinnerung an die Ketten, weil du ja ebenfalls ein Sklave warst.

Kronos

Willst du nicht endlich mit diesem unseligen Gerede aufhören?

ΙΕΡΕΥΣ

Εὖ λέγεις, καὶ παύσομαι. πλὴν ἔτι μοι καὶ τοῦτο ἀπόκριναι. τὸ πεττεύειν σύνηθες ἦν τοῖς ἀνθρώποις ἐπὶ σοῦ;

ΚΡΟΝΟΣ

Καὶ μάλα, οὐ μὴν περὶ ταλάντων γε καὶ μυριάδων ὥσπερ ὑμῖν, ἀλλὰ περὶ καρύων τὸ μέγιστον, ὡς μὴ ἀνιᾶσθαι ἡττηθέντα μηδὲ δακρύειν ἀεὶ ἄσιτον ἐόντα μόνον τῶν ἄλλων.

ΙΕΡΕΥΣ

Εὖ γε ἐκεῖνοι ποιοῦντες. ὑπὲρ τίνος γὰρ ἂν καὶ ἐπέττευον αὐτοὶ ὁλόχρυσοι ὄντες; ὡς ἔγωγε καὶ μεταξὺ λέγοντός σου τοιόνδε τι ἐνενόησα· εἴ τις ἕνα τῶν ἀνδρῶν ἐκείνων τῶν χρυσηλάτων ἐς τὸν ἡμέτερον τοῦτον βίον ἀγαγὼν ἔδειξε τοῖς πολλοῖς, οἷα ἔπαθεν ἂν ὁ ἄθλιος ὑπ᾽ αὐτῶν; διεσπάσαντο γὰρ ἂν αὐτὸν εὖ οἶδ᾽ ὅτι ἐπιδραμόντες ὥσπερ τὸν Πενθέα αἱ Μαινάδες ἢ αἱ Θρᾷτται τὸν Ὀρφέα ἢ τὸν Ἀκταίωνα αἱ κύνες, περὶ τοῦ μεῖζον ἀπενέγκασθαι τὸ μέρος πρὸς ἀλλήλους ἕκαστος ἁμιλλώμενοι, οἵ γε οὐδὲ ἑορτάζοντες ἔξω τοῦ φιλοκερδοῦς εἰσιν, ἀλλὰ πρόσοδον οἱ πολλοὶ πεποίηνται τὴν ἑορτήν. εἶτα οἱ μὲν ἀπέρχονται λῃστεύοντες ἐν τῷ συμποσίῳ τοὺς φίλους, οἱ δέ σοί τε λοιδοροῦνται, οὐδὲν δέον, καὶ τοὺς κύβους συντρίβουσιν ἀναιτίους ὄντας αὐτοῖς ὧν ἑκόντες ποιοῦσιν. **[9]** ἀτὰρ εἰπέ μοι καὶ τόδε· τί δή ποτε ἁβρὸς οὕτω θεὸς ὢν καὶ γέρων ἐπιλεξάμενος τὸ ἀτερπέστατον, ὁπότε ἡ χιὼν ἐπέχει τὰ πάντα καὶ ὁ βορρᾶς πολὺς καὶ οὐδὲν ὅ τι οὐ πέπηγεν ὑπὸ τοῦ κρύους καὶ τὰ δένδρα ξηρὰ καὶ γυμνὰ καὶ ἄφυλλα καὶ οἱ λειμῶνες ἄμορφοι καὶ ἀπηνθηκότες καὶ οἱ ἄνθρωποι ἐπικεκυφότες ὥσπερ οἱ πάνυ γεγηρακότες, ἀμφὶ τὴν κάμινον οἱ πολλοί, τηνικαῦτα ἑορτάζεις; οὐ γὰρ πρεσβυτικός γε ὁ καιρὸς οὐδὲ ἐπιτήδειος τοῖς τρυφῶσι.

PRIESTER

Du hast recht, ich höre auf. Aber – antworte mir nur noch auf folgende Frage: Kannten die Menschen zu deiner Zeit schon das Spiel?

KRONOS

Aber natürlich, allerdings spielten sie nicht um ganze Talente und um Tausende wie ihr, sondern, wenn's hochkam, um Nüsse, damit der Verlierer nicht traurig wäre und Tränen vergösse, weil er als einziger von allen ständig hungern musste.

PRIESTER

Das haben sie gut gemacht, damals. Worum hätten sie auch spielen sollen, wo sie doch selbst schon ganz aus Gold waren? Da habe ich mir während deiner Ausführungen Folgendes überlegt: Was wäre, wenn man einen dieser Goldschmiedemenschen in unsere heutige Zeit brächte und den Leuten zeigte – was würde der arme Kerl von denen alles zu erdulden haben! Sie würden auf ihn losgehen und ihn in Stücke reißen, ganz klar, wie die Mänaden den Pentheus, die thrakischen Frauen den Orpheus oder die Hündinnen den Aktaion,[7] alle im Kampf miteinander um den größten Bissen, da sie ja nicht einmal feiern können, ohne auf Gewinn zu schielen; vielmehr machen die meisten von ihnen das Fest zur Einnahmequelle. Dann berauben die einen ihre Freunde beim Festmahl und gehen als Sieger nach Hause, andere beschimpfen dich, ohne Not, und zertreten ihre Würfel, die doch gar keine Schuld an dem tragen, was sie aus freien Stücken tun. **[9]** Aber sag mir doch bitte auch dies noch: Warum hast du dir, ein so schwelgerischer und schon in die Jahre gekommener Gott, die unwirtlichste Jahreszeit ausgesucht und begehst dein Fest, wenn überall Schnee liegt, der Nordwind pfeift, alles unter dem Eis erstarrt ist, die Bäume trocken, nackt, ohne Blätter, die Wiesen unansehnlich und blumenlos und die meisten Menschen, als wären sie uralt, am Ofen kauern? Das ist doch nicht die Jahreszeit für alte Leute, und ganz ungeeignet für alle, die Spaß haben wollen.

ΚΡΟΝΟΣ

Πολλά με ἀνακρίνεις, ὦ οὗτος, ἤδη πίνειν δέον. παρῄρησαι γοῦν μου χρόνον τῆς ἑορτῆς οὐκ ὀλίγον οὐ πάνυ ἀναγκαῖά μοι ταῦτα προσφιλοσοφῶν. ὥστε νῦν μὲν ἄφες αὐτά. εὐωχώμεθα δὲ ἤδη καὶ κροτῶμεν καὶ ἐπὶ τῇ ἐλευθερίᾳ ἤδη ζῶμεν, εἶτα πεττεύωμεν ἐς τὸ ἀρχαῖον ἐπὶ καρύων καὶ βασιλέας χειροτονῶμεν καὶ πειθαρχῶμεν αὐτοῖς. οὕτω γὰρ ἂν τὴν παροιμίαν ἐπαληθεύσαιμι, ἥ φησι παλίμπαιδας τοὺς γέροντας γίγνεσθαι.

ΙΕΡΕΥΣ

Ἀλλὰ μὴ δύναιτο διψῶν πιεῖν, ὦ Κρόνε, ὅτῳ μὴ ταῦτα ἃ λέγεις ἡδέα. ὥστε πίνωμεν. ἱκανὰ γὰρ ἀποκέκρισαι καὶ τὰ πρῶτα. καί μοι δοκῶ γραψάμενος εἰς βιβλίον ταύτην ἡμῶν τὴν συνουσίαν ἅ τε αὐτὸς ἠρώτησα καὶ σὺ πρὸς ταῦτα ἵλεως ἀπεκρίνω παρέξειν ἀναγνῶναι τῶν φίλων, ὅσοι γ' ἐπακοῦσαι τῶν σῶν λόγων ἄξιοι.

Kronos

Du fragst ganz schön viel, Mann, wo du doch schon am Trinken sein solltest![8] Jedenfalls stiehlst du mir nicht wenig Zeit zum Feiern mit deinem völlig überflüssigen Herumphilosophieren! Also, lass das jetzt! Wir wollen feiern, wir wollen es krachen und endlich die Freiheit hochleben lassen, dann wollen wir nach altem Brauch um Nüsse spielen, Festkönige wählen und ihren Anweisungen gehorchen! Das nämlich ist die Art, wie ich das Sprichwort wahr werden lasse, das da sagt, dass Alte wieder Kinder werden.

Priester

Nun, Kronos, wem das, was du da sagst, nicht gefällt, der möge nie zu trinken haben, wenn er durstig ist! Lass uns also trinken! Deine Antworten genügen mir fürs Erste; ich denke, ich protokolliere unser Treffen hier und was du auf meine Fragen gnädig geantwortet hast, in einem Büchlein und gebe es denjenigen unter meinen Freunden zu lesen, die es verdient haben, deine Worte zu vernehmen.

II. Κρονοσόλων

[10] Τάδε λέγει Κρονοσόλων ἱερεὺς καὶ προφήτης τοῦ Κρόνου καὶ νομοθέτης τῶν ἀμφὶ τὴν ἑορτήν.

Ἃ μὲν τοὺς πένητας χρὴ ποιεῖν, αὐτοῖς ἐκείνοις ἔπεμψα ἄλλο βιβλίον, ἐγγράψας, καὶ εὖ οἶδ' ὅτι ἐμμενοῦσι κἀκεῖνοι τοῖς νόμοις, ἢ αὐτίκα ἔνοχοι ἔσονται τοῖς ἐπιτιμίοις, ἃ κατὰ τῶν ἀπειθούντων μεγάλα ὥρισται. Ὑμεῖς δέ, ὦ πλούσιοι, ὁρᾶτε πῶς μὴ παρανομήσητε μηδὲ παρακούσητε τῶνδε τῶν προσταγμάτων. ὡς ὅστις ἂν οὕτω μὴ ποιήσῃ, ἴστω οὗτος οὐκ ἐμοῦ νομοθέτου ἀμελήσων ἀλλ' εἰς τὸν Κρόνον αὐτόν, ὅς με προείλετο νομοθετῆσαι ἐς τὴν ἑορτὴν οὐκ ὄναρ ἐπιστάς, ἀλλὰ πρῴην ἐγρηγορότι ἐναργὴς συγγενόμενος. ἦν δὲ οὐ πεδήτης οὐδὲ αὐχμοῦ πλέως, οἷον αὐτὸν οἱ ζωγράφοι παρὰ τῶν λήρων τῶν ποιητῶν παραδεξάμενοι ἐπιδείκνυνται, ἀλλὰ τὴν μὲν ἅρπην εἶχεν πάνυ τεθηγμένην. τὰ δ' ἄλλα φαιδρός τε ἦν καὶ καρτερὸς καὶ βασιλικῶς ἐνεσκεύαστο. μορφὴν μὲν τοιόσδε ὤφθη μοι, ἃ δὲ εἶπε, πάνυ θεσπέσια καὶ ταῦτα, προειρῆσθαι ὑμῖν ἄξια.

[11] Ἰδὼν γάρ με σκυθρωπόν, ἐπὶ συννοίας βαδίζοντα, ὥσπερ εἰκὸς ἦν θεόν, ἔγνω αὐτίκα τὴν αἰτίαν τῆς λύπης τίς ἐστί μοι, καὶ ὡς τὴν πενίαν δυσχεραίνοιμι οὐ κατὰ τὴν ὥραν μονοχίτων ὤν· καὶ κρύος καὶ βορρᾶς πολὺς καὶ κρύσταλλοι καὶ χιών· ἐγὼ δὲ ἥκιστα ἐπεφράγμην πρὸς αὐτά· ἀλλ' ὅτι καὶ τῆς ἑορτῆς πάνυ πλησιαζούσης ἑώρων τοὺς μὲν ἄλλους παρασκευαζομένους ὅπως θύσωσι καὶ εὐωχήσωνται, ἐμαυτῷ δὲ οὐ πάνυ ἑορτάσιμα ὄντα. καὶ δὴ προσελθὼν ὄπισθε καὶ τοῦ ὠτός μου λαβόμενος

II. Kronosolon

[10] Dies verkündet Kronosolon, Priester und Prophet des Kronos und Gesetzgeber in allen Festangelegenheiten:[9]

Was die Armen zu tun haben, das habe ich schon in einem anderen Büchlein notiert und ihnen geschickt, und ich bin ganz sicher, dass auch sie die Gesetze befolgen werden. Andernfalls wird ihr Vergehen sofort mit einer der schweren Strafen geahndet, die auf Ungehorsam stehen.

Und ihr, die reichen Leute, seht zu, wie ihr es schafft, nicht gesetzeswidrig zu handeln und die folgenden Anweisungen zu ignorieren! Wer sich nämlich nicht daran hält, der mag wissen, dass nicht ich es bin, der Gesetzgeber, den er da missachtet, sondern Kronos persönlich, auf dessen Beschluss ich diese Festregeln erlasse, und zwar ist er mir dafür nicht etwa im Traum erschienen, sondern vor kurzem, als ich wach war, klar und deutlich an mich herangetreten.[10] Weder lag er in Ketten, noch war er völlig verdreckt, wie ihn die Maler in Übernahme des Dichtergeschwätzes darstellen, sondern er hatte seine Sichel dabei, aufs äußerste geschärft. Im Übrigen war er prächtig anzusehen, stark und königlich gekleidet. Das war der Anblick seiner Gestalt; und was er äußerte – auch das ganz und gar göttlich –, das lohnt sich euch vorab zu sagen.

[11] Als er mich meines Weges gehen sah, mit finsterer Miene und ganz in Gedanken, da verstand er sofort – wie es sich für einen Gott gehört – den Grund meines Kummers, wie sehr ich mich über meine Armut grämte, in meinem bloßen Unterkleid, ganz unpassend für die Jahreszeit. Es herrschten Kälte, stürmischer Nordwind, Eis, Schnee, und dagegen war ich kein bisschen gerüstet. Obendrein musste ich, als das Fest näherrückte, auch noch mitansehen, wie alle anderen sich auf Opfer und Schmaus vorbereiteten, ich hingegen nichts besaß, was sich für das Fest eignen würde. Da trat er von hinten an mich heran, packte mich am Ohr, schüttelte mich – jede

καὶ διασείσας, ὥσπερ μοι προσπελάζειν εἴωθε »Τί ταῦτα,« ἔφη, »ὦ Κρονοσόλων, ἀνιωμένῳ ἔοικας;« »Οὐ γὰρ ἄξιον,« ἔφην, »ὦ δέσποτα, ὅταν καταράτους μὲν καὶ μιαροὺς ἀνθρώπους ὑπερπλουτοῦντας καὶ μόνους τρυφῶντας ⟨ὁρῶ⟩, αὐτὸς δὲ καὶ ἄλλοι συχνοὶ τῶν πεπαιδευμένων ἀπορίᾳ καὶ ἀμηχανίᾳ σύνεσμεν; ἀλλ᾽ οὐδὲ σύ, ὦ δέσποτα, θέλεις παῦσαι ταῦτα καὶ μετακοσμῆσαι πρὸς τὸ ἰσόμοιρον.« »Τὰ μὲν ἄλλα,« ἔφη, »οὐ ῥᾴδιον ἀλλάττειν ὁπόσα ἐκ Κλωθοῦς καὶ τῶν ἄλλων Μοιρῶν πάσχετε, ἃ δέ ἐστι τῆς ἑορτῆς, ἐπανορθώσομαι ὑμῖν τὴν πενίαν. ἡ δὲ ἐπανόρθωσις ἥδε ἔστω· ἴθι, ὦ Κρονοσόλων, καὶ γράψον μοι νόμους τινάς, ἃ χρὴ πράττειν ἐν τῇ ἑορτῇ, ὡς μὴ καθ᾽ αὑτοὺς οἱ πλούσιοι ἑορτάζοιεν, κοινωνοῖεν δὲ ὑμῖν τῶν ἀγαθῶν.« »Ἀλλ᾽ οὐκ οἶδα,« ἔφην. **[12]** »Ἐγώ,« ἦ δ᾽ ὅς, »διδάξομαί σε·« κᾆτα ἀρξάμενος ἐδίδασκεν. εἶτα ἐπειδὴ πάντα ἠπιστάμην »Καὶ εἰπὲ αὐτοῖς,« ἔφη, »ὅτι ἢν μὴ τοῦτο ποιῶσι, μὴ μάτην ἐγὼ τὴν ἅρπην ταύτην ὀξεῖαν περιφέρω, ἢ γελοῖος ἂν εἴην τὸν μὲν πατέρα ἐκτομίαν πεποιηκὼς τὸν Οὐρανόν, τοὺς δὲ πλουσίους μὴ εὐνουχίζων, ὁπόσοι ἂν παρανομήσωσιν, ὡς ἀγείροιεν τῇ μητρὶ σὺν αὐλοῖς καὶ τυμπάνοις βάκηλοι γενόμενοι.« ταῦτα ἠπείλησεν. ὥστε καλῶς ἔχει ὑμῖν μὴ παραβαίνειν τοὺς θεσμούς.

meiner Begegnungen mit ihm verlief so – und sagte: »Was ist los, Kronosolon? Du siehst traurig aus!«

»Ist das denn nicht auch nachvollziehbar, Herr«, sagte ich, »wenn ich sehe, wie Menschen, deren fluchwürdige Taten zum Himmel schreien, als einzige in ihrem übergroßen Reichtum schwelgen, während ich und eine Menge weiterer gebildeter Leute in Bedürftigkeit und Not darben? Doch nicht einmal du, Herr, willst diesem Zustand ein Ende machen und ihn so verändern, dass alle gleich viel besitzen.«

»Nun«, sagte er, »alles, was ihr auf Beschluss der Klotho und der übrigen Moiren erleidet, das lässt sich nicht so leicht abändern – was aber das Fest betrifft, da will ich eurer Armut aufhelfen, und zwar folgendermaßen: Geh hin, Kronosolon, und verfasse mir ein paar Gesetze darüber, wie man sich beim Fest zu verhalten hat: nämlich dass die Reichen nicht für sich feiern dürfen, sondern euch von all dem Guten etwas abgeben müssen.«

»Ich weiß aber nicht, wie das geht«, sagte ich.

[12] »Ich«, darauf er, »werde es dir erklären.« Gesagt, getan! Nachdem ich alles verstanden hatte, sagte er: »Und teile ihnen mit, dass ich, sollten sie das nicht befolgen, meine scharfe Sichel hier nicht[11] ohne Grund mit mir herumtrage, oder ich wäre wohl eine Lachnummer, wenn ich zwar meinen Vater, Uranos!, kastriert hätte, die ganzen widergesetzlichen Reichen hingegen nicht zu Eunuchen machte, damit sie, als Verschnittene, sich mit Pauken und Trompeten um ihre Mutter scharen könnten.«[12] So seine Drohungen. Und deshalb solltet ihr die göttliche Verordnung besser nicht verletzen.

III. Νόμοι πρῶτοι

[13] Μηδένα μηδὲν μήτε ἀγοραῖον μήτε ἴδιον πράττειν ἐντὸς τῆς ἑορτῆς ἢ ὅσα ἐς παιδιὰν καὶ τρυφὴν καὶ θυμηδίαν· ὀψοποιοὶ μόνοι καὶ πεμματουργοὶ ἐνεργοὶ ἔστωσαν.

Ἰσοτιμία πᾶσιν ἔστω καὶ δούλοις καὶ ἐλευθέροις καὶ πένησι καὶ πλουσίοις.

Ὀργίζεσθαι ἢ ἀγανακτεῖν ἢ ἀπειλεῖν μηδενὶ ἐξέστω.

Λογισμοὺς παρὰ τῶν ἐπιμελουμένων Κρονίοις λαμβάνειν μηδὲ τοῦτο ἐξέστω.

Μηδεὶς τὸν ἄργυρον ἢ τὴν ἐσθῆτα ἐξεταζέτω μηδὲ ἀναγραφέτω ἐν τῇ ἑορτῇ μηδὲ γυμνάζεσθαι Κρονίοις μηδὲ λόγους ἀσκεῖν ἢ ἐπιδείκνυσθαι, πλὴν εἴ τινες ἀστεῖοι καὶ φαιδροὶ σκῶμμα καὶ παιδιὰν ἐμφαίνοντες.

III. Erste Gesetze

[13] Während des Festes sind alle öffentlichen oder privaten Tätigkeiten verboten, mit Ausnahme von Scherz, Genuß, Heiterkeit. Erlaubnis zu arbeiten haben nur Köche und Bäcker.

Gleiche Rechte für alle: Sklaven und Freien, Arme und Reiche.

Wut, Ärger oder Drohungen sind nicht gestattet.

Ebenfalls ist nicht gestattet, an den Kronia von Verantwortlichen Rechnungslegung zu fordern.

Inventur von Geld oder Kleidung ist während des Festes der Kronia untersagt, ebenso jede Form von Training, rhetorischer Übung oder Deklamation, außer wenn eine witzige und heitere Person Spott und Scherz zum Besten gibt.

IV. Νόμοι δεύτεροι

[14] Πρὸ πολλοῦ τῆς ἑορτῆς οἱ πλούσιοι γραφόντων μὲν ἐς πινάκιον ἑκάστου τῶν φίλων τοὔνομα, ἐχόντων δὲ καὶ ἀργύριον ἕτοιμον ὅσον τῶν κατ᾽ ἔτος προσιόντων τὸ δέκατον καὶ ἐσθῆτα τῆς οὔσης τὴν περιττὴν καὶ ὅση παχυτέρα ἢ κατ᾽ αὐτοὺς κατασκευή, καὶ τῶν ἀργυρῶν οὐκ ὀλίγα. ταῦτα μὲν πρόχειρα ἔστω.

Τῇ δὲ πρὸ τῆς ἑορτῆς καθάρσιον μέν τι περιφερέσθω καὶ ὑπ᾽ αὐτῶν ἐξελαυνέσθω ἐκ τῆς οἰκίας μικρολογία καὶ φιλαργυρία καὶ φιλοκερδία καὶ ὅσα τοιαῦτα ἄλλα σύνοικα τοῖς πλείστοις αὐτῶν.

Ἐπειδὰν δὲ καθαρὰν τὴν οἰκίαν ἐξεργάσωνται, θυόντων Διὶ πλουτοδότῃ καὶ Ἑρμῇ δώτορι καὶ Ἀπόλλωνι μεγαλοδώρῳ.

[15] Εἶτα περὶ δείλην ὀψίαν ἀναγινωσκέσθω μὲν σφίσι τὸ φιλικὸν ἐκεῖνο πινάκιον. κατανείμαντες δὲ αὐτοὶ κατ᾽ ἀξίαν ἑκάστῳ πρὶν ἥλιον δῦναι πεμπόντων τοῖς φίλοις. οἱ δὲ ἀποκομίζοντες μὴ πλείους τριῶν ἢ τεττάρων, οἱ πιστότατοι τῶν οἰκετῶν, ἤδη πρεσβῦται. ἐγγραψάσθω δὲ ἐς γραμμάτιον ὅ τι τὸ πεμπόμενον καὶ ὅσον, ὡς μὴ ἀμφότεροι ὑποπτεύοιεν τοὺς διακομίζοντας. αὐτοὶ δὲ οἱ οἰκέται μίαν κύλικα ἕκαστος πιόντες ἀποτρεχόντων, ἀπαιτούντων δὲ μηδὲν πλέον. Τοῖς πεπαιδευμένοις διπλάσια πάντα πεμπέσθω· ἄξιον γὰρ διμοιρίτας εἶναι. τὰ δὲ ἐπὶ τοῖς δώροις λεγόμενα ὡς μετριώτατα καὶ ὀλίγιστα ἔστω. ἐπαχθὲς δὲ μηδεὶς μηδὲν συνεπιστελλέτω μηδὲ ἐπαινείτω τὰ πεμπόμενα.

Πλούσιος πλουσίῳ μηδὲν πεμπέτω μηδὲ ἑστιάτω Κρονίοις ὁ πλούσιος

IV. Zweite Gesetze[13]

[14] Lange vor dem Fest haben die Reichen die Namen aller ihrer Freunde auf ein Täfelchen zu schreiben. Außerdem haben sie Geld im Umfang von zehn Prozent ihrer Jahreseinkünfte bereitzuhalten, alle nicht benötigte Kleidung, alle Möbel, die für sie zu plump sind, zudem eine größere Menge an Silbergeschirr. Das hat bereitzuliegen.

Am Vortag des Festes trage man ein Reinigungsopfer herum; außerdem haben die meisten von ihnen Kleingeisterei, Geiz, Gewinnsucht und alles Ähnliche aus ihrem Haushalt zu verbannen.

Sobald sie ihr Haus vollständig gereinigt haben, sollen sie Zeus, dem Schenker von Reichtum, Hermes, dem Geber, und Apoll, dem Großzügigen, opfern.

[15] Dann haben sie sich am späten Nachmittag jenes Täfelchen mit der Liste ihrer Freunde vorlesen zu lassen. Nach persönlich vorgenommener, angemessener Zuteilung haben sie jedem ihrer Freunde die zugeteilte Summe noch vor Sonnenuntergang zuzuschicken. Die Überbringer, die zuverlässigsten unter ihren Dienern, müssen schon älter sein und dürfen die Gesamtzahl von drei oder vier nicht überschreiten. Es muss auf einer Geschenkkarte schriftlich notiert werden, was und wieviel zugeschickt wird, damit nicht beide – Sender wie Empfänger – die Überbringer verdächtigen. Die Diener wiederum dürfen jeder nur einen Becher trinken und haben dann wieder nach Hause zu laufen, ohne mehr zu verlangen. Den Gebildeten soll alles im doppelten Umfang geschickt werden; denn sie haben doppelten Sold verdient. Die jedes Geschenk begleitenden Worte haben besonders maßvoll und kurz zu sein. Es ist untersagt, unerfreuliche Botschaften beizufügen oder die übersandten Dinge zu loben.

Kein Reicher darf einem Reichen etwas zukommen lassen; ebenso ist es Reichen untersagt, an den Kronia Gleichrangige zu bewirten. Von dem, was man für die Zusendung ausgewählt hat, darf

τὸν ἰσότιμον. τῶν εἰς τὸ πεμφθῆναι προχειρισθέντων φυλασσέσθω μηδὲν μηδὲ μετάνοια εἰσίτω ἐπὶ τῇ δωρεᾷ.

Εἴ τις πέρυσιν ἀποδημῶν δι' αὐτὸ ἄμοιρος κατέστη, ἀπολαμβανέτω κἀκεῖνα.

Διαλυόντων δὲ οἱ πλούσιοι καὶ χρέα ὑπὲρ τῶν φίλων τῶν πενήτων καὶ τὸ ἐνοίκιον, οἵτινες ἂν καὶ τοῦτο ὀφείλοντες καταβαλεῖν μὴ ἔχωσι. καὶ ὅλως, πρὸ πολλοῦ μελέτω αὐτοῖς εἰδέναι ὅτου μάλιστα δέονται.

[16] Ἀπέστω δὲ καὶ τῶν λαμβανομένων μεμψιμοιρία, καὶ τὸ πεμφθὲν ὁποῖον ἂν ᾖ μέγα δοκείτω. οἴνου ἀμφορεὺς ἢ λαγὼς ἢ ὄρνις παχεῖα Κρονίων δῶρον μὴ δοκείτω, μηδὲ τὰς Κρονικὰς δωρεὰς εἰς γέλωτα φερέτωσαν.

Ἀντιπεμπέτω δὲ ὁ πένης τῷ πλουσίῳ ὁ μὲν πεπαιδευμένος βιβλίον τῶν παλαιῶν, εἴ τι εὔφημον καὶ συμποτικόν, ἢ αὑτοῦ σύγγραμμα ὁποῖον ἂν δύνηται, καὶ τοῦτο λαμβανέτω ὁ πλούσιος πάνυ φαιδρῷ τῷ προσώπῳ καὶ λαβὼν ἀναγινωσκέτω εὐθύς. Ἢν δὲ ἀπωθῆται ἢ ἀπορρίψῃ, ἴστω τῇ τῆς ἅρπης ἀπειλῇ ἔνοχος ὤν, κἂν πέμψῃ ὅσα ἐχρῆν. οἱ δὲ ἄλλοι οἱ μὲν στεφάνους, οἱ δὲ λιβανωτοῦ χόνδρους πεμπόντων.

Ἢν δὲ πένης ἐσθῆτα ἢ ἄργυρον ἢ χρυσὸν παρὰ τὴν δύναμιν πέμψῃ πλουσίῳ, τὸ μὲν πεμφθὲν ἔστω δημόσιον καὶ καταπραθὲν ἐμβαλλέσθω εἰς τὸν θησαυρὸν τοῦ Κρόνου, ὁ δὲ πένης ἐς τὴν ὑστεραίαν πληγὰς παρὰ τοῦ πλουσίου λαμβανέτω τῷ νάρθηκι εἰς τὰς χεῖρας ἐλάττους πεντήκοντα.

nichts zurückbehalten werden; ebensowenig darf das Geschenk bereut werden.

Wer im Vorjahr verreist war und deshalb leer ausgegangen ist, soll nachträglich auch das frühere Geschenk noch erhalten.

Die Reichen sollen auch die Schulden für die Armen unter ihren Freunden übernehmen, ebenso wie ihre Miete, wenn sie sie schuldig bleiben müssen und nicht zahlen können. Überhaupt sollen sie sich vor allem darum bemühen, herauszufinden, was ihre Freunde am dringendsten brauchen.

[16] Umgekehrt darf auch das Empfangene nicht kritisiert werden, und man halte das, was geschickt wurde, was und wie es auch sei, für ein großes Geschenk. Eine Amphore Wein, ein Hase, ein fetter Vogel sollen nicht als Kroniagabe durchgehen, und man soll Kronos' Gaben nicht ins Lächerliche ziehen.

Als Gegengabe soll der Arme dem Reichen Folgendes senden: Der Gebildete ein Büchlein alter Schriftsteller, vorausgesetzt, es erregt keinen Anstoß und passt zum Festmahl, oder auch ein eigenes Werk, so gut er es hinkriegt,[14] und der Reiche hat es mit ganz heiterem Gesicht entgegenzunehmen und es sofort, gleich nach Erhalt, vorzulesen. Weist er es zurück oder wirft es weg, dann soll er wissen, dass die Drohung der Sichel auf ihn wartet,[15] selbst wenn sein eigenes Geschenk *comme il faut* gewesen ist. Von den übrigen mögen die einen Kränze, andere ein Körnchen Weihrauch schicken.

Schickt der Arme dem Reichen, jenseits seiner Möglichkeiten, ein Gewand oder Silber oder Gold, dann falle seine Gabe an den Staat, werde versteigert und in Kronos' Schatzhaus verbracht, und der Arme empfange vom Reichen am nächsten Tag Schläge mit einem Narthex[16] auf die Hände, aber nicht mehr als fünfzig.

V. Νόμοι συμποτικοί

[17] Λούεσθαι μὲν ὁπόταν τὸ στοιχεῖον ἑξάπουν ᾖ, τὰ δὲ πρὸ τοῦ λουτροῦ κάρυα καὶ πεσσοὶ ἔστωσαν.

Κατακείσθω ὅπου ἂν τύχῃ ἕκαστος. ἀξίωμα ἢ γένος ἢ πλοῦτος ὀλίγον συντελείτω ἐς προνομήν.

Οἴνου τοῦ αὐτοῦ πίνειν ἅπαντας, μηδ' ἔστω πρόφασις τῷ πλουσίῳ ἢ στομάχου ἢ κεφαλῆς ὀδύνη, ὡς μόνον δι' αὐτὴν πίνειν τοῦ κρείττονος.

Μοῖρα κρεῶν κατ' ἴσον ἅπασιν. οἱ διάκονοι πρὸς χάριν μηδενὶ μηδέν, ἀλλὰ μηδὲ βραδυνέτωσαν μηδὲ παραπεμπέσθωσαν ἔστ' ἂν αὐτοῖς δοκῇ ὁπόσα χρὴ ἀποφέρειν. μηδὲ τῷ μὲν μεγάλα, τῷ δὲ κομιδῇ μικρὰ παρατιθέσθω, μηδὲ τῷ μὲν ὁ μηρός, τῷ δὲ ἡ γνάθος συός, ἀλλ' ἰσότης ἐπὶ πᾶσιν.

[18] Ὁ οἰνοχόος ὀξὺ δεδορκέτω ἐκ περιωπῆς ἐς ἕκαστον, καὶ ἔλαττον ἐς τὸν δεσπότην, καὶ ἐπ' ὀξύτερον ἐπακουέτω, καὶ κύλικες παντοῖαι. καὶ ἐξέστω παρέχειν, ἤν τις ἐθέλῃ, φιλοτησίαν. πάντες πᾶσι προπινέτωσαν, ἢν ἐθέλωσι, προπιόντος τοῦ πλουσίου. μὴ ἐπάναγκες ἔστω πίνειν, ἤν τις μὴ δύνηται.

Ἐς τὸ συμπόσιον μήτε ὀρχηστὴν μήτε κιθαριστὴν αὐτοὺς ἄγειν ἄρτι μανθάνοντα ἐξέστω, ἤν τις ἐθέλῃ.

Σκώμματος μέτρον ἔστω τὸ ἄλυπον ἐπὶ πᾶσιν.

Πεττευέτωσαν ἐπὶ καρύων. ἤν τις ἐπ' ἀργυρίῳ πεττεύσῃ, ἄσιτος ἐς τὴν ὑστεραίαν ἔστω.

Καὶ μενέτω καὶ ἀπίτω ἕκαστος, ὁπόταν βούληται.

Ἐπὰν δὲ τοὺς οἰκέτας ὁ πλούσιος εὐωχῇ, διακονούντων καὶ οἱ φίλοι σὺν αὐτῷ.

V. Gesetze für das Festmahl

[17] Man gehe ins Bad, sobald der Schatten des Sonnenzeigers sechs Fuß lang ist; vor dem Bad Nüsse und Spiele!

Jeder lege sich dort nieder, wo er mag. Rang, Herkunft, Reichtum sollen nur wenige Vorrechte begründen!

Alle sollen den gleichen Wein trinken, und der Reiche schütze nicht Bauch- oder Kopfweh vor, um nur aus diesem Grund besseren zu trinken.

Alle erhalten gleich viel Fleisch. Die Diener haben niemandem etwas aus Gefälligkeit zu geben, sondern weder dürfen sie trödeln noch dürfen sie weitergeschickt werden, bis jeder entschieden hat, was er mit nach Hause nehmen möchte.

Auch werde nicht dem einen eine große, dem anderen aber eine ziemlich kleine Portion serviert, auch nicht dem einen der Schenkel, dem andern der Kiefer des Schweins, sondern bei allen Gängen herrsche Gleichheit.

[18] Der Mundschenk soll scharf aufpassen und jeden – und weniger seinen Herrn – im Auge behalten, und noch schärfer soll er hinhören, und es soll alle möglichen Arten von Bechern geben.

Es sei jedem, der mag, erlaubt, einen Toast auszubringen. Alle dürfen allen zuprosten, wenn sie Lust haben, und der Reiche muss den Anfang machen. Wer nicht mehr kann, der werde nicht zum Trinken gezwungen.

Es sei niemandem gestattet, nach Lust und Laune zum Festmahl einen Tänzer oder Kitharisten in Ausbildung mitzubringen.

Das rechte Maß für Spöttereien sei allen gegenüber die Vermeidung von Kränkungen.

Man spiele um Nüsse. Spielt einer um Geld, soll er am Folgetag fasten müssen.

Und jeder soll bleiben oder gehen, solange oder wann er will.

Wenn ein Reicher seine Diener bewirtet, sollen ihm seine Freunde beim Bedienen helfen.

Τοὺς νόμους τούτους ἕκαστον τῶν πλουσίων ἐγγράψαντα ἐς χαλκῆν στήλην ἔχειν ἐν μεσαιτάτῳ τῆς αὐλῆς, καὶ ἀναγινωσκέτω. δεῖ καὶ εἰδέναι ὅτι ἔστ᾽ ἂν αὕτη ἡ στήλη μένῃ, οὔτε λιμὸς οὔτε λοιμὸς οὔτε πυρκαϊὰ οὔτε ἄλλο χαλεπὸν οὐδὲν εἴσεισιν εἰς τὴν οἰκίαν αὐτοῖς. ἢν δέ ποτε – ὅπερ μὴ γένοιτο – καθαιρεθῇ, ἀποτρόπαιον οἷα πείσονται.

Jeder Reiche schreibe diese Gesetze auf eine Bronzetafel, hänge sie mitten im Hof auf und lese sie laut vor.

Sie sollen wissen, dass, solange diese Säule steht, weder Hunger noch Seuche noch Feuersbrunst noch ein anderes Übel über ihr Haus kommt. Wird sie aber eines Tages – was nie geschehen möge! – umgestürzt, dann mögen die Götter verhüten, was ihnen bevorsteht!

VI. Ἐπιστολαὶ Κρονικαί

VI a. Ἐγὼ Κρόνῳ χαίρειν

[19] Ἐγεγράφειν μὲν ἤδη σοι καὶ πρότερον δηλῶν ἐν οἷς εἴην καὶ ὡς ὑπὸ πενίας κινδυνεύοιμι μόνος ἄμοιρος εἶναι τῆς ἑορτῆς, ἣν ἐπήγγελκας, ἔτι καὶ τοῦτο προσθεὶς – μέμνημαι γάρ – ἀλογώτατον εἶναι τοὺς μὲν ἡμῶν ὑπερπλουτεῖν καὶ τρυφᾶν οὐ κοινωνοῦντας ὧν ἔχουσι τοῖς πενεστέροις, τοὺς δὲ λιμῷ διαφθείρεσθαι, καὶ ταῦτα Κρονίων ἐνεστώτων. ἐπεὶ δέ μοι τότε οὐδὲν ἀντεπέστειλας, ἡγησάμην δεῖν αὖθις ἀναμνῆσαί σε τῶν αὐτῶν. ἐχρῆν γάρ σε, ὦ ἄριστε Κρόνε, τὸ ἄνισον τοῦτο ἀφελόντα καὶ τὰ ἀγαθὰ ἐς τὸ μέσον ἅπασι καταθέντα ἔπειτα κελεύειν ἑορτάζειν. ὡς δὲ νῦν ἔχομεν, μύρμηξ ἢ κάμηλος, ὡς ἡ παροιμία φησί. μᾶλλον δὲ τραγικὸν ὑποκριτὴν ἐννόησον θατέρῳ μὲν τοῖν ποδοῖν ἐφ᾽ ὑψηλοῦ βεβηκότα, οἷοί εἰσι τραγικοὶ ἐμβάται, ὁ δ᾽ ἕτερος ἀνυπόδητος ἔστω. εἰ τοίνυν βαδίζοι οὕτως ἔχων, ὁρᾷς ὅτι ἀναγκαῖον αὐτῷ ἄρτι μὲν ὑψηλῷ, ἄρτι δὲ ταπεινῷ γενέσθαι, καθ᾽ ὁπότερον ἂν πόδα προβαίνῃ. τοσοῦτον κἀν τῷ βίῳ ἡμῶν τὸ ἄνισον· καὶ οἱ μὲν ὑποδησάμενοι ἐμβάτας τῆς τύχης χορηγούσης ἐντραγῳδοῦσιν ἡμῖν, οἱ πολλοὶ δὲ πεζῇ καὶ χαμαὶ βαδίζομεν δυνάμενοι ἄν, εὖ ἴσθι, μὴ χεῖρον αὐτῶν ὑποκρίνεσθαι καὶ διαβαίνειν, εἴ τις καὶ ἡμᾶς ἐνεσκεύασε παραπλησίως ἐκείνοις.

[20] Καίτοι ἀκούω τῶν ποιητῶν λεγόντων ὡς τὸ παλαιὸν οὐ τοιαῦτα ἦν τοῖς ἀνθρώποις τὰ πράγματα σοῦ ἔτι μοναρχοῦντος, ἀλλ᾽ ἡ μὲν γῆ

VI. Briefwechsel mit Kronos

VI a. Ich grüße Kronos.[17]

[19] Ich habe dir ja schon in meinem früheren Brief klar gemacht, in was für einer Lage ich bin und wie sehr ich Gefahr laufe, als einziger aus Armut nicht an dem Fest teilnehmen zu können, dessen Feier du angeordnet hast, und ich habe – ich weiß noch genau – auch hinzugefügt, es sei gegen jede Vernunft, dass die einen von uns über alle Maßen reich seien und in Schwelgerei lebten, ohne von ihrem Besitz den Ärmeren abzugeben, die anderen aber vor Hunger krepierten, und das, wo die Kronia bevorstünden. Da du mir damals leider keine Antwort geschrieben hast, dachte ich mir, ich sollte dich ein weiteres Mal an all dies erinnern.[18] Du müsstest nämlich, bester Kronos, diese Ungleichheit endlich einmal beseitigen, die guten Dinge allen zur Verfügung stellen und dann erst das Fest eröffnen. So wie es sich jetzt verhält, gibt es nur Ameise oder Kamel, wie man so schön sagt.[19] Besser noch, stell dir einen Tragödienschauspieler vor, der mit einem Fuß auf dem Kothurn[20] steht, am anderen Fuß aber keinen Schuh trägt. Wenn er nun mit dieser Ausrüstung einhergeht, dann siehst du doch, dass er notwendigerweise bald oben, bald unten läuft, je nachdem, welchen Fuß er gerade voransetzt. Und genauso extrem ist die Ungleichheit in unserem Leben: Die einen haben, unter der Regie des Schicksals, Schuhe an den Füßen und tun sich groß vor uns, als säßen wir in einer Tragödienvorstellung, wir anderen aber, obwohl in der Mehrzahl, müssen zu Fuß und am Boden laufen, obwohl wir, mach dir das bitte klar!, unsere Rollen nicht schlechter spielen als sie und auch nicht schlechter als sie über die Bühne laufen könnten, würde man uns nur in vergleichbarer Weise wie sie ausstatten.

[20] Und doch höre ich die Dichter erzählen, dass die menschlichen Verhältnisse in alter Zeit, als du noch allein herrschtest, nicht von dieser Art waren, sondern dass ihnen die Erde ungesät und

ἄσπορος καὶ ἀνήροτος ἔφυεν αὐτοῖς τὰ ἀγαθά, δεῖπνον ἕτοιμον ἑκάστῳ ἐς κόρον, ποταμοὶ δὲ οἱ μὲν οἶνον, οἱ δὲ γάλα, εἰσὶ δὲ οἳ καὶ μέλι ἔρρεον. τὸ δὲ μέγιστον, αὐτοὺς ἐκείνους φασὶ τοὺς ἀνθρώπους χρυσοῦς εἶναι, πενίαν δὲ μηδὲ τὸ παράπαν αὐτοῖς πλησιάζειν. ἡμεῖς δὲ αὐτοὶ μὲν οὐδὲ μόλυβδος ἂν εἰκότως δοκοίημεν, ἀλλ᾽ εἴ τι καὶ τούτου ἀτιμότερον, ἡ τροφὴ δὲ μετὰ πόνων τοῖς πλείστοις, ἡ πενία δὲ καὶ ἀπορία καὶ ἀμηχανία καὶ τὸ Οἴμοι καὶ τὸ Πόθεν ἄν μοι γένοιτο καὶ Ὦ τῆς τύχης· πολλὰ τοιαῦτα παρὰ γοῦν ἡμῖν τοῖς πένησι. Καὶ ἧττον ἄν, εὖ ἴσθι, ἠνιώμεθα ἂν ἐπ᾽ αὐτοῖς, εἰ μὴ τοὺς πλουσίους ἑωρῶμεν τοσαύτῃ εὐδαιμονίᾳ συνόντας, οἳ τοσοῦτον μὲν χρυσόν, τοσοῦτον δὲ ἄργυρον ἐγκλεισάμενοι, ἐσθῆτας δὲ ὅσας ἔχοντες, ἀνδράποδα δὲ καὶ ζεύγη καὶ συνοικίας καὶ ἀγρούς, πάμπολλα δὲ ταῦτα ἕκαστα κεκτημένοι οὐχ ὅπως μετέδοσαν ἡμῖν ποτε αὐτῶν, ἀλλ᾽ οὐδὲ προσβλέπειν τοὺς πολλοὺς ἀξιοῦσι.

[21] ταῦτα ἡμᾶς μάλιστα ἀποπνίγει, ὦ Κρόνε, καὶ ἀφόρητον ἡγούμεθα τὸ πρᾶγμα, τὸν μὲν ἐφ᾽ ἁλουργίδων κατακείμενον τοσούτοις ἀγαθοῖς ἐντρυφᾶν ἐρυγγάνοντα καὶ ὑπὸ τῶν συνόντων εὐδαιμονιζόμενον ἀεὶ ἑορτάζοντα, ἐμὲ δὲ καὶ τοὺς ὁμοίους ὀνειροπολεῖν, εἴ ποθεν ὀβολοὶ τέσσαρες γένοιντο, ὡς ἔχοιμεν ἄρτων γοῦν ἢ ἀλφίτων ἐμπεπλησμένοι καθεύδειν κάρδαμον ἢ θύμον ἢ κρόμμυον ἐπιτρώγοντες. ἢ τοίνυν ταῦτα, ὦ Κρόνε, ἀλλάττειν καὶ μεταποιεῖν ἐς τὸ ἰσοδίαιτον, ἢ τὸ ὕστατον, αὐτούς γε ἐκείνους κελεύειν τοὺς πλουσίους μὴ μόνους ἀπολαύειν τῶν ἀγαθῶν, ἀλλὰ ἀπὸ μεδίμνων τοσούτων χρυσίου χοίνικά γε ἡμῶν πάντων κατασκεδάσαι, ἀπὸ δὲ ἱματίων ὅσα κἂν ὑπὸ σητῶν διαβρωθέντα οὐκ ἂν αὐτοὺς ἀνιάσειε· ταῦτα γοῦν πάντως ἀπολλύμενα

ungepflügt gute Ernte trug, für jeden Essen bis zum Abwinken, Flüsse, die mal Wein, mal Milch, ja manche sogar Honig führten. Aber der Gipfel von allem, erzählen sie, war, dass die Menschen jener Zeit aus Gold bestanden und Armut niemals auch nur in ihre Sichtweite kam. So betrachtet sind wir heute wahrscheinlich nicht mal aus Blei oder aus einem noch unedleren Metall, falls es das gibt, und die meisten müssen ihr Brot im Schweiße ihres Angesichts verdienen, Armut, Ratlosigkeit, Hilflosigkeit und »Oh weh« und »Woher kriege ich denn bloß?« und »Was für ein Schicksal!«: Das alles ist unser, der armen Leute, Leben.

Glaube mir, wir wären darüber gar nicht so unglücklich, wenn wir nicht zuschauen müssten, wie es den Reichen so unglaublich gut geht, die in ihren Tresoren solche Mengen an Gold und an Silber eingeschlossen haben, und wie viele Kleider, Sklaven, Wagen, Mietshäuser und Äcker, alles in ungeheurer Zahl, sie ihr eigen nennen und wie sie uns alle – gar nicht davon zu reden, dass sie uns davon jemals etwas abgäben – nicht einmal eines Blickes würdigen. **[21]** Das, Kronos, lässt uns mehr als alles andere vor Wut ersticken, und unerträglich finden wir es, wenn wir erleben müssen, wie sich da sich einer, auf Purpurdecken gebettet, den Hals mit lauter guten Dingen vollstopft, rülpst und sich von seinen Kumpanen zu seiner ewigen Feierei noch beglückwünschen lässt, während ich und meinesgleichen davon träumen, wie wir, kämen nur irgendwoher vier Obolen, einschlafen könnten, den Bauch mit Brot oder wenigstens Gerstenbrei vollgeschlagen, während wir dazu ein Stückchen Kardamon, Thymian oder Zwiebel knabbern. Also, Kronos: Entweder ändere das und stelle eine neue Ordnung her, in der alle gleich viel zu essen haben, oder befiehl wenigstens diesen Reichen, nicht alles Gute allein zu genießen, sondern von ihren ganzen Scheffeln Gold wenigstens einen Liter[21] über uns gemeinsam auszuschütten, und von ihren Kleidern, und seien sie von Motten zerfressen, alles, was ihnen nicht weh tut. Alle diese heruntergekommenen und vom Alter verschlissenen Sachen sollen sie eher uns zum Ein-

καὶ ὑπὸ τοῦ χρόνου διαφθαρησόμενα ἡμῖν δοῦναι περιβάλλεσθαι μᾶλλον ἢ ἐν ταῖς κοιτίσι καὶ κίσταις εὐρῶτι πολλῷ κατασαπῆναι.

[22] Καὶ μὴν καὶ δειπνίζειν ἕκαστον ἄρτι μὲν τέσσαρας, ἄρτι δὲ πέντε τῶν πενήτων παραλαμβάνοντας, μὴ μέντοι ἐς τὸν νῦν τρόπον τῶν δείπνων, ἀλλ' ἐς τὸ δημοκρατικώτερον, ὡς ἐπ' ἴσης μετέχειν ἅπαντας καὶ μὴ τὸν μὲν ἐμφορεῖσθαι τῶν ὄψων καὶ τὸν οἰκέτην περιμένειν ἑστῶτα, ἔστ' ἂν ἀπαγορεύσῃ ἐσθίων, ἐφ' ἡμᾶς δὲ ἐλθόντα, ἔτι παρασκευαζομένων ὡς ἐπιβάλοιμεν τὴν χεῖρα, παραμείβεσθαι δείξαντα μόνον τὴν λοπάδα ἢ ὅσον ἐστὶ τοῦ πλακοῦντος τὸ λοιπόν· μηδὲ ἐσκομισθέντος ὑὸς διανέμοντα τῷ μὲν δεσπότῃ παρατιθέναι τὸ ἡμίτομον ὅλον σὺν τῇ κεφαλῇ, τοῖς δὲ ἄλλοις ὀστᾶ φέρειν ἐγκεκαλυμμένα. προειπεῖν δὲ καὶ τοῖς οἰνοχόοις μὴ περιμένειν, ἔστ' ἂν ἑπτάκις αἰτήσῃ πιεῖν ἡμῶν ἕκαστος, ἀλλὰ ἢν ἅπαξ κελεύσῃ, αὐτίκα ἐγχέαι καὶ ἀναδοῦναι μεγάλην κύλικα ἐμπλησαμένους ὥσπερ τῷ δεσπότῃ. καὶ τὸν οἶνον δὲ αὐτὸν πᾶσι τοῖς συμπόταις ἕνα καὶ τὸν αὐτὸν εἶναι – ἢ ποῦ γὰρ γεγράφθαι τοῦτον τὸν νόμον, τὸν μὲν ἀνθοσμίου μεθύσκεσθαι, ἐμοὶ δὲ ὑπὸ τοῦ γλεύκους διαρρήγνυσθαι τὴν γαστέρα;

[23] Ἢν ταῦτα ἐπανορθώσῃς καὶ μετακοσμήσῃς, ὦ Κρόνε, βίον μὲν τὸν βίον, ἑορτὴν δὲ τὴν ἑορτὴν ἔσῃ πεποιηκώς, εἰ δὲ μή, ἐκεῖνοι μὲν ἑορταζόντων, ἡμεῖς δὲ καθεδούμεθα εὐχόμενοι, ἐπειδὰν λουσάμενοι ἥκωσι, τὸν παῖδα μὲν αὐτοῖς ἀνατρέψαντα τὸν ἀμφορέα κατᾶξαι, τὸν μάγειρον δὲ τὸν ζωμὸν κνισῶσαι καὶ ἐπιλαθόμενον τὸ τάριχος μὲν ἐς τὴν φακῆν ἐμβάλλειν· τὴν κύνα δὲ παρεισπεσοῦσαν τόν τε ἀλλᾶντα ὅλον καταφαγεῖν, περὶ τἄλλα τῶν ὀψοποιῶν ἐχόντων, καὶ τοῦ πλακοῦντος τὸ

hüllen geben, als sie in ihren Körben und Kisten vermodern zu lassen.

[22] Des Weiteren sollen sie auch beim Essen jeder mal vier, mal fünf arme Leute dazuholen, allerdings nicht so, wie sie es beim Essen heutzutage für gewöhnlich tun, sondern bitte etwas demokratischer, so dass alle gleich viel bekommen und nicht er, der Reiche, sich den Teller mit Speisen vollllädt und der Diener bei ihm stehen bleiben muss, bis er mit Essen fertig ist, wenn er aber dann zu uns kommt, schon weitergeht, während wir gerade noch dabei sind, die Hand nach dem Essen auszustrecken, und uns nur die Schüssel zeigt, oder gerade mal den Rest vom Kuchen. Wenn dann das gebratene Schwein hereingetragen wird, dann soll er beim Verteilen nicht seinem Herrn eine ganze Hälfte hinlegen, zusammen mit dem Kopf, und den übrigen nur die Knochen bringen, unter einer Schicht Fett.[22] Den Mundschenken soll er befehlen, wenn sie einen von uns bedienen, nicht abzuwarten, bis er zum siebtenmal darum gebeten hat, etwas zu trinken zu bekommen, sondern auf die erste Aufforderung hin sofort einzugießen und auch ihm einen großen Pokal hinzustellen und bis zum Rand zu füllen, wie seinem Herrn. Und alle Festteilnehmer sollen ein und denselben Wein bekommen – oder wo stünde geschrieben, dass der Reiche sich an blumigem Wein berauschen solle, während ich mir meinen Magen mit Most verrenke?

[23] Bringst du das alles in Ordnung, bewirkst du einen solchen Wandel der Dinge, dann, Kronos, wirst du das Leben wirklich zu einem Leben, das Fest wirklich zu einem Fest gemacht haben. Wenn aber nicht, dann sollen die ruhig feiern, wir jedoch werden bei unserem Tischgebet darum bitten, dass der Sklave, wenn sie frisch aus dem Bad kommen, den Weinkrug umkippt und über ihnen zerbricht, der Koch die Suppe anbrennen lässt und aus Versehen den Pökelfisch in den Pudding schüttet; der Hund soll in die Küche eindringen und eine ganze Wurst fressen, während die Köche gerade abgelenkt sind, und dazu die Hälfte vom Kuchen. Das Schwein,

ἥμισυ· τὸν δὲ ὗν καὶ τὸν ἔλαφον καὶ τὰ δελφάκια μεταξὺ ὀπτώμενα τὸ ὅμοιον ποιεῖν, ὅπερ Ὅμηρος περὶ τῶν Ἡλίου βοῶν φησι – μᾶλλον δὲ μὴ ἕρπειν μόνον, ἀλλ' ἀναπηδήσαντα φεύγειν εἰς τὸ ὄρος αὐτοῖς ὀβελοῖς· καὶ τὰς ὄρνεις δὲ τὰς παχείας, καίτοι ἀπτέρους ἤδη οὔσας καὶ ἐσκευασμένας, ἀνιπταμένας οἴχεσθαι καὶ ταύτας, ὡς μὴ μόνοι ἀπολαύοιεν αὐτῶν. **[24]** Ὃ δὲ δὴ μάλιστα ἂν αὐτοὺς ἀνιάσει, τὸ μὲν χρυσίον μύρμηκάς τινας οἵους τοὺς Ἰνδικοὺς ἀνορύττοντας ἐκ τῶν θησαυρῶν ἐκφέρειν νύκτωρ ἐς τὸ δημόσιον· τὴν ἐσθῆτα δὲ ὀλιγωρίᾳ τῶν ἐπιμελητῶν κοσκινηδὸν διατετρυπῆσθαι ὑπὸ τῶν βελτίστων μυῶν, ὡς σαγήνης θυννευτικῆς μηδὲν διαφέρειν· παῖδας δὲ αὐτῶν τοὺς ὡραίους καὶ κομήτας, οὓς Ὑακίνθους ἢ Ἀχιλλέας ἢ Ναρκίσσους ὀνομάζουσι, μεταξὺ ὀρέγοντας σφίσι τὸ ἔκπωμα φαλακροὺς γίγνεσθαι ὑπορρεούσης τῆς κόμης καὶ πώγωνα φύειν ὀξύν, οἷοί εἰσιν ἐν ταῖς κωμῳδίαις οἱ σφηνοπώγωνες, καὶ ⟨τὸ⟩ παρὰ τοῖς κροτάφοις πάνυ λάσιον καὶ κάρτα ἐκκεντοῦν, τὸ μεταξὺ δὲ λεῖον καὶ γυμνὸν εἶναι. ταῦτα καὶ πλείω τούτων εὐξαίμεθ' ἄν, εἰ μὴ θέλωσι τὸ ἄγαν φίλαυτον τοῦτ' ἀφέντες ἐς τὸ κοινὸν πλουτεῖν καὶ μεταδιδόναι ἡμῖν τῶν μετρίων.

der Hirsch und die Ferkel sollen beim Braten etwas Ähnliches machen wie das, was Homer von den Rindern des Helios erzählt[23] – nein, mehr noch, sie sollen nicht nur kriechen, sondern aufspringen und noch an den Bratspießen in die Berge davonlaufen, und auch die fetten Vögel sollen, obwohl sie doch schon keine Flügel mehr haben und servierfertig sind, ebenfalls auf und davon fliegen, einfach damit die sie nicht nur für sich allein genießen können.

[24] Und was ihnen natürlich am meisten wehtun wird: Ihr Gold sollen Ameisen – solche wie die in Indien[24] – aus den Tresoren graben und nachts in den Staatsschatz tragen; ihre Kleidung soll, seitens der Hausbesorger vernachlässigt, von den fähigsten Mäusen so zu Sieben zerlöchert werden, dass sie sich kein bisschen mehr von einem Netz für die Thunfischjagd[25] unterscheiden. Ihre Sklaven, und zwar die hübschen mit den langen Haaren, die sie Hyazinth, Achill oder Narziss zu nennen belieben, sollen genau dann, wenn sie ihnen den Becher reichen, Glatzen bekommen, ihnen soll das Haar ausfallen und ein Spitzbart wachsen, so einer, wie ihn in den Komödien die Keilbärtigen tragen, und das Haar an ihren Schläfen soll äußerst buschig und extrem stachlig, alles dazwischen aber glatt und nackt sein.[26] Das und noch viel mehr wollen wir ihnen anwünschen, wenn sie sich nicht entschließen wollen, ihren Egoismus aufzugeben, ihren Reichtum der Gemeinschaft zur Verfügung zu stellen und uns einen fairen Anteil abzugeben.

VI b. Κρόνος ἐμοὶ τῷ τιμιωτάτῳ χαίρειν

[25] Τί ταῦτα ληρεῖς, ὦ οὗτος, ἐμοὶ περὶ τῶν παρόντων ἐπιστέλλων καὶ ἀναδασμὸν τῶν ἀγαθῶν ποιεῖν κελεύων; τὸ δὲ ἑτέρου ἂν εἴη, τοῦ νῦν ἄρχοντος. θαυμάζω γὰρ εἰ μόνος τῶν ἁπάντων ἀγνώσσεις ὡς ἐγὼ μὲν πάλαι βασιλεὺς ὢν πέπαυμαι τοῖς παισὶ διανείμας τὴν ἀρχήν, ὁ Ζεὺς δὲ μάλιστα τῶν τοιούτων ἐπιμελεῖται. τὰ δὲ ἡμέτερα ταῦτα μέχρι πεττῶν καὶ κρότου καὶ ᾠδῆς καὶ μέθης, καὶ τοῦτο οὐ πλέον ἡμερῶν ἑπτά. ὥστε περὶ τῶν μειζόνων ἃ φῄς – ἀφελεῖν τὸ ἄνισον καὶ ἐκ τῆς ὁμοίας ἢ πένεσθαι ἢ πλουτεῖν ἅπαντας – ὁ Ζεὺς ἂν χρηματίσειεν ὑμῖν.

Εἰ δέ τι τῶν ἐκ τῆς ἑορτῆς ἀδικοῖτό τις ἢ πλεονεκτοῖτο, ἐμὸν ἂν εἴη δικάζειν, καὶ ἐπιστέλλω δὲ τοῖς πλουσίοις περὶ τῶν δείπνων καὶ τοῦ χοίνικος τοῦ χρυσίου καὶ τῶν ἐσθήτων, ὡς καὶ ὑμῖν πέμποιεν ἐς τὴν ἑορτήν. δίκαια γὰρ ταῦτα καὶ ἄξια αὐτοὺς ποιεῖν, ὡς φατέ, εἰ μή τι εὔλογον ἐκεῖνοι πρὸς ταῦτα λέγειν ἔχωσιν. **[26]** τὸ δὲ ὅλον, ἴστε οἱ πένητες ὑμεῖς ἐξηπατημένοι καὶ οὐκ ὀρθῶς δοξάζοντες περὶ τῶν πλουσίων, οἵ γε πανευδαίμονας αὐτοὺς οἴεσθε εἶναι καὶ μόνους ἡδύν τινα βιοῦν τὸν βίον, ὅτι δειπνεῖν τε πολυτελῶς ἔστιν αὐτοῖς καὶ μεθύσκεσθαι οἴνου ἡδέος καὶ παισὶν ὡραίοις καὶ γυναιξὶν ὁμιλεῖν καὶ ἐσθῆσι μαλακαῖς χρῆσθαι. τὸ δὲ πάνυ ἀγνοεῖτε ὁποῖόν ἐστιν. αἵ τε γὰρ φροντίδες αἱ περὶ τούτων οὐ μικραί, ἀλλὰ ἀνάγκη ἐπαγρυπνεῖν ἑκάστοις, μή τι ὁ οἰκονόμος βλακεύσας ἢ ὑφελόμενος λάθῃ, μὴ ὁ οἶνος ὀξυνθῇ, μὴ ὁ σῖτος φθειρὶ

VI b. Kronos grüßt Mich, den Hochgeehrten

[25] Was quatschst du mir da vor, Kerl, mit deinem Brief über die aktuellen Zustände und mit deiner Forderung nach einer Neuverteilung der Güter? Das ist ja wohl Sache von jemand anderem, nämlich dem jetzigen Herrscher! Ich muss mich wundern, dass nur du als einziger von allen noch nicht kapiert hast, dass ich schon lange nicht mehr König bin und meinen Kindern die Herrschaft übergeben habe, und dass sich jetzt in erster Linie Zeus um derartige Angelegenheiten kümmert. Meine Befugnisse reichen gerade bis zu Brettspielen, Trubel, Gesang und Trinkerei, und das auch nicht mehr als sieben Tage lang. Was du daher über die bedeutenderen Probleme sagst – die Ungleichheit zu beseitigen und alle in gleicher Weise entweder arm oder reich sein zu lassen –, das mag Zeus für euch in die Hand nehmen.

Sollte jedoch jemandem im Zusammenhang mit dem Fest ein Unrecht geschehen oder er übervorteilt werden, dann liegt die Rechtsprechung wohl bei mir, und daher schreibe ich den Reichen einen Brief zum Thema der Festmähler, des Liters Gold und der Kleidung, dass sie euch das zum Fest schicken sollen. Denn das zu tun sind sie von Rechts wegen verpflichtet und es steht ihnen[27] auch gut zu Gesicht, wie ihr sagt – falls sie nicht vernünftige Gegengründe anführen können. **[26]** Insgesamt allerdings, das solltet ihr Armen wissen, täuscht ihr euch, und eure Ansichten über die Reichen sind unzutreffend, jedenfalls wenn ihr glaubt, sie seien rundum glücklich und nur sie allein lebten ein angenehmes Leben, weil sie reichhaltig tafeln, sich an lieblichem Wein berauschen, mit schönen Knaben und Frauen schlafen und weiche Kleidung tragen können. Wie jedoch die raue Wirklichkeit aussieht, davon habt ihr keine Ahnung. All diese Dinge machen ihnen nämlich nicht geringe Sorgen, sondern über jeder Einzelheit müssen sie nächtelang wachliegen: dass der Hausverwalter nicht nachlässig ist oder heimlich Wein zur Seite bringt, dass der Wein nicht sauer wird, dass im

ζέσῃ, ἢ ὁ λῃστὴς ὑφέληται τὰ ἐκπώματα, μὴ πιστεύσῃ τοῖς συκοφάνταις ὁ δῆμος λέγουσι τυραννεῖν αὐτὸν ἐθέλειν. ταῦτα δὲ πάντα οὐδὲ τὸ πολλοστὸν ἂν εἴη μέρος τῶν ἀνιώντων αὐτούς. εἰ γοῦν ἠπίστασθε τοὺς φόβους καὶ τὰς μερίμνας ἃς ἔχουσιν, πάνυ ἂν ὑμῖν φευκτέον ὁ πλοῦτος ἔδοξεν. **[27]** ἐπεί τοι οἴει με αὐτὸν οὕτως ἄν ποτε κορυβαντιᾶσαι, ὡς εἰ καλὸν ἦν τὸ πλουτεῖν καὶ βασιλεύειν, ἀφέντα ἂν αὐτὰ καὶ παραχωρήσαντα ἄλλοις καθῆσθαι ἰδιωτεύοντα καὶ ἀνέχεσθαι ὑπ' ἄλλῳ ταττόμενον; ἀλλὰ τὰ πολλὰ ταῦτα εἰδώς, ἃ τοῖς πλουσίοις καὶ ἄρχουσι προσεῖναι ἀνάγκη, ἀφῆκα τὴν ἀρχὴν εὖ ποιῶν.

[28] Καὶ γὰρ ἃ νῦν ἐποτνιῶ πρός με, ὡς τοὺς μὲν ὑῶν καὶ πλακούντων ἐμφορουμένους ⟨ ⟩ ἐν τῇ ἑορτῇ, σκέψαι ὁποῖά ἐστι. πρὸς μὲν γὰρ τὸ παρὸν ἡδὺ καὶ οὐκ ἀνιαρὸν ἴσως ἑκάτερον αὐτῶν, τὰ δὲ μετὰ ταῦτα ἔμπαλιν ἀναστρέφεται τὸ πρᾶγμα. εἶτα ὑμεῖς μὲν οὔτε καρηβαροῦντες ἀνασταίητ' ἂν ἐς τὴν ὑστεραίαν ὥσπερ ἐκεῖνοι ὑπὸ τῆς μέθης οὔτε ὑπὸ τῆς ἄγαν πλησμονῆς δυσῶδές τι καὶ καπνωδέστερον ἐρυγγάνοντες· οἱ δὲ τούτων τε ἀπολαύουσι καὶ τὸ πολὺ τῆς νυκτὸς ἢ παισὶν ἢ γυναιξὶν ἢ ὅπως ἂν ὁ τράγος κελεύῃ συναναφυρέντες ἢ φθόην ἢ περιπνευμονίαν ἢ ὕδερον οὐ χαλεπῶς συνελέξαντο ἐκ τῆς πολλῆς τρυφῆς. ἢ τίνα ἂν αὐτῶν ῥᾳδίως δεῖξαι δύναιο μὴ πάντως ὠχρὸν ὄντα πολὺ τὸ νεκρῶδες ἐπιφαίνοντα; τίνα δὲ ἐς γῆρας ἀφικόμενον τοῖς αὑτοῦ ποσίν, ἀλλὰ μὴ φοράδην ἐπὶ τεττάρων ὀχούμενον, ὁλόχρυσον μὲν τὰ ἔξω, κατάρραφον δὲ τὰ ἔνδον, ὥσπερ αἱ τραγικαὶ ἐσθῆτες ἐκ ῥακῶν πάνυ εὐτελῶν συγκεκαττυμέναι; ὑμεῖς δὲ ἰχθύων μὲν ἄγευστοι καὶ ἄσιτοι, ποδάγρας δὲ ἢ περιπνευ-

Korn nicht die Läuse wimmeln oder ein Einbrecher die Becher stiehlt, dass das Volk nicht Denunzianten Glauben schenkt, die ihm einflüstern, sie, die Reichen, strebten die Tyrannenherrschaft an. Und das alles ist nur ein Bruchteil der Dinge, die sie bekümmern. Wüsstet ihr von ihren Ängsten und Sorgen, dann wäret ihr ohne Wenn und Aber der Meinung, den Reichtum meiden zu müssen. **[27]** Ja, glaubst du denn wirklich, ich wäre je so verrückt gewesen, Reichtum und Königsherrschaft, wenn sie so herrlich wären, abzugeben und anderen Platz zu machen, um als Privatmann dazusitzen und mich von einem anderen herumkommandieren zu lassen? Nein, weil ich das alles genau kannte, womit die Reichen und die Herrschenden notwendigerweise zu tun haben, habe ich die Herrschaft abgegeben, und daran habe ich gut getan!

[28] Ja, schau dir doch nur einmal an, wie es mit dem aussieht, was du mir da vorlamentiert hast, dass die Reichen sich beim Fest mit Schweinebraten und Kuchen vollstopfen [...][28]. Für den Augenblick mag das ja vielleicht alles angenehm und gar nicht unerfreulich sein, aber danach verkehrt sich die Sache in ihr Gegenteil: Ihr seid es, die dann am nächsten Morgen ohne das Kopfweh aufstehen, das sie von der Trinkerei haben, und ohne ihr saures Aufstoßen, übelriechend und wie eine Qualmwolke, die Folge ihrer übermäßigen Völlerei. Das haben sie nun davon, und dann fangen sie sich, weil sie die halbe Nacht Orgien gefeiert haben, mit Knaben oder Frauen oder wozu der geile Bock in ihnen sie sonst noch so treibt, durch diese endlose Schwelgerei ohne Weiteres auch noch Schwindsucht, Lungenentzündung oder Wassersucht ein. Wen von denen könntest du mir denn einfach so zeigen, der nicht bleich und ganz wie ein Toter aussieht? Wen, der noch im Alter auf seinen eigenen Füßen geht und nicht von vier Leuten getragen werden muss,[29] außen zwar ganz aus Gold, innen aber ein Flickenteppich wie die Kostüme der Tragödie, die aus billigsten Lumpen zusammengenäht sind? Ihr habt vielleicht keine Fische gekostet und habt auch kein Brot, ihr seht aber nicht, dass ihr dafür auch von der Gicht oder der

μονίας οὐχ ὁρᾶθ' ὅτι καὶ τούτων ἄπειροί ἐστε, ἢ εἴ τι κατ' ἄλλην τινὰ αἰτίαν συμβαίνοι. καίτοι οὐδ' αὐτοῖς ἐκείνοις ἡδύ ἐστιν [αὐτὸ] καθ' ἡμέραν καὶ πέρα τοῦ κόρου ἐσθίειν τούτων, ἀλλὰ ἴδοις ἂν αὐτοὺς οὕτω λαχάνων καὶ θύμου ὀρεγομένους ἐνίοτε, ὥσπερ οὐδὲ σὺ τῶν λαγωῶν καὶ ὑῶν.

[29] Ἐῶ λέγειν ὅσα ἄλλα λυπεῖ αὐτούς, ἢ υἱὸς ἀκόλαστος ἢ γυνὴ τοῦ οἰκέτου ἐρῶσα ἢ ἐρώμενος πρὸς ἀνάγκην μᾶλλον ἢ πρὸς ἡδονὴν συνών. καὶ ὅλως πολλά ἐστιν ἅπερ ὑμεῖς ἀγνοοῦντες τὸν χρυσὸν ὁρᾶτε αὐτῶν μόνον καὶ τὴν πορφύραν, καὶ ἢν ἴδητέ ποτε ἐξελαύνοντας ἐπὶ λευκοῦ ζεύγους, κεχήνατε καὶ προσκυνεῖτε. εἰ δὲ ὑπερεωρᾶτε αὐτῶν καὶ κατεφρονεῖτε καὶ μήτε ἐπεστρέφεσθε πρὸς τὴν ἀργυρᾶν ἁρμάμαξαν μήτε μεταξὺ διαλεγομένων εἰς τὸν ἐν τῷ δακτυλίῳ σμάραγδον ἀφεωρᾶτε καὶ τῶν ἱματίων παραπτόμενοι τὸ μαλακὸν ἐθαυμάζετε, ἀλλ' εἰᾶτε καθ' ἑαυτοὺς πλουτεῖν, εὖ ἴστε, αὐτοὶ ἐφ' ὑμᾶς ἰόντες ἐδέοντο συνδειπνεῖν, ὡς ἐπιδείξαιντο ὑμῖν τὰς κλίνας καὶ τὰς τραπέζας καὶ τὰ ἐκπώματα, ὧν οὐδὲν ὄφελος, εἰ ἀμάρτυρος ἡ κτῆσις εἴη. **[30]** τά γέ τοι πλεῖστα εὕροιτε ἂν αὐτοὺς ὑμῶν ἕνεκα κτωμένους, οὐχ ὅπως αὐτοὶ χρήσωνται, ἀλλ' ὅπως ὑμεῖς θαυμάζοιτε. Ταῦτα ὑμᾶς παραμυθοῦμαι εἰδὼς τὸν βίον ἑκάτερον, καὶ ἄξιον ἑορτάζειν ἐνθυμουμένους ὅτι μετ' ὀλίγον ἅπαντας δεήσει ἀπιέναι ἐκ τοῦ βίου κἀκείνους τὸν πλοῦτον καὶ ὑμᾶς τὴν πενίαν ἀφέντας. πλὴν ἐπιστελῶ γε αὐτοῖς ὥσπερ ὑπεσχόμην, καὶ οἶδ' ὅτι οὐκ ὀλιγωρήσουσι τῶν ἐμῶν γραμμάτων.

Lungenentzündung verschont bleibt oder von irgendeinem anderen Leiden, das sie sich aus anderen Ursachen zuziehen! Übrigens, sogar sie mögen so[30] nicht jeden Tag essen und mehr, als bis sie satt sind, sondern ab und zu kannst du sehen, wie sie sich so sehr nach Gemüse und Thymian verzehren, wie du nicht nach Hasen- und Schweinebraten.

[29] Von allem anderen, was sie unglücklich macht, will ich gar nicht reden, ihrem aus der Art geschlagenen Sohn, ihrer Frau, die den Diener liebt, ihrem Geliebten, der mit ihnen nur aus Zwang, nicht aus Lust verkehrt. Überhaupt gibt es eine Menge, was ihr nicht wisst, wenn ihr nur auf ihr Gold und ihren Purpur starrt, und seht ihr sie mal auf einem Gespann von Schimmeln ausfahren, dann gafft ihr und verbeugt euch bis zum Boden. Würdet ihr sie aber ignorieren und nicht beachten und euch nicht nach ihren silberbeschlagenen Wagen umdrehen und nicht im Gespräch ständig auf den Smaragd in ihrem Ring starren und ihre weiche Kleidung befühlen und bestaunen, sondern sie einfach für sich reich sein lassen, dann, natürlich, würden sie persönlich zu euch gelaufen kommen und euch inständig bitten, an ihrem Festmahl teilzunehmen, um euch ihre Liegen, ihre Tische und ihre Becher zu präsentieren, die ihnen überhaupt nichts nützten, gäbe es keine Zeugen für ihren Besitz. **[30]** Ja, ihr würdet sogar herausfinden, dass sie das meiste euretwegen anschaffen – nicht, um es selbst zu benutzen, sondern um euch zu verblüffen.

Das sage ich euch zum Trost, kenne ich doch beide Lebensformen, und so ist es recht und billig, das Fest zu begehen und dabei im Kopf zu behalten, dass ihr binnen Kurzem alle aus dem Leben scheiden und sowohl sie ihren Reichtum als auch ihr eure Armut abgeben werdet. Indessen werde ich doch auch wie versprochen an sie schreiben, und ich bin sicher, dass sie meine Ausführungen nicht geringschätzen werden.

VII a. Κρόνος τοῖς πλουσίοις χαίρειν

[31] Οἱ πένητες ἔναγχος ἐπεστάλκασί μοι αἰτιώμενοι ὑμᾶς μὴ μεταδιδόναι σφίσιν ὧν ἔχετε, καὶ τὸ μὲν ὅλον ἠξίουν με κοινὰ πᾶσι ποιεῖν τἀγαθὰ καὶ τὸ μέρος ἕκαστον αὐτῶν ἔχειν. δίκαιον γὰρ εἶναι ἰσοτιμίαν καθεστηκέναι καὶ μὴ τῷ μὲν πλέον, τῷ δὲ μηδ' ὅλως μετεῖναι τῶν ἡδέων. ἐγὼ δὲ περὶ μὲν τούτων ἔφην ἄμεινον σκέψασθαι τὸν Δία, περὶ δὲ τῶν παρόντων καὶ ὧν ἀδικεῖσθαι ᾤοντο κατὰ τὴν ἑορτὴν ἑώρων ἐπ' ἐμὲ καθήκουσαν τὴν κρίσιν, καὶ ὑπεσχόμην γράψειν πρὸς ὑμᾶς.

Ἔστι δὲ ἅπερ ἀξιοῦσι ταῦτα μέτρια, ὡς ἐμοὶ ἔδοξεν. πῶς γάρ, φασί, ῥιγοῦντες τοσούτῳ κρύει καὶ λιμῷ ἐχόμενοι προσέτι ἑορτάζοιμεν ἄν; εἰ τοίνυν ἐθέλοιμι κἀκείνους μετέχειν τῆς ἑορτῆς, ἐκέλευόν με ἀναγκάσαι ὑμᾶς ἐσθήτων τε ὧν ἔχετε μεταδοῦναι αὐτοῖς, εἴ τινες περιτταὶ καὶ παχύτεραι ἢ καθ' ὑμᾶς, καὶ τοῦ χρυσίου ὀλίγον ἐπισταλάξαι αὐτοῖς. εἰ γὰρ ταῦτα, φασί, ποιήσετε, μηδὲ ἀμφισβητεῖν ὑμῖν ἔτι τῶν ἀγαθῶν ἐπὶ τοῦ Διός, εἰ δὲ μή, ἀπειλοῦσι προσκαλέσασθαι ἐπὶ τὸν ἀναδασμόν, ἐπειδὰν τὸ πρῶτον δίκας ὁ Ζεὺς προθῇ. ταῦτά ἐστιν οὐ πάνυ χαλεπὰ ὑμῖν ἀπὸ τοσούτων ἃ καλῶς ποιοῦντες ἔχετε.

[32] Νὴ Δία καὶ τῶν δείπνων πέρι, ὡς συνδειπνοῖεν ὑμῖν – καὶ τοῦτο προσθεῖναι ἠξίουν τῇ ἐπιστολῇ, ὡς νῦν γε μόνους ὑμᾶς τρυφᾶν ἐπικλεισαμένους τὰς θύρας, εἰ δέ ποτε κἀκείνων τινὰς ἑστιᾶν διὰ μακροῦ ἐθελήσετε, πλέον τοῦ εὐφραίνοντος ἐνεῖναι τὸ ἀνιαρὸν τῷ δείπνῳ, καὶ τὰ

VII a. Kronos grüßt die Reichen

[31] Die Armen haben sich neulich brieflich bei mir darüber beschwert, dass ihr ihnen von eurem Besitz nichts abgebt, und insgesamt haben sie von mir verlangt, ich solle alle Güter vergemeinschaften und jedem von ihnen seinen Anteil zukommen lassen. Es sei ja wohl nur gerecht, Gleichrangigkeit herzustellen und nicht den einen mehr, den anderen überhaupt nicht an den angenehmen Dingen des Lebens teilhaben zu lassen. Ich habe ihnen mitgeteilt, dass für die Prüfung dieser Sachverhalte Zeus sehr viel besser geeignet sei; was jedoch die aktuelle Situation und die Festangelegenheiten betrifft, in denen ihnen ihrer Meinung nach Unrecht geschieht, musste ich einsehen, dass die Beurteilung bei mir liegt, und daher habe ich ihnen versprochen, euch zu schreiben.

Was sie verlangen, bleibt, finde ich, im Rahmen. Denn wie, so sagen sie, sollen wir noch feiern, wenn wir vor Kälte starr sind und vom Hunger gequält werden? Wenn ich also wünschte, dass auch sie am Fest teilnehmen, dann, so trugen sie mir auf, müsste ich euch zwingen, ihnen von eurer Kleidung abzugeben – von der, die ihr zuviel habt und die euch sowieso nicht steht – und ein wenig von eurem Gold auf sie hinabtröpfeln lassen. Wolltet ihr das tun, dann, so sagen sie, würden sie auch nicht mehr mit euch bei Zeus um die Güter prozessieren, andernfalls drohen sie damit, euch eine Vorladung mit der Aufforderung zur Umverteilung zu schicken, sobald Zeus erst wieder einen Gerichtstag ausruft. Das ist wirklich nicht zuviel verlangt von euch angesichts all dessen, was ihr in eurem Wohlergehen besitzt.

[32] Ja, und was, bei Zeus, die Festmähler betrifft: Dass sie mit euch zusammen speisen sollen – auch dies sollte ich nach ihrem Willen diesem Brief hinzusetzen, dass ihr heutzutage für euch allein tafelt, hinter verschlossenen Türen, wenn ihr euch aber dann nach langem Hin und Her einmal entschließt, auch einige von ihnen zu bewirten, dann überträfen die Unerfreulichkeiten beim Mahl die

πολλὰ ἐφ' ὕβρει αὐτῶν γίγνεσθαι – οἷον ἐκεῖνο τὸ μὴ τοῦ αὐτοῦ οἴνου συμπίνειν, Ἡράκλεις, ὡς ἀνελεύθερον. καὶ καταγιγνώσκειν αὐτῶν ἐκείνων ἄξιον, ὅτι μὴ μεταξὺ ἀναστάντες οἴχονται ὅλον ὑμῖν τὸ συμπόσιον καταλιπόντες. ἀλλ' οὐδὲ ἐς κόρον ὅμως φασὶ πίνειν. τοὺς γὰρ οἰνοχόους ὑμῶν ὥσπερ τοὺς Ὀδυσσέως ἑταίρους κηρῷ βεβύσθαι τὰ ὦτα. τὰ μὲν γὰρ ἄλλα οὕτως αἰσχρά ἐστιν, ὥστε ὀκνῶ λέγειν, ἃ περὶ τῆς νομῆς τῶν κρεῶν αἰτιῶνται καὶ τῶν διακόνων, ὑμῖν μὲν παρεστώτων ἔστ' ἂν ὑπερεμφορηθῆτε, ἐκείνους δὲ παραθεόντων, καὶ ἄλλα πολλὰ τοιαῦτα μικροπρεπῆ καὶ ἥκιστα ἐλευθέροις πρέποντα. τὸ γοῦν ἥδιστον καὶ συμποτικώτερον ἡ ἰσοτιμία ἐστί, καὶ ὁ ἰσοδαίτης τούτου ἕνεκα ἡγεῖται ὑμῖν τῶν συμποσίων, ὡς τὸ ἴσον ἅπαντες ἔχοιεν.

[33] Ὁρᾶτε οὖν ὅπως μηκέτι ὑμᾶς αἰτιάσονται, ἀλλὰ τιμήσουσι καὶ φιλήσουσι τῶν ὀλίγων τούτων μεταλαμβάνοντες· ὧν ὑμῖν μὲν ἡ δαπάνη ἀνεπαίσθητος, ἐκείνοις δὲ ἐν καιρῷ τῆς χρείας ἡ δόσις ἀείμνηστος. ἄλλως τε οὐδ' ἂν οἰκεῖν δύναισθε τὰς πόλεις μὴ οὐχὶ καὶ πενήτων συμπολιτευομένων καὶ μυρία πρὸς τὴν εὐδαιμονίαν ὑμῖν συντελούντων, οὐδ' ἂν ἔχοιτε τοὺς θαυμάζοντας ὑμῶν τὸν πλοῦτον, ἣν μόνοι καὶ ἰδίᾳ καὶ ὑπὸ σκότῳ πλουτῆτε. ἰδέτωσαν οὖν πολλοὶ καὶ θαυμασάτωσαν ὑμῶν τὸν ἄργυρον καὶ τὰς τραπέζας καὶ προπινόντων φιλοτησίας, μεταξὺ πίνοντες περισκοπείτωσαν τὸ ἔκπωμα καὶ τὸ βάρος ἱστώσαν αὐτοὶ διαβαστάσαντες καὶ τῆς ἱστορίας τὸ ἀκριβὲς ⟨καὶ⟩ τὸν χρυσὸν ὅσος ἐπανθεῖ τῇ τέχνῃ. πρὸς γὰρ τῷ χρηστοὺς καὶ φιλανθρώπους

Annehmlichkeiten bei weitem, und vieles geschehe da, was sie verletze[31] – beispielsweise, dass nicht der gleiche Wein für alle serviert werde, also beim Herakles, wie geizig und kleinlich! Wirklich, man muss sie dafür verurteilen, dass sie nicht schon während des Essens aufstehen, sich verabschieden und euch das ganze Fest überlassen! Und trotzdem ließet ihr sie noch nicht einmal bis zum Abwinken trinken, sagen sie! Denn eure Weinschenke liefen mit Wachsstopfen in den Ohren herum, wie seinerzeit die Gefährten des Odysseus.[32] Und alles weitere ist so schandbar, dass ich es kaum auszusprechen wage: ihre Vorwürfe hinsichtlich der Verteilung des Fleisches und hinsichtlich der Diener, die bei euch stehenbleiben, bis ihr euch vollgestopft habt, an ihnen aber vorbeilaufen, und noch eine Menge anderer solcher Niedrigkeiten, die sich für echte Herren entschieden nicht gehören! Nichts ist so erfreulich, nichts noch angemessener für ein Festmahl als die Gleichbehandlung, und genau zu dem Zweck gibt es ja den Mahlaufseher beim Festessen: damit alle gleich viel bekommen!

[33] Nun seht mal zu, dass sie euch nichts mehr vorzuwerfen haben, sondern euch stattdessen ehren und lieben dafür, dass ihr sie an diesen Geringfügigkeiten teilhaben lasst! Von dieser Aufwendung merkt ihr doch gar nichts, aber ihnen bleibt diese Gabe, die genau in dem Augenblick kommt, wo sie dringend benötigt wird, für alle Zeiten unvergesslich. Ihr könntet doch in euren Städten auch anders gar nicht leben, ohne die Armen als euren Mitbürgern, die tausend Dinge für euer glückliches Dasein bewerkstelligen,[33] und ihr hättet auch keinen, der euren Reichtum bestaunt, wenn ihr für euch privat und im Dunkeln reich wärt. Also, es sollen doch viele euer Silber sehen und bewundern, eure Tische, sollen euch zuprosten, und beim Trinken sollen sie ihren Becher von allen Seiten betrachten, sein Gewicht in der Hand wiegen und sich ein genaues Bild von eurer Geschichte machen, wie ihr daran gekommen seid, ebenso wie von dem ganzen Gold, das seine kunstvolle Fertigung krönt. Nicht nur geratet ihr ja auf diese Weise in den Ruf,

ἀκούειν καὶ τοῦ φθονεῖσθαι ὑπ' αὐτῶν ἔξω γενήσεσθε. τίς γὰρ ἂν φθονήσειε τῷ κοινωνοῦντι καὶ διδόντι τῶν μετρίων; τίς δ' οὐκ ἂν εὔξαιτο εἰς τὸ μήκιστον διαβιῶναι αὐτὸν ἀπολαύοντα τῶν ἀγαθῶν; ὡς δὲ νῦν ἔχετε, ἀμάρτυρος μὲν ἡ εὐδαιμονία, ἐπίφθονος δὲ ὁ πλοῦτος, ἀηδὴς δὲ ὁ βίος. **[34]** οὐδὲ γὰρ οὐδὲ ὁμοίως ἡδύ, οἶμαι, μόνον ἐμπίπλασθαι, ὥσπερ τοὺς λέοντάς φασι καὶ τοὺς μονιοὺς τῶν λύκων, καὶ συνόντας δεξιοῖς ἀνδράσι καὶ πάντα χαρίζεσθαι πειρωμένοις, οἳ πρῶτα μὲν οὐ κωφὸν καὶ ἄφωνον τὸ συμπόσιον ἐάσουσιν εἶναι, ἀλλ' ἐν μύθοις συμποτικοῖς καὶ σκώμμασιν ἀνεπαχθέσι καὶ φιλοφροσύναις ποικίλαις συνέσονται, οἷαι διατριβαὶ ἥδισται, φίλαι μὲν Διονύσῳ καὶ Ἀφροδίτῃ, φίλαι δὲ Χάρισιν, ἔπειτα δὲ πρὸς ἅπαντας ἐς τὴν ὑστεραίαν διηγούμενοι ὑμῶν τὴν δεξιότητα φιλεῖσθαι παρασκευάσουσι. ταῦτα πολλοῦ πρίασθαι καλῶς εἶχεν.

[35] Ἐπεὶ ἐρήσομαι ὑμᾶς, εἰ μύοντες οἱ πένητες βαδίζοιεν – ὑποθώμεθα γὰρ οὕτως – οὐκ ἂν ὑμᾶς ἠνίασεν οὐκ ἔχοντας οἷς ἐπιδείξαισθε τὰς ἁλουργεῖς ἐσθῆτας καὶ τῶν ἀκολουθούντων τὸ πλῆθος ἢ τῶν δακτυλίδιων τὸ μέγεθος; ἐῶ λέγειν ὡς καὶ ἐπιβουλὰς καὶ μίση παρὰ τῶν πενήτων ἀναγκαῖον ἐγγίγνεσθαι πρὸς ὑμᾶς, ἣν μόνοι τρυφᾶν ἐθέλητε. ἃ μὲν γὰρ εὔξεσθαι καθ' ὑμῶν ἀπειλοῦσιν, ἀποτρόπαια, μηδὲ γένοιτο εἰς ἀνάγκην αὐτοὺς καταστῆναι τῆς εὐχῆς. ἐπεὶ οὔτε ἀλλάντων γεύσεσθε οὔτε πλακοῦντος ἢ εἴ τι λείψανον τῆς κυνός, ἡ φακῆ δὲ ὑμῖν σαπέρδην ἐντετηκότα ἕξει, σῦς δὲ καὶ ἔλαφος ὀπτώμενοι μεταξὺ δρασμὸν βουλεύουσιν ἐκ τοῦ ὀπτανείου ἐς τὸ ὄρος, καὶ ὄρνις ψύττα κατατείνασαι

anständig und menschenfreundlich zu sein, sondern obendrein entgeht ihr auch ihrem Neid. Denn wer würde jemanden beneiden, der mit ihm teilt und ihm einen fairen Anteil lässt? Wer würde ihm nicht ein möglichst langes Leben wünschen, wenn er selbst in den Genuss alles Guten kommt? So, wie ihr euch aber jetzt verhaltet, ist euer Glück ohne Zeugen, euer Reichtum Gegenstand des Neids, euer Leben unerfreulich. [34] Es ist doch wirklich und wahrhaftig nicht annähernd so lustig, sich im stillen Kämmerlein vollzustopfen – wie man es von den Löwen und den Einzelgängern unter den Wölfen sagt –, wie zusammen mit anständigen Männern, die einem jeden Wunsch von den Augen ablesen, und die erstens es nicht zulassen werden, dass es beim Festmahl still und stumm zugeht, sondern ihre Gesellschaft mit mythischen Geschichten, wie sie zum Essen passen, mit unaufdringlichen Scherzen und mit Trinksprüchen aller Art würzen werden – was für eine angenehme Unterhaltung, wie willkommen dem Dionysos und der Aphrodite, wie willkommen den Chariten! –, und die zweitens am nächsten Tag allen von eurer Höflichkeit erzählen und für eure Beliebheit sorgen werden. Das ist ja wohl eine Investition wert!

[35] Denn das will ich euch doch fragen: Würdet ihr euch, wenn die Armen mit geschlossenen Augen herumliefen – wir wollen das mal annehmen! – nicht mächtig ärgern, so ohne Leute, denen ihr eure Purpurkleidung, die Menge eurer Bediensteten oder die Größe eurer Ringchen zeigen könntet? Gar nicht davon zu reden, dass euch ja notwendigerweise auch Intrigen und Hass von Seiten der Armen treffen, wenn ihr darauf besteht, alle Genüsse für euch zu behalten. Was sie euch alles anzufluchen drohen, das möge Gott verhüten, und möge es nie dazu kommen, dass sie sich zu ihren Flüchen gezwungen sehen! Denn dann werdet ihr weder Würste kosten noch Kuchen, oder was der Hund sonst so übrig lässt, in eurem Pudding wird sich ein Salzhering aufgelöst finden, das Schwein und der Hirsch planen mitten unterm Braten ihre Flucht, hinaus aus der Pfanne und hinein in die Berge, und die Vögel, ja, die genauso,

ἄπτεροι καὶ αὗται παρ᾿ αὐτοὺς τοὺς πένητας ἐκπετήσονται. τὸ δὲ μέγιστον, οἱ ὡραιότατοι τῶν οἰνοχόων φαλακροὶ ἐν ἀκαρεῖ τοῦ χρόνου ὑμῖν γενήσονται, ἐπὶ κατεαγότι καὶ ταῦτα τῷ ἀμφορεῖ.

Πρὸς τάδε βουλεύεσθε ἃ καὶ τῇ ἑορτῇ πρέποντα γένοιτ᾿ ἂν καὶ ὑμῖν ἀσφαλέστατα, καὶ ἐπικουφίζετε πολλὴν πενίαν αὐτοῖς ἀπ᾿ ὀλίγου τελέσματος φίλους οὐ μεμπτοὺς ἕξοντες.

werden auch ohne Flügel mit aller Anstrengung, husch!, entfleuchen, und zwar genau zu den Armen. Aber am schlimmsten wird sein, dass gerade eure schönsten Mundschenke auf einen Schlag eine Glatze haben werden, und das noch zusätzlich zum zerbrochenen Krug.

Besinnt euch also darauf, was sich sowohl für das Fest gehört als auch euch ein Höchstmaß an Sicherheit garantiert, erleichtert ihre große Armut und verschafft euch so mit geringem Aufwand keineswegs zu verachtende Freunde!

VII b. Οἱ πλούσιοι τῷ Κρόνῳ χαίρειν

[36] Πρὸς γὰρ σὲ οἴει μόνον ὑπὸ τῶν πενήτων ταῦτα γεγράφθαι, ὦ Κρόνε, οὐχὶ δὲ καὶ ὁ Ζεὺς ἤδη ἐκκεκώφηται πρὸς αὐτῶν ἀναβοώντων καὶ αὐτὰ δὴ ταῦτα τὸν ἀναδασμὸν ἀξιούντων γενέσθαι καὶ αἰτιωμένων τήν τε εἱμαρμένην ὡς ἄνισον τὴν νομὴν πεποιημένην καὶ ἡμᾶς ὅτι μηδενὸς αὐτοῖς μεταδιδόναι ἀξιοῦμεν; ἀλλ᾽ οἶδεν ἐκεῖνος, ἅτε Ζεὺς ὤν, παρ᾽ οἷστισιν ἡ αἰτία, καὶ διὰ τοῦτο παρακούει τὰ πολλά. σοὶ δὲ ὅμως ἀπολογησόμεθα, ἐπείπερ ἄρχεις γε νῦν.

Ἡμεῖς μὲν γὰρ ἅπαντα πρὸ ὀφθαλμῶν λαβόντες ἃ γέγραφας, ὡς καλὸν ἐπικουρεῖν ἀπὸ πολλῶν τοῖς δεομένοις καὶ ὡς ἥδιον συνεῖναι καὶ συνευωχεῖσθαι τοῖς πένησιν, ἀεὶ διετελοῦμεν οὕτω ποιοῦντες ἰσοδίαιτοι καθεστῶτες, ὡς ἂν μηδὲ τὸν συνδαίτην αὐτὸν αἰτιάσασθαί τι. [37] οἱ δὲ ὀλίγων ἐν ἀρχῇ δεῖσθαι φάσκοντες, ἐπειδήπερ ἅπαξ αὐτοῖς ἀνεπετάσαμεν τὰς θύρας, οὐκ ἀνίεσαν ἄλλα ἐπ᾽ ἄλλοις αἰτοῦντες· εἰ δὲ μὴ πάντα εὐθὺς μηδὲ πρὸς ἔπος λαμβάνοιεν, ὀργὴ καὶ μῖσος καὶ πρόχειροι αἱ βλασφημίαι. κἂν εἴ τι ἐπιψεύδοιντο ἡμῖν, ἀλλ᾽ οἵ γε ἀκούοντες ἐπίστευον ἂν ὡς ἀκριβῶς εἰδόσιν ἐκ τοῦ συγγεγονέναι. ὥστε δυοῖν θάτερον, ἢ μὴ διδόντα ἐχθρὸν εἶναι πάντως ἔδει ἢ πάντα προϊέμενον αὐτίκα μάλα πένεσθαι καὶ τῶν αἰτούντων καὶ αὐτὸν εἶναι.

[38] καὶ τὰ μὲν ἄλλα μέτρια· ἐν δὲ τοῖς δείπνοις αὐτοῖς ἀμελήσαντες τοῦ ἐμπίπλασθαι καὶ γαστρίζεσθαι καὶ αὐτοί, ἐπειδὰν πλεῖον τοῦ ἱκανοῦ ἐμπίωσιν, ἢ παιδὸς ὡραίου μεταξὺ ἀναδόντος τὸ ἔκπωμα ἔνυξαν τὴν

VII b. Die Reichen grüßen Kronos

[36] Glaubst du denn, die Armen hätten das alles nur dir geschrieben, Kronos, und es wäre nicht auch Zeus persönlich allmählich taub von ihrem Geschrei, ihren ständig wiederholten Forderungen nach Neuverteilung und ihren Vorwürfen, wie ungleich die vom Schicksal verhängte Aufteilung sei, und gegen uns, dass wir es richtig finden, ihnen nichts abzugeben? Aber er weiß ganz genau – dafür ist er ja Zeus! –, bei wem die Schuld liegt, und deshalb hört er oft weg. Dir gegenüber wollen wir uns aber trotzdem verteidigen, da du ja gerade an der Macht bist.

Alles, was du geschrieben hast, haben wir uns vor Augen gehalten – wie schön es doch sei, aus der Fülle heraus den Bedürftigen zu helfen, und wieviel netter, mit den Armen zusammenzusein und gemeinsam zu tafeln –, und genau das, die gleiche Lebensweise aller, haben wir stets praktiziert, so dass sich wirklich auch unsere Gäste nicht beschweren können. [37] Sie hingegen pflegen anfangs zu behaupten, sie verlangten ja gar nicht viel, aber öffnen wir ihnen dann einmal unsere Türen, dann erheben sie ständig eine weitere Forderung nach der anderen. Und kriegen sie nicht alles sofort und auf Kommando, dann sind Zorn, Hass und Verwünschungen schnell bei der Hand. Und selbst wenn sie uns irgendwelche Lügen andichteten, dann würden ihre Zuhörer ihnen ja doch glauben, so als wüssten sie Bescheid, eben aus den Zusammenkünften mit uns. So können wir es uns aussuchen: Entweder geben wir ihnen nichts und sind dann automatisch ihre Feinde, oder wir geben alles aus den Händen und gehören dann ab sofort selbst zu den Armen und Bittstellern.

[38] Und alles andere mag ja noch angehen: Aber beim Festmahl! Anstatt dass sie es sich angelegen sein lassen, sich selbst ebenfalls vollzustopfen und den Bauch zu füllen, tätscheln sie, wenn sie mehr, als gut für sie ist, getrunken haben, dem hübschen Sklaven, während er ihnen den Becher reicht, die Hand oder befummeln ei-

χεῖρα ἢ παλλακῇ ἢ γαμετῇ γυναικὶ ἐπεχείρησαν. εἶτα κατεμέσαντες τοῦ συμποσίου ἐς τὴν ὑστεραίαν λοιδοροῦνται ἡμῖν κατελθόντες, ὡς ἐδίψησαν καὶ ὡς λιμῷ συνῆσαν διηγούμενοι. καὶ εἴ σοι ταῦτα καταψεύδεσθαι αὐτῶν δοκοῦμεν, τὸν ὑμέτερον παράσιτον ἀναμνήσθητι τὸν Ἰξίονα, ὃς ἀξιωθεὶς κοινῆς τραπέζης ἀξίωμα ἔχειν ἴσον ὑμῖν, τῇ Ἥρᾳ μεθυσθεὶς ἐπεχείρει ὁ γενναῖος.

[39] Ταῦτ᾽ ἐστιν καὶ τὰ τοιαῦτα, ὑφ᾽ ὧν ἡμεῖς ἐβουλευσάμεθα πρὸς τὸ λοιπὸν ἀσφαλείας τῆς ἡμετέρας ἕνεκεν μηκέτι ἐπιβατὸν αὐτοῖς ποιεῖν τὴν οἰκίαν. εἰ δὲ ἐπὶ σοῦ συνθοῖντο μετρίων δεήσεσθαι, ὥσπερ νῦν φασι, μηδὲν δὲ ὑβριστικὸν ἐν τοῖς συμποσίοις ἐργάσεσθαι, κοινωνούντων ἡμῖν καὶ συνδειπνούντων τύχῃ τῇ ἀγαθῇ. καὶ τῶν ἱματίων, ὡς σὺ κελεύεις, πέμψομεν καὶ τοῦ χρυσίου ὁπόσον οἷόν τε καὶ προσδαπανῶσι, καὶ ὅλως οὐδὲν ἐλλείψομεν. καὶ αὐτοὶ δὲ ἀφέμενοι τοῦ κατὰ τέχνην ὁμιλεῖν ἡμῖν φίλοι ἀντὶ κολάκων καὶ παρασίτων ἔστωσαν. ὡς ἡμᾶς γε οὐδὲν ἂν αἰτιάσαιο κἀκείνων τὰ δέοντα ποιεῖν ἐθελόντων.

ne Nebenfrau oder gar die Frau des Hauses. Dann, nachdem sie den Festsaal vollgekotzt haben, gehen sie nach Hause, und am folgenden Tag ziehen sie über uns her mit ihren Geschichten, wie sie beinahe verdurstet und verhungert wären. Und wenn du jetzt denkst, wir erfänden das, um sie schlecht zu machen, dann erinnere dich doch bitte an euren eigenen Parasiten, den Ixion, dem ihr am gemeinsamen Tisch den gleichen Rang mit euch zuerkannt hattet und der dann, der brave Mann, betrunken, wie er war, sich an Hera heranmachte.[34]

[39] Dies alles und Vergleichbares ist es, was uns nach reiflicher Überlegung dazu bewogen hat, ihnen um unserer eigenen Sicherheit willen in Zukunft unser Haus nicht mehr zugänglich zu machen. Sollten sie sich jedoch, unter deiner Ägide, dazu verstehen, nur noch maßvolle Forderungen zu stellen, wie sie jetzt behaupten, und sich beim Festmahl keine Übergriffe mehr zuschulden kommen zu lassen, dann sollen sie sich zu uns gesellen und, wenn sie das glücklich macht, mit uns zusammen speisen, und wir wollen ihnen auch, wie du befiehlst, von unseren Kleidern und unserem Gold schicken, soviel wir uns eben leisten können, und überhaupt wollen wir nichts versäumen. Und wenn sie selbst davon Abstand nehmen, ihre Gemeinschaft mit uns raffiniert zu planen und zu kalkulieren, dann sollen sie gern anstelle von Schmeichlern und Parasiten unsere Freunde sein. Denn du wirst uns nichts vorzuwerfen haben, wenn sie denn bereit sind, auch ihrerseits ihre Pflicht zu tun.

ΘΕΩΝ ΚΡΙΣΙΣ

[1] ΖΕΥΣ

Ἑρμῆ, λαβὼν τουτὶ τὸ μῆλον ἄπιθι εἰς τὴν Φρυγίαν παρὰ τὸν Πριάμου παῖδα τὸν βουκόλον – νέμει δὲ τῆς Ἴδης ἐν τῷ Γαργάρῳ – καὶ λέγε πρὸς αὐτόν, ὅτι »Σέ, ὦ Πάρι, κελεύει ὁ Ζεύς, ἐπειδὴ καλός τε αὐτὸς εἶ καὶ σοφὸς τὰ ἐρωτικά, δικάσαι ταῖς θεαῖς, ἥτις αὐτῶν ἡ καλλίστη ἐστίν· τοῦ δὲ ἀγῶνος τὸ ἆθλον ἡ νικῶσα λαβέτω τὸ μῆλον.« ὥρα δὲ ἤδη καὶ ὑμῖν αὐταῖς ἀπιέναι παρὰ τὸν δικαστήν· ἐγὼ γὰρ ἀπωθοῦμαι τὴν δίαιταν ἐπ' ἴσης τε ὑμᾶς ἀγαπῶν, καὶ εἴ γε οἷόν τε ἦν, ἡδέως ἂν ἁπάσας νενικηκυίας ἰδών. ἄλλως τε καὶ ἀνάγκη, μιᾷ τὸ καλλιστεῖον ἀποδόντα πάντως ἀπεχθάνεσθαι ταῖς πλείοσιν. διὰ ταῦτα αὐτὸς μὲν οὐκ ἐπιτήδειος ὑμῖν δικαστής, ὁ δὲ νεανίας οὗτος ὁ Φρὺξ ἐφ' ὃν ἄπιτε βασιλικὸς μέν ἐστι καὶ Γανυμήδους τουτουὶ συγγενής, τὰ ἄλλα δὲ ἀφελὴς καὶ ὄρειος, κοὐκ ἄν τις αὐτὸν ἀπαξιώσαι τοιαύτης θέας.

[2] ΑΦΡΟΔΙΤΗ

Ἐγὼ μέν, ὦ Ζεῦ, εἰ καὶ τὸν Μῶμον αὐτὸν ἐπιστήσειας ἡμῖν δικαστήν, θαρροῦσα βαδιοῦμαι πρὸς τὴν ἐπίδειξιν· τί γὰρ ἂν καὶ μωμήσαιτό μου; χρὴ δὲ καὶ ταύταις ἀρέσκειν τὸν ἄνθρωπον.

ΗΡΑ

Οὐδ' ἡμεῖς, ὦ Ἀφροδίτη, δέδιμεν, οὐδ' ἂν ὁ Ἄρης ὁ σὸς ἐπιτραπῇ τὴν δίαιταν· ἀλλὰ δεχόμεθα καὶ τοῦτον, ὅστις ἂν ᾖ, τὸν Πάριν.

GÖTTINNEN VOR DEM RICHTER

[1] ZEUS
Hermes, hier, nimm diesen Apfel, und ab mit dir nach Phrygien zum Sohn des Priamos, dem Hirten – er weidet seine Herde am Gargaron im Ida! Richte ihm Folgendes aus: »Dir, Paris, befiehlt Zeus, da du ja selbst ein hübscher Junge bist und ein Experte in Sachen Erotik, über die Göttinnen zu Gericht zu sitzen und zu urteilen, welche von ihnen die schönste ist. Als Wettkampfpreis soll die Siegerin den Apfel bekommen.«

Auch für euch Frauen ist es jetzt der rechte Zeitpunkt gekommen, persönlich bei eurem Richter vorstellig zu werden. Denn was mich betrifft, so weigere ich mich, eine Entscheidung zu fällen, weil ich euch gleichermaßen liebe und euch am liebsten, wäre das möglich, alle als Siegerinnen sähe. Zumal ja kein Weg daran vorbeiführt, dass, wer einer den Schönheitspreis zuspricht, den anderen – und sie sind in der Mehrheit – zutiefst verhasst werden wird. Deswegen bin ich als Richter für euch ungeeignet, aber dieser junge Mann, der Phryger, zu dem ihr euch aufmacht, ist königlichen Geblüts und mit unserem Ganymed hier verwandt, im Übrigen ist er ein einfacher Bergbauernbursche, und keiner würde ihn eines solchen Anblicks für unwürdig halten.

[2] APHRODITE
Ich, Zeus, werde, selbst wenn du uns Momos persönlich als Richter hinstellen solltest, voller Selbstvertrauen zu diesem Auftritt gehen. Was könnte er an mir schon zu monieren finden? Allerdings müssen auch die hier mit dem Menschen einverstanden sein.

HERA
Auch ich, Aphrodite, bin ganz unbesorgt, selbst wenn man deinem Ares den Spruch überlässt. Ich akzeptiere aber auch den da, wer immer das sein mag, diesen Paris.

ΖΕΥΣ
Ἦ καὶ σοὶ ταῦτα, ὦ θύγατερ, συνδοκεῖ; τί φῄς; ἀποστρέφῃ καὶ ἐρυθριᾷς; ἔστι μὲν ἴδιον τὸ αἰδεῖσθαι τὰ τοιαῦτα ὑμῶν τῶν παρθένων· ἐπινεύεις δ' ὅμως. ἄπιτε οὖν καὶ μὴ χαλεπήνητε τῷ δικαστῇ αἱ νενικημέναι μηδὲ κακὸν ἐντρίψησθε τῷ νεανίσκῳ· οὐ γὰρ οἷόν τε ἐπ' ἴσης πάσας εἶναι καλάς.

[3] ΕΡΜΗΣ
Προΐωμεν εὐθὺ τῆς Φρυγίας, ἐγὼ μὲν ἡγούμενος, ὑμεῖς δὲ μὴ βραδέως ἀκολουθεῖτέ μοι καὶ θαρρεῖτε. οἶδα ἐγὼ τὸν Πάριν. νεανίας ἐστὶ καλὸς καὶ τἆλλα ἐρωτικὸς καὶ τὰ τοιαῦτα κρίνειν ἱκανώτατος. οὐκ ἂν ἐκεῖνος δικάσειεν κακῶς.

ΑΦΡΟΔΙΤΗ
Τοῦτο μὲν ἅπαν ἀγαθὸν καὶ πρὸς ἐμοῦ λέγεις, τὸ δίκαιον εἶναι τὸν δικαστήν· πότερα δὲ ἄγαμός ἐστιν οὗτος ἢ καὶ γυνή τις αὐτῷ σύνεστιν;

ΕΡΜΗΣ
Οὐ παντελῶς ἄγαμος, ὦ Ἀφροδίτη.

ΑΦΡΟΔΙΤΗ
Πῶς λέγεις;

ΕΡΜΗΣ
Δοκεῖ τις αὐτῷ συνοικεῖν Ἰδαία γυνή, ἱκανὴ μέν, ἀγροῖκος δὲ καὶ δεινῶς ὄρειος, ἀλλ' οὐ σφόδρα προσέχειν αὐτῇ ἔοικε. τίνος δ' οὖν ἕνεκα ταῦτα ἐρωτᾷς;

ΑΦΡΟΔΙΤΗ
Ἄλλως ἠρόμην.

[4] ΑΘΗΝΑ
Παραπρεσβεύεις, ὦ οὗτος, ἰδίᾳ πάλαι ταύτῃ κοινολογούμενος.

Zeus
Und du, Tochter, bist auch du einverstanden? Was sagst du? Du drehst dich weg und wirst rot? Ach, sich bei so was zu genieren ist typisch für euch Jungfrauen. Du nickst aber trotzdem. Dann ab mit euch, und dass die Verliererinnen mir ja nicht böse auf den Richter sind und dem jungen Kerl nichts Schlimmes antun! Es können ja nun mal nicht alle gleich schön sein.

[3] Hermes
Dann mal los, auf direktem Weg nach Phrygien, ich gehe voraus, ihr folgt mir, ohne zu trödeln, und keine Sorge! Ich kenne den Paris. Das ist ein hübscher junger Mann, im Übrigen erotisch versiert und in solchen Angelegenheiten absolut urteilsfähig. Er wird sicher kein schlechter Richter sein.

Aphrodite
Alles gut – gut für mich –, was du da über die Gerechtigkeit des Richters sagst! Ist er denn unverheiratet, oder lebt eine Frau mit ihm zusammen?

Hermes
Nicht ganz unverheiratet, Aphrodite.

Aphrodite
Wie meinst du das?

Hermes
Ich glaube, eine Frau aus dem Ida teilt das Haus mit ihm; zufriedenstellend, aber doch ein bäuerlicher Typ und schon ziemlich ›vom Berg‹; es kommt mir allerdings so vor, als interessiere er sich nicht sehr für sie. Warum fragst du?

Aphrodite
Nur so.

[4] Athena
He du, veruntreust du deine diplomatischen Pflichten? Was tuschelst du denn die ganze Zeit mit der?

ΕΡΜΗΣ

Οὐδέν, ὦ Ἀθηνᾶ, δεινὸν οὐδὲ καθ' ὑμῶν, ἀλλ' ἤρετό με εἰ ἄγαμος ὁ Πάρις ἐστίν.

ΑΘΗΝΑ

Ὡς δὴ τί τοῦτο πολυπραγμονοῦσα;

ΕΡΜΗΣ

Οὐκ οἶδα· φησὶ δ' οὖν ὅτι ἄλλως ἐπελθόν, οὐκ ἐξεπίτηδες ἤρετο.

ΑΘΗΝΑ

Τί οὖν; ἄγαμός ἐστιν;

ΕΡΜΗΣ

Οὐ δοκεῖ.

ΑΘΗΝΑ

Τί δέ; τῶν πολεμικῶν ἐστιν αὐτῷ ἐπιθυμία καὶ φιλόδοξός τις, ἢ τὸ πᾶν βουκόλος;

ΕΡΜΗΣ

Τὸ μὲν ἀληθὲς οὐκ ἔχω λέγειν, εἰκάζειν δὲ χρὴ νέον ὄντα καὶ τούτων ὀρέγεσθαι τυχεῖν καὶ βούλεσθαι ἂν πρῶτον αὐτὸν εἶναι κατὰ τὰς μάχας.

ΑΦΡΟΔΙΤΗ

Ὁρᾷς; οὐδὲν ἐγὼ μέμφομαι οὐδὲ προσεγκαλῶ σοι τὸ πρὸς ταύτην ἰδίᾳ λαλεῖν· μεμψιμοίρων γὰρ καὶ οὐκ Ἀφροδίτης τὰ τοιαῦτα.

ΕΡΜΗΣ

Καὶ αὕτη σχεδὸν τὰ αὐτά με ἤρετο· διὸ μὴ χαλεπῶς ἔχε μηδ' οἴου μειονεκτεῖν, εἴ τι καὶ ταύτῃ κατὰ τὸ ἁπλοῦν ἀπεκρινάμην. **[5]** ἀλλὰ μεταξὺ λόγων ἤδη πολὺ προϊόντες ἀπεσπάσαμεν τῶν ἀστέρων καὶ σχεδόν γε κατὰ τὴν Φρυγίαν ἐσμέν. ἐγὼ δὲ καὶ τὴν Ἴδην ὁρῶ καὶ τὸ Γάργαρον ὅλον ἀκριβῶς, εἰ δὲ μὴ ἐξαπατῶμαι, καὶ αὐτὸν ὑμῶν τὸν δικαστὴν τὸν Πάριν.

Hermes
Nichts besonderes, Athena, und überhaupt nicht gegen euch, sondern sie hat mich gefragt, ob Paris unverheiratet sei.

Athena
Und was bitte geht sie das an?

Hermes
Weiß nicht. Sie sagt, die Frage sei ihr nur so, ohne Absicht, in den Sinn gekommen.

Athena
Und? Ist er unverheiratet?

Hermes
Wie es aussieht, nicht.

Athena
Und weiter? Giert er nach kriegerischen Taten, nach Ruhm, oder ist er rundum Hirte?

Hermes
Wie sich das tatsächlich verhält, kann ich dir nicht sagen, aber man darf doch annehmen, dass es ihn als jungen Mann auch nach solchen Erfolgen verlangt und dass er wohl gern in der Schlacht der erste wäre.

Aphrodite
Siehst du! Ich nörgle nicht rum und mache dir keine Vorwürfe dafür, dass du dich mit der da privat unterhältst. Typisch für die ewig Unzufriedenen, so was, nicht für Aphrodite.

Hermes
Auch sie hat mich fast genau dasselbe gefragt. Ärgere dich also nicht und denke nicht, dir entstünden irgendwelche Nachteile, wenn ich auch ihre Frage in aller Einfachheit beantwortet habe. [5] Aber wir reden und reden, und da sind wir schon ein gutes Stück vorangekommen, haben uns von den Sternen entfernt und sind schon fast in Phrygien. Und da sehe ich auch den Ida und den Gargaron, ganz genau, und da ist, wenn ich mich nicht irre, auch schon euer Richter, Paris.

ΗΡΑ

Ποῦ δέ ἐστιν; οὐ γὰρ κἀμοὶ φαίνεται.

ΕΡΜΗΣ

Ταύτῃ, ὦ Ἥρα, πρὸς τὰ λαιὰ περισκόπει, μὴ πρὸς ἄκρῳ τῷ ὄρει, παρὰ δὲ τὴν πλευράν, οὗ τὸ ἄντρον, ἔνθα καὶ τὴν ἀγέλην ὁρᾷς.

ΗΡΑ

Ἀλλ᾽ οὐχ ὁρῶ τὴν ἀγέλην.

ΕΡΜΗΣ

Τί φῄς; οὐχ ὁρᾷς βοίδια κατὰ τὸν ἐμὸν οὑτωσὶ δάκτυλον ἐκ μέσων τῶν πετρῶν προερχόμενα καί τινα ἐκ τοῦ σκοπέλου καταθέοντα καλαύροπα ἔχοντα καὶ ἀνείργοντα μὴ πρόσω διασκίδνασθαι τὴν ἀγέλην;

ΗΡΑ

Ὁρῶ νῦν, εἴ γε ἐκεῖνός ἐστιν.

ΕΡΜΗΣ

Ἀλλὰ ἐκεῖνος. ἐπειδὴ δὲ πλησίον ἤδη ἐσμέν, ἐπὶ τῆς γῆς, εἰ δοκεῖ, καταστάντες βαδίζωμεν, ἵνα μὴ διαταράξωμεν αὐτὸν ἄνωθεν ἐξ ἀφανοῦς καθιπτάμενοι.

ΗΡΑ

Εὖ λέγεις, καὶ οὕτω ποιῶμεν. ἐπεὶ δὲ καταβεβήκαμεν, ὥρα σοι, ὦ Ἀφροδίτη, προϊέναι καὶ ἡγεῖσθαι ἡμῖν τῆς ὁδοῦ· σὺ γὰρ ὡς τὸ εἰκὸς ἔμπειρος εἶ τοῦ χωρίου πολλάκις, ὡς λόγος, κατελθοῦσα πρὸς Ἀγχίσην.

ΑΦΡΟΔΙΤΗ

Οὐ σφόδρα, ὦ Ἥρα, τούτοις ἄχθομαι τοῖς σκώμμασιν.

[6] ΕΡΜΗΣ

Ἀλλ᾽ οὖν ἐγὼ ὑμῖν ἡγήσομαι· καὶ γὰρ αὐτὸς ἐνδιέτριψα τῇ Ἴδῃ, ὁπότε ὁ Ζεὺς ἤρα τοῦ μειρακίου τοῦ Φρυγός, καὶ πολλάκις δεῦρο ἦλθον ὑπ᾽ ἐκείνου καταπεμφθεὶς ἐς ἐπισκοπὴν τοῦ παιδός. καὶ ὁπότε γε ἤδη ἐν τῷ ἀετῷ ἦν, συμπαριπτάμην αὐτῷ καὶ συνεκούφιζον τὸν καλόν, καὶ εἴ γε

HERA
Wo ist er? Ich kann ihn nicht sehen.
HERMES
Da, Hera, schau mal nach links, nicht auf der Kuppe, sondern an der Flanke, wo die Höhle ist; da siehst du auch die Herde.
HERA
Ich sehe aber keine Herde.
HERMES
Wie bitte? Siehst du nicht die kleinen Rinder, hier, meinen Finger entlang, wie sie mitten aus den Felsen hervorkommen, und da den einen, der den Abhang hinunterläuft, mit dem Hirtenstab, der die Herde zurückdrängt, damit sie sich nicht verläuft?
HERA
Jetzt seh ich ihn, wenn es der da ist.
HERMES
Es ist der da. Und da wir ja schon in der Nähe sind, sollten wir, wenn es euch recht ist, landen und auf dem Boden weitergehen, damit wir ihn nicht erschrecken, wenn wir so aus dem Nichts von oben herabgeflogen kommen.
HERA
Recht hast du, so wollen wir es machen! Und da wir ja jetzt schon unten sind, ist es an dir, Aphrodite, vorauszugehen und uns den richtigen Weg zu führen. Denn du kennst die Gegend doch wahrscheinlich gut, von deinen häufigen Begegnungen mit Anchises, wie man erzählt.
APHRODITE
Diese Art Späßchen, Hera, machen mir nicht viel aus.
[6] HERMES
Nein, ich werde euch führen! Ich hab auch selbst schon Zeit auf dem Ida verbracht, als Zeus in sein Phrygerbürschchen verliebt war, und auf seinen Befehl bin ich oft hierhergekommen, um den Jungen auszuspähen. Und als er dann schon im Adler steckte, hab ich ihn auf dem Flug begleitet und ihm geholfen, den schönen Jungen

μέμνημαι, ἀπὸ ταυτησὶ τῆς πέτρας αὐτὸν ἀνήρπασεν. ὁ μὲν γὰρ ἔτυχε τότε συρίζων πρὸς τὸ ποίμνιον, καταπτάμενος δὲ ὄπισθεν αὐτοῦ ὁ Ζεὺς κούφως μάλα τοῖς ὄνυξι περιβαλὼν καὶ τῷ στόματι τὴν ἐπὶ τῇ κεφαλῇ τιάραν ἔχων ἀνέφερε τὸν παῖδα τεταραγμένον καὶ τῷ τραχήλῳ ἀπεστραμμένῳ εἰς αὐτὸν ἀποβλέποντα. τότε οὖν ἐγὼ τὴν σύριγγα λαβών, ἀποβεβλήκει γὰρ αὐτὴν ὑπὸ τοῦ δέους – ἀλλὰ γὰρ ὁ διαιτητὴς οὑτοσὶ πλησίον, ὥστε προσείπωμεν αὐτόν. [7] Χαῖρε, ὦ βουκόλε.

ΠΑΡΙΣ

Νὴ καὶ σύ γε, ὦ νεανίσκε. τίς δὲ ὢν δεῦρο ἀφῖξαι πρὸς ἡμᾶς; ἢ τίνας ταύτας ἄγεις τὰς γυναῖκας; οὐ γὰρ ἐπιτήδειαι ὀρεοπολεῖν, οὕτως γε οὖσαι καλαί.

ΕΡΜΗΣ

Ἀλλ᾽ οὐ γυναῖκές εἰσιν, Ἥραν δέ, ὦ Πάρι, καὶ Ἀθηνᾶν καὶ Ἀφροδίτην ὁρᾷς· κἀμὲ τὸν Ἑρμῆν ἀπέστειλεν ὁ Ζεύς – ἀλλὰ τί τρέμεις καὶ ὠχριᾷς; μὴ δέδιθι· χαλεπὸν γὰρ οὐδέν. κελεύει δέ σε δικαστὴν γενέσθαι τοῦ κάλλους αὐτῶν· »Ἐπεὶ γάρ,« φησί, »καλός τε αὐτὸς εἶ καὶ σοφὸς τὰ ἐρωτικά, σοὶ τὴν γνῶσιν ἐπιτρέπω.« τοῦ δὲ ἀγῶνος τὸ ἆθλον εἴσῃ ἀναγνοὺς τὸ μῆλον.

ΠΑΡΙΣ

Φέρ᾽ ἴδω τί καὶ βούλεται. »Ἡ καλή,« φησίν, »λαβέτω.« πῶς ἂν οὖν, ὦ δέσποτα Ἑρμῆ, δυνηθείην ἐγὼ θνητὸς αὐτὸς καὶ ἄγροικος ὢν δικαστὴς γενέσθαι παραδόξου θέας καὶ μείζονος ἢ κατὰ βουκόλον; τὰ γὰρ τοιαῦτα κρίνειν τῶν ἁβρῶν μᾶλλον καὶ ἀστικῶν· τὸ δὲ ἐμόν, αἶγα μὲν αἰγὸς ὁποτέρα ἡ καλλίων καὶ δάμαλιν ἄλλης δαμάλεως, τάχ᾽ ἂν δικάσαιμι κατὰ τὴν τέχνην· [8] αὗται δὲ πᾶσαί τε ὁμοίως καλαὶ καὶ οὐκ οἶδ᾽ ὅπως ἄν τις ἀπὸ τῆς ἑτέρας ἐπὶ τὴν ἑτέραν μεταγάγοι τὴν ὄψιν ἀποσπάσας· οὐ

zu tragen – und wenn ich mich richtig erinnere, dann hat er ihn genau von diesem Felsen hier aus geraubt. Der Junge spielte gerade seiner Herde etwas auf der Syrinx vor, da stieß Zeus hinter ihm herab, packte ihn leicht mit den Klauen, biss mit dem Schnabel in die Mütze auf seinem Kopf und trug ihn empor – und der war ganz verstört und starrte ihn an, den Hals verdreht. Da griff ich mir die Syrinx, die hatte er nämlich aus Angst fallen lassen – aber da ist ja auch schon unser Richter, also wollen wir ihn begrüßen. **[7]** Guten Tag, Hirt!

PARIS

Dir auch einen guten Tag, Jüngling! Wer bist du denn, dass du hierher zu uns kommst? Und was sind das für Frauen in deiner Begleitung? Sie sind ja nicht recht geeignet für eine Bergwanderung, so schön, wie sie sind.

HERMES

Nein, das sind keine Frauen, vielmehr, Paris, siehst du Hera, Athena und Aphrodite vor dir. Und mich, Hermes, hat Zeus gesandt – aber warum zitterst du denn und wirst ganz blass? Keine Angst! Nichts Schlimmes! Er befiehlt dir, Richter ihrer Schönheit zu sein. »Denn da du«, so sagt er, »selbst schön bist und etwas von Erotik verstehst, überlasse ich dir das Urteil.« Was der Wettkampfpreis ist, weißt du, sobald du den Apfel gelesen hast.

PARIS

Lass mal sehen, was das soll! »Die Schöne« – steht da – »soll mich haben.« Hoher Herr Hermes, wie soll ich, ein Sterblicher und Bauer, Richter eines so ungewöhnlichen Spektakels sein, das die Fähigkeiten eines Hirten weit übersteigt? So etwas zu beurteilen ist eher Sache der eleganten Leute aus der Stadt. Meine Angelegenheiten hingegen – welche Ziege schöner ist als die andere, und welches Kalb schöner als das andere – kann ich vielleicht sachgerecht beurteilen; **[8]** aber diese hier sind alle gleich schön, und ich weiß nicht, wie man seinen Blick von der einen lösen und zur anderen wenden sollte. Man will sich nämlich nicht einfach so losreißen, sondern

γὰρ ἐθέλει ἀφίστασθαι ῥᾳδίως, ἀλλ' ἔνθα ἂν ἀπερείσῃ τὸ πρῶτον, τούτου ἔχεται καὶ τὸ παρὸν ἐπαινεῖ· κἂν ἐπ' ἄλλο μεταβῇ, κἀκεῖνο καλὸν ὁρᾷ καὶ παραμένει, καὶ ὑπὸ τῶν πλησίον καταλάμπεται. καὶ ὅλως περικέχυταί μοι τὸ κάλλος αὐτῶν καὶ ὅλον περιείληφέ με καὶ ἄχθομαι, ὅτι μὴ καὶ αὐτὸς ὥσπερ ὁ Ἄργος ὅλῳ βλέπειν δύναμαι τῷ σώματι. δοκῶ δὲ καλῶς ἂν δικάσαι πάσαις ἀποδοὺς τὸ μῆλον. καὶ γὰρ αὖ καὶ τόδε, ταύτην μὲν εἶναι συμβέβηκεν τοῦ Διὸς ἀδελφὴν καὶ γυναῖκα, ταύτας δὲ θυγατέρας· πῶς οὖν οὐ χαλεπὴ καὶ οὕτως ἡ κρίσις;

ΕΡΜΗΣ

Οὐκ οἶδα· πλὴν οὐχ οἷόν τε ἀναδῦναι πρὸς τοῦ Διὸς κεκελευσμένον.

[9] ΠΑΡΙΣ

Ἓν τοῦτο, ὦ Ἑρμῆ, πεῖσον αὐτάς, μὴ χαλεπῶς ἔχειν μοι τὰς δύο τὰς νενικημένας, ἀλλὰ μόνων τῶν ὀφθαλμῶν ἡγεῖσθαι τὴν διαμαρτίαν.

ΕΡΜΗΣ

Οὕτω φασὶ ποιήσειν· ὥρα δέ σοι ἤδη περαίνειν τὴν κρίσιν.

ΠΑΡΙΣ

Πειρασόμεθα· τί γὰρ ἂν καὶ πάθοι τις; ἐκεῖνο δὲ πρότερον εἰδέναι βούλομαι, πότερ' ἐξαρκέσει σκοπεῖν αὐτὰς ὡς ἔχουσιν, ἢ καὶ ἀποδῦσαι δεήσει πρὸς τὸ ἀκριβὲς τῆς ἐξετάσεως;

ΕΡΜΗΣ

Τοῦτο μὲν σὸν ἂν εἴη τοῦ δικαστοῦ, καὶ πρόσταττε ὅπῃ καὶ θέλεις.

ΠΑΡΙΣ

Ὅπῃ καὶ θέλω; γυμνὰς ἰδεῖν βούλομαι.

dort, woran man einmal seinen Blick heftet, da bleibt man hängen und ist voll des Lobes für das, was gerade da ist; und geht man zum nächsten Detail über, dann sieht man, dass auch das schön ist, bleibt, wo man gerade ist, und wird erleuchtet von dem, was nebendran ist. Überhaupt ergießt sich ihre Schönheit um mich, sie umfängt mich zur Gänze und ich ärgere mich, dass ich nicht auch selbst, wie Argos, mit meinem ganzen Körper zu schauen vermag. Ich glaube, wenn ich den Apfel ihnen allen verleihen würde, dann wäre mein Urteil gerecht. Und dann kommt noch Folgendes hinzu: Die hier ist, wie es sich trifft, Schwester und Gemahlin des Zeus, und die hier sind seine Töchter: Wie soll da, erst recht unter diesen Umständen, das Urteil nicht schwierig sein?

HERMES

Weiß ich auch nicht. Ich weiß nur, dass es nicht möglich ist, sich Zeus' Befehl zu entziehen.

[9] PARIS

Bitte, Hermes, überrede sie nur dazu, dass mir die beiden Verliererinnen nicht böse sind, sondern den Fehler ganz bei meinen Augen suchen!

HERMES

Das sagen sie zu. So, nun musst du aber zum Urteil kommen!

PARIS

Ich will's versuchen. Was soll man da nur machen? Doch – vorher würde ich gern noch wissen, ob es genügt, sie so zu betrachten, wie sie gerade sind, oder ob sie sich für eine genaue Prüfung nicht entkleiden sollten?

HERMES

Das obliegt dir, dem Richter. Gib deine Anordnungen, wie du möchtest!

PARIS

Wie ich möchte? Ich will sie nackt sehen!

ΕΡΜΗΣ

Ἀπόδυτε, ὦ αὗται· σὺ δ’ ἐπισκόπει· ἐγὼ δὲ ἀπεστράφην.

[10] ΑΦΡΟΔΙΤΗ

Καλῶς, ὦ Πάρι· καὶ πρώτη γε ἀποδύσομαι, ὅπως μάθῃς ὅτι μὴ μόνας ἔχω τὰς ὠλένας λευκὰς μηδὲ τῷ βοῶπις εἶναι μέγα φρονῶ, ἐπ’ ἴσης δέ εἰμι πᾶσα καὶ ὁμοίως καλή.

ΑΘΗΝΑ

Μὴ πρότερον ἀποδύσῃς αὐτήν, ὦ Πάρι, πρὶν ἂν τὸν κεστὸν ἀπόθηται – φαρμακὶς γάρ ἐστιν – μή σε καταγοητεύσῃ δι’ αὐτοῦ. καίτοι γε ἐχρῆν μηδὲ οὕτω κεκαλλωπισμένην παρεῖναι μηδὲ τοσαῦτα ἐντετριμμένην χρώματα καθάπερ ὡς ἀληθῶς ἑταίραν τινά, ἀλλὰ γυμνὸν τὸ κάλλος ἐπιδεικνύειν.

ΠΑΡΙΣ

Εὖ λέγουσι τὸ περὶ τοῦ κεστοῦ, καὶ ἀπόθου.

ΑΦΡΟΔΙΤΗ

Τί οὖν οὐχὶ καὶ σύ, ὦ Ἀθηνᾶ, τὴν κόρυν ἀφελοῦσα ψιλὴν τὴν κεφαλὴν ἐπιδεικνύεις, ἀλλ’ ἐπισείεις τὸν λόφον καὶ τὸν δικαστὴν φοβεῖς; ἢ δέδιας μή σοι ἐλέγχηται τὸ γλαυκὸν τῶν ὀμμάτων ἄνευ τοῦ φοβεροῦ βλεπόμενον;

ΑΘΗΝΑ

Ἰδού σοι ἡ κόρυς αὕτη ἀφῄρηται.

ΑΦΡΟΔΙΤΗ

Ἰδοὺ καί σοι ὁ κεστός. Ἀλλὰ ἀποδυσώμεθα.

[11] ΠΑΡΙΣ

Ὦ Ζεῦ τεράστιε, τῆς θέας, τοῦ κάλλους, τῆς ἡδονῆς. οἵα μὲν ἡ παρθένος, ὡς δὲ βασιλικὸν αὕτη καὶ σεμνὸν ἀπολάμπει καὶ ἀληθῶς ἄξιον τοῦ Διός, ἥδε δὲ ὁρᾷ ἡδύ τι καὶ γλαφυρόν, καὶ προσαγωγὸν ἐμειδίασεν – ἀλλ’ ἤδη μὲν ἅλις ἔχω τῆς εὐδαιμονίας· εἰ δοκεῖ δέ, καὶ ἰδίᾳ

HERMES
Ihr da, zieht euch aus – und du, schau sie dir genau an! Ich drehe mich weg.

[10] APHRODITE
Gute Idee, Paris! Ich werde mich als erste ausziehen, damit du merkst, dass ich nicht nur weiße Arme habe und mir auch nicht auf Kuhäugigkeit groß was einbilde,[1] sondern an jeder Stelle gleichermaßen schön bin.

ATHENA
Erlaube ihr nicht, sich auszuziehen, Paris, bevor sie nicht auch ihren Gürtel abgelegt hat – sie ist nämlich eine Hexe –, damit sie dich nicht mit seiner Hilfe verzaubert.[2] Und überhaupt dürfte sie hier nicht so herausgeputzt und so heftig geschminkt erscheinen, wirklich ganz wie eine Hetäre, sondern müsste ihre Schönheit einfach so präsentieren.

PARIS
Mit dem Gürtel, da haben sie recht, also leg den ab!

APHRODITE
Warum nimmst du, Athena, denn dann nicht auch den Helm ab und präsentierst deinen Kopf ohne Bedeckung, sondern schüttelst den Helmbusch und jagst dem Richter einen Schrecken ein? Oder sorgst du dich, dass dir deine eulenglühenden Augen angekreidet werden, sieht man sie ohne Schreckenszutat?

ATHENA
Da, der Helm ist runter.

APHRODITE
Da hast du auch den Gürtel. Aber jetzt wollen wir uns ausziehen!

[11] PARIS
Oh wunderwirkender Zeus, was für ein Anblick, was für Schönheit, was für Lust! Was für eine Jungfrau, und wieviel königliche Grandezza diese hier ausstrahlt, wahrhaft des Zeus würdig, und diese hier schaut süß und zierlich und lächelt verführerisch – nein, ich habe schon genug am Glück. Wenn es erlaubt ist, will ich jetzt jede

καθ' ἑκάστην ἐπιδεῖν βούλομαι, ὡς νῦν γε ἀμφίβολός εἰμι καὶ οὐκ οἶδα πρὸς ὅ τι ἀποβλέψω, πάντῃ τὰς ὄψεις περισπώμενος.

ΘΕΑΙ

Οὕτω ποιῶμεν.

ΠΑΡΙΣ

Ἄπιτε οὖν αἱ δύο· σὺ δέ, ὦ Ἥρα, περίμενε.

ΗΡΑ

Περιμενῶ, κἀπειδάν με ἀκριβῶς ἴδῃς, ὥρα σοι καὶ τἆλλα ἤδη σκοπεῖν εἰ καλά σοι, τὰ δῶρα τῆς νίκης τῆς ἐμῆς. ἢν γάρ με, ὦ Πάρι, δικάσῃς εἶναι καλήν, ἁπάσης ἔσῃ τῆς Ἀσίας δεσπότης.

[12] ΠΑΡΙΣ

Οὐκ ἐπὶ δώροις μὲν τὰ ἡμέτερα. πλὴν ἄπιθι· πεπράξεται γὰρ ἅπερ ἂν δοκῇ. σὺ δὲ πρόσιθι ἡ Ἀθηνᾶ.

ΑΘΗΝΑ

Παρέστηκά σοι, κᾆτα ἤν με, ὦ Πάρι, δικάσῃς καλήν, οὔποτε ἥττων ἄπει ἐκ μάχης, ἀλλ' ἀεὶ κρατῶν· πολεμιστὴν γάρ σε καὶ νικηφόρον ἀπεργάσομαι.

ΠΑΡΙΣ

Οὐδέν, ὦ Ἀθηνᾶ, δεῖ μοι πολέμου καὶ μάχης· εἰρήνη γάρ, ὡς ὁρᾷς, τὰ νῦν ἐπέχει τὴν τε Φρυγίαν καὶ Λυδίαν καὶ ἀπολέμητος ἡμῖν ἡ τοῦ πατρὸς ἀρχή. θάρρει δέ· οὐ μειονεκτήσεις γάρ, κἂν μὴ ἐπὶ δώροις δικάζωμεν. ἀλλ' ἔνδυθι ἤδη καὶ ἐπίθου τὴν κόρυν· ἱκανῶς γὰρ εἶδον. τὴν Ἀφροδίτην παρεῖναι καιρός.

[13] ΑΦΡΟΔΙΤΗ

Αὕτη σοι ἐγὼ πλησίον, καὶ σκόπει καθ' ἓν ἀκριβῶς μηδὲν παρατρέχων, ἀλλ' ἐνδιατρίβων ἑκάστῳ τῶν μελῶν. εἰ δ' ἐθέλεις, ὦ καλέ, καὶ τάδε μου

einzeln und für sich anschauen, denn ich bin noch unentschieden und weiß nicht, wohin ich schauen soll, meine Blicke werden in alle Richtungen gezogen.

Göttinnen

So wollen wir es machen!

Paris

Dann geht ihr beide mal zur Seite, und du, Hera, bleib!

Hera

Ich werde bleiben, und wenn du mich genau anschaust, dann ist jetzt der Moment, auch das Übrige daraufhin anzuschauen, ob du es schön findest: die Geschenke für meinen Sieg. Wenn du, Paris, das Urteil fällst, dass ich schön bin, wirst du Herr über ganz Asien sein.

[12] Paris

Mit Geschenken hab ich's nicht so. Nun geh! Denn es wird getan werden, was richtig scheint. Komm du vor, Athena!

Athena

Da bin ich schon, Paris, und wenn du mich als schön beurteilst, wirst du niemals unterlegen aus einer Schlacht gehen, sondern immer überlegen: Denn ich werde dich zum Krieger und Sieger machen.

Paris

Krieg und Schlacht brauche ich nicht, Athena. Denn wie du siehst, waltet in Phrygien und Lydien jetzt Frieden, und die Herrschaft meines Vaters ist unangefochten. Aber ruhig Blut! Du wirst nicht benachteiligt werden, selbst wenn ich das Urteil nicht auf der Grundlage von Geschenken fälle. Aber zieh dich schon wieder an und setz den Helm auf, ich habe genug gesehen. Jetzt soll Aphrodite erscheinen.

[13] Aphrodite

Da bin ich schon, ganz nah bei dir, und schau mich ganz genau an, lass nichts aus, sondern lass deinen Blick auf jedem Körperteil ruhen. Und wenn du magst, mein Schöner, dann lass dir auch

ἄκουσον. ἐγὼ γὰρ πάλαι ὁρῶσά σε νέον ὄντα καὶ καλὸν ὁποῖον οὐκ οἶδα εἴ τινα ἕτερον ἡ Φρυγία τρέφει, μακαρίζω μὲν τοῦ κάλλους, αἰτιῶμαι δὲ τὸ μὴ ἀπολιπόντα τοὺς σκοπέλους καὶ ταυτασὶ τὰς πέτρας κατ' ἄστυ ζῆν, ἀλλὰ διαφθείρειν τὸ κάλλος ἐν ἐρημίᾳ. τί μὲν γὰρ ἂν σὺ ἀπολαύσειας τῶν ὀρῶν; τί δ' ἂν ἀπόναιντο τοῦ σοῦ κάλλους αἱ βόες; ἔπρεπεν δὲ ἤδη σοι καὶ γεγαμηκέναι, μὴ μέντοι ἄγροικόν τινα καὶ χωρῖτιν, οἷαι κατὰ τὴν Ἴδην αἱ γυναῖκες, ἀλλά τινα ἐκ τῆς Ἑλλάδος, ἢ Ἀργόθεν ἢ ἐκ Κορίνθου ἢ Λάκαιναν οἵαπερ ἡ Ἑλένη ἐστίν, νέα τε καὶ καλὴ καὶ κατ' οὐδὲν ἐλάττων ἐμοῦ, καὶ τὸ δὴ μέγιστον, ἐρωτική. ἐκείνη γὰρ εἰ καὶ μόνον θεάσαιτό σε, εὖ οἶδα ἐγὼ ὡς ἅπαντα ἀπολιποῦσα καὶ παρασχοῦσα ἑαυτὴν ἔκδοτον ἕψεται καὶ συνοικήσει. πάντως δὲ καὶ σὺ ἀκήκοάς τι περὶ αὐτῆς.

ΠΑΡΙΣ

Οὐδέν, ὦ Ἀφροδίτη· νῦν δὲ ἡδέως ἂν ἀκούσαιμί σου τὰ πάντα διηγουμένης.

[14] ΑΦΡΟΔΙΤΗ

Αὕτη θυγάτηρ μέν ἐστι Λήδας ἐκείνης τῆς καλῆς ἐφ' ἣν ὁ Ζεὺς κατέπτη κύκνος γενόμενος.

ΠΑΡΙΣ

Ποία δὲ τὴν ὄψιν ἐστί;

ΑΦΡΟΔΙΤΗ

Λευκὴ μέν, οἵαν εἰκὸς ἐκ κύκνου γεγενημένην, ἁπαλὴ δέ, ὡς ἐν ᾠῷ τραφεῖσα, γυμνὰς τὰ πολλὰ καὶ παλαιστική, καὶ οὕτω δή τι περισπούδαστος ὥστε καὶ πόλεμον ἀμφ' αὐτῇ γενέσθαι, τοῦ Θησέως ἄωρον ἔτι ἁρπάσαντος· οὐ μὴν ἀλλ' ἐπειδήπερ εἰς ἀκμὴν κατέστη, πάντες οἱ ἄριστοι τῶν Ἀχαιῶν ἐπὶ τὴν μνηστείαν ἀπήντησαν, προεκρίθη δὲ Μενέλαος τοῦ Πελοπιδῶν γένους. εἰ δὴ θέλοις, ἐγώ σοι καταπράξομαι τὸν γάμον.

Folgendes sagen. Ich sehe nämlich schon seit Längerem, wie jung und schön du bist – ich weiß nicht, ob Phrygien je noch so einen wie dich hervorgebracht hat. Ich preise dich für deine Schönheit, muss dir aber den Vorwurf machen, dass du die Klüfte und Felsen hier nicht verlässt und in der Stadt lebst, sondern deine Schönheit in der Einöde verkommen lässt. Was hast du denn von den Bergen? Und welchen Nutzen ziehen die Rinder aus deiner Schönheit? Du müsstest auch schon verheiratet sein, natürlich nicht mit so einem Bauernmädchen vom Lande, wie den Frauen vom Ida, sondern mit einer aus Griechenland, aus Argos oder Korinth oder mit einer Spartanerin wie Helena, jung und schön, kein bisschen schlechter als ich, und, was ja am wichtigsten ist, zur Liebe geneigt. Wenn die dich auch nur einmal zu Gesicht bekäme, dann würde sie, da bin ich sicher, alles stehen und liegen lassen, sich dir in die Arme werfen, dir folgen und mit dir leben. Sicher hast sogar du schon von ihr gehört.

Paris

Nein, Aphrodite. Aber ich würde jetzt gern alles von dir hören!

[14] Aphrodite

Sie ist die Tochter der bekannten Leda, der Schönen, zu der Zeus in Gestalt eines Schwans hinabflog.

Paris

Wie sieht sie aus?

Aphrodite

Weiße Haut, ganz natürlich, wo sie doch von einem Schwan abstammt, ganz weich und anschmiegsam, weil sie ja in einem Ei heranwuchs, im Turnen und im Ringen ziemlich geübt,[3] und wirklich dermaßen umschwärmt, dass es um sie sogar schon Krieg gegeben hat, weil Theseus sie raubte, als sie noch minderjährig war. Als sie dann erwachsen geworden war, kamen die besten der Achaier alle zur Brautwerbung, aber den Vorzug erhielt Menelaos aus dem Geschlecht des Pelops. Wenn du willst, könnte ich dir diese Hochzeit vermitteln.

ΠΑΡΙΣ
Πῶς φής; τὸν τῆς γεγαμημένης;
ΑΦΡΟΔΙΤΗ
Νέος εἶ σὺ καὶ ἄγροικος, ἐγὼ δὲ οἶδα ὡς χρὴ τὰ τοιαῦτα δρᾶν.
ΠΑΡΙΣ
Πῶς; ἐθέλω γὰρ καὶ αὐτὸς εἰδέναι.
[15] ΑΦΡΟΔΙΤΗ
Σὺ μὲν ἀποδημήσεις ὡς ἐπὶ θέαν τῆς Ἑλλάδος, κἀπειδὰν ἀφίκῃ εἰς τὴν Λακεδαίμονα, ὄψεταί σε ἡ Ἑλένη. τοὐντεῦθεν δὲ ἐμὸν ἂν εἴη τὸ ἔργον, ὅπως ἐρασθήσεταί σου καὶ ἀκολουθήσει.
ΠΑΡΙΣ
Τοῦτ' αὐτὸ ἄπιστον εἶναί μοι δοκεῖ, τὸ ἀπολιποῦσαν τὸν ἄνδρα ἐθελῆσαι βαρβάρῳ καὶ ξένῳ συνεκπλεῦσαι.
ΑΦΡΟΔΙΤΗ
Θάρρει τούτου γε ἕνεκα. παῖδε γάρ μοι ἐστὸν δύο καλώ, Ἵμερος καὶ Ἔρως· τούτω σοι παραδώσω ἡγεμόνε τῆς ὁδοῦ γενησομένω· καὶ ὁ μὲν Ἔρως ὅλος παρελθὼν εἰς αὐτὴν ἀναγκάσει τὴν γυναῖκα ἐρᾶν, ὁ δ' Ἵμερος αὐτῷ σοι περιχυθεὶς τοῦθ' ὅπερ ἐστίν, ἱμερτόν τε θήσει καὶ ἐράσμιον. καὶ αὐτὴ δὲ συμπαροῦσα δεήσομαι καὶ τῶν Χαρίτων ἀκολουθεῖν καὶ οὕτως ἅπαντες αὐτὴν ἀναπείσομεν.
ΠΑΡΙΣ
Ὅπως μὲν ταῦτα χωρήσει, ἄδηλον, ὦ Ἀφροδίτη· πλὴν ἐρῶ γε ἤδη τῆς Ἑλένης καὶ οὐκ οἶδ' ὅπως καὶ ὁρᾶν αὐτὴν οἴομαι καὶ πλέω εὐθὺ τῆς Ἑλλάδος καὶ τῇ Σπάρτῃ ἐπιδημῶ καὶ ἐπάνειμι ἔχων τὴν γυναῖκα – καὶ ἄχθομαι ὅτι μὴ ἤδη πάντα ταῦτα ποιῶ.

PARIS

Wie meinst du das – Hochzeit mit einer verheirateten Frau?

APHRODITE

Du bist eben jung und kommst vom Land, aber ich weiß, wie man solche Dinge deichselt.

PARIS

Wie denn? Ich will das auch wissen.

[15] APHRODITE

Du wirst eine Rundreise durch Griechenland machen, und wenn du nach Sparta kommst, wird Helena dich zu Gesicht bekommen. Von dem Augenblick an lass es mal meine Sorge sein, dass sie sich in dich verliebt und dir folgt.

PARIS

Das kommt mir völlig unglaubwürdig vor, dass sie ihren Mann verlassen und mit einem fremden Barbaren davonfahren wollen soll.

APHRODITE

Mach dir darüber mal keine Gedanken! Ich habe nämlich zwei hübsche Söhne, Himeros und Eros.[4] Die gebe ich dir als Führer mit auf deinen Weg. Und wenn Eros erstmal ganz zu der Frau durchdringt, wird er sie zwingen zu begehren, Himeros aber ergießt sich ganz um dich und macht dich zu dem, was er eben ist: attraktiv und begehrenswert. Ich werde auch höchstpersönlich dabeisein und die Chariten bitten, mich zu begleiten, und so werden wir sie alle miteinander überzeugen.

PARIS

Wie das alles funktionieren soll, ist mir unklar, Aphrodite; allerdings bin ich jetzt schon in Helena verliebt und meine, ich weiß nicht wie, sie bereits zu sehen, und segle schon geradewegs nach Griechenland, komme nach Sparta und bin schon wieder auf dem Heimweg, mit der Frau – und ärgere mich, dass ich das nicht alles schon längst tue.

[16] ΑΦΡΟΔΙΤΗ

Μὴ πρότερον ἐρασθῇς, ὦ Πάρι, πρὶν ἐμὲ τὴν προμνήστριαν καὶ νυμφαγωγὸν ἀμείψασθαι τῇ κρίσει· πρέποι γὰρ ἂν κἀμὲ νικηφόρον ὑμῖν συμπαρεῖναι καὶ ἑορτάζειν ἅμα καὶ τοὺς γάμους καὶ τὰ ἐπινίκια. πάντα γὰρ ἔνεστί σοι – τὸν ἔρωτα, τὸ κάλλος, τὸν γάμον – τουτουὶ τοῦ μήλου πρίασθαι.

ΠΑΡΙΣ

Δέδοικα μή μου ἀμελήσῃς μετὰ τὴν κρίσιν.

ΑΦΡΟΔΙΤΗ

Βούλει οὖν ἐπομόσωμαι;

ΠΑΡΙΣ

Μηδαμῶς, ἀλλ' ὑπόσχου πάλιν.

ΑΦΡΟΔΙΤΗ

Ὑπισχνοῦμαι δή σοι τὴν Ἑλένην παραδώσειν γυναῖκα, καὶ ἀκολουθήσειν γέ σοι αὐτὴν καὶ ἀφίξεσθαι παρ' ὑμᾶς εἰς τὴν Ἴλιον· καὶ αὐτὴ παρέσομαι καὶ συμπράξω τὰ πάντα.

ΠΑΡΙΣ

Καὶ τὸν Ἔρωτα καὶ τὸν Ἵμερον καὶ τὰς Χάριτας ἄξεις;

ΑΦΡΟΔΙΤΗ

Θάρρει, καὶ τὸν Πόθον καὶ τὸν Ὑμέναιον ἔτι πρὸς τούτοις παραλήψομαι.

ΠΑΡΙΣ

Οὐκοῦν ἐπὶ τούτοις δίδωμι τὸ μῆλον· ἐπὶ τούτοις λάμβανε.

[16] APHRODITE
Verlieb dich nicht, Paris, bevor du mich nicht als Brautwerberin und Brautführerin für dein Urteil eingetauscht hast! Es dürfte sich ja wohl gehören, dass auch ich Siegerin bin, wenn ich mich zu euch geselle und mit euch zugleich die Hochzeit und den Sieg feiere. Es ist dir alles möglich – Liebe, Schönheit, Ehe –, zum Preis dieses Apfels hier.

PARIS
Ich fürchte nur, dass du mich nach dem Urteil links liegen lässt.

APHRODITE
Soll ich einen Eid darauf leisten?

PARIS
Nein, aber versprich es nochmal!

APHRODITE
Hiermit verspreche ich, dir Helena zur Frau zu geben, und dass sie dir folgen und zu euch nach Troja kommen wird. Und ich werde selbst auch kommen und dir bei allem helfen.

PARIS
Und du wirst Eros, Himeros und die Chariten mitbringen?

APHRODITE
Sei unbesorgt, und ich werde außerdem noch Pothos und Hymenaios mitnehmen.[5]

PARIS
Zu diesen Bedingungen gebe ich dir den Apfel; und du empfange ihn, zu diesen Bedingungen.

ANMERKUNGEN

Ἰκαρομένιππος ἢ Ὑπερνέφελος / Ikaromenipp oder Der Mann in den Wolken

1 Der Götterhimmel wird hier räumlich vom Sternenraum unterschieden. Das Längenmaß eines (attischen) Stadions entspricht ungefähr 180 m, eine (persische) Parasange (Wegstunde) ist äquivalent zu 30 Stadien, also ca. 5,5 km. Menipp gibt mithin die Distanz von der Erde zum Mond mit 540 Kilometern, vom Mond bis zur Sonne mit 2750 Kilometern an. Der Stil des Satzes mit seinen Längenangaben erinnert an die Art der Berichterstattung in Xenophons *Anabasis*, ein Titel, der eigentlich den Heereszug ins ›Landesinnere‹ bezeichnete, den Menipp hier aber in witziger Wörtlichkeit auf seinen tatsächlichen ›Aufstieg‹ anspielen lässt.

2 Der Kyniker Menipp (Μένιππος) ist eine häufig verwendete Figur in Lukians Dialogen; insbesondere in den Unterweltstexten (Band IV) spielt er eine wichtige Rolle. Er stammte aus Gadara (heute in Jordanien) und lebte in der ersten Hälfte des 3. Jh.s v. Chr. Sein literarisches Werk ist nicht überliefert, er gilt jedoch als Schöpfer der Menippeischen Satire, die sich formal durch eine Mischung von Vers und Prosa auszeichnete. Dass Lukian aus diesem Werk einige Anregungen bezogen haben dürfte, zeigt gerade der vorliegende Text, der ebenfalls intensiv mit Verseinlagen (fast ausschließlich aus Homers Epen) operiert; Vergleichbares gilt für den *Tragödienzeus* (in diesem Band). Unter den Werktiteln sind für Menipp, neben anderem, aus der Perspektive von Göttern geschriebene Briefe sowie ein gegen Epikur gewandter satirischer Traktat bezeugt. Beide Motive finden sich auch im vorliegenden Text.

3 Die Phoiniker waren ein Volk der Levante, die mit ihrer Handelsschifffahrt möglicherweise bis zu den Azoren gelangten.

4 Gemeint ist der (bildschöne) phrygische Hirte Ganymed, den Zeus in Gestalt eines Adlers entführte, damit er den Göttern als Mundschenk diene. Ein Gespräch zwischen ihnen findet sich in *Götter im Gespräch* (in diesem Band) 10; Ganymed selbst wird im vorliegenden Text (27) noch einmal als besonders menschenfreundlich erwähnt.

5 Vgl. Sokrates' Erzählung über die Bücher des Naturphilosophen Anaxagoras (Platon, *Phaed.* 97b8–98b6).

6 Gemeint ist Heraklit aus Ephesos (ca. 520–460 v. Chr.); die zitierte Meinung findet sich in B 53 DK.

7 Die Ansicht, Gott sei eine Zahl, wurde im Pythagoreismus vertreten. Für Schwüre bei nicht-göttlichen Wesen war Sokrates berüchtigt.

8 In der Platonischen Philosophie steht die unkörperliche Idee an der Stelle des Göttlichen.

9 Epikur vertrat im Rahmen seines atomistischen Weltmodells die Auffassung, die Götter lebten in ›Zwischenwelten‹ (Intermundien) und seien daher für das menschliche Leben ohne Bedeutung. In Athen wurden wesentliche öffentliche Leistungen – etwa die Produktion von chorischen Darbietungen oder die Ausrüstung von Kriegsschiffen – durch reiche Privatleute in sogenannten Liturgien erbracht.

10 Diese Position könnte selbstironisch auf Lukians eigenes Werk gemünzt sein, wie nicht wenige der Texte in diesem Band nahelegen.

11 Atheistische Positionen vertraten beispielsweise Diagoras von Melos (ca. 475–10 v. Chr.) und später Theodoros aus Kyrene (ca. 335–270 v. Chr.).

12 Homer *Odyssee* 9,302: Odysseus hält sich gerade noch rechtzeitig von der Ermordung des schlafenden Polyphem zurück, weil ihm klar wird, dass er und seine Leute nicht in der Lage wären, den schweren Türstein der Höhle wegzurollen. Ähnlich fatal wäre es also, den Behauptungen der Philosophen zu glauben.

13 In Äsops Fabel vom Adler und vom Mistkäfer (*fab.* 3 Hausrath) attackiert letzterer den Vogel des Zeus sogar noch in Zeus' Schoß; in der Äsopischen Fabel von Zeus und dem Kamel (*fab.* 119 Hausrath) bittet letzteres um die Hörner des Stiers – zur Strafe für seine Gier wird ihm ein Teil seiner Ohren genommen. Die Fabel vom Mistkäfer hat Aristophanes im *Frieden* genutzt; hier reitet der Protagonist Trygaios auf einem Mistkäfer in den Himmel, um Zeus wegen des andauernden Peloponnesischen Krieges zur Rede zu stellen. Diese Idee hat wohl ebenfalls beim vorliegenden Text Pate gestanden.

14 Die athenische Akropolis erhebt sich im Norden über dem Dionysostheater. Nach dem ersten ermutigenden Flugversuch startet Menipp beim zweitenmal im Norden (Parnes) oder im Südosten Athens (Hymettos) Richtung Süden, überquert die Landenge zwischen dem griechischen Festland und der Peloponnes bei Korinth (Geraneia und Akrokorinth), fliegt dann über die Peloponnes hinweg eher in Richtung Nordwesten (Pholoe-Gebirge zwischen Arkadien und Elis und der deutlich höhere Erymanthos), um sich dann erneut Richtung Süden zu wenden und bis zum Taygetos-Massiv zwischen Lakonien und Messenien, dem höchsten Punkt der Peloponnes, zu fliegen. Seinen dritten und endgültigen Flug startet er schließlich ganz im Norden vom Olymp aus, dem mythischen Wohnsitz der Götter. Menipp ist also nicht nur ortskundig und

setzt bei seinem Leser ein entsprechendes geographisches Wissen voraus, sondern auch aufgeklärt, insofern er die Götter nicht in einem irdischen Wohnsitz ansiedelt.

15 Homer *Ilias* 13,4-6.

16 Ähnlich schauen Hermes und Charon im *Charon* (Band IV) auf die Erde herab.

17 Durchaus etwas bildungsprätentiös macht Menipp (mit Ausnahme des Weltenringstroms Okeanos) nicht etwa die gewaltigen irdischen Naturphänomene, sondern die kulturellen Errungenschaften der Menschen – hier zwei der sieben antiken Weltwunder – für die Erkennbarkeit der Erde aus dem All verantwortlich.

18 Zitiert nach Homer *Ilias* 2,548 u. a.

19 Der Freund springt hier ins Präsens, so sehr reißt ihn die Erzählung mit. Lynkeus, Sohn des Aphareos und der Arene, konnte durch den Stamm einer Eiche (Pausanias *Perihegesis* 4,2,7) und – interessant für die vorliegende Stelle – bis ins Innere der Erde schauen; vgl. Schol. Aristophanes *Plutos* 210c.

20 Der Philosoph Empedokles aus Agrigent (ca. 495–35 v. Chr.) soll in den Krater des Ätna gesprungen sein und so seine Himmelfahrt vorgetäuscht haben; vgl. Diogenes Laertios 8,69. Er wäre also ein Vorläufer des Menipp; in den *Wahren Geschichten* (Band VI) 1,21 wird ihm wegen dieses Täuschungsmanövers der Zutritt zur Insel der Seligen verweigert.

21 Homer *Odyssee* 16,187: Odysseus nimmt gegenüber seinem Sohn Telemachos seine wahre Gestalt an und enthüllt ihm seine Identität.

22 In den *Wahren Geschichten* (Band VI) ernähren sich alle Mondbewohner (Seleniten) von Tau; dies soll wohl an den Nektar, das Getränk der Götter, erinnern. Zugleich steht der Tau symbolisch für Reinheit, und in der naturwissenschaftlichen Spekulation wurde die Anziehungskraft des Mondes für die Entstehung des Taus verantwortlich gemacht.

23 In Endymion, einen schönen Hirten in Karien, verliebt sich die Mondgöttin Selene und steigt allnächtlich zu ihm hinab; vgl. *Götter im Gespräch* (in diesem Band) 19. In den *Wahren Geschichten* (Band VI) 1,21–26 ist Endymion König der Mondbewohner.

24 Nach Aelian *Tiergeschichte* 2,26 wurde ein Adlerjunges, das die Sonnenprobe nicht bestand, aus dem Nest geworfen.

25 Ptolemaios II. Philadelphos (308–246 v. Chr.) heiratete, die pharaonische Tradition der Geschwisterehe aufgreifend, in zweiter Ehe seine Schwester Arsinoë II. Bei Lysimachos und seinem Sohn muss es sich wohl um den Diadochen Lysimachos (361–281 v. Chr.) und seinen Sohn Agathokles (gest. 283/82 v. Chr.) handeln; allerdings war es realiter Lysimachos, der Agathokles ermorden ließ. Antiochos I. Soter (324–261 v. Chr.) heiratete Stratonike I. (317–nach 261 v. Chr.), die Gattin seines Vaters Seleukos I. Nikator (358–281 v. Chr.), mit des-

sen Zustimmung; die Erzählung von Antiochos' Liebeserkrankung hat Lukian auch in der *Syrischen Göttin* (Band V) breit ausgeführt. Alexander, Tyrann der thessalischen Stadt Pherai, wurde 358 v. Chr. auf Betreiben seiner Ehefrau durch deren Stiefbrüder ermordet. All diese Vorgänge in der Welt der hellenistischen Diadochen fanden nicht gleichzeitig statt: Es geht hier also nicht um historische Treue, sondern um einen generalisierenden satirischen Blick auf die Welt. Welcher der Diadochenherrscher mit Namen Antigonos im Folgenden gemeint sein soll, ist ebenso unklar wie die Identität von Attalos. Arsakes – wohl weder identisch mit dem vor seiner Thronbesteigung gleichnamigen Artaxerxes II. noch mit einem Herrscher der Parther-Dynastie – und Arbakes sind außerhalb dieser Stelle nicht bekannt, ebensowenig Spatinos. Dennoch dürfte angesichts der Historizität der übrigen Erwähnungen Lukian auch diese angedeuteten Geschichten nicht einfach erfunden haben; dafür spricht womöglich auch die Verwendung des raren Verbs καταλοάω (zerdreschen). Die drei letzten Namen weisen auf Ereignisse der persischen Geschichte.

26 Die Namen der Philosophen sind sämtlich fiktiv, die Vorwürfe topisch; vgl. ihre Entsprechungen im *Hermotimos* und im *Gastmahl* (beide Band II).

27 Homer *Ilias* 18,483–608. Trauerriten und Opfer werden in der Schildbeschreibung jedoch nicht erwähnt.

28 Das Volk der Geten lebte im Westen des Schwarzen Meers.

29 Menipp bedient sich hier in der antiken Literatur verbreiteter ethnischer Stereotypen.

30 Im Rahmen der athenischen Dionysos-Feste gab es dramatische und chorische Darbietungen. Deren Einstudierung wurde von reichen Privatleuten, den so genannten ›Choregen‹, finanziert.

31 Kynosouria, geläufiger Kynouria – das ist allerdings kein hinreichender Grund, diese Konjektur Palmers zu akzeptieren –, zu übersetzen etwa mit ›Hundeschwanz‹, das östliche Vorland des Parnonkammes, war zwischen Argos und Sparta umstritten und in jeder Generation umkämpft, bis es gegen Mitte des 6. Jh.s v. Chr. weitgehend unter spartanische Kontrolle geriet. Auch später im Peloponnesischen Krieg war die Region Gegenstand von Auseinandersetzungen.

32 Das Pangaion (heute: Pangeo) ist ein weitläufiger Gebirgszug in den Griechischen Rhodopen; dort wurden bereits in der Antike Gold und Silber abgebaut.

33 Prytanen: Temporär gewählte Regierungsbeamte im klassischen Athen.

34 Die Myrmidonen waren ein Volksstamm im Süden Thessaliens. Aus ihrer Mitte stammte Achill. Der Gründer dieses Stammes, der insgesamt als besonders kriegerisch und tapfer galt, war Myrmidon, im Mythos ein Sohn des Zeus, der seine Mutter Eurymedusa angeblich in Gestalt einer Ameise (*myrmex*) verführt hatte.

35 Homer *Ilias* 1,222.

36 Im Griechischen ist, anders als im Deutschen, der Mond (σελήνη, Selene) weiblichen Geschlechts, die Sonne (ἥλιος, Helios) männlich.

37 Die Auffassung, dass der Mond eine Art Spiegel sei, wurde im Pythagoreismus vertreten, ebenso von Empedokles (DK 31B43).

38 Im Griechischen ist der männliche Helios ›Bruder‹ der weiblichen Selene; vgl. Anm. 36.

39 Diese Position wurde von dem vorsokratischen Philosophen Anaxagoras (ca. 499–28 v. Chr.) vertreten.

40 Diese Angaben beziehen sich auf die athenischen Unterrichtsorte der wichtigsten philosophischen Schulen. Die ›Umgänge‹ (*perípatoi*) verweisen auf die Schule des Aristoteles, die Peripatetiker.

41 Homer *Odyssee* 10,98: So beschreibt Odysseus das Land der Laistrygonen bei der Annäherung. Er wird dort auf Kannibalen treffen, die einen Großteil seiner Leute töten werden.

42 Homer *Odyssee* 1,170 und *passim*. Hiermit wird in der *Odyssee* gern die Bitte an einen Fremden um Erzählung seiner Reise eingeleitet.

43 Otos und Ephialtes, zwei Giganten aus der Zeit vor der Herrschaft des Zeus und der olympischen Götter und daher mit diesen verfeindet. Sie türmten die Berge Ossa und Pelion aufeinander, um von diesem erhöhten Standpunkt den Olymp angreifen zu können. Lukian greift dieses Motiv im *Charon* (Band V) breit auf.

44 Hier hätte der Leser ›uns‹ (ἡμῶν) erwartet, das sich jedoch in der Überlieferung nicht findet; sicher stellt ›euch‹ (ὑμῶν) auch die *lectio difficilior* dar und ist wohl so zu verstehen, dass Menipp hier Zeus' direkte Frage ohne Anpassung an die veränderte Sprechsituation widergibt.

45 Der Bildhauer Phidias (ca. 500–430 v. Chr.) gilt als einer der bedeutendsten Bildhauer der Hochklassik. Er schuf neben der Athena Parthenos auf der Akropolis auch die Zeus-Statue von Olympia, eines der sieben antiken Weltwunder.

46 Diasia: Athenisches Fest zu Ehren des Zeus; sie scheinen im 1. Jh. n. Chr. wieder festlicher begangen worden zu sein. Olympieion: Athenischer Tempel für Zeus, dessen Bau bereits im 6. Jh. v. Chr. wohl unter dem Tyrannen Peisistratos begonnen, aber erst durch Kaiser Hadrian um 131/32 n. Chr. endgültig fertiggestellt wurde. Dodona: Nach Delphi zweitwichtigstes griechisches Orakelheiligtum in Epirus; hier vernahm man Zeus' Weissagungen aus dem Rauschen der Blätter der ihm heiligen Eiche. Zu Lukians Zeit war das Orakel bedeutungslos geworden, und im Jahr 219 v. Chr wurde es Opfer einer schlimmen Plünderung.

47 Zitiert nach Arat *Phainomena* 2,3.

48 Dies dürfte sich auf Herodot *Historien* 1,50 beziehen, wo berichtet wird, dass Kroisos zur Ehrung des Orakels 117 goldene Dachziegel für Apollons Tempel nach Delphi schickte.

49 Das Wortspiel bezieht sich auf die stilistische Bedeutung von ψυχρός (kalt) zur Bezeichnung einer wenig mitreißenden Darstellungsweise.

50 Homer *Ilias* 16,250: Patroklos bittet den Zeus von Dodona (!) um Erfolg im Kampf.

51 Der Philosoph Pyrrhon aus Elis (ca. 362–270 v. Chr.), Begründer der so genannten älteren Skepsis, vertrat eine grundsätzliche Unerkennbarkeit der Dinge, weshalb Entscheidungen unmöglich seien; ihnen muss ein ›Innehalten‹ vorausgehen, und sie können bestenfalls annähernd richtig sein. Vgl. *Leben unterm Hammer* (Band II) 27 m. Anm. 58. Die Nennung der Platonischen Akademie in diesem Zusammenhang erklärt sich aus deren skeptischer Phase im 3. Jh. v. Chr. unter den Scholarchen Arkesilaos und Karneades.

52 Hermodoros ist ansonsten nicht bekannt; in (16) hatte Menippos ihn jedoch vom Mond aus einen Meineid schwören sehen, für den er offensichtlich jetzt von Zeus bestraft wird.

53 Das Thema wird ausführlich in der *Götterversammlung* (in diesem Band) behandelt.

54 Homer *Ilias* 5,341.

55 Homer *Ilias* 2,1-2.

56 Homer *Ilias* 18,104.

57 Homer *Ilias* 2,202.

58 Momos, Gott der Tadelsucht; vgl. *Götterversammlung* (in diesem Band) 1, Anm. 2.

59 Vgl. *Tragödienzeus* (in diesem Band).

60 Homer *Ilias* 1,528 und 17,209.

61 Beiname des Hermes nach seinem Geburtsort, dem Bergmassiv Kyllene im Nordosten der Peloponnes.

62 Der Kerameikos war das Töpferviertel Athens.

63 Gemeint ist die Stoa Poikile an der Athener Agora, das Versammlungslokal der Stoiker.

Ζεὺς Τραγῳδός / Der Tragödienzeus

1 Die Verse klingen im Ton tragisch. Gerade v. 2 ist jedoch satirisch intendiert: περιπατῶν ruft die philosophische Schule des Peripatos auf, die in den Wandelhallen an der Athener Agora ihre Gespräche abhielt, und der Vorwurf der Blässe des Philosophen ist ein schon aus der Komödie bekannter Topos, den Lukian an vielen Stellen seines Werks aufgreift. Auch das Metrum dieser Verse mit seiner starken Kürzenlastigkeit weist auf die Komödie; gleichwohl sind die Verse nicht aus einem bekannten Drama zitiert, sondern eigens für diesen Zweck erfunden.

2 Athenas Hexameter sind ein Cento aus mehreren Versatzstücken, teils ganzen Versen, teils Versteilen der *Ilias* und der *Odyssee*. Der letzte Halbvers zitiert Homer *Ilias* 3,35, der sich auf den notorischen Feigling Paris bezieht und Zeus damit in ein besonders schlechtes Licht rückt.

3 Zeus' Verse im tragischen Metrum zitieren weitgehend Euripides *Orestes* 1–2, mit der signifikanten und wieder ins Komödisch-Metapoetische zielenden parodistischen Ersetzung von θεήλατος (*Or.* 2 (gottgetrieben)) durch τραγῳδική. Zeus' dritter Vers wird im Hauptträger γ der Überlieferung Lukians sehr viel näher an Euripides formuliert; der Text dieser Ausgabe folgt, wie OCT und Loeb, der Überlieferung in β.

4 Athenas Replik zitiert Euripides *Hercules furens* 538: Herakles' Gemahlin Megara begrüßt ihren heimkehrenden Gatten mit schlechten Nachrichten von verstorbenen Verwandten, Herakles reagiert darauf mit diesem Vers; am Ende der Tragödie wird Herakles, dem Wahnsinn verfallen, in seiner Familie ein Blutbad angerichtet haben.

5 Der erste Vers zitiert aus einem unbekannten Stück des Euripides (*inc. fab.* fr. 939 Kannicht). Der zweite Vers spielt womöglich auf Aristophanes *Vögel* 1504 an: Prometheus hat sich aus dem Himmel davongestohlen, um Peishetairos über die Zustände im Himmel aufzuklären. Diese Informationen werden Peishetairos am Ende für seine Übernahme der Himmelsherrschaft nützlich sein – um Gefahren für die Götterherrschaft geht es auch hier.

6 Fortsetzung des vorangehenden Euripides-Zitats (*inc. fab.* fr. 940 Kannicht).

7 Dieser epische Vers stammt aller Wahrscheinlichkeit nach von Lukian selbst.

8 Hier zitiert Hera, ihrem Verweis auf die parodistischen Verfahren der Komödie entsprechend, Aristophanes *Acharner* 484.

9 Die Herkunft dieses Zitats – das möglicherweise ebenfalls aus einer Tragödie des Euripides stammt, wie die bisherige Auswahl vermuten lässt – ist unbekannt (*adesp.* fr. 293 Kannicht-Snell).

10 Vgl. *Götter im Gespräch* 6,1 mit Anm. 18.

11 Zeus ist nur scheinbar zu Prosa übergegangen. Ἐν ἐσχάτοις, ὦ Ἥρα, τὰ θεῶν πράγματα bildet einen vollständigen iambischen Trimeter. Auch die Fortsetzung bleibt noch einige Zeit iambisch.

12 Die Giganten und Titanen sind Kinder der Erde (Gaia) und daher Vorgänger und Konkurrenten der olympischen Götter, die sie in mehreren Schlachten besiegen. Die Titanen werfen sie in den Tartaros, fürchten deren eventuelle Rebellion jedoch auch weiterhin.

13 Hier greift Zeus auf Euripides *Phoenissen* 117 zurück, wo es allerdings um die politische Ruhe in Theben kurz vor dem Angriff des Polyneikes geht.

14 Polos von Ägina (spätes 4. Jh. v. Chr.) war ein renommierter Tragödienschau-

spieler und insbesondere für seine wirklichkeitsnahe und überzeugende Darstellung heftiger Emotionen bekannt. Etwas älter dürfte der Tragödienschauspieler Aristodemos aus Metapont gewesen sein, der ebenfalls zu den gefeiertsten Künstlern seiner Zeit gehörte und auch politisch aktiv war.

15 Die Namen der beiden Philosophen sind fiktiv.

16 Antiope: Vgl. *Götter im Gespräch* 4,2 mit Anm. 14.

17 Wie schon Athenes hexametrische Verse in (1) ist auch Hermes' Ankündigung teilweise ein Cento aus Versen der *Ilias*.

18 Phidias (ca. 500–430 v. Chr.), der bekannteste Bildhauer der Hochklassik; von ihm stammen unter anderen die Statuen der Athena Parthenos und des Zeus von Olympia. Alkamenes († ca. 400 v. Chr.), Bildhauer und Schüler des Phidias; besonders berühmt war seine Statue der ›Aphrodite in den Gärten‹. Myron (ca. 500–440 v. Chr.) war einer der berühmtesten Bronzegießer der Antike; besonderen Ruhm genoss sein auf der Akropolis stehendes Standbild einer Kuh, deren Lebensechtheit in vielen Epigrammen beschworen wurde. Euphranor (4. Jh. v. Chr.) schuf Marmor- und Bronzestatuen von Göttern, mythischen Helden und historischen Persönlichkeiten.

19 Polyklet (ca. 480 v. Chr. bis Ende 5. Jh. v. Chr.) war nicht nur einer der wichtigsten Bronzegießer der Antike, sondern auch Kunsttheoretiker; ihm verdankte sich etwa der ›Kanon‹, eine Proportionallehre des menschlichen Körpers, exemplarisch umgesetzt in der Statue des Speerträgers (Doryphoros).

20 Bendis: thrakische Jagd-Göttin; Anubis: ägyptischer Toten-Gott, als Hund, Schakal oder mit Hundskopf dargestellt; Attis: vgl. *Götter im Gespräch* 20,1 mit Anm. 52; Mithras: römischer Gott und Personifikation der Sonne; Men: kleinasiatische Mond-Gottheit.

21 Lysippos (2. Hälfte des 4. Jh. v. Chr.), bedeutender Bildhauer und Bronzegießer auf der Peloponnes, der, wie Euphranor (s. o. Anm. 18), unterschiedlichste Gestalten schuf.

22 Aphrodite wird in den Homerischen Epen häufig mit dem Beiwort ›golden‹ versehen, woraus hier ein Witz über das diesem Epitheton nicht entsprechende Material ihrer Statuen generiert wird.

23 Tatsächlich wird Apoll in Homers Epen kaum je mit Gold und Reichtum in Verbindung gebracht; selten erhält er das Beiwort χρυσάωρ (mit goldenem Schwert), und das hier verwendete Wort für ›reich‹ (πλούσιος) gehört nicht zu Homers Vokabular. Jedoch wird Apoll in der *Ilias* durch seinen Priester Chryses (*Gold*mann) eingeführt, der, mit einem *goldenen* Stab ausgerüstet, von Agamemnon für einen hohen Preis die Auslösung seiner Tochter Chryseis (*Gold*kind) fordert; als dies abgelehnt wird, bittet er den *Silber*bogner (ἀργυρότοξος) Apoll, der sein Heiligtum auf der *Gold*insel (Chryse) hat, um Hilfe (*Ilias* 1,11–37). Apoll er-

scheint daher schon in den ersten Versen des Epos als ein mit Edelmetallen reichlich versehener Gott.

24 Die Zeugiten, die dritte der vier solonischen Zensusklassen Athens, waren Bauern, die über ein Gespann (*zeugos*) verfügten; die Theten bildeten die vierte, unterste Zensusklasse der Tagelöhner und verfügten über keinen Grundbesitz.

25 Ein attisches Talent entspricht rund 36–39 kg. Die Fünfhundertscheffler (die jährlich eine ungefähre Menge von 26.250 l Weizen erwirtschafteten) bildeten die oberste Vermögensklasse Athens.

26 Die Pnyx, der Akropolis gegenüber gelegen, war der Versammlungsplatz der athenischen Ekklesia. Auch die Götterversammlung wird also von Lukian in das politische Zentrum der klassischen Welt verlegt.

27 Die Wendung ist in ihrer überlieferten Form kaum verständlich, spielt aber wohl auf die geläufige Redensart ἀφωνότερος τῶν ἰχθύων (stumm wie ein Fisch) an. Harmon übersetzt dennoch kommentarlos »the sophists«; Wieland und Fischer gehen mit Du Soul von einer Textverderbnis aus und sehen hier einen Bezug auf die Pythagoräer intendiert, die in ihrer Ausbildung eine fünfjährige Schweigephase zu absolvieren hatten. Tatsächlich bezeichnet Herodot *Historien* 4,95 Pythagoras als ›Sophisten‹ (Kenner, Experte), allerdings bei gleichzeitiger Namensnennung; so auch Lukian im *Hahn* 4 (Band VIII). Man müsste sich dann hier etwas wie Πυθαγορείων ausgefallen denken. Womöglich sind aber auch generell die ›Philosophen‹ gemeint, die eben eigentlich nie Ruhe geben, wie schon Menipp im *Ikaromenipp* und Lukian generell in seinen philosophiekritischen Texten (Band II) immer wieder darlegt; vgl. auch unten (16) und vor allem (30). Der Witz könnte dann darauf hinauslaufen, dass Hermes Zeus auffordert, den sicher nur kurz währenden Augenblick der Ruhe schnell für seine Ansprache zu nutzen.

28 Vgl. *Götter im Gespräch* 1,1 mit Anm. 1.

29 Homer *Ilias* 8,5: Zeus verbietet allen Göttern die Teilnahme am Trojanischen Krieg, unter Verweis auf seine unüberwindbare Stärke, die er durch den gerade vorher von Hermes erwähnten Ketten-Vergleich demonstriert. Zeus' Rhetorik scheint sich also generell auf Kraftmeierei zu beschränken. Entsprechend verhalten fällt Hermes' Reaktion auf den Vorschlag aus.

30 Zeus spricht üblicherweise Götter *und* Göttinnen an; Demosthenes hingegen wendet sich an die rein männlich besetzte athenische Volksversammlung, so dass seine ängstliche Imitation Zeus gleich in den ersten Worten einen Lapsus begehen lässt.

31 Vgl. Demosthenes *or.* 1. 1,2.

32 Kaphereus: südöstliches Kap der Halbinsel Euboia. Der Name ›Mnesitheos‹ bedeutet ironischerweise ›er, der der Götter gedenkt‹.

33 Kerameikos: das Töpferviertel Athens im Südwesten der Akropolis.

34 In der ›bunten Stoa‹ an der Athena Agora, benannt nach dort aufgehängten Gemälden, unter anderem von der Schlacht bei Marathon, pflegten sich die ›Stoiker‹ zu versammeln.

35 Diese Behauptung ist in der einleitenden Szene der sich versammelnden Götter wirkungsvoll parodiert worden.

36 Vgl. hierzu den Auftritt des Momos, des personifizierten Tadels, in der *Götterversammlung* (in diesem Band).

37 Homer *Ilias* 7,99: Menelaos beschimpft die Griechen als Feiglinge, weil keiner es wagt, Hektors Zweikampfforderung anzunehmen.

38 Die beiden Orakelsprüche sind überliefert in Herodot *Historien* 1,53 und 7,141.

39 Gemeint sind hier wahrscheinlich die Usurpationen göttlicher Oberherrschaft von Uranos über Kronos bis Zeus.

40 Anders als im *Ikaromenipp* (in diesem Band). Momos zitiert hier Aristophanes *Acharner* 504f., wo der Protagonist Dikaiopolis den Chor der Acharner unter Hinweis darauf, es seien keine Fremden anwesend und man könne daher offen reden, für ihre nachlässige und kriegstreiberische Politik anklagt.

41 Es handelt sich um Halbgötter, die erst nach ihrem irdischen Tod (Herakles, Asklepios) oder durch Entführung (Ganymed) auf den Olymp kamen; Dionysos wurde von Zeus persönlich in seinem Schenkel ausgetragen.

42 Angespielt ist auf Herakles und seine Taten.

43 Metrodoros von Lampsakos, ein Schüler Epikurs.

44 Der Raub betraf die olympische Zeusstatue des Phidias.

45 Geraistos: Stadt an der Südspitze Euboias mit bekanntem Poseidontempel; Oreos: Stadt an der Nordküste Euboias.

46 Der Lyderkönig Kroisos stiftete goldene Ziegel nach Delphi als Anerkennung des Orakels; vgl. Herodot *Historien* 1,50 und die folgende Anmerkung.

47 Vgl. Herodot *Historien* 1,47. Kroisos hatte Lamm- und Schildkrötenfleisch in einem Topf gekocht und die griechischen Orakel befragt, was er getan habe; nur aus Delphi kam die richtige Antwort; vgl. auch *Zeus widerlegt* 14.

48 Vgl. Herodot *Historien* 7,143: Themistokles deutete den delphischen Hinweis auf die Notwendigkeit hölzerner Mauern gegen den persischen Angriff als Notwendigkeit, die Flotte auszubauen; mit Erfolg.

49 Macleod gibt mit der Hss.-Gruppe γ diese Replik dem Momos, das Schicksalsargument passt aber besser zu Zeus, ebenso wie die beleidigende Aggressivität, mit der Herakles' Vorschlag beiseite gewischt wird; vgl. Zeus' Kritik an Poseidon in (24f.).

50 Miltiades (ca. 550–489 v. Chr.) befehligte die athenischen Truppen in der Schlacht bei Marathon (490 v. Chr.); Kynegeiros (Kynageiros, Kynaigeiros) ver-

lor in dieser Schlacht beim Versuch, ein persisches Schiff mit bloßen Händen am Ablegen zu hindern, eine Hand; sein Standbild befand sich ebenfalls in der Stoa Poikile.

51 Aristophanes *inc. fab.* fr. 927 K.-A.

52 Das Standbild des Hermes Agoraios (im Folgenden als Figurenname zu ›Hermagoras‹ verballhornt, was vielleicht auf den gleichnamigen bekannten Rhetor von Temnos im 2. Jh. v. Chr. anspielt); vgl. Pausanias *Perihegesis* 1,15,1.

53 Der Anfang des Verses folgt Euripides *Orest* 866.

54 In den letzten drei Versen vage Übernahmen aus Euripides *Orest* 877–880. Auch in der langen Rhesis des Euripideischen Boten geht es um ein von einer Menge zu fällendes Urteil auf Leben um Tod, nämlich um die Frage, ob Orest als Muttermörder sterben soll.

55 Vgl. Homer *Ilias* 7,195: Während Aias in seine Rüstung steigt, um gegen Hektor im Zweikampf anzutreten, sollen seine Mitkämpfer zu Zeus um seinen Sieg beten, schweigend, damit die Trojaner sie nicht hören und zu früh erfahren, wer gegen Hektor kämpfen soll. Trotz aller Siegesgewissheit wird Aias nicht gewinnen, genau wie Timokles.

56 Homer *Ilias* 1,423f.

57 Comica adesp. *fr.* 458 K.-A.

58 Vgl. *Götter im Gespräch* 1,2.

59 Vgl. Homer *Ilias* 2,1–483.

60 Vgl. Homer *Ilias* 5 und 20; Diomedes auf Athenes Rat gegen Aphrodite: *Ilias* 5,130–132 und 5,330–354, gegen Ares: *Ilias* 5,711–969; Hermes gegen Leto: *Ilias* 20,72.

61 Dies der Ausgangspunkt der ›Kalydonischen Jagd‹; vgl. Homer *Ilias* 9,533–549.

62 Vgl. oben Anm. 14; der dritte Schauspieler ist Satyros aus Olynth, der Demosthenes in der Kunst des Vortrags unterwies.

63 Euripides *inc. fab.* fr. 941 K. und Euripides *Melanippe* fr. 480 K.

64 Pelusion: altägyptische Stadt im Nildelta.

65 Vgl. Anm. 38.

66 Vgl. *Götter im Gespräch* 3,1 mit Anm. 6.

67 Vgl. Homer *Ilias* 15,137: Athene befürchtet, im Falle des Ungehorsams der Götter werde Zeus (!) auf den Olymp zurückkehren und unter ihnen ein Blutbad anrichten.

68 Zeus' Grab wurde im Zusammenhang der euhemeristischen Götterkritik u. a. bei Knossos lokalisiert.

69 Das Bild der Wortgewalt, die einen sozusagen an den Ohren packt, ist ausführlich entworfen in der Prolalie *Herakles* (Band I).

70 Vgl. *Gespräche im Himmel* 1,1 mit Anm. 1.

71 Bei allen dreien handelt es sich um Persönlichkeiten des (vor)klassischen Athen. Sokrates (469–399 v. Chr.), der Archeget ethischer Philosophie und dialogischer Erkenntnisbildung, wurde – unter dem Vorwand der Asebie – in den politischen Wirren nach dem Peloponnesischen Krieg zum Tod durch den Schierlingsbecher verurteilt. Aristides (ca. 550–467 v. Chr.), Staatsmann und hoher Militär, wurde als Gegner des Themistokles 482–480 v. Chr. durch das Scherbengericht exiliert. Phokion (402/1–318 v. Chr.), bedeutender militärischer Führer in der Auseinandersetzung zwischen Athen und Makedonien, wurde ebenfalls zum Tod durch den Giftbecher verurteilt.

72 Der Athener Kallias (ca. 450–371 v. Chr.) war für seinen ungeheuren Reichtum und sein Interesse für Bildung und Kunst berühmt. Meidias (ca. 400–330 v. Chr.), ebenfalls ein reicher Athener, ist vor allem durch seine fortgesetzte Gegnerschaft zu Demosthenes bekannt. Sardanapal wird als legendärer assyrischer König und als märchenhaft reich zuerst von den frühen griechischen Historikern Herodot und Ktesias erwähnt, ist aber keine genuin historische Gestalt.

73 Menander *Epitrepontes* fr. 9 Sandbach; womöglich stammt das Fragment aber auch aus Menanders *Georgos*.

74 Der persische Adlige Zopyros unterstützte Dareios I. bei der Etablierung seiner Macht, indem er sich selbst verstümmelte, sich so als Überläufer glaubwürdig machte und dem Großkönig die abgefallene Stadt Babylon in die Hände spielte. Wörtlich soll Dareios gesagt haben (nach dem Zeugnis von Herodot *Historien* 3,160): »… er wolle lieber, Zopyros hätte diese Entstellung nicht erlitten, als dass noch zwanzig Babylons zu der vorhandenen Stadt in seinen Besitz kämen.«

Θεῶν Ἐκκλησία / Die Götterversammlung

1 In Athen gab es neben Bürgern und Fremden auch die so genannten ›Mitwohner‹ (Metöken), die ortsansässig waren, ohne Bürgerrecht zu besitzen. Die Versammlung hat Zeus im *Tragödienzeus* 12 angekündigt.

2 Momos (Μῶμος), Sohn der Nacht (Νύξ); vgl. (14). Seine Aufgabe ist die Verspottung der Götter und die satirische Schmähung ihrer Leistungen und Erfindungen.

3 Die Metöken waren denselben finanziellen und sozialen Pflichten unterstellt wie die Bürger und zahlten außerdem eine Sondersteuer, das μετοίκιον (Metökengeld).

4 Zu den Töchtern des Phöniziers und späteren Gründers von Theben, Kadmos, gehörte Semele, die von Zeus den Dionysos empfing; er war auch Bruder der

Europa, die von Zeus in Gestalt eines Stieres geraubt wurde; vgl. *Meergötter im Gespräch* 15.

5 Wein wurde in Griechenland üblicherweise nur in (unterschiedlich starken) Mischungen mit Wasser getrunken; ihn pur zu sich zu nehmen galt als barbarische Unsitte. Ähnliche Klagen über Dionysos führt Hera gegenüber Zeus, vgl. *Götter im Gespräch* 22.

6 Vgl. die Beschreibung der halbtierischen Begleiter des Dionysos in der Prolalie *Dionysos* (Band I) 2.

7 Theseus ließ die kretische Prinzessin Ariadne, die ihm den Minotaurus zu besiegen geholfen hatte, bei seiner Rückfahrt nach Athen auf Naxos zurück, wo sie von Dionysos aufgegriffen wurde, der ihr für ihre Liebe eine Sternenkrone schenkte, die nach ihrem Tod zu einem Gestirn wurde. Erigone war die Tochter des attischen Bauern Ikarios, der Freunde von dem ihnen bis dahin unbekannten Wein kosten ließ; in ihrer Trunkenheit glaubten sie, er habe sie vergiftet, und töteten ihn. Erigone wurde von ihrem Hund Moira zu dem Platz geführt, wo ihr Vater verscharrt worden war, und erhängte sich dort aus Kummer; sie wurde in das Sternbild ›Virgo‹ verwandelt, ihr Hund in das Sternbild ›Canis‹.

8 Zitiert nach Homer *Ilias* 11,514, dort über Machaon gesagt, den Arzt des griechischen Heeres.

9 Herakles ließ sich, von den Schmerzen des Nessosgiftes zerrüttet, auf dem Berg Oita verbrennen, Asklepios, der sich weigerte, die endgültige Macht des Todes anzuerkennen, starb in der Glut des Blitzes, den Zeus auf ihn niederfahren ließ. Mit beider Unsterblichkeit, also Göttlichkeit, ist es daher nicht allzuweit her. Vgl. ihren Streit in *Götter im Gespräch* 15.

10 Als Stier verging sich Zeus an Europa, als Goldregen an Danae.

11 Amphitryon und Zeus zeugten in ein und derselben Nacht mit Amphitryons Frau Alkmene den Halbgott Herakles und den Sterblichen Eurystheus, der kurz vor Herakles auf die Welt kam und daher als Erstgeborener über Tiryns und Mykene herrschen durfte; er erlegte Herakles seine zwölf Arbeiten auf.

12 Dionysos: Sohn der Semele; Pentheus: Sohn der Agave; Aktaion: Sohn der Autonoë; Learchos: Sohn der Ino. Alle vier Frauen waren Töchter des thebanischen Herrschers Kadmos und seiner Gemahlin Harmonia.

13 Anchises zeugte mit Aphrodite Aeneas, Eos (die Göttin der Morgenröte) mit Tithonos den Memnon, einen der Verbündeten Trojas, die Mondgöttin Selene verliebte sich in den Hirten Endymion (vgl. *Götter im Gespräch* 19) und Iasion schlief mit Demeter in einem dreimal gepflügten Brachfeld.

14 Der trojanische Knabe Ganymed hütete auf dem Ida die Schafe seines Vaters; dort wurde er von Zeus in Gestalt eines Adlers geraubt und zum Mundschenken der Götter gemacht; vgl. *Götter im Gespräch* 10.

15 Attis: Sohn der Flussnymphe Nana, empfangen aus dem Samen eines Mandelbaums; Korybas: Sohn der Kybele, Herr der ›Korybanten‹; Sabazios: Angeblich ein Sohn des Zeus und der Persephone. Alle diese kleinasiatischen Kulte galten im klassischen Griechenland aufgrund ihres orgiastischen Charakters als anrüchig. Mithras: eine indoiranische Gottheit.

16 Zamolxis: eine getische Gottheit, die ihren Anhängern Unsterblichkeit versprach; vgl. Herodot *Historien* 4,19.

17 Gemeint ist der ägyptische Totengott Anubis.

18 Der ägyptische Zeus Ammon wurde mit Widderhörnern dargestellt.

19 Trophonios galt als der mythische Erbauer des delphischen Apollontempels und soll nach seinem Tod selbst in einer Höhle bei Lebadea Orakel gegeben haben. Amphilochos war einer der berühmten Seher der Vorzeit; er wirkte und starb unter anderem in Mallos in Kilikien; sein Vater Amphiaraos, ebenfalls ein bedeutender Seher, wurde durch den Verrat seiner Frau Eriphyle zur Teilnahme am Zug der Sieben gegen Theben gezwungen; zur Rache beauftragte er seine Söhne, ihre Mutter zu töten.

20 Klage über die Philosophen führt auch Selene im *Ikaromenipp*.

21 Den letzten Satz gibt Du Soul, dem ich hier folge, an Momos, nicht, wie überliefert, an Zeus.

22 Verwaltungseinheiten des klassischen Athen.

Ζεὺς Ἐλεγχόμενος / Zeus widerlegt

1 Κυνίσκος ist die Verkleinerungsform von Κυνικός (Kyniker; vgl. den gleichnamigen Titel des Dialogs zwischen Lykinos und einem Kyniker, Band II). Zugleich bedeutet sie, dem Namen dieser philosophischen Schule entsprechend, ›junger Hund, Welpe‹. Die Figur ist also als Anfänger in der Philosophie kynischer Observanz gekennzeichnet; einerseits kann sich Zeus auf diese Weise über ihn erhaben fühlen, andererseits ist es umso peinlicher für ihn, wenn er sich, als Göttervater, von einem philosophischen Eleven in der Diskussion besiegen lässt.

2 Homer *Ilias* 5,336. Den originalen Schluss des Verses (εἰσαφίκηαι) unterschlägt Kynikerlein, führt ihn aber metrisch korrekt mit »und sowas« (καὶ τὰ τοιαῦτα) zuende.

3 Homer *Ilias* 8,24.

4 Dieses Motiv wird im *Fischer* (Band I) intensiv ausgespielt. Dort angelt Parrhesiades von der Akropolis aus nach den falschen Philosophen; hier wird gleich im Folgenden (5) ebenfalls die Offenheit der Rede (Parrhesia) eingefordert. Das

Schicksal, vertreten durch Klotho, entlarvt also Zeus' großsprecherisches Auftreten als bloße Pose.

5 Diese philosophische Argumentation wird im *Tragödienzeus* (in diesem Band) breit ausgeführt.

6 Vgl. *Prometheus* (in diesem Band).

7 Zeus usurpierte den Götterthron von seinem Vater Kronos.

8 Zeus' Bruder Poseidon musste Laomedon bei der Errichtung der Mauern Trojas helfen, Apoll bei Admet die Schafe hüten.

9 Dieser abrupte Wechsel zwischen Gott als Realität und als Kunstwerk bestimmt auch den ersten Teil des *Tragödienzeus* (in diesem Band).

10 Die drei Moiren teilen sich die Arbeit beim Spinnen des Schicksals: Klotho spinnt den Lebensfaden, Lachesis wickelt ihn auf und Atropos – deren Name ›sie, die keine Umkehr zulässt‹ bedeutet – schneidet ihn am Ende ab.

11 Die vollständige Geschichte bei Herodot *Historien* 1,34–43.

12 Euripides *Phoenissen* 18f. Durch das von Kynikerlein eingeschobene φησί (sagt er) wird der iambische Trimeter um einen Fuß verlängert.

13 Der Lyderfürst Kroisos überschritt, vermeintlich unterstützt vom delphischen Orakel, den Grenzfluss nach Persien und scheiterte mit seiner Militäraktion; vgl. Herodot *Historien* 1,43.

14 Vgl. Herodot *Historien* 1,47.

15 Ähnlich argumentiert Prometheus in *Prometheus* (in diesem Band) 7–10.

16 Die ›Elf‹, ein Exekutivorgan im klassischen Athen, zuständig für polizeiliche Aufgaben, Gefängnisaufsicht und Vollstreckung von Todesstrafen.

17 Phokion (ca. 402/1–318 v. Chr.) war ein athenischer Politiker und General und spielte eine wichtige Rolle in den Auseinandersetzungen zwischen Athen und Makedonien; er erhielt vor allem aufgrund seiner Unbestechlichkeit den Beinamen ὁ χρηστός (der Rechtschaffene, Tüchtige, ›Ehrenmann‹); in den Wirren nach Alexanders Tod wurde er in Athen zum Tode verurteilt. Kallias (ca. 455–nach 371 v. Chr.), ein reicher Athener, Schwager des Alkibiades (s. das Folgende); sein Haus war auch ein kultureller Anziehungspunkt, wie seine zahlreichen Auftritte in zeitgenössischem Schrifttum, aber auch seine Verspottung in der Alten Komödie, zeigen; erst in den letzten Jahrzehnten seines Lebens entfaltete er eine nennenswerte politische Aktivität. Alkibiades (ca. 450–04 v. Chr.) war eine der schillerndsten Figuren der Geschichte des klassischen Athen; er stammte aus einer alten Familie und wechselte, machthungrig, während des Peloponnesischen Krieges mehrfach die Seiten, bis er in Phrygien auf der Flucht ermordet wurde. Meidias, ebenfalls ein reicher Athener (ca. 400–330 v. Chr.), geriet mit Demosthenes wegen Unregelmäßigkeiten der Geschäftsführung beim Fest der Dionysia aneinander, über die Demosthenes seine berühmte *Kranzrede* ver-

fasste; Charops aus Ägina ist, wie Goches, ansonsten unbekannt. Meletos war einer der Ankläger des Sokrates, Sardanapal ein assyrischer Potentat, den bereits Herodot erwähnt, dessen Historizität allerdings fraglich ist; er galt der Antike als Verkörperung barbarischer Verweichlichung und Schwelgerei.

18 Der Riese Tityos wurde beim Versuch, Leto zu vergewaltigen, von ihren Kindern Apoll und Artemis getötet; zur Strafe ist er, Prometheus vergleichbar, im Tartaros angekettet, wo zwei Geier von seiner nachwachsenden Leber fressen. Tantalos stahl beim Gastmahl der Götter Nektar und Ambrosia; bei einem Gastmahl im eigenen Hause stellte er die Götter auf die Probe, indem er ihnen seinen Sohn Pelops vorsetzte. Er wurde dazu verurteilt, in der Unterwelt in einem See stehen zu müssen, doch weder trinken noch von dem über ihm hängenden Obst essen zu können.

19 Der kretische König Minos, Sohn des Zeus und der Europa und wohl der Großvater desjenigen Minos, der das Labyrinth erbauen ließ, fungierte nach seinem Tode gemeinsam mit seinem Bruder Rhadamanthys und seinem Halbbruder Aiakos als Richter in der Unterwelt.

20 Sisyphos, König von Korinth, gelang es immer wieder, den Tod auszutricksen. Zur Strafe musste er in der Unterwelt einen schweren Stein einen Hügel hinauf wälzen; oben angelangt, rollte der Stein hinab und Sisyphos musste von vorn beginnen.

21 In noch größerer Armut, als ein Kyniker aufgrund seiner philosophischen Doktrin der Bedürfnislosigkeit ohnehin lebt.

Προμηθεύς / Prometheus

1 Kronos und Iapetos sind die Vertreter der älteren Göttergeneration, die von Zeus entmachtet wurden. Prometheus' Mutter: Gaia, die Erde.

2 Vgl. Hesiod *Theogonie* 541.

3 Vgl. Homer *Ilias* 13,775.

4 In Athen pflegte man Bürger, die sich um die Polis besonders verdient oder zu ihrem Ruhm beigetragen hatten, mit der Verköstigung auf Staatskosten im Regierungssitz zu belohnen. Eine solche polemische Forderung erhob auch Sokrates in seiner Verteidigungsrede.

5 Zu Prometheus' rhetorischen Fähigkeiten vgl. auch die Prolalie *Der literarische Prometheus* (Band I).

6 Hermes galt in der Antike nicht nur als Götterbote, sondern wurde auch als Schützer der Kaufleute ebenso wie der Diebe verehrt.

7 Zitiert nach Hesiod *Werke und Tage* 61.

8 Zitiert nach Arat *Erscheinungen* 2f.
9 Vgl. Homer *Ilias* 1,423.
10 Zitiert nach Homer *Odyssee* 8,325.
11 Zitiert nach Homer *Ilias* 1,317.
12 Gemeint ist Herakles, der Sohn des Zeus (daher Hermes' Bruder) und der thebanischen Fürstin Alkmene.
13 Prometheus kennt die Vorhersage, die Meernymphe Thetis werde einen Sohn gebären, der bedeutender und mächtiger als sein Vater sein werde. Daher nötigten die Götter sie gegen ihren Willen, den Sterblichen Peleus zu ehelichen, mit dem sie unter anderen Achill zeugte, der im Trojanischen Krieg – der aus einem Streit beim Hochzeitsfest von Peleus und Thetis entstand (vgl. in diesem Band *Göttinnen vor dem Richter*) – eine wesentliche Rolle spielte, dabei aber zu Tode kam. Prometheus' Wissen ist also für Zeus' Machterhalt unentbehrlich, und damit erkauft er seine Freiheit; das ganze Geschehen um Prometheus' Ankettung und Befreiung war Gegenstand der (Aischylos zugeschriebenen) tragischen Prometheus-Trilogie, von der nur der *Gefesselte Prometheus* erhalten ist.

Θεῶν Διάλογοι / Götter im Gespräch

1 Vgl. Homer *Ilias* 8,17–27.
2 Vgl. Homer *Ilias* 1,396–406.
3 Während Penelope, die Frau des Odysseus, in der *Odyssee* als Ausbund an Vernunft und Keuschheit dargestellt wird, existierte in der nachhomerischen Antike auch eine Tradition, der gemäß Penelope ganz im Gegenteil männertoll gewesen sei und daher auch mit allen Freiern geschlafen habe. Ihren in dieser Zeit zur Welt kommenden Sohn nannte sie Pan (»Alles«), um anzudeuten, dass er das Resultat vielfachen Geschlechtsverkehrs war. Hier hingegen wird auf eine weitere Version angespielt, in der Penelope Verkehr mit dem sich als Ziegenbock tarnenden Hermes gehabt hätte, woraus dann der Ziegen- und Hirtengott Pan hervorgegangen sei.
4 Eine dem Pan (sowie Zeus und Apoll) geweihte Höhle gab es in der Tat am Nordhang der Athener Akropolis.
5 Gemeint sind Apollon und Artemis, die Kinder von Zeus und Leto. Vater des Eros ist, je nach mythischer Tradition, Zeus, Mars oder Hermes; der letztere ist auch Vater des Hermaphroditos und des Priapos, für den wiederum auch Adonis als Vater genannt wird.
6 Artemis wurde auch in Skythien, der heutigen Krim (das taurische Land), verehrt, dort wurden ihr alle Schiffbrüchigen als Menschenopfer dargebracht.

7 Hafenstadt an der Ostküste der Dardanellen, die für ihren Priapos-Kult berühmt war.

8 Gemeint ist Ganymed; seine Ankunft im Himmel ist Gegenstand von *Götter im Gespräch* 10.

9 Kastor und Polydeukes; vgl. *Götter im Gespräch* 25.

10 Herakles und Dionysos.

11 Atlas, einer der Titanen und Bruder von Prometheus und Epimetheus. Er wurde durch das Haupt der Medusa versteinert und in das Atlas-Gebirge (Mauretanien) verwandelt, das so hoch ist, dass es in mythischer Tradition den Himmel stützt.

12 Tochter des Kadmos von Sidon: Europa.

13 Vgl. *Meergötter im Gespräche* 12.

14 Antiope, Tochter des thebanischen Königs Nykteos, wurde von Zeus in Gestalt eines Satyrn verführt und brachte die Zwillinge Amphion und Zethos zur Welt.

15 Vgl. hierzu auch *Prometheus* (in diesem Band).

16 Die ganze mythische Erzählsequenz war Gegenstand der (aischyleischen?) Tragödientrilogie um Prometheus, von der nur der *Gefesselte Prometheus* erhalten ist; auch im *Prometheus* (in diesem Band) wird sie durchgesprochen.

17 Iapetos galt der Antike als Vater der Menschheit; von ihm stammen unter anderem Atlas, Prometheus und Epimetheus, s. o. *Götter im Gespräch* 4. Eros ist nach Hesiod das erste Wesen, das Himmel und Erde hervorbringen.

18 Satyr: Antiope; Stier: Europa; Gold: Danae; Schwan: Leda; Adler: Ganymed.

19 Zu Hyakinthos vgl. *Götter im Gespräch* 16; Branchos war ein junger Mann aus Milet, dem der in ihn verliebte Apoll die Gabe der Prophezeiung verlieh.

20 Apolls Versuch, Daphne, die Tochter des Flusses Peneus, zu vergewaltigen, scheiterte, weil sie ihren Vater um Beistand anrief, der sie in einen Lorbeerbusch verwandelte.

21 Vgl. dazu ausführlich *Meergötter im Gespräch* 11.

22 Gemeint ist Ganymed, vgl. *Götter im Gespräch* 10.

23 S. o. Anm. 18.

24 Ixion, König von Thessalien, wurden von seinen Nachbarn aufgrund seiner Grausamkeit die Riten der Reinigung für die Ermordung seines Schwiegervaters verweigert. Zeus nahm ihn aus Mitleid in den Himmel auf.

25 Peirithoos ehelichte Hippodameia. Bei ihrer Hochzeit kam es zu dem berühmten Streit zwischen den einheimischen Lapithen und den geladenen Kentauren; vgl. *Meergötter im Gespräch* 7.

26 Heute Gargara, der höchste Gipfel des Ida (Türkei).

27 Gemeint ist Hermes.

28 Iapetos: Vgl. *Götter im Gespräch* 6 und Anm. 17.

29 Metis, die erste Gemahlin des Zeus, wurde von ihm im ersten Monat ihrer

Schwangerschaft verschlungen; ihre Tochter, Athena, brachte er per ›Kopfgeburt‹ zur Welt; vgl. *Götter im Gespräch* 13.

30 Der Name Dionysos ist zusammengesetzt aus Dio- (von Zeus) und -nysos (aus Nysa).

31 Die Geschichte, auf die hier angespielt wird, ist angedeutet in Homer *Ilias* 1,590–594.

32 Eileithyia: Göttin der (natürlichen) Geburt.

33 Aus der Verführung der Alkmene, der Frau des Amphitryon, entsprang Herakles.

34 Herakles tötete den Kentauren Nessos, weil er seine Frau Deianeira zu vergewaltigen versucht hatte. Der sterbende Nessos gab Deianeira ein Fläschchen mit seinem Blut, das angeblich die Macht eines Liebestrankes besitze. Als Deianeira es bei Herakles zum Einsatz brachte und seinen Chiton damit tränkte, stellte sich heraus, dass es sich um ein Gift handelte, das seine Haut verätzte. Er wählte angesichts der Schmerzen den Feuertod auf dem Berg Oita.

35 Herakles musste sich für die Tötung des Eurytos als Sklave verdingen und wurde von der lydischen Königin Omphale erworben, in die er sich so sehr verliebte, dass er, um ihren Wünschen zu willfahren, Frauenkleider anzog und sich ans Spinnrad setzte. In Theben war Herakles mit Megara verheiratet und hatte Kinder mit ihr. Hera, auf Herakles als das Ergebnis einer der vielen Liebschaften des Zeus eifersüchtig, schlug ihn mit Wahnsinn, er tötete Frau und Kinder. Euripides und Seneca verwendeten den Stoff für Tragödien.

36 Paion war ein mythischer Arzt, der die Wunden heilte, die die Götter einander in der Theomachie vor Troja (Homer *Ilias* 20) zufügten.

37 Vgl. Anm. 20.

38 Die Blüte der Hyazinthe scheint die Buchstaben AI zu bilden, den Laut der Totenklage (ἐπ-αι-άζω); vgl. Ovid *Metamorphosen* 10,162–219, insbesondere 215.

39 Vgl. *Götter im Gespräch* 16.

40 Entsprechend den Metamorphosen der beiden Geliebten sind Apollons Kränze aus Lorbeer (Daphne) und aus Hyazinthenblüten (Hyakinthos) geflochten.

41 Vgl. *Götter im Gespräch* 3 und Anm. 5.

42 Das Motiv als Reaktion auf Hephaistos' bereits erfolgreiche Intrige in Homer *Odyssee* 8,339–342. Vgl. auch *Götter im Gespräch* 21.

43 Vgl. oben Anm. 6.

44 Der Satyr Marsyas erfand den Aulos und forderte, stolz auf seine Erfindung, Apollon zum musikalischen Wettstreit auf. Apollon gewann, weil er auf der Kithara zugleich spielen und singen konnte.

45 Aktaion, erfolgreicher Jäger und Sohn des Kadmos, erblickte Artemis beim Bad; dafür verwandelte sie ihn in einen Hirschen und ließ ihn von seinen eigenen Jagdhunden zu Tode hetzen.

46 Artemis wird neben Eileithyia (s. Anm. 32) als Geburtshelferin angerufen.

47 Aus der Verbindung von Aphrodite und dem Trojaner Anchises geht der römische Urvater Aineias hervor; das assyrische Bürschchen ist Adonis: Zeus verfügte, dass er ein Drittel seiner Lebenszeit bei Aphrodite, ein Drittel bei Persephone verleben musste und ein Drittel zur eigenen Verfügung hatte.

48 Wahrscheinlich spielt Lukian hier auf die hellenistische Marmor-Statuengruppe von Aphrodite, Pan und Eros an (Nationalmuseum Athen).

49 Die gesamte Beschreibung, in Verbindung mit dem Verweis auf Eros, hat Anne-Louis Girodet-Trioson zu seinem Gemälde »Le sommeil d'Endymion« (1791, Louvre) inspiriert. Dort ist es allerdings Eros, der auf Zehenspitzen geht, während Selene nur als strahlendes Mondlicht erscheint.

50 Da Selene als Göttin nicht sterben kann, könnte sich ἀπόλλυμαι auch witzig auf ihr ›Verschwinden‹ während des Neumondes beziehen.

51 Aus der Ehe von Helios und Klymene entstammt Phaethon; vgl. *Götter im Gespräch* 24.

52 Die Korybanten, Vegetationsdämonen, später Priester, sind die orgiastischen Begleiter der kleinasiatischen Muttergöttin Kybele.

53 Attis: Die von dem schönen Jüngling verschmähte Kybele/Rhea trieb ihn bei seiner Hochzeit in den Wahnsinn, so dass er sich selbst entmannte; aus seinem Blut entsprang das Veilchen. Kybele trauerte heftig um seinen Tod.

54 Das Gespräch stellt eine Dialogisierung von Demodokos' Erzählung in Homer *Odyssee* 8,266–366 dar. Vgl. außerdem *Götter im Gespräch* 17,3.

55 Vgl. die Prolalie *Dionysos* (Band I).

56 Hier spielt Zeus auf die dionysischen Mythen von den später in Delphine verwandelten Piraten und von Pentheus an.

57 Der attische Bauer Ikarios kelterte als erster Wein aus Trauben. Als er seine Nachbarn davon kosten ließ und sie betrunken wurden, glaubten sie, er habe sie vergiftet, und schlugen ihn tot.

58 Semele ist, von Zeus, Mutter des Dionysos.

59 Vgl. die Prolalie *Vom Bernstein oder Von den Schwänen* (Band I).

60 Amykos, König der Bebryker in Kleinasien, war ein berühmter Boxer. Als die Argonauten auf ihrer Fahrt bei ihm Halt machten, forderte er Polydeukes zu einem Wettkampf heraus; Polydeukes tötete ihn, weil er zu betrügen versuchte.

61 Insbesondere auf kaiserzeitlichen Münzen sind Kastor und Polydeukes häufig mit einem Stern über ihren Köpfen sowie mit Speeren und Pferden dargestellt; die halbierte Eierschale dürfte Apollon hier als witzige Anspielung auf ihre entsprechend geformte Kopfbedeckung formulieren, da sie, zusammen mit Helena und Klytaimestra, aus der Verbindung von Zeus und Leda hervorgingen, die ein Ei zur Welt brachte, nachdem Zeus ihr gegenüber als Schwan aufgetreten war.

Ἐνάλιοι Διάλογοι / Meergötter im Gespräch

1 Hier spielt Doris auf Homer *Odyssee* 9 an, wo Odysseus mit seinen Gefährten in Polyphems Gewalt gerät.

2 Das Gespräch ist insgesamt eine dialogische Nacherzählung von Homer *Odyssee* 9. Entsprechend leitet Polyphem seine Klage mit einem halben daktylischen Hexameter (bis zur Zäsur *kata triton trochaion*) ein.

3 Wohl als späterer Randkommentar zu streichen ist der einhellig überlieferte Zusatz τὸ σῴζειν αὐτοὺς καὶ ἀπολλύναι (ihr Heil und ihr Verderben); so auch MacLeod.

4 Von der Begegnung mit dem Meergott Proteus berichtet Menelaos auch in Homer *Ilias* 4.

5 Ino trachtete ihren Stiefkindern Phrixos und Helle – vgl. *Meergötter im Gespräch* 6 – nach dem Leben. Um sich vor der Rache seitens ihres Vaters Athamas zu retten, sprang sie mit ihrem eigenen Sohn Melikertes vom Skiron-Felsen am Isthmos von Korinth ins Meer. Dort wurde sie von den Nereiden gerettet und zu einer Seegöttin gemacht.

6 Methymna: Stadt auf Lesbos. Tainaros: Kap Tenaro an der Südspitze der Peloponnes.

7 Dionysos wurde auf der Überfahrt von Ikaria nach Naxos von Piraten entführt, verwandelte sie aber in Delphine.

8 Periander war 628–583 v. Chr. Tyrann von Korinth.

9 Arion lebte im 7. Jh. v. Chr. und stammte von Methymna auf Lesbos. Besonders bekannt wurde er durch seine Ausgestaltung des dionysischen Kultliedes, des Dithyrambos, und seine Chordichtung; von beidem ist nichts erhalten. Die hier dialogisierte Geschichte findet sich bei Herodot *Historien* 1,23f.

10 Hellespont: Meer der Helle.

11 Ihre Stiefmutter Ino trachtete Helle und Phrixos, Kinder von Athamas und Nephele, nach dem Leben; s. o. *Meergötter im Gespräch* 5. Nephele bringt ihnen einen goldenen Widder, der sie durch die Luft nach Kolchis (am Schwarzen Meer) fliehen lassen soll.

12 Moira ist die Personifikation des Schicksals. Nephele bedeutet auch ›Wolke‹.

13 ›Galene‹ bedeutet zugleich ›Windstille‹.

14 Vgl. hierzu *Göttinnen vor dem Richter*.

15 Hier folge ich in der Interpunktion Hemsterhuis und Macleod (Loeb).

16 Danaos, der 50 Töchter hatte, geriet mit seinem Bruder Aigyptos, dem Vater von 50 Söhnen, in Streit um die Herrschaft und emigriert daher nach Argos. Zwar gab er den 50 Verfolgern seine Töchter zur Frau, wies diese jedoch an, ihre frischgebackenen Ehemänner in der Hochzeitsnacht zu erdolchen. Dafür mussten sie

in der Unterwelt mit Sieben Wasser in ein Fass ohne Boden schöpfen; hierauf spielt Poseidons Schlussbemerkung in (3) an.

17 Die Quelle Lerna.

18 Delos.

19 Gemeint sind Apoll und Artemis, Kinder der Leto und des Zeus; daher Heras Eifersucht.

20 Die Schlange Python, die in Delphi haust, wird von Apollon und Artemis beseitigt, worauf Apollon das Heiligtum zu seiner Kultstätte macht.

21 Gemeint ist Io, die Tochter des Inachos von Argos. Zeus verwandelt seine Geliebte in eine weiße Kuh, um sie vor Heras Rache zu schützen. Hera lässt sich die Kuh von ihm schenken und sie dann durch den hundertäugigen Argos bewachen. Hermes befreit sie, darauf schickt Hera eine Bremse, die Io durchs Land jagt. Über den später nach ihr benannten Bosporos gelangt Io nach Asien und kommt schließlich in Ägypten zur Ruhe. Dort gebiert sie Epaphos, den späteren König von Ägypten und Gründer von Memphis; Danaos und Aigyptos – s. *Meergötter im Gespräch* 8 – sind seine Urenkel.

22 Der hundsköpfige ägyptische Gott Anubis entspricht in der *interpretatio Graeca* dem Hermes.

23 Seriphos: eine kleine Insel der griechischen Kykladen.

24 Vgl. *Götter im Gespräch* 12.

25 In dieser Gegenüberstellung dessen, was Westwind, und dessen, was Südwind gesehen hat, steckt implizit ein Hinweis auf die von Lukian immer wieder vertretene ästhetische Anschauung, dass ein harmonisch durchkomponierter Anblick grundsätzlich für ein gebildetes Auge schöner ist als die bloße Sensation. Vgl. dazu ausführlich *Literarischer Prometheus* (Band I) v. a. 4f.

Τὰ πρὸς Κρόνον / Saturnalisches

1 Das siebenteilige Corpus besitzt in der Überlieferung keinen eigenen Titel, vielmehr firmiert der Titel des ersten Textes (Τὰ πρὸς Κρόνον – *Gespräch mit Kronos*) zugleich als Titel der ganzen Sammlung; die humanistische Tradition hat hierfür jedoch *Saturnalia* eingesetzt, was wohl am ehesten mit »Saturnalisches« wiederzugeben ist, obgleich es auch das römische Fest der Saturnalien selbst (bzw. sein griechisches Pendant: Κρόνια) bezeichnen könnte. Kilburn (Loeb) gibt »A conversation with Cronus« als Titel; die gewählte Schriftgröße scheint anzudeuten, dass er ihn auch als Titel der gesamten Sammlung ansieht, jedoch schreibt er im Fortgang als Seitentitel stets »Saturnalia«. Eine noch eigenwilligere Lösung bietet Wieland, der das Corpus mit »Saturnalische

Verhandlungen« betitelt und dann den ersten Text mit »Die Saturnalien. Ein Dialog« überschreibt, wovon ersteres wohl eine Wiedergabe des lateinischen Gesamttitels darstellt; dies deutet Wieland im Kommentar zur Stelle auch an, allerdings ist dann der Untertitel »Die Saturnalien« eine freie Ergänzung Wielands. Macleod gibt den griechischen Titel in der Inhaltsübersicht des dritten Bandes seiner Ausgabe als Τὰ πρὸς Κρόνον κτλ. (*Gespräch mit Kronos usw.*), versteht also offensichtlich den Titel des ersten Gesprächs gerade nicht als Gesamttitel. Die Hss.-Gruppe B scheint »Gespräch mit Kronos« (I), dann »Kronosolon« (II), wohl zusammen mit den drei Gesetzestexten (III–V), schließlich die abschließenden beiden Briefpaare (VI–VII) als drei gesonderte Einzelwerke zu verstehen; möglicherweise auch Τὰ πρὸς Κρόνον als Titel des Gesamtwerks.

2 Kronos war göttlicher Herrscher der so genannten ›Goldenen Zeit‹, in der die Menschen ohne jede persönliche Bereicherung auskamen. Diese Zeit wird im Karneval, dem späteren Pendant der Saturnalien, für eine kurze Frist erneuert; daher ist Kronos auch nur für den dazu passenden Wohlstand zuständig. Vgl. unten (7).

3 Hesiod gibt in der *Theogonie* 22f. an, er habe seine Schafe am Helikon geweidet, als er von den Musen inspiriert wurde.

4 Hiermit spielt Kronos auf den Mythos von Atreus und Thyestes an. Aber auch Tantalos tötete und kochte seinen Sohn Pelops, um die Götter auf die Probe zu stellen.

5 Der Titan Iapetos war Vater von Prometheus und Epimetheus. Er galt in der Antike als Begründer der Menschheit – also noch vor Prometheus –, daher wurden alte Männer gern auch ›Iapetoi‹ genannt.

6 Zitiert nach Homer *Odyssee* 9,109.

7 Der thebanische König Pentheus wurde von seiner Mutter und den Mänaden im Rausch zerrissen, weil er sich geweigert hatte, Dionysos' Macht anzuerkennen; davon handelt Euripides' Tragödie *Die Bakchen*. Orpheus wandte sich nach dem endgültigen Tod seiner Eurydike vom weiblichen Geschlecht ab und wurde dafür von den Frauen Thrakiens zerrissen. Der Jäger Aktaion wollte Artemis nackt beim Bade sehen, wurde dafür von ihr in einen Hirschen verwandelt und von seinen eigenen Hunden zerfleischt.

8 Der Priester erweist sich mit seinen Fragen als ähnlich kritisch und lästig wie ›Kynikerlein‹ in *Zeus widerlegt*. Anders als dieser lenkt er jedoch, der Festtagsstimmung gemäß, am Ende ein.

9 Der Name Kronosolon spielt auf den legendären attischen Gesetzgeber Solon (ca. 640–560 v. Chr.) an, der vor allem die Schuldsklaverei abschaffte und generell eine gerechtere Gesellschaftsordnung anstrebte.

10 Diese Ausdeutung des Gesprächs zwischen Kronos und dem Priester (I) ist er-

staunlich, denn Kronos' dortige Darlegungen schienen sich an alle Menschen, keineswegs nur an die Armen zu richten. Sie passt jedoch zum ausleitenden Briefpaar (*Kronos an die Reichen* (VIIa), *Die Reichen an Kronos* (VIIb)), in denen Kronos deutlich macht, wen er in der Gesellschaft als maßgeblich ansieht. In I steht allerdings nichts von einem entsprechenden Auftrag des Kronos.

11 In den Hss. findet sich μή nicht; die Konjektur von Du Soul, die Kilburn (Loeb), aber nicht Macleod (OCT) übernimmt, ist unhintergehbar.

12 Anders als in VIIb tritt Kronos hier noch sehr dominant auf; das könnte damit zusammenhängen, dass sich die sieben Textteile womöglich auf die sieben Saturnalientage beziehen – schon Wieland vermutete eine zeitlich über mehrere Jahre versetzte Entstehung der sieben Teiltexte –, Kronos also hier, am zweiten Tag, noch auf dem Zenit seiner Macht steht (was auch die folgenden ›Gesetze‹ bezeugen), während er im letzten Text bereits das Ende seiner Herrschaft nahen sieht, weshalb sich dort auch die Reichen widerspenstig gebärden können. Mutter: Gemeint ist Kybele, eine kleinasiatische Muttergottheit, deren Verehrer sich verstümmelten und kastrierten.

13 Die ›ersten‹ und ›zweiten‹ Gesetze ergeben eine Gesamtzahl von 14 Einzelregelungen, also die doppelte Zahl der sieben Textteile, die wiederum möglicherweise der Zahl der Saturnalien-Festtage entsprechen; s. o. Anm. 12. Je nach Aufteilung ergeben auch die ›Gesetze für das Festmahl‹ (V) 14 Einzelregelungen.

14 Vgl. oben (9) und (10), wo solche ›Büchlein‹ erwähnt werden.

15 S. o. (12).

16 Der Narthex (Riesenfenchel) ist dem Dionysos heilig und wird von den Mänaden getragen.

17 Die Briefformel mit einem Personalpronomen statt dem Eigennamen des Briefschreibers ist ungewöhnlich. Von dem im Folgenden beschriebenen Kummer hatte Kronosolon dem Kronos in (11) berichtet; Kronosolon wiederum ist möglicherweise identisch mit dem Priester, der im ersten Text mit Kronos rechtet. Das Verhältnis dieser drei Instanzen zueinander ist jedoch genauso unklar wie ihrer aller Verhältnis zum Autor des Textes.

18 Auch hier ist unklar, auf welchen Text sich dieser Hinweis auf einen früheren Brief (und die fehlende Antwort) bezieht. Bei Kronosolons Text (II) handelte es sich nicht um einen Brief an Kronos.

19 Das entspricht in etwa unserem ›Hop oder Top‹.

20 Der hochsohlige Schuh des Tragödienschauspielers.

21 Eine χοῖνιξ (»Liter«) enthält ungefähr den 48.ten Teil eines μέδιμνος (»Scheffel«) und entspricht ca. 1,08 Liter.

22 Hier zitiert der Sprecher Prometheus' Opferbetrug: Von dem geschlachteten Tier nahm er das Fleisch für die Menschen und gab Zeus die unter einem Berg

Fett verborgenen Knochen. So sähe eine gerechte Welt aus, wie sie während der Kronia als Utopie inszeniert wird, während der Alltag genau gegenteilig verläuft.

23 Als Odysseus während seiner Irrfahrten auf der Insel des Helios einschlief, wollten seine Gefährten Tiere aus den Herden des Gottes braten; da begannen diese, von den Bratspießen zu kriechen und laut zu muhen und zu blöken; vgl. Homer *Odyssee* 12,395.

24 Von goldgrabenden Ameisen in Indien berichtet Herodot *Historien* 3,102,1.

25 Also ein Netz mit sehr großen Löchern.

26 Sie sollen also aussehen wie Silene.

27 Die Handschriftengruppe Γ überliefert hier αὐτῷ, was Macleod im Sinne von ἐμοὶ αὐτῷ (mit Bezug auf Kronos) übernimmt; das führt jedoch zu einer Disjunktion mit dem folgenden Teilsatz, in dem zweifelsfrei die Reichen angesprochen sind. Mit Kilburn (Loeb) übernehme ich daher die Lesart der *recentiores*, αὐτοὺς.

28 Hier ist in der Überlieferung mindestens ein Verb ausgefallen. In der *editio princeps* (Florenz 1496) findet sich der umfangreichere Zusatz ὑμᾶς δὲ κάρδαμον ἢ κρομίον ἐπιτρώγοντας (während ihr nur Kardamon oder Zwiebeln knabbert), der jedoch verdächtig ist, mit Rückgriff auf (21) eine Erklärung zweiter Hand zu sein.

29 Hier wird auf durch unmäßige Lebensweise ausgelöste Gichterkrankungen angespielt; ihnen hat Lukian zwei kleine Dramen, *Podagra* und *Okypous (Schnellfuß)*, gewidmet (Band IV).

30 Ich übernehme hier die Konjektur von Guyet anstelle des überlieferten ἔτι ἐστὶν αὐτὸ. Das in jeder denkbaren Textversion störende αὐτὸ verdankt sich womöglich dem vorangehenden αὐτοῖς und könnte daher athetiert werden.

31 Diese Unerfreulichkeiten hat Lukian ausführlich in den *Brotgelehrten* (Band VIII) 14–19 ausgestaltet.

32 Dies spielt auf die Sirenen-Episode der Odyssee an; vgl. Homer *Odyssee* 12,173–200.

33 So argumentiert bereits die personifizierte Armut (Penia) in Aristophanes' *Plutos (Reichtum)* 507–534.

34 Der thessalische König Ixion hatte sich durch die besonders grausame Ermordung seines Stiefvaters in seiner Umgebung so unbeliebt gemacht, dass ihm alle Reinigungsriten versagt wurden. Daraufhin nahm ihn Zeus aus Mitleid zum Gastmahl der Götter mit. Dort versuchte Ixion, Hera zu verführen, die Zeus informierte, der daraufhin Ixion mithilfe einer Wolkennachbildung Heras täuschte, was Ixion nicht daran hinderte, mit diesem Trugbild die Kentauren zu zeugen. Zeus erschlug ihn zur Strafe mit seinem Blitz und ließ ihn in der

Unterwelt auf ein sich ewig drehendes Rad flechten. Vgl. *Götter im Gespräch* 9 (in diesem Band). Die hohe Kunst des Parasitentums hat Lukian im *Parasiten* (Band VII) behandelt.

Θεῶν Κρίσις / Göttinnen vor dem Richter

1 Diese beiden Eigenschaften werden in der Homerischen Tradition grundsätzlich Hera zugesprochen.

2 Aphrodites Gürtel besitzt magische Verführungskraft.

3 In Sparta wurden auch die Mädchen in Leibesübungen unterrichtet. Der Hinweis auf Helenas Ringerfähigkeiten enthält einen obszönen Unterton.

4 Himeros: Verlangen; Eros: Begehren.

5 Pothos: Verlangen; Hymenaios: Segensgottheit der Brautleute.